A PRIVATIZAÇÃO CERTA

Sérgio G. Lazzarini

A PRIVATIZAÇÃO CERTA

Por que as empresas privadas em iniciativas públicas precisam de governos capazes

TRADUÇÃO
Ângelo Lessa

A Portfolio-Penguin é uma divisão da Editora Schwarcz S.A.

PORTFOLIO and the pictorial representation of the javelin thrower are trademarks of Penguin Group (USA) Inc. and are used under license. PENGUIN is a trademark of Penguin Books Limited and is used under license.

Grafia atualizada segundo o Acordo Ortográfico da Língua Portuguesa de 1990, que entrou em vigor no Brasil em 2009.

TÍTULO ORIGINAL The Right Privatization: Why Private Firms in Public Initiatives Need Capable Governments

CAPA Mateus Valadares

PREPARAÇÃO Giovana Bomentre

ÍNDICE REMISSIVO Luciano Marchiori

REVISÃO Nestor Turano Jr. e Ingrid Romão

Dados Internacionais de Catalogação na Publicação (CIP)
(Câmara Brasileira do Livro, SP, Brasil)

Lazzarini, Sérgio G.
A privatização certa : Por que as empresas privadas em iniciativas públicas precisam de governos capazes / Sérgio G. Lazzarini ; tradução Ângelo Lessa. — 1ª ed. — São Paulo : Portfolio-Penguin, 2023.

Título original: The Right Privatization: Why Private Firms in Public Initiatives Need Capable Governments.

ISBN 978-65-5424-011-6

1. Administração pública 2. Desenvolvimento econômico 3. Empresas privadas 4. Empresas públicas 5. Interesse público 6. Privatização – Brasil I. Título.

23-149939 CDD-338.91

Índice para catálogo sistemático:
1. Desenvolvimento econômico : Organizações : Economia 338.91

Eliane de Freitas Leite — Bibliotecária — CRB-8/8415

EDITORA SCHWARCZ S.A.
Rua Bandeira Paulista, 702, cj. 32
04532-002 — São Paulo — SP
Telefone: (11) 3707-3500
www.portfolio-penguin.com.br
atendimentoaoleitor@portfoliopenguin.com.br

Aos parceiros de pesquisa com quem colaborei em diversos projetos e ideias apresentadas neste livro.

A Edite e Julian, com amor e gratidão, sempre e para sempre.

Para Eleni, nello spazio senza fine.

Si no hay una sola respuesta para nuestros problemas sino varias, nuestra obligación es vivir constantemente alertas, poniendo a prueba las ideas, leyes, valores que rigen nuestro mundo, confrontándolos unos con otros, ponderando el impacto que causan en nuestras vidas, y eligiendo unos y rechazando otros, o, en difíciles transacciones, modificando los demás.

Mario Vargas Llosa, *La llamada de la tribu*

SUMÁRIO

INTRODUÇÃO

UM ARTIGO DE 2018 do *New York Times* relatou um incidente no East Mississippi Correctional Facility, administrado pela Management & Training Corporation, empresa privada contratada pelo governo do estado do Mississippi. Nas violentas imagens captadas pelas câmeras de vigilância, detentos armados com pedaços de pau circulam livremente pela prisão, perseguem e espancam outro interno, que cai no chão. Nas filmagens, não há qualquer sinal de guardas se aproximando para impedir a agressão.

O motivo do tumulto, segundo o artigo, seria que: "O estado do Mississippi paga à empresa apenas 26 dólares por dia — ou cerca de 9500 dólares por ano — para cada detento em regime de segurança mínima. Isso é muito menos do que os 15 mil dólares por ano que o estado vizinho, Alabama, gasta por detento e apenas 13% do que Nova York, que gasta mais do que qualquer outro estado, paga por detento".

Segundo a publicação, para aumentar os lucros a empresa privada economizava em segurança, assistência médica e outros serviços essenciais dentro da prisão. Seis dias após tomar posse como presidente dos Estados Unidos, Joe Biden decidiu não renovar os contratos federais com empresas contratadas para administrar presídios privados.

Em uma pesquisa comandada por Sandro Cabral, com quem colaborei juntamente a Paulo Furquim de Azevedo, vimos um quadro diferente. No fim da década de 1990, o governador do Paraná decidiu construir presídios cuja gestão seria terceirizada para operadores privados.

Reunindo dados de 2001 a 2009, descobrimos que, em comparação a suas contrapartes públicas, os presídios privados tiveram menos mortes e fugas, além de níveis semelhantes de consultas médicas por detento e serviços jurídicos internos mais ágeis. Visitamos pessoalmente algumas dessas instalações, percorremos corredores de celas e até almoçamos com alguns detentos em regime semiaberto.

Apesar dos resultados positivos, um político da oposição que se elegeu governador decidiu posteriormente rescindir os contratos privados por motivos ideológicos (durante a campanha ele se opôs com veemência a privatizações). Embora inadequada, essa mudança de política nos permitiu comparar não só instalações distintas, mas as mesmas instalações que antes eram privadas e depois se tornaram públicas.

Como explicar esses resultados destoantes? Eles não são fruto apenas de diferenças de jurisdição e políticas federais. Infelizmente, a experiência paranaense de privatização não foi replicada com sucesso em outros estados brasileiros. Em 2017, 56 presos foram mortos no Complexo Penitenciário Anísio Jobim, no norte do estado do Amazonas. Segundo um criminologista ouvido à época, "podemos dizer com certeza que o processo de privatização e comercialização da gestão penitenciária [...] teve papel preponderante no massacre".[1]

Para entender trajetórias tão distintas, precisamos analisar como a privatização afeta dois resultados fundamentais relacionados ao desempenho. O primeiro é o que a literatura geralmente chama de *qualidade*: se os detentos são tratados de forma humanizada e reintegrados à sociedade (no caso das prisões), os estudantes de fato aprendem e desenvolvem habilidades valiosas (no caso da educação) ou os serviços médicos promovem prevenção e tratamento eficazes (no caso da saúde). O segundo é a *inclusão*: quem deve se beneficiar e quem realmente se beneficia da privatização, sobretudo nos grupos sociais mais vulneráveis.

A qualidade depende fundamentalmente do custo do serviço. A razão qualidade/custo é um indicador de desempenho do serviço que leva em conta as despesas necessárias para a sua execução — neste livro, chamo esse indicador de *eficácia*. Um exemplo hipotético na área da educação: um sistema de escolas públicas gera, em média, sessenta pontos (num total de cem) em testes padronizados de aprendizagem dos alunos. Nesse sistema, cada aluno custa 1500 dólares por ano. Assim, conclui-se que essas escolas entregam quarenta pontos nos testes de aprendizagem para cada mil dólares investidos no sistema. Essa é uma medida da eficácia das escolas.

Os operadores privados são mais ou menos eficazes que os governos? Infelizmente não existe resposta simples para essa pergunta. É preciso analisar os incentivos para oferecer mais qualidade a custos mais baixos. O artigo do *New York Times* sugere que as empresas privadas tendem a reduzir custos, mas que isso leva à perda de qualidade. O efeito final dessa mudança sobre a eficácia é inconclusivo.

Esse dilema envolvendo custo versus qualidade é a base de uma importante contribuição acadêmica dos economistas Oliver Hart, Andrei Shleifer e Robert Vishny. Eles argumentam que as prisões envolvem atributos de qualidade difíceis de monitorar e fazer cumprir; e, ao contrário dos clientes que comparam diferentes lojas, os detentos não têm liberdade para mudar de prestador de serviço caso não se sintam bem tratados. Na visão dos autores, "existe um argumento teórico plausível contra a privatização de prisões".[2]

O estudo que fizemos das prisões privadas no estado do Paraná, porém, levou a uma conclusão diferente. Neste caso, uma característica central foi a combinação de gestão privada e supervisão pública in loco. Os diretores das penitenciárias privatizadas eram funcionários públicos bem pagos e foram escolhidos a dedo com um mandato para impor qualidade nos presídios. A possibilidade de casos de corrupção entre supervisores públicos e operadores privados foi controlada devido ao escrutínio constante da mídia e de organizações da sociedade civil. Além de tudo, os funcionários públicos temiam perder o emprego de diretor (e o seu salário extra) em caso de deterioração da qualidade do presídio e de pressão pública.

Observe que os resultados da privatização dependeram fundamentalmente da existência de uma forte ação *pública* para impor padrões elevados de qualidade e evitar a deterioração do serviço. Por isso, alguns até questionam se esses casos deveriam ser rotulados como "privatização". Em muitos contextos, a privatização é caracterizada de maneira mais adequada como uma colaboração público-privada ativa. Nessa linha, o estudioso de políticas públicas John Donahue considera a privatização uma forma de empregar "energias privadas para melhorar o desempenho de tarefas que, em certo sentido, permanecem públicas".[3]

A eficácia, entretanto, é só parte da história. A outra dimensão-chave do desempenho é a *inclusão*. Voltando ao exemplo anterior no campo da educação, imagine dois sistemas educacionais distintos, um privado e outro público. O privado continua gerando quarenta pontos em testes de aprendizagem para cada mil dólares gastos. O segundo sistema é menos eficaz: os mesmos mil dólares rendem vinte pontos. No entanto, o segundo sistema é mais inclusivo: 90% das famílias mais pobres estão matriculadas nessas escolas, ao passo que, no primeiro, apenas 40% dos alunos são oriundos de famílias com graves limitações de renda.

Em certos casos as empresas privadas podem se preocupar com o potencial de inclusão e até enxergá-lo como uma oportunidade. Por exemplo, muitos trabalhos sobre estratégia nos negócios argumentam que grandes populações na base da pirâmide (digamos, vivendo em comunidades desfavorecidas) são mal atendidas. Assim, as empresas poderiam acessar esses mercados com operações mais eficientes. Hoje em dia também há cada vez mais investidores buscando empresas com fins lucrativos, mas que, ao mesmo tempo, pretendem gerar benefícios socioambientais.

No entanto, a promessa desse movimento se mostrou mais complicada do que se pensava de início. Vejamos o caso do microcrédito. Apesar de ser possível encontrar algumas experiências positivas (como o Grameen Bank, de Muhammad Yunus), os microempréstimos não melhoram a vida das comunidades carentes de maneira automática e podem, em alguns casos, até ser danosos. Empreendedores em áreas vulneráveis muitas vezes não têm as habilidades básicas para escolher onde investir, criar operações produtivas e gerir o seu fluxo de caixa. Assim, podem acabar endividados e com ainda menos oportunidades de progresso individual.[4]

O objetivo deste livro é, portanto, promover uma discussão, abalizada em termos conceituais e também empíricos, a respeito de quando e como as empresas privadas podem gerar um desempenho superior ao do Estado (com suas empresas estatais e instituições governamentais) na execução de atividades eficazes e inclusivas.

Ao contrário do que muitas vezes encontramos em debates públicos, não tenho nenhuma preferência intrínseca pela propriedade privada ou pública, e por uma simples razão: teorias e evidências mostram que *ambos* os tipos de propriedade são importantes, a depender do contexto e do peso relativo que cada sociedade dá à eficácia e à inclusão.

A pergunta certa, portanto, não é se a privatização é melhor que a gestão pública, mas quando ela é superior e em quais condições. Além disso, mesmo nas situações em que as empresas privadas são importantes, temos o fundamental papel regulatório dos governos e formas complexas de interação público-privada *híbrida* — como nas prisões do Paraná, além de outros casos nas áreas da educação (por exemplo, escolas *charter*, geridas por organizações privadas contratadas pelo governo), urbanização (como o apoio público para a construção de moradias populares), desenvolvimento de novas tecnologias (por exemplo, pesquisas privadas financiadas com dinheiro público) e muitas outras.

Nos próximos capítulos, desenvolverei meu argumento da seguinte forma: começo com uma revisão do pensamento acadêmico sobre o papel das organizações privadas e públicas na geração de benefícios sociais — passando da análise de sua capacidade de fornecer bens públicos para uma análise comparativa mais abrangente dos diversos fatores que afetam os méritos e custos de outras configurações.

Em seguida, explico em detalhes os conceitos de eficácia e inclusão, e como a ênfase em cada um deles depende das preferências da sociedade. Considerando essas dimensões de desempenho, ofereço uma estrutura de tomada de decisão que descreve condições favoráveis à adoção de outras formas de prestação de serviços essenciais: de modo geral, gestão privada, colaborações público-privadas e organizações públicas (estatais), em suas diversas formas e variedades.

Comparo essas formas com base em sua capacidade relativa de gerar eficácia e inclusão e com base também na percepção que se tem de sua *legitimidade*. Em muitos países, a privatização sofre forte oposição e não é vista como alternativa legítima. Em parte, as preocupações da sociedade vêm da possibilidade já mencionada de que os operadores privados possam negligenciar importantes atributos de serviço e deixar de lado comunidades vulneráveis. Privatizar não é uma tarefa fácil — ignorar as expectativas da população e se apressar para implementar mudanças sem análise e discussão adequadas é uma receita para o fracasso.

Em seguida, argumento que a formulação de programas de privatização bem-sucedidos depende de governos *capazes* (o que não significa governos *grandes*). Como o exemplo das prisões privadas do Paraná demonstra, ter bons governos não é um atributo geral em nível nacional. Mesmo em países com instituições imperfeitas ou subdesenvolvidas, frequentemente vemos órgãos públicos em nível subnacional atuando como um bolsão de competências governamentais: mobilizando recursos, comprometendo-se com objetivos políticos bem especificados e atuando com operadores privados de modo transparente.

Assim, um argumento central deste livro é que a privatização depende de bons governos que não só estabeleçam padrões de desempenho em dimensões que talvez não sejam a prioridade das empresas privadas, mas também que garantam um processo administrativo bem formulado e transparente. Em outras palavras, a privatização não é uma maneira de se livrar de governos ruins. Na verdade, empresas privadas capazes e governos competentes se complementam.

No entanto, esses mesmos governos fazem experimentos não só com a privatização total, mas também com formas variadas de fornecimento dos serviços, como colaborações público-privadas híbridas e até operações estatais aprimoradas. O irônico é que, embora este seja um livro sobre privatização, governos competentes fazem com que a decisão de privatizar perca importância. Em vez de buscar uma só solução, bons governos criam e desenvolvem várias rotas de melhoria — que podem incluir atividades comandadas por empresas privadas, mas também operações públicas bem geridas.

Em seguida, eu me aprofundo em diversas ramificações do meu argumento principal. Embora os atores privados geralmente sejam descritos como maximizadores de lucro pouco preocupados com o impacto social ou a inclusão, eu demonstro que é possível deixar essa suposição de lado com o surgimento de donos de empresas com vocação social e/ou sujeitos a incentivos contratuais — como quando governos e organizações sem fins lucrativos compensam investidores privados por metas contratuais que refletem melhores resultados sociais.

No entanto, pelo menos até aqui as empresas privadas ainda precisam mostrar se realmente podem aceitar e lidar com os dilemas financeiros inerentes a atividades que tenham atributos essenciais de serviço ou que visem beneficiários em situação de alta vulnerabilidade. Alguns investimentos sociais alardeados por atores privados se baseiam em métricas ruins e projetos de pequena escala que não conseguem demonstrar melhorias sólidas.

Além disso, embora seja muito comum supor que as empresas privadas já tenham as habilidades necessárias para causar impacto, a realidade é que em muitos contextos os governos patrocinam ativamente novas capacidades privadas. Por exemplo, na resposta à pandemia de covid-19, instituições governamentais colaboraram com a iniciativa privada para desenvolver vacinas e fornecer serviços essenciais. Também nesse caso, a competência do governo é fundamental, tendo em vista que políticas ruins podem acabar gerando desperdício de recursos públicos — recursos disponibilizados para empresas improdutivas que pedem apoio contínuo mesmo quando suas iniciativas fracassam.

Por fim, apresento uma sequência de passos para conceber, implementar e monitorar com sucesso os processos de privatização. Nos casos em que as propostas de privatização sofrem forte oposição e se tornam inviáveis, analiso como diversas iniciativas de reforma podem levar a empresas estatais melhores e mais eficazes, capazes de interagir com os serviços de empresas privadas e complementá-los.

A imagem final que surge dessa discussão é, para citar o filósofo Isaiah Berlin, *plural*.[5] Com o tempo, as sociedades podem aprender a propor e construir experiências diversas. Elas não tentam encontrar "a" melhor opção — em vez disso, vivem com as diferentes opções. Elas podem errar, mas logo depois encontram novos caminhos de possível melhoria. Em vez de buscar fórmulas simples, elas abraçam a diversidade. A privatização, nesse sentido, não é um objetivo final, mas uma oportunidade de escolha informada e de amplo debate público.

1
Público ou privado? Fundamentos conceituais

UMA ATIVIDADE PÚBLICA deve ser terceirizada para empresas privadas? A resposta para essa pergunta complexa geralmente é simples e um tanto redundante: os governos devem cuidar das atividades públicas. Uma resposta mais profunda, é claro, exige uma definição precisa da palavra "público".

No início, estudiosos argumentaram que os governos tinham que garantir o fornecimento de *bens públicos*. O economista Paul Samuelson (1915-2009) falou sobre bens que um indivíduo pode consumir sem diminuir a quantidade de bens disponíveis para outras pessoas. As definições seguintes especificaram que os indivíduos não podem ser proibidos de ter acesso a bens públicos e de desfrutar de seus benefícios. Ar puro, conhecimento compartilhado e ruas seguras são exemplos de bens públicos.[1]

No entanto, nem todas as atividades públicas envolvem bens públicos puros. Por exemplo, as escolas públicas podem ter como alvo certas comunidades locais (ou seja, as famílias que não fazem parte dessas comunidades são excluídas), e algumas escolas, sobretudo as melhores, podem não acomodar todos os candidatos em suas vagas. Em outras palavras, elas podem excluir potenciais famílias, mesmo sendo gratuitas. No entanto, elas são em certo sentido "públicas" porque são acessíveis a uma grande população — bem mais acessíveis do que escolas particulares com mensalidades caras, que praticamente só aceitam estudantes escolhidos a dedo e oriundos de famílias ricas.

É fácil ver como esses bens criam enormes desafios para o provedor privado. No exemplo das escolas particulares, aceitar e oferecer bolsas para alunos desfavorecidos significa que os donos das escolas terão que abrir mão dos lucros que colheriam caso aceitassem apenas alunos pagantes. No caso dos bens públicos puros, a situação é ainda mais complicada, tendo em vista que, por definição, ninguém deve ser excluído.

É interessante notar que grupos de lados ideológicos opostos consideram que bens públicos exigem entrega pública. Os defensores do livre mercado tendem a argumentar que o Estado deveria se preocupar *apenas* em fornecer bens públicos e deixar todo o restante para a iniciativa privada. Os críticos da privatização, por sua vez, defendem que é inadequado permitir que atividades sociais sejam geridas por atores com motivações "empresariais" — ou seja, essas atividades são públicas e *devem* ser fornecidas pelo Estado.

Esses dois pontos de vista simplificam demais o debate e não contemplam os desdobramentos recentes na análise de como organizar adequadamente as atividades públicas.

1.1. Bens públicos não precisam de gestão pública

Entra em cena Ronald Coase (1910-2013), um economista eclético interessado nos custos e benefícios dos mercados, além de ser o notório proponente de uma abordagem única de pesquisa. Ele rejeitou a paixão dos economistas por modelos limpos e abstratos e se interessou pelo mundo confuso e complexo de mercados e organizações reais. Em 1974, publicou um artigo sobre um assunto muito curioso: a organização dos faróis marítimos na Inglaterra.[2]

Segundo Coase, havia muitos economistas, incluindo Paul Samuelson, que usavam faróis marítimos como exemplos de bens públicos: qualquer pessoa pode ver o feixe de luz, e isso não afeta a capacidade de outras pessoas também se beneficiarem dele. Assim, argumentou Coase, os faróis dificilmente poderiam ser fornecidos por empresas privadas. Imagine um dono de farol tentando cobrar uma taxa dos navios que passam perto de seu farol, com o objetivo de recuperar o investimento e obter lucro. Em um livre mercado, os marinheiros poderiam concordar em pagar pelo serviço — ou se recusar. Mas como o dono do farol impediria que a luz chegasse aos marinheiros que não quisessem pagar?

Eis o dilema: se alguns marinheiros se recusam a pagar e mesmo assim navegam em segurança com a ajuda do feixe de luz, então os marinheiros que pagam logo vão questionar por que estão pagando pelo serviço se outros podem se beneficiar dele de graça. Por isso, os economistas previram que o mercado de faróis logo morreria, e os faróis deixariam de atrair investimentos privados. Os governos precisariam intervir, possivelmente cobrando impostos para financiar e operar faróis estatais.

Coase mostrou que, ao contrário dessa previsão, na Inglaterra houve casos de empresas privadas construindo faróis, fazendo sua manutenção e cobrando por seus serviços. Embora hoje os navios possam usar dispositivos GPS para navegar, os faróis eram um serviço essencial no passado. Em 1514, o rei Henrique VIII autorizou que uma organização privada, a Trinity House, oferecesse serviços de navegação e farol. A Trinity começou como uma espécie de guilda representando marinheiros e evoluiu para uma instituição de caridade que dá apoio às famílias dos marinheiros e oferece suporte a viúvas e órfãos de marinheiros falecidos (e que ainda existe sob uma carta régia).

Depois disso, muitos faróis particulares foram construídos com permissão da Coroa e permaneceram em mãos de particulares até 1836. Para compensar despesas de investimento e manutenção, os operadores privados foram autorizados a cobrar tarifas que variavam de acordo com o tamanho e o número de viagens dos navios que utilizavam os faróis. Não existia mistério, afirmou Coase: os faróis funcionavam como qualquer outro serviço prestado por empresas privadas e pago por seus clientes.

Talvez não fosse surpreendente que o artigo de Coase tenha sido celebrado por defensores do livre mercado e críticos da intervenção estatal. O logotipo do Independent Institute, um *think tank*, é um farol em homenagem ao artigo de Coase — "como um símbolo de coragem, esclarecimento e independência".[3] De uma hora para outra, parecia não haver limite para o que empresas privadas seriam capazes de fazer pela sociedade.

Trabalhos posteriores reinterpretaram algumas das conclusões de Coase e forneceram mais detalhes sobre como os faróis particulares operavam. Coase estava certo ao argumentar contra a difundida ideia de que os faróis eram bens públicos e, como tal, exigiam apoio público. No entanto, o governo não estava de forma alguma ausente. Os proprietários privados recebiam licenças para operar por tempo determinado e eram autorizados pelo governo a fazer cumprir o pagamento de tarifas, que também eram regulamentadas. Alguns donos de embarcações eram coagidos a pagar essas tarifas. E, ao longo do século XIX, o financiamento dos faróis se tornou um sistema sustentado por dinheiro público.

Embora Coase tenha relatado esses pontos em seu artigo, os críticos argumentaram que ele subestimou amplamente o papel do governo na regulação e no patrocínio dos serviços públicos. Sem dúvida, não se tratava de um sistema de livre mercado, no qual empresas e usuários negociavam voluntariamente termos e preços de serviço.[4]

Contudo, tanto os defensores como os detratores da análise de Coase não entenderam o ponto principal do artigo: em momento algum ele quis usar o exemplo dos faróis como prova de que empresas privadas podem substituir o Estado com sucesso no fornecimento de bens públicos. Pelo contrário: Coase havia sido muito claro ao afirmar que devemos evitar generalizações sem uma compreensão profunda de como o modelo, tenha ele mais ou menos participação privada, funciona no mundo real. Tal abordagem, argumentou o autor, nos ajudaria a entender "a riqueza das opções sociais entre as quais podemos escolher".[5]

Essa afirmação retrata bem o pensamento de Coase: antes do artigo sobre os faróis, ele já havia escrito artigos fundamentais defendendo uma abordagem comparativa para entender a organização da atividade econômica. Em suma, diante de qualquer objetivo social ou privado, a tradição iniciada por Coase exige uma análise detalhada dos méritos e custos de outros modelos organizacionais, livre de posições preconcebidas.[6]

1.2. Motivações privadas minam os ganhos públicos? O *dilema* custo-qualidade

Durante muito tempo não tivemos uma teoria clara a respeito de quais fatores-chave afetariam os benefícios e custos na comparação entre serviços oferecidos por empresas privadas ou estatais. Isso mudou com um artigo de Oliver Hart, Andrei Shleifer e Robert Vishny publicado em 1997 nos proporcionou um grande avanço. Daqui em diante vou citar esse artigo como HSV, as iniciais dos sobrenomes dos autores.

Hart já era um grande estudioso dos limites da empresa: ou seja, se as empresas deveriam integrar ou terceirizar determinada atividade — linha de pesquisa inspirada nos primeiros textos de Coase sobre organização econômica comparativa. Uma extensão natural desses estudos seria, então, analisar as *fronteiras do governo*: fatores que podem estimular ou impossibilitar a terceirização de atividades públicas para atores privados. Shleifer e Vishny, por sua vez, estudavam os prós e contras da intervenção estatal após as reformas de privatização em todo o mundo.[7]

Uma suposição-chave do modelo HSV — e em grande parte da literatura sobre os limites da empresa, de forma geral — é que os *contratos são incompletos*. No contexto dos presídios, que o modelo HSV usa para ilustrar seu argumento, a dificuldade principal é especificar termos contratuais que garantam alta "qualidade" de serviço.

Ao analisar a prestação privada de serviços carcerários, o modelo HSV chama a atenção para duas questões importantes. Primeiro, se os gestores da prisão vão usar força e violência excessivas para evitar fugas e lidar com conflitos internos. Segundo, se a empresa que administra o presídio vai contratar funcionários devidamente qualificados para garantir um tratamento adequado e fornecer uma ampla gama de serviços complexos (incluindo assistência médica e jurídica aos detentos).

Também podemos levar em conta outras dimensões importantes

— por exemplo, até que ponto a empresa vai tentar promover a ressocialização por meio de programas de treinamento no presídio, apoio psicológico e outras atividades que possam reduzir a reincidência (ou seja, para evitar que, após o fim da sua sentença, o detento volte a se envolver em atividades criminosas).

Observe, portanto, que "qualidade" não se refere apenas aos atributos do serviço que geram benefícios diretos aos internos (por exemplo, cuidados com a saúde ou treinamentos), mas também a uma série de "efeitos externos" na sociedade. A reincidência, por exemplo, leva a prejuízos sociais, devido à criminalidade recorrente e à necessidade de manter uma atividade policial dispendiosa nas ruas. Trata-se de *externalidades* negativas que emanam de serviços de baixa qualidade dentro dos presídios. Desse modo, um presídio bem administrado tem características de bem público: não só promove a ressocialização, como melhora a segurança dos cidadãos.[8]

Por que é difícil descrever essas dimensões de qualidade num contrato? Imagine tentar especificar um "nível de violência" desejável num contrato com uma operadora privada de presídio. Mesmo que o governo tente estabelecer uma lista de comportamentos proibidos, os desvios que ocorrerem dentro da prisão serão observados pelos detentos e pelos gestores, e não por um juiz externo que decidirá se a empresa privada é culpada de violar termos contratuais. Ou seja, certas dimensões de qualidade não são *verificáveis* por terceiros.

Para complicar ainda mais a situação, o próprio processo de formular e monitorar o cumprimento dos termos do contrato é oneroso, mesmo sem contar com os custos judiciais esperados em caso de litígio. Todas essas dificuldades têm a ver com o que Coase e vários economistas subsequentes chamaram de *custos de transação*. De fato, os termos contratuais em presídios privados terceirizados geralmente não são especificados, sobretudo em se tratando das dimensões mais complexas de desempenho.[9]

Sabendo que é difícil colocar em contrato essas dimensões de qualidade, um aspecto crucial é determinar quem vai definir e monitorar quais são os níveis adequados de violência, os serviços prestados aos detentos, as iniciativas de ressocialização e todos os outros atributos de serviço que não só beneficiam os internos, como também geram externalidades positivas. Se os termos contratuais são vagos, então o gestor da empresa tem o direito de decidir se vai ou não investir na provisão desses atributos.[10] No entanto, oferecer um serviço de alta qualidade é oneroso, e os operadores privados podem ficar tentados a concentrar seus esforços em atividades que afetam mais diretamente o resultado financeiro. Por exemplo, para a gestão da penitenciária não faz diferença se as práticas de ressocialização reduzem a chance de ex-detentos voltarem ao mundo do crime.

O modelo HSV oferece uma forma estruturada de pensar os custos e benefícios da atuação de empresas privadas. Por um lado, a gestão das atividades por atores privados cria incentivos para a redução de custos. E isso não é necessariamente ruim: estamos sempre reclamando dos altos custos de vários serviços. No caso de presídios, as empresas lucram com pagamentos provenientes de contratos governamentais. De maneira mais geral, o fato de os atores privados obterem ganhos financeiros incentiva um melhor desempenho operacional e talvez até inovações que aumentem a produtividade — por exemplo, tecnologias de vigilância e práticas mais aprimoradas de gestão de processos.

Por outro lado, os incentivos ao lucro dos operadores privados podem levar a um descuido nas dimensões de qualidade desejáveis mas ao mesmo tempo difíceis de medir e especificar em contrato. Essa tentação não é tão forte no caso de prisões estatais, pois os gestores públicos não ganham diretamente com a redução de custos ou qualquer outra ação que aumente a produtividade. Em geral eles recebem salários fixos e muitas vezes não são pressionados a economizar recursos de forma agressiva — no jargão dos estudiosos de economia das organizações, seus incentivos são "fracos".

No entanto, é exatamente a menor tendência dos gestores públicos a atuar em dimensões econômicas que reduz a tentação de cortar custos em detrimento da qualidade. Portanto, a decisão de privatizar envolve um *dilema custo-qualidade*: é provável que a gestão privada melhore a produtividade e reduza custos, mas ao mesmo tempo ela pode levar a economias em atributos de qualidade que não estejam claramente especificados em contrato.[11]

Como discutido na introdução, outra maneira de conceber esse dilema é observar que o desempenho de determinada atividade pública envolve a razão entre benefícios e custos sociais. Um presídio eficaz evita o excesso de violência, promove a ressocialização e cuida de todas as dimensões importantes do serviço que são valorizadas pela sociedade. A razão entre esses benefícios e todos os custos operacionais importantes é um indicador de custo-eficácia do desempenho na execução desse serviço ou, para simplificar, uma medida de sua *eficácia*.[12] Não podemos generalizar que a gestão privada ou a gestão pública seja mais eficaz simplesmente porque cada uma delas afeta o indicador de forma diferente. As empresas privadas podem reduzir o denominador (custos), mas esse esforço pode acabar reduzindo também o numerador (benefícios). E quando aumenta o risco de se negligenciar atributos importantes, mas impossíveis de serem especificados em contrato, a privatização se torna cada vez menos atraente do ponto de vista de bem-estar social.

Portanto, de modo geral o modelo HSV prevê que a privatização pode ser especialmente problemática nos casos em que os operadores privados tenham grandes lucros potenciais ao ignorar dimensões sociais ou públicas difíceis de especificar em contrato.

De modo geral, estudos empíricos apoiam esse ponto de vista. Serviços com atributos de qualidade fáceis de medir e fazer cumprir por meio de contratos — como a limpeza das ruas e a manutenção de instalações públicas — têm maior chance de serem privatizados e gerar melhores resultados públicos sob gestão privada (especialmente com fins lucrativos) do que serviços com atributos difíceis de medir e fazer cumprir contratualmente — como programas de saúde complexos, prevenção ao crime e prisões.[13]

No entanto, como é comum nas ciências sociais, previsões simples podem não se concretizar quando ocorrem mudanças de contexto. Embora seja útil e geralmente esteja alinhado com as evidências empíricas, o modelo HSV não acomoda todos os possíveis arranjos organizacionais encontrados na vida real e que podem afetar o dilema custo-qualidade.

Continuando com o exemplo dos presídios: em primeiro lugar, um presídio pode não ser totalmente “privatizado”, ficando sujeito a uma minuciosa *supervisão* pública. Conforme mencionado na introdução,

Sandro Cabral, Paulo Furquim e eu estudamos presídios paranaenses em que as operações eram terceirizadas, mas com a presença de funcionários públicos (diretores) trabalhando no local.[14]

Nesse modelo híbrido, os termos contratuais eram vagos e incompletos, mas, por outro lado, a empresa privada não tinha controle total das decisões que não estavam especificadas em contrato. Por exemplo, qualquer tentativa de cortar custos de serviço (como reduzir as assistências médica e jurídica para os detentos) exigia a aprovação do diretor, que, como falamos, era um servidor público. Assim, a supervisão ajudou a mitigar possíveis problemas causados por cláusulas vagas e incompletas nos contratos.

Sem dúvida, esse modelo oferece um grande risco: e se a empresa privada tentar subornar o diretor público para fazê-lo aprovar reduções de custos injustificadas? Esses subornos são difíceis de monitorar e detectar.

No entanto, revelamos uma série de fatores que ajudaram a controlar esse tipo de corrupção. Os diretores públicos escolhidos para atuar nas prisões privadas foram selecionados a dedo pelo governo e receberam um aditivo salarial temporário (em alguns casos eles passaram a receber cerca de 40% a mais do que receberiam em empregos semelhantes no setor público). Se fossem pegos aceitando suborno, eles não seriam exonerados, mas perderiam o salário adicional. Os economistas chamam esse mecanismo de *salário de eficiência*: um pagamento extra para incentivar um melhor desempenho.[15]

Mas como detectar esses desvios? Outro fator importante foi a presença de um intenso monitoramento externo por parte da sociedade civil — organizações sem fins lucrativos especializadas em direitos humanos, instituições religiosas e a mídia. Embora não seja fácil detectar atos de corrupção, cortes de custos exagerados nas prisões podem gerar fortes reclamações, as quais podem ser observadas diretamente pelos atores externos em contato com os detentos e que geram comoção pública quando os noticiários mostram imagens de rebelião e violência.

Como essas imagens mancham a popularidade dos políticos responsáveis, provavelmente seriam pressionados a substituir o diretor público. Pode não haver suborno que compense a perda de salário extra (e da boa reputação) que o supervisor poderia de outra forma obter administrando um presídio eficaz. (Ver Apêndice 1 para uma explicação formal desse mecanismo.)

Em segundo lugar, o dilema custo-qualidade pressupõe que as empresas privadas tentarão maximizar o lucro e provavelmente vão economizar em qualidade para buscar ganhos de curto prazo. Mas e se, em vez disso, elas privilegiarem o longo prazo e, tal qual o diretor público, tentarem manter uma boa reputação com o governo?

Um estudo de Eyub Yegen descobriu que, conforme prevê o modelo HSV, os presídios privatizados têm desempenho inferior aos públicos em aspectos difíceis de estabelecer em contrato (aspectos esses que, no estudo de Yegen, foram medidos a partir do índice de suicídios de detentos). Por outro lado, esse efeito negativo da privatização não foi detectado em presídios administrados por empresas privadas cujos proprietários tinham foco no longo prazo (como fundos de pensão sem forte ênfase na lucratividade imediata).[16]

Em terceiro lugar, os governos podem tentar "completar o contrato", encontrando maneiras de medir resultados sociais importantes e compensar os operadores privados (e seus investidores) com base nessas métricas. Uma iniciativa muito divulgada nesse sentido foi o lançamento do primeiro *contrato de impacto social* no Reino Unido em 2010, um esforço conjunto da Social Finance (organização sem fins lucrativos) e do Departamento de Justiça do Reino Unido.

O projeto envolveu um presídio na cidade de Peterborough, e a métrica escolhida foi o índice de reincidência de presos — medida com base no percentual de detentos libertos que voltavam a cometer crimes, comparando o percentual do presídio de Peterborough com o de outras prisões. Os investidores financiaram um conjunto de atividades, entre as quais treinamento profissional e apoio familiar, que reduziram a reincidência em nove pontos percentuais.[17]

Todas essas ações exigem que os governos contratem empresas privadas e estabeleçam mecanismos de avaliação e monitoramento. Uma questão mais fundamental, no entanto, é: os governos são mesmo necessários para esses arranjos? Será que os atores privados poderiam se organizar sozinhos para alcançar benefícios coletivos?

1.3. Pactos sem o poder da espada

O filósofo Thomas Hobbes (1588-1679) cunhou o termo "Leviatã" para descrever o poder coercitivo do Estado — para ele, esse poder é necessário para "refrear a ambição, a avareza, a raiva e outras paixões dos homens". O dilema custo-qualidade é uma manifestação desse problema mais geral: atores privados podem tentar aumentar seus lucros à custa de importantes atributos do serviço em questão. Poderíamos pedir a eles que fizessem promessas (verbalmente ou por escrito) de agir com uma mentalidade mais voltada para o público? De acordo com Hobbes, não: "Pactos sem o poder da espada são apenas palavras".[18]

Essa alegoria foi usada pela cientista política Elinor Ostrom (1933--2012) e colegas para avaliar a possibilidade de ganhos coletivos com e sem governos.[19] A "espada" é uma "autoridade externa". Se um contrato pode ser redigido, então o sistema judicial pode sancionar possíveis desvios. No entanto, como uma suposição fundamental do dilema custo--qualidade, os contratos são incompletos, e, portanto, certos atributos fundamentais do serviço talvez não sejam bem especificados, obrigando o Leviatã a manter os direitos de controle para supervisionar atores privados ou comandar diretamente o que precisa ser feito.

Crítica desse ponto de vista, Ostrom argumentou que pactos podem funcionar sem o poder da espada. Seu foco também era a resolução de dilemas no fornecimento de bens valorizados pela sociedade. Existem bens públicos que estão amplamente disponíveis (isto é, dos quais ninguém é excluído) e cujo consumo não subtrai a quantidade de bens disponíveis para outras pessoas. Também discutimos casos de bens "públicos" que não são totalmente inclusivos — por exemplo, a educação em escolas públicas de excelência, cujo suprimento (número de vagas) é limitado. E, claro, existem os bens privados, cujo acesso é restrito a quem pode comprá-los.

Mas Ostrom destacou outro tipo importante de bem: os *recursos comuns*, que têm como exemplos típicos os recursos naturais — florestas, lagos, minas e terras férteis. Embora em alguns casos esses bens sejam de propriedade privada (como as minas de empresas), em outros importantes casos eles são de domínio público e acessíveis por meios legais ou informais. Ao contrário dos bens públicos, porém, os recursos comuns são subtraíveis: cada peixe pescado num lago reduz a quantidade de peixes disponíveis para outras pessoas.

O ecologista Garrett Hardin (1915-2003) cunhou o termo "tragédia dos comuns" para descrever os dilemas da exploração de recursos compartilhados.[20] Imagine dois agricultores cujas terras aráveis fazem fronteira com uma área florestal de proteção ambiental dentro de suas propriedades. Eles podem concordar em não cultivar naquela área, pois entendem que preservá-la trará benefícios comuns — por exemplo, a floresta vai evitar a erosão excessiva do solo em caso de chuvas fortes, além de ajudar a preservar as nascentes dos rios e os predadores naturais de pragas agrícolas.

Mas há uma grande tentação. Um agricultor pode expandir sua própria área de cultivo e ainda se beneficiar da floresta (parcialmente) mantida pelo vizinho. Mas por que esse vizinho manteria a área de preservação se ele pode lucrar muito mais cultivando sua área florestal? Se esses ganhos econômicos forem altos, os agricultores logo chegarão a uma situação em que ambos cultivam nas terras protegidas e a floresta vai desaparecer. Agora imagine milhares de agricultores enfrentando a mesma situação. Fica fácil enxergar a tragédia de Hardin.

O Leviatã pode intervir e controlar o acesso aos recursos comuns, desapropriando a área de proteção e tornando-a propriedade pública e/ou impondo restrições ao uso da área e multas pesadas para quem as desobedecer. Mas esses arranjos são imperfeitos. Não só os contratos são incompletos; os sistemas regulatórios também têm lacunas. O governo e os seus agentes reguladores podem ter dificuldade em monitorar e impor as regras de proteção em grandes áreas; os agricultores podem subornar os fiscais públicos e, mesmo que não consigam, podem contestar as multas recebidas na justiça.

Mas será que os agricultores poderiam se organizar para preservar a floresta, mesmo sem o Leviatã? Ostrom desenvolve uma teoria de *autogovernança* baseada na criação de regras voluntárias e acordadas por todas as partes. Voltando ao exemplo, imagine que há muitos agricultores e que eles decidam criar uma cooperativa para vender seus produtos conjuntamente. Eles obtêm ganhos mútuos com a preservação das áreas verdes: isso permite uma produção mais sustentável, levando os agricultores a alcançarem clientes engajados que estejam dispostos a pagar um preço extra por produtos que seguem boas práticas de sustentabilidade.

Em vez de um Leviatã centralizado, teríamos um nexo localizado de acordos voluntários para gerir os recursos comuns. Basicamente, os agricultores precisariam definir os limites do grupo e os papéis de seus membros (quem participa, quem não participa, quem faz o quê). Também precisariam definir regras de atuação indicando o que pode ser feito e o que é proibido em seus terrenos.

Eles precisariam criar mecanismos de comunicação e de decisão para definir essas regras e adaptá-las diante das mudanças. Por fim, algo crucial: teriam que definir como o excedente da operação seria dividido entre os membros e como proceder quando agricultores descumprissem as regras originais.[21]

Na sua essência, a autogovernança é baseada num mecanismo *relacional*: as partes definem e impõem a si mesmas os resultados desejados. Os relacionamentos emergem basicamente da possibilidade de interações repetidas. A "sombra do futuro" cria um incentivo para o cumprimento das regras porque possíveis desvios podem desencadear sanções e, portanto, resultar na perda de futuros ganhos. Por exemplo, agricultores que descumpram as regras podem ser expulsos da cooperativa e perder a oportunidade de vender seus produtos a preços mais altos. A "sombra do passado", por sua vez, resulta de um histórico de interações e permite que os membros do grupo aprendam uns com os outros, comuniquem ajustes necessários e desenvolvam normas de comportamento.

Porém, é mais fácil descrever do que criar esse tipo de mecanismo relacional. Para que ele funcione, é preciso respeitar duas condições-chave: em primeiro lugar, as partes precisam saber ao certo quais ganhos mútuos podem alcançar. Por exemplo, alguns agricultores podem não entender plenamente os possíveis benefícios de preservar a área de floresta e concluir que as regras impostas estão restringindo sua liberdade de lucrar com as terras. Assim, é fundamental garantir comunicação ampla e frequente entre eles.

Em segundo lugar, os agricultores precisam acreditar nas regras: o descumprimento do acordo deve desencadear sanções. Se alguns agricultores mais influentes persuadirem os outros gestores da cooperativa a manter no grupo algum membro que tenha infringido várias regras, a credibilidade do acordo perderá força, e isso reduzirá os incentivos para seguir as regras acordadas.[22]

Mas se os grupos superarem essas dificuldades, conseguirão resolver dilemas sociais sem o Leviatã. A ironia, porém, é que os mesmos relacionamentos que dão sustentação à autogovernança podem favorecer interações privadas em que o Leviatã funciona como um *parceiro*, e não como uma autoridade externa.

É claro que a simples menção a "relacionamentos" com o governo pode levantar fortes preocupações, dados os riscos de corrupção e tratamento preferencial a atores privados bem relacionados com agentes públicos. Por essa mesma razão é comum que as interações entre público e privado se deem por meio de licitações públicas isentas em que diversas empresas competem por determinado contrato. À primeira vista, uma abordagem tão impessoal no momento da contratação pode parecer o oposto de uma governança relacional, mas a verdade é que as interações público-privadas frequentemente se baseiam em relacionamentos, ainda que velados.

Ricard Gil e Justin Marion analisaram mais de 5 mil licitações coordenadas pelo Departamento de Transportes da Califórnia (Caltrans) entre 1996 e 2005. As empresas privadas participantes tinham que dar seus lances, e o mais baixo vencia cada licitação. No entanto, havia várias licitações em sequência, e a mesma empresa podia participar de outras. A natureza repetida das licitações criava uma sombra do futuro: a empresa levava em conta não apenas o que poderia ganhar com um contrato específico, mas também as possíveis receitas com licitações futuras.

A sombra do passado também tinha um papel importante: cada licitante nutria um conjunto de relacionamentos com subcontratantes baseado em interações anteriores. As empresas privadas baixavam seus lances quando tinham mais relações anteriores com os subcontratantes e esperavam fazer mais negócios com o governo no futuro. Talvez o Caltrans sequer tenha percebido, mas se beneficiou de relacionamentos recorrentes com parceiros privados.[23]

1.4. Falhas de governo e males públicos

Bens públicos, externalidades e a tragédia dos comuns são vistos como possíveis fontes de *falhas de mercado*: decisões individuais e descentralizadas podem não ser capazes de gerar benefícios coletivos. Embora seja sempre tentador recomendar a ação do governo para solucionar falhas do mercado, acabamos de discutir como a governança relacional pode beneficiar arranjos voluntários em que interações repetidas suplantam trocas esparsas e fragmentadas. Em outras palavras, ecoando o pensamento de Coase, uma falha de mercado não é uma condição necessária para invocar o Leviatã.

Alguns vão além nesse argumento: a própria ação do governo pode ser problemática. Mais precisamente, tentativas de resolver falhas de mercado podem criar outra forma de ineficiência: *falhas de governo*).[24] A emenda pode sair pior que o soneto.

Em primeiro lugar, o Leviatã pode ser um mau proprietário, algo fácil de explicar pelo conhecido conflito *principal-agente*. Nas empresas privadas, existe um grupo de proprietários, ou "principais", que delegam tarefas-chave aos gestores, ou "agentes". Para garantir que os agentes executem as tarefas da melhor maneira, os principais devem definir padrões de desempenho e monitorar os resultados organizacionais.

Mas quem são os proprietários, os principais na burocracia pública? Em última instância, o dinheiro para financiar as operações estatais vem de impostos cobrados dos cidadãos. No entanto, os cidadãos não conseguem atestar se os gestores públicos estão fazendo um bom trabalho, exceto talvez no caso de serviços que demandam diretamente. E mesmo nesses casos talvez os cidadãos não conheçam uma maneira clara de reclamar ou solicitar melhorias na prestação de serviços.

Nas democracias, em última análise a sociedade delega a função de monitoramento a políticos eleitos que, com algumas exceções, em geral têm poucos incentivos para estimular um melhor desempenho dos gestores públicos. Em regimes autoritários, o ditador faz o que bem entende de maneiras que podem ser extremamente dissociadas dos interesses dos cidadãos.

Em segundo lugar, além de ser um mau proprietário, o Leviatã pode ser um mau gestor. A discussão anterior sobre o dilema custo-qualidade mostrou como os gestores públicos são menos propensos a buscar ganhos operacionais. Ao contrário dos salários dos gestores de empresas privadas, que podem receber bônus ou acréscimos salariais a partir de indicadores de lucratividade e produtividade, o salário dos gestores públicos está mais atrelado às descrições técnicas do cargo e à estabilidade. Atrelar o avanço da carreira a ganhos de produtividade é uma tarefa ainda mais desafiadora, e em determinados contextos é difícil — se não impossível — demitir servidores públicos com desempenho consistentemente ruim.[25]

Como se já não bastassem esses problemas, o Leviatã não é um ator único, mas uma teia de interesses políticos. Vejamos o caso de estatais criadas para gerir recursos naturais ou fornecer serviços essenciais (como água ou energia elétrica). Se, por um lado, as empresas privadas tendem a escolher em quais projetos vão investir com base na lucratividade esperada e a contratar novos funcionários com base em suas habilidades e méritos, por outro, os políticos podem tentar direcionar investimentos para regiões onde possam colher mais dividendos políticos e nomear seus apadrinhados para cargos de direção.

Nessa linha, diversos estudos detectaram ganhos de desempenho operacional na mudança da propriedade estatal para a privada. William Megginson, especialista em privatização, pesquisou mais de cem estudos sobre propriedade estatal em vários países e concluiu que "o 'capitalismo de Estado' é um modelo essencialmente fracassado". Como sempre, há exceções, e o efeito final depende muito do contexto — por exemplo, os ganhos operacionais parecem aumentar quando há proprietários privados bem definidos monitorando o desempenho das empresas privatizadas e quando os processos de privatização são concebidos de modo a prevenir a corrupção na passagem da propriedade estatal para a propriedade privada.[26]

Esses argumentos indicam que a expectativa que se tem das organizações públicas é que não persigam o objetivo geral de solucionar falhas de mercado e que podem até mesmo criar, *deliberadamente*, falhas de governo.

A escalada da ação pública ineficaz foi amplamente discutida por

William Niskanen (1933-2011), economista que contribuiu para os programas orientados ao mercado implementados por Ronald Reagan, presidente dos Estados Unidos na década de 1980. No seu discurso de posse, Reagan declarou que "o governo não é a solução para o nosso problema; o governo é o problema". Nessa mesma linha, Niskanen argumentou que os burocratas tendem a "superproduzir" seus serviços e vão lutar com unhas e dentes por recursos públicos. Eles querem maximizar seus orçamentos e às vezes podem até gerar prejuízos sociais se a tributação excessiva para financiar atividades públicas não gerar benefícios públicos correspondentes.

O artigo de Peter Klein, Joseph Mahoney, Anita McGahan e Christos Pitelis, que analisa as implicações de desempenho das capacidades públicas, sugere que o Leviatã pode promover bens públicos, mas também pode se tornar cada vez mais capaz de fornecer *males públicos*.[27] Nessa mesma linha, ao longo deste livro afirmo recorrentemente que o desempenho das operações estatais a princípio vai depender da capacidade de manter as falhas de governo sob controle — ou pelo menos em níveis que não criem grandes distorções ao longo da cadeia de serviços públicos.

1.5. A privatização é "justa"?

A maioria dos estudos que comparam gestão privada e pública busca descobrir qual delas é mais *eficaz* na geração de ganhos sociais. Escolas e hospitais públicos são melhores do que suas contrapartes privadas? Eles geram benefícios que superam seus custos? Essas análises avaliam o "lado da oferta".

No entanto, existe um problema similar no "lado da demanda". Mesmo que as empresas privadas tenham um desempenho superior ao de suas contrapartes públicas, serão elas capazes de operar no lucro em segmentos populacionais de maior vulnerabilidade, como áreas remotas e carentes ou populações com graves restrições de renda? Se não são capazes, será que os governos deveriam tributar os cidadãos mais abastados e usar essa verba para oferecer serviços aos menos favorecidos, seja por meio de ação pública direta ou de gestão privada com patrocínio público? A criação desses impostos se justifica?

Na década de 1970 um debate acalorado entre dois acadêmicos do Departamento de Filosofia da Universidade Harvard lançou luz sobre essas questões. Um desses filósofos, John Rawls (1921-2002), publicou em 1971 um livro que se tornou referência no estudo de como as sociedades deveriam abordar os problemas de liberdade e igualdade. O livro, *Uma teoria da justiça*, segue uma tradição liberal: em princípio, os indivíduos são livres para escolher as regras de interação que melhor promovam a cooperação e o progresso.[28]

Num experimento mental, Rawls pergunta quais princípios gerais de justiça indivíduos livres escolheriam se fossem obrigados a esquecer quem são: sua riqueza, sua genealogia, sua posição na sociedade, toda a sua história. Rawls se refere a essa condição como o *véu da ignorância*.

Ele sugere que as pessoas sob o véu da ignorância chegariam a dois princípios gerais. O primeiro é que todas as pessoas devem gozar de liberdades gerais, entre as quais a liberdade de trabalhar, falar, pensar e votar, e também devem ser protegidas contra roubo e expropriação arbitrária de suas posses. O segundo princípio, por sua vez, parte da ideia de que as pessoas devem ter oportunidades iguais de assumir posições relevantes na sociedade, como concorrer a um cargo público ou empreender com sucesso.

No entanto, nem todos os indivíduos terão as habilidades e os recursos necessários para serem selecionados para esses cargos. Rawls propõe, assim, um requisito adicional: toda desigualdade existente deve beneficiar os mais pobres. Um termo atual para esses objetivos é *inclusão*: dar acesso a todos, especialmente aos grupos mais desfavorecidos da sociedade.

E quem são os grupos desfavorecidos? A maioria das discussões sobre o tema se concentra nas disparidades de renda. Assim, os que estariam na pior situação são os indivíduos e as famílias com menos capacidade de adquirir produtos e serviços com padrões de qualidade adequados. No entanto, conforme o economista Amartya Sen argumentou com veemência, a privação de renda é apenas um dos muitos desafios dos desprivilegiados.[29]

Por exemplo, mesmo que consigam adquirir bens básicos, as pessoas podem ter uma série de deficiências cognitivas ou físicas que limitam seu potencial para aprender habilidades fundamentais, encontrar uma profissão e desfrutar plenamente de suas vidas — deficiências essas relacionadas não só à renda, mas também a um conjunto mais amplo de condições adversas causadas por impedimentos físicos, pela falta de apoio familiar, pela violência social, pela suscetibilidade a desastres naturais e por muitas outras ameaças.

Em linhas gerais, embora os argumentos que discutimos analisem a *eficácia* da gestão pública e da gestão privada, também podemos avaliar os dois tipos de gestão em termos de *justiça* social. Como garantir que os menos favorecidos sejam bem atendidos? Rawls dá o exemplo de uma política concreta: "o governo tenta assegurar oportunidades iguais de educação e cultura a pessoas semelhantemente dotadas e motivadas, seja subsidiando escolas particulares, seja estabelecendo um sistema de ensino público".

Em outras palavras, segundo Rawls, a gestão pública é uma possibilidade, mas não é necessária para se alcançar a justiça social. Seguindo o ponto de vista coaseano, Rawls sugere que "a questão passa, então, a ser a comparação das possíveis opções".[30] No entanto, para Rawls, a sociedade deve priorizar as necessidades dos desfavorecidos — o que significa, por exemplo, que os governos devem garantir que não só aqueles que podem pagar as mensalidades das melhores escolas particulares tenham acesso a uma boa educação.

No mesmo departamento de Harvard, Robert Nozick (1938-2002) discordou da formulação de seu colega. Três anos após a publicação de *Uma teoria da justiça*, Nozick publicou outro livro seminal: *Anarquia, Estado e utopia*. Segundo ele, mesmo que existam desigualdades, alguém — incluindo governos — deveria ter arbítrio legítimo para fazer algo a respeito? Por exemplo, é aceitável limitar quanto dinheiro indivíduos podem ganhar ou exigir que estes redistribuam sua riqueza por meio de impostos compulsórios?[31] E, mesmo sem esse apoio estatal, ficarão os menos favorecidos desassistidos e condenados à condição de desprivilegiados?

Não necessariamente, argumenta o autor. Por exemplo, para combater os baixos salários ou o fornecimento insuficiente de bens úteis, Nozick pergunta por que os trabalhadores não podem se organizar numa atividade empreendedora voluntária. Uma possível estratégia seria a criação de uma associação ou cooperativa de trabalhadores na qual todos os membros tenham direitos iguais de voto. Também existem cooperativas que prestam serviços fundamentais, como educação ou fornecimento de crédito.

Não é coincidência que essa sugestão se parece com o mecanismo relacional de Elinor Ostrom, discutido na seção anterior. Nozick também considera que os indivíduos não precisam necessariamente do Leviatã para resolver dilemas coletivos. Nesse caso, porém, a cooperativa (ou qualquer outro acordo coletivo) é concebida não apenas para atender a mercados potencialmente falidos, mas também para consertar falhas de *justiça*.[32]

De acordo com esse argumento, também não podemos descartar a possibilidade de empresas privadas enxergarem oportunidades para atingir segmentos populacionais vulneráveis. Uma literatura cada vez maior sobre estratégia de negócios analisou como as empresas podem não só visar os menos favorecidos, mas fazê-lo de forma *lucrativa*. A ideia é que as empresas possam alavancar suas competências para criar e oferecer produtos melhores para mercados de alto crescimento e baixa renda que são mal atendidos pelos atores existentes.

C. K. Prahalad e Alan Hammond estimaram um "prêmio de pobreza" devido a essa oferta escassa. Por exemplo, os moradores de Dharavi, uma comunidade em Bombaim, na Índia, pagavam dez vezes mais por medicamentos e 53 vezes mais por serviços de crédito em relação aos preços oferecidos em áreas mais abastadas da cidade.[33] As empresas privadas poderiam se beneficiar de seu tamanho em muitos países em desenvolvimento e emergentes para explorar esses mercados negligenciados com produtos melhores e operações produtivas.

De modo geral, o pensamento gerencial vem considerando cada vez mais que as empresas privadas precisam ultrapassar uma perspectiva centrada no proprietário e passar a acomodar os interesses de um amplo conjunto de atores importantes afetados por seu modelo de negócios — os chamados *stakeholders*.

Uma variante da visão corporativa com foco nos stakeholders é mais pragmática: seus proponentes argumentam que os gestores simplesmente não podem criar riqueza para seus proprietários se não cuidarem de seus múltiplos stakeholders. Por exemplo, tratar e remunerar bem os funcionários pode levar a produtos melhores e clientes mais satisfeitos. Com isso, a empresa aumenta as vendas e os lucros.

Esse mecanismo é a base do princípio gerencial conhecido por "dar-se bem fazendo o bem" (*doing well by doing good*) e segue uma perspectiva mais *instrumental* das relações com os stakeholders. Nessa visão, não importa se as empresas estão genuinamente interessadas no bem comum, pois elas podem ter um incentivo egoísta para criar e compartilhar ganhos econômicos.[34] Nesse caso, não há nada coagindo as empresas a beneficiarem seus stakeholders. Elas só fazem isso porque é do seu interesse engajar as partes interessadas na criação de um modelo de negócios singular. Os gestores e proprietários seriam totalmente livres para se arriscar a seguir outra direção. Nozick ficaria feliz.

Podemos levar esse ponto de vista ainda mais longe argumentando que proprietários de empresas privadas podem seguir outros objetivos além do lucro. Um importante relatório da J. P. Morgan de 2010 explicou o surgimento de *investidores de impacto*, que buscam empresas que combinam rentabilidade e dimensões socioambientais de desempenho — por exemplo, start-ups que fornecem tecnologias de aprendizagem de baixo custo ou clínicas acessíveis.[35] Fundos especializados em investimento de impacto, como o Bridges Ventures, na Inglaterra, ou o Vox Capital, no Brasil, foram criados para promover esses empreendimentos utilizando recursos de famílias ricas e investidores conscientes.

Na verdade, a velha noção de que as empresas devem se concentrar na maximização do lucro vem sendo cada vez mais contestada tanto na teoria como na prática. Podemos novamente invocar Oliver Hart (que propôs o dilema custo-qualidade), desta vez num influente artigo escrito em parceria com Luigi Zingales. Eles propuseram que as corporações deveriam prestar atenção às *preferências* dos acionistas, e não necessariamente ao valor de mercado de suas ações.[36]

A presença de investidores que voluntariamente buscam gerar benefícios públicos — e até sacrificam parte de seus lucros para alcançá-los

— abre a possibilidade de atuação de empresas privadas em atividades que costumam ser geridas ou financiadas pelo Estado. E esse potencial, pelo menos em princípio, permite conciliar a ênfase de Rawls nos desfavorecidos com a oposição de Nozick aos tributos e transferências involuntárias.

Por outro lado, também existem limites importantes para os arranjos privados que buscam promover a inclusão. Considere a seguinte história. (Eu me deparei pessoalmente com variações desse dilema em diversas ocasiões.) Uma empresa de desenvolvimento urbano propõe a revitalização de um bairro pobre. De início, a ideia é melhorar a infraestrutura local e construir casas para as famílias do bairro.

No entanto, o projeto dá tão certo que muitas pessoas de fora do bairro querem comprar ou alugar as casas recém-construídas. Com isso, os preços dos imóveis disparam, e a empresa cogita melhorar ainda mais a infraestrutura para atrair moradores de renda mais alta. Estudos internos indicam que ajustar o plano original para ter clientes mais abastados geraria mais lucro no longo prazo.

Esse ajuste é fácil de executar, e a empresa está livre de qualquer regulamentação governamental que exija a acomodação de famílias de baixa renda no bairro. No entanto, o ajuste no plano implicaria um desvio do foco inicial nos moradores desfavorecidos, o que é inconsistente com a ênfase de Rawls no bem-estar das classes mais baixas. As famílias de baixa renda não têm recursos suficientes para pagar pela moradia a preços mais elevados. Talvez pudessem se organizar e criar uma espécie de cooperativa de crédito — como sugeririam Ostrom e Nozick —, mas esse seria um investimento ambicioso e que exigiria fundos adicionais possivelmente difíceis de angariar nos mercados privados de crédito.

Nesse ponto, a empresa tem liberdade para tomar a seguinte decisão: manter o plano original ou ajustá-lo para aumentar os lucros, atraindo clientes mais abastados? Ao ajustar o plano, a empresa gera lucro, mas não prioriza as famílias mais carentes. Ao manter o plano original, a empresa beneficia as famílias desfavorecidas, mas tem um menor desempenho financeiro. Nessa situação não é possível "dar-se bem fazendo o bem". A empresa precisa fazer uma escolha crucial: priorizar o lucro ou o bem-estar de seus clientes de baixa renda.

Imagine que os gestores da empresa decidam manter o plano original de apoiar famílias de baixa renda. Uma questão fundamental será como financiar a aquisição ou o aluguel das unidades. Uma opção seria estruturar subsídios internos cruzados: as unidades mais caras, adquiridas pelos moradores com melhor condição financeira, poderiam ajudar a baixar os preços dos imóveis para as famílias carentes. Nesse modelo, os donos da empresa terão que sacrificar parte de seus lucros. Mas eles serão tentados a simplesmente estabelecer preços de mercado, atrair clientes de alta renda e dedicar apenas uma pequena fração da área original — ou mesmo não dedicar nenhuma parte —, às populações de baixa renda que faziam parte do plano original.

Como evitar esse perigo? Uma possibilidade é atrair investidores de impacto que busquem de forma mais equilibrada objetivos econômicos e sociais. Eles podem fazer parte do conselho da empresa, interagir com os gestores e persuadir os outros proprietários a manter o plano original. Mas mesmo os investidores ricos têm limites no número de beneficiários e projetos que podem apoiar. Assim, e se a iniciativa for tão bem-sucedida que outras cidades ou até países quiserem replicá-la? Talvez esse projeto possa fazer parte de um programa de políticas públicas mais amplo para a criação de moradias populares.

O Chile, por exemplo, implementou um sistema de subsídios concedidos a famílias de baixa renda para a compra de unidades residenciais construídas e vendidas por empresas privadas. Em princípio, trata-se de um mecanismo de mercado pelo qual indivíduos com restrição orçamentária recebem recursos para escolher livremente suas opções preferidas. Se o subsídio fosse insuficiente para pagar o preço total da unidade, a família poderia pedir empréstimo num banco privado. Mas, como os bancos privados consideravam o empréstimo extremamente arriscado — devido à condição de pobreza de algumas famílias —, um banco estatal, o BancoEstado, precisou intervir para garantir os empréstimos a esse segmento populacional vulnerável.[37]

Nesse exemplo, a ação privada voluntária sem transferências impostas pelo governo não foi possível. O Leviatã foi convocado a melhorar as restrições do lado da demanda e *também* a mitigar a relutância dos credores privados em atender segmentos muito pobres. Assim como no caso da eficácia, para alcançar a inclusão também é preciso haver uma análise informada dos méritos e custos de modelos alternativos de fornecimento — sejam eles públicos, privados ou uma combinação dos dois formatos. Não podemos simplesmente presumir que soluções privadas ou públicas vão, sozinhas, resolver automaticamente problemas críticos de acesso.

1.6. Dos bens públicos aos valores públicos: a legitimidade da privatização

A discussão anterior convergiu para dois resultados principais a serem priorizados na decisão de privatizar: eficácia e inclusão. Mas essa escolha é limitada por percepções sociais de como organizar adequadamente uma atividade de interesse público. O sociólogo Max Weber (1864-1920) declarou que o Estado tem o monopólio do uso da força em seu território.[38] Embora existam organizações privadas de fiscalização, a polícia e os militares fornecem segurança em grande escala e são atores do Estado. Essas atividades poderiam ser terceirizadas para empresas privadas?

Conforme visto com frequência em obras de ficção distópica, a presença de grandes corporações controlando atividades de segurança pública pode conduzir a abusos. De maneira mais geral, os cidadãos podem entender que têm direitos — neste exemplo, paz, liberdade e vida — e que o governo possui a prerrogativa inalienável de defender esses direitos. Nas democracias, a criação e o financiamento de organizações públicas devem ser aprovados por leis formuladas por autoridades eleitas. Os regramentos das organizações públicas devem nascer de discussões amplas, e sua orientação geral deve estar explicitamente vinculada às demandas da sociedade.

Os estudiosos da gestão pública chamam esses princípios que influenciam o que os governos devem ou não fazer, e como fazer, de *valores públicos*. No nosso contexto, esses valores, bem como considerações sobre eficácia e inclusão, podem coibir a escolha de utilizar atores privados em iniciativas públicas. Uma organização militar privada hipoteticamente benigna pode ser bastante eficaz e inclusiva (no sentido de que todos os cidadãos são igualmente protegidos), mas talvez a sociedade considere que esses serviços exigem debate público e envolvimento do Estado.

Em outras palavras, a privatização não é uma decisão "técnica" definida por um grupo seleto de formuladores de políticas e seus assessores econômicos. Todo o processo deve ser visto como *legítimo* pela sociedade.[39]

A legitimidade depende essencialmente de como são vistas as intenções dos responsáveis pelas atividades públicas. Oliver Williamson (1932-2020), um dos principais colaboradores da análise comparativa das formas organizacionais na tradição de Coase, argumentou que a *probidade* é um determinante fundamental das decisões na fronteira entre o público e o privado. Segundo ele, "probidade implica um alto padrão de integridade, incluindo nela excelência profissional, na unidade organizacional à qual certa tarefa foi atribuída".[40]

Para ilustrar a questão, Williamson dá o exemplo de como administrar as relações exteriores de um país. O que aconteceria se essas atividades fossem terceirizadas para uma empresa privada? Imagine que o país enfrente uma ameaça externa inesperada trazendo custos adicionais não especificados no acordo original. O líder político responsável também pode exigir o apoio de profissionais caros e especializados para enfrentar as disputas diplomáticas.

Talvez o governo pudesse impor regras e regulamentos de como a empresa privada teria que reagir às mudanças nas demandas públicas. No entanto, argumenta Williamson, "a burocracia privada vai enxergar tudo isso através das lentes conflitantes da eficácia da política externa e do resultado financeiro, significando que existem dilemas".[41] A solução, então, é *não* terceirizar essas atividades e, em vez disso, contar com servidores públicos leais à missão do Estado e protegidos da pressão financeira.

Basicamente esse problema está relacionado ao já mencionado dilema custo-qualidade. Qualquer contrato entre um líder de Estado e uma empresa privada de gestão de relações exteriores será altamente incompleto, o que pode levar à negligência de atributos importantes, mas impossíveis de especificar em contrato. Em linha com o modelo HSV, no caso da atividade de presídios Williamson faz a seguinte previsão: "O governo pode ter a propriedade do bem físico especializado (o presídio) e franquear sua operação, mas considerações a respeito da qualidade do serviço — aqui refletidas como probidade — sinalizam que é preciso ter precaução".[42]

Preocupações com a legitimidade também são muito importantes no estabelecimento de programas de privatização envolvendo a venda de estatais que prestam serviços de utilidade pública. As reformas neoliberais do fim do século XX foram recebidas com críticas de que as políticas públicas das estatais poderiam acabar nas mãos de capitalistas privados. Irão esses capitalistas se importar se as populações locais têm acesso a serviços adequados? Tentam apenas lucrar com uma grande base de clientes ou querem promover o desenvolvimento local? Não à toa muitas privatizações foram apenas parciais, com os governos mantendo ações minoritárias das estatais.[43]

No entanto, a percepção de legitimidade pode variar entre as organizações. Vejamos o caso de institutos, fundações ou organizações da sociedade civil que participam da prestação de serviços públicos. O fato de serem organizações sem fins lucrativos ajuda a mitigar o dilema custo-qualidade, ao conter incentivos excessivos para cortar custos ou aumentar o excedente operacional à custa de atributos de serviço que não estejam especificados no contrato.

As organizações sem fins lucrativos também tendem a ser orientadas a missões e especializadas. Ao contrário de empresas com fins lucrativos, seus objetivos podem estar mais naturalmente alinhados com grupos bem definidos de beneficiários — como no caso de hospitais e escolas sem fins lucrativos para famílias de baixa renda.[44] Todos esses fatores podem aumentar a percepção de legitimidade da privatização e atenuar as críticas de que os programas de privatização são concebidos com o propósito de criar oportunidades de lucro a partir de atividades públicas.

Mas, como sempre, essa situação traz dilemas. Por não poderem se apropriar legalmente de superávits financeiros, os gestores de organizações sem fins lucrativos podem não se sentir incentivados a alcançar o melhor desempenho possível — algo que também ocorre em organizações públicas. A necessidade de financiamento e expansão contínuas da operação também pode levá-los a focalizar nos interesses de doadores em potencial, em vez de beneficiários. Além de tudo, os recursos de que dispõem são limitados, o que pode reduzir a escala do impacto dessas organizações.

Em outras palavras, mesmo que o envolvimento de organizações sem fins lucrativos nos serviços públicos seja percebido como mais legítimo do que o envolvimento de empresas com fins lucrativos, não está totalmente claro se as primeiras serão mais eficazes ou inclusivas do que as alternativas (e nisso incluo também as operações estatais). Não se pode olhar para a legitimidade de forma isolada; ela também depende da capacidade organizacional de entregar resultados em grande escala.

1.7. Uma questão, muitos argumentos

O grande número de argumentos a favor e contra a atuação de empresas privadas em iniciativas públicas (resumidos na Tabela 1.1) pode causar a impressão inicial de que o debate sobre privatização é volúvel e inconclusivo. Mas na verdade essa aparente disparidade se deve ao fato de que os argumentos dão ênfase a questões distintas. Ao passo que as perspectivas do ponto de vista do bem público, dos dilemas custo-qualidade, dos contratos relacionais e das falhas de governo se concentram na eficácia, a perspectiva da justiça foca em descobrir se os atores públicos ou privados vão promover maior inclusão ou, ao contrário, atender segmentos populacionais menos vulneráveis.

Além de tudo, a maioria desses pontos de vista gera argumentos que dão suporte e *ao mesmo tempo* levantam riscos associados à atuação privada na iniciativa pública. Por exemplo, o dilema custo-qualidade sugere que empresas com fins lucrativos podem cortar custos mesmo que isso reduza a qualidade dos serviços mais importantes. No entanto, custos mais baixos também são um atributo desejável nos serviços públicos — afinal, reduzem as despesas públicas e a necessidade de

Tabela 1.1. Perspectivas sobre a participação de atores privados em atividades públicas

Perspectiva	Tema focal	Argumento a favor da atuação de empresas privadas	Argumento a favor da atuação de empresas estatais
Atividades públicas como bens públicos	Eficácia	Atores privados podem negociar voluntariamente pagamentos coletivos para financiar e fornecer bens públicos.	Considerando que é difícil lucrar com o fornecimento de bens públicos em mercados autônomos, a oferta desses bens não será suficiente.
Contratos incompletos: o dilema custo-qualidade	Eficácia	Operadores privados que buscam maximizar os lucros têm incentivos econômicos para serem mais produtivos e cortar custos.	No esforço para cortar custos, os operadores privados podem negligenciar dimensões de qualidade que são difíceis de especificar em contratos.
Governança relacional	Eficácia	Os relacionamentos (interações repetidas) permitem que os atores privados promovam o fornecimento de bens públicos e mitiguem as falhas de mercado.	Os relacionamentos (interações repetidas) permitem que os governos criem e patrocinem colaborações público-privadas.
Falhas de governo e males públicos	Eficácia	O governo é mau proprietário, mau administrador e está sujeito a interesses políticos egoístas.	Nenhum.
Justiça	Inclusão	Taxar ou forçar indivíduos a apoiarem populações vulneráveis não se justifica, pois estas têm a opção de se auto-organizar, potencialmente com contribuições privadas voluntárias.	Grupos desfavorecidos podem enfrentar graves restrições na tentativa de auto-organização, e o setor privado pode não ter interesse suficiente em remediar as vulnerabilidades desses grupos.
Valores públicos	Legitimidade	Alguns atores externos que participam de iniciativas públicas têm objetivos sociais (por exemplo, organizações sem fins lucrativos orientadas a missões e financiadas por doadores privados).	Ao contrário do que acontece nas empresas privadas, as estatais — pelo menos nas democracias — nascem a partir do debate público e em tese devem tentar cumprir objetivos públicos. Além disso, o fato de os gestores públicos não terem incentivos para economizar reduz as preocupações relativas à probidade.

aumentar impostos. Assim, a pergunta central é: poderiam os governos atuar para garantir um serviço de alta qualidade e ao mesmo tempo se beneficiar dessas possíveis economias?

Em vez de escolher a dedo um argumento teórico e defender de forma genérica a atuação de empresas públicas ou privadas, o exercício adequado a se fazer é analisar a fundo os prós e contras de cada alternativa e propor maneiras de lidar com seus dilemas inerentes. Precisamos, portanto, de uma estrutura de decisão consolidada que mostre quando e em quais condições determinada opção é preferível a outras.

Para me aprofundar nessa análise, no próximo capítulo trarei uma discussão mais detalhada dos resultados mais gerais que as decisões de privatização podem buscar: *eficácia* e *inclusão*. Em seguida, vou propor uma estrutura de decisão consolidada, indicando em quais condições os serviços público, privado ou híbrido (público-privado) podem ou não ajudar a atingir os resultados pretendidos, com base na percepção de *legitimidade* de cada modelo. Assim, evita-se recomendar "soluções" irreais que talvez enfrentem forte oposição pública e nunca sequer cheguem a ser colocadas em prática.

2
A busca de eficácia e inclusão

NO CAPÍTULO 1, analisei os argumentos a favor e contra a privatização com foco em dois resultados-chave: eficácia (a qualidade do serviço comparada ao custo de seu fornecimento) e inclusão (o acesso de grupos desfavorecidos ao serviço). Neste capítulo, detalho esses dois resultados cruciais.

Os serviços de água e saneamento básico ilustram bem a importância da eficácia e da inclusão na decisão de privatizar um serviço público. Em 2017, apenas 45% da população mundial tinha acesso a banheiros e infraestrutura adequada para descartar ou tratar dejetos. Cerca de 2 bilhões de pessoas careciam até das condições sanitárias mínimas que reduziriam o contato humano com fezes e urina e, portanto, ficavam expostas a uma série de doenças como diarreia, cólera e disenteria. A defecação a céu aberto ainda era uma prática comum no dia a dia de 673 milhões de pessoas.[1] Em locais com esgoto a céu aberto, é comum ver cenas chocantes de crianças brincando e até bebendo a água insalubre dessas áreas. Por exigirem enormes investimentos em saneamento e infraestrutura de tratamento de esgoto, os serviços básicos de saneamento e água potável costumam ser negligenciados por governos de todo o mundo.

Esse cenário desalentador levou os bilionários Bill e Melinda French Gates a patrocinarem, por meio de sua fundação, uma iniciativa chamada "Reinvent the Toilet Challenge" (Desafio Reinventando o Vaso Sanitário). Eles deram a cada equipe de pesquisadores 400 mil dólares para buscar soluções inovadoras e acessíveis. Segundo Bill Gates:

> Pedimos para cada equipe desenvolver um vaso sanitário que destruísse os dejetos humanos ou os convertesse num recurso valioso, como combustível ou fertilizante. O vaso sanitário teria que operar de forma autossuficiente — sem conexão com água, esgoto ou linha elétrica. O custo para operá-lo precisava ser inferior a 5 centavos por usuário, por dia.

Com uma nova tecnologia autossuficiente, é provável que as pessoas não precisem esperar que seus governos locais priorizem e invistam em serviços de saneamento básico. Se for barata e acessível, a solução também poderá ser mais eficaz do que os sistemas tradicionais de esgoto — ou seja, pode coletar e tratar dejetos humanos a um custo inferior. Talvez esse aumento da eficácia estimule uma demanda pela nova tecnologia. Uma condição final imposta por Bill Gates foi: "É preciso que as pessoas queiram usá-la, e de preferência não só nos países pobres, mas também nos ricos".[2]

Equipes de pesquisa de universidades de todo o mundo criaram várias arquiteturas tecnológicas para o vaso sanitário. Algumas são alimentadas por energia solar, ao passo que outras usam a combustão dos elementos sólidos; um protótipo permitia até o reaproveitamento da água. No início de 2020, um grupo de pesquisa da Universidade Duke relatou os resultados de testes de campo na Índia e na África do Sul. Novos desenvolvimentos são esperados para os próximos anos.[3]

Neste exemplo, se a iniciativa for bem-sucedida, eficácia e inclusão andarão de mãos dadas. No entanto, isso nem sempre acontece. Às vezes, haverá dilemas com profundas implicações para a escolha entre a atuação de empresas privadas versus a de estatais em atividades cujo fornecimento adequado pode melhorar sobremaneira o bem-estar de diversas populações.

2.1. Eficácia

A eficácia envolve basicamente uma comparação entre os custos e os benefícios do fornecimento de um produto ou serviço. Esses benefícios, que contribuem para o que chamei amplamente de "qualidade" no Capítulo 1 (seção 1.2), envolvem dois componentes gerais.

Os benefícios "internos" são melhorias valorizadas diretamente pelos beneficiários do produto ou serviço. No exemplo da seção anterior, a redução na incidência de diarreias e outras doenças infecciosas, causada por novos investimentos em saneamento básico, aumenta o bem-estar da população e reduz os custos com tratamentos de saúde. Populações mais saudáveis também podem aumentar sua renda, considerando que doenças graves e frequentes reduzem sua capacidade de investir tempo em atividades produtivas. Em condições mais extremas, os benefícios de uma melhoria no sistema de saneamento podem até incluir milhares de vidas salvas.

Os benefícios "externos" são externalidades trazidas pela melhoria do serviço para áreas que vão além da população-alvo original. Assim, a coleta e o tratamento do esgoto evitam a propagação de doenças infecciosas para outras regiões. Esses investimentos também ajudam a preservar os recursos comuns. A coleta e o tratamento de resíduos reduzem os problemas da poluição e da escassez de água, aumentando sua disponibilidade para outros usos. Por exemplo, além de ingeri-la, passamos a usá-la também na irrigação. Um território aberto e livre de dejetos, acessível a todos, tem características de bem público.

Com tantos resultados gerados por um projeto público, avaliar sua eficácia pode ser uma tarefa difícil. Às vezes é possível realizar análises simples com resultados diretamente observáveis — por exemplo, o número de indivíduos com condições sanitárias adequadas ou a incidência de doenças infecciosas. A partir desses indicadores, um exercício simples é calcular um índice de eficácia com base em quantas famílias têm acesso a melhorias do saneamento básico para cada dólar investido.

É possível dar um passo adiante e calcular o valor econômico desses benefícios. Podemos perguntar: quanto a sociedade ganha com a redução de doenças infecciosas e com água mais limpa? Nessa linha, um estudo estimou que cada dólar investido na expansão mundial da infraestrutura de saneamento básico poderia gerar 5,50 dólares em benefícios sociais. Considerando a dimensão desses problemas em todo o planeta, os ganhos mundiais poderiam chegar a 35 bilhões de dólares por ano.[4] Entre os benefícios sociais estimados estão a redução nos custos com tratamentos de saúde, o número de vidas salvas e um acréscimo no tempo produtivo, tendo em vista que o trabalhador com acesso a instalações sanitárias superiores não fica doente com frequência.

Mas existem outros possíveis benefícios que não são calculados em dólares. Alguns são mais fáceis de mensurar, como a valorização dos imóveis locais e o aumento na renda dos moradores da região se as melhorias nas condições de saneamento básico atraírem investimentos externos. Mas outros resultados podem ser mais difíceis de medir e monetizar, como o aumento da autoestima e da percepção de dignidade proporcionado pela melhoria nas condições de vida, bem como benefícios ambientais de longo prazo provenientes da água potável e da redução na poluição do solo.

Relembre que a presença de atributos difíceis de medir e verificar está na raiz do dilema custo-qualidade, discutido no Capítulo 1. De modo mais geral, as iniciativas públicas envolvem um conjunto de atividades complementares e diversos resultados — alguns dos quais ocorrem em conjunto, interligados, enquanto outros são potencialmente conflitantes.

No exemplo que acabamos de discutir, percepções subjetivas de melhoria nas condições de vida podem fluir naturalmente de resultados que podem ser medidos de maneira mais objetiva, como um aumento na disponibilidade de banheiros e uma redução na incidência de doenças. Na educação, por outro lado, é possível que diretores e professores deem ênfase a tópicos curriculares que são medidos por testes de aprendizagem padronizados e deixem de lado atividades que possam desenvolver um conjunto mais amplo de habilidades — esse é o famoso problema de "ensinar apenas a passar na prova".

De maneira geral, as intervenções estatais ou privadas tendem a ser *multitarefa* e têm uma série de resultados de desempenho que podem ser difíceis ou caros de verificar.[5] Desse modo, a eficácia, para os propósitos deste livro, deve ser considerada um conceito multidimensional, que exige uma avaliação sistemática de vários resultados de qualidade que são valorizados pelas populações-alvo e podem ser influenciados pelas ações de órgãos públicos ou privados.

2.2. Inclusão

Assim como no caso do saneamento básico, iniciativas bem geridas para aumentar o acesso a água potável tendem a ser bastante eficazes: o estudo sobre saneamento básico citado anteriormente também estimou que cada dólar investido na melhoria do abastecimento de água deve gerar dois dólares em benefícios sociais ou até mais (4,30 dólares), se combinado a investimentos em coleta e tratamento de resíduos.

No entanto, o acesso continua a ser uma preocupação fundamental. O custo de instalação dos equipamentos de tratamento de esgoto e das tubulações de água é alto. Talvez os provedores privados se concentrem nas populações de alta renda que podem pagar não só tarifas variáveis pela água que consomem, mas também tarifas fixas (pela conexão) para cobrir os investimentos iniciais em infraestrutura. Mesmo quando esses serviços já estão presentes em áreas mais carentes, a população local pode não querer ou não conseguir pagar essas tarifas e buscar fontes alternativas e menos seguras de água.

A experiência ao redor do mundo mostra que a participação privada no abastecimento de água exige mecanismos contratuais e regulatórios para garantir o acesso adequado e evitar o descaso sistemático das regiões mais carentes.[6] Os programas de privatização podem ser bastante eficazes, o que não necessariamente significa que serão inclusivos.

Nesse exemplo, a inclusão é vista através das lentes de um grupo de indivíduos desfavorecidos que não podem pagar por serviços eficazes. A distribuição de renda geralmente é um fator fundamental que influencia o acesso, além de ser um aspecto central para avaliar se determinado método de prestação de serviço pode ser considerado "justo" (lembre-se da discussão no Capítulo 1, seção 1.5). Os desfavorecidos, neste caso, serão indivíduos com poucos recursos e sem renda suficiente para adquirir bens e serviços básicos.

Mas essa vulnerabilidade pode ser fruto não só de uma insuficiência na renda, como também de uma série de condições que limitam o acesso e o desenvolvimento individual. Traços demográficos como idade, sexo e etnia costumam ser associados à discriminação e até à vulnerabilidade e à violência. É possível que esses indivíduos também não tenham nível de escolaridade e apoio familiar para seguir uma carreira e prosperar. Eles podem viver em regiões de conflito ou com problemas ambientais. Mesmo quando os serviços locais estão disponíveis, o acesso a eles pode ser limitado por deficiências físicas ou cognitivas.[7]

Quando consideramos múltiplas fontes de vulnerabilidade, facilitamos a tarefa de elaborar intervenções para melhorar o acesso, indo além da ênfase usual em resolver restrições de renda. Geralmente, nesta área os analistas de políticas começam definindo qual é a população-alvo e, em seguida, constroem uma *teoria da mudança* com um fluxo lógico para indicar como uma série de atividades complementares irá gerar melhores resultados para atenuar diversas vulnerabilidades.[8]

Por exemplo, um projeto de transporte urbano pode levar em conta as necessidades de indivíduos com deficiência física e reprojetar trens ou ônibus com o objetivo de torná-los mais acessíveis e aumentar sua mobilidade. Talvez esse grupo-alvo não seja o segmento mais carente da sociedade, mas ainda assim é vulnerável e é negativamente afetado pela falta de serviços públicos acessíveis.

Essa visão mais abrangente dos desfavorecidos também é importante — e até mesmo fundamental — quando várias fontes de vulnerabilidade se cruzam. A jurista Kimberlé Crenshaw cunhou o termo *interseccionalidade* para descrever essas situações. Originalmente seu foco estava na interação entre a discriminação de gênero e a de raça, além de seus efeitos isolados.

No caso do saneamento básico, as populações desfavorecidas são, em geral, de baixa renda, mas sua situação é agravada por traços adicionais de vulnerabilidade. As mulheres correm o risco de serem agredidas sexualmente em espaços de defecação a céu aberto e até mesmo quando vão a banheiros públicos. Na Índia existe a prática recorrente de coleta manual de excrementos humanos, realizada por trabalhadores de castas consideradas, de forma preconceituosa, inferiores.[9]

Assim, como no caso da eficácia, a inclusão é um construto multifacetado. Podemos imaginar diversas maneiras de serviços aprimorados evitarem a exclusão de grupos sociais com acesso limitado pela demografia, pelo status socioeconômico, pela região de origem e por muitos outros atributos. Para Kimberlé Crenshaw, a pauta de inclusão "deve ter o objetivo de facilitar a inclusão de grupos marginalizados para os quais se possa dizer: 'Quando eles entram, entramos todos'".[10]

2.3. A interação entre eficácia e inclusão

Após definir a eficácia e a inclusão como resultados-chave de desempenho em atividades públicas, vejamos agora como elas podem influenciar conjuntamente o bem-estar das populações-alvo.

O filósofo inglês Jeremy Bentham (1748-1832) argumentou que a moralidade de uma ação deve ser julgada com base em sua capacidade de gerar o maior nível de felicidade possível no maior número de pessoas. Essa ideia ficou conhecida como *utilitarismo* e é, em economia, de longe a regra de decisão mais popular para escolher entre diferentes políticas.

Se considerarmos que um aumento na eficácia do serviço promove maior satisfação individual, e que um aumento da inclusão num serviço efetivo eleva o número de indivíduos satisfeitos com o serviço, então a "felicidade total" também pode, em tese, ser um critério para comparar opções de prestação de serviços.[11]

Nessa abordagem, o *bem-estar* total é um termo muito usado para denotar a junção de "utilidades" — definindo-se uma utilidade como a satisfação individual que alguém obtém de um resultado específico. Nos estudos de gestão pública, o termo correspondente é *valor público*, definido como a soma dos benefícios que contrabalançam os custos da provisão.

Considerando que não só os órgãos públicos mas também as empresas privadas podem criar valor além de seus objetivos orientados para o lucro, em alguns textos o termo "público" foi substituído por "social", dando origem ao termo *criação de valor social*. Por exemplo, uma empresa de agronegócio pode melhorar a vida de pequenos agricultores ao envolvê-los totalmente em cadeias de suprimentos sustentáveis.[12]

Também podemos separar a criação de valor social em subcomponentes que refletem melhorias em diversos grupos sociais. Para simplificar, imagine uma atividade pública focada (como saneamento básico, educação ou segurança) que afete potencialmente dois segmentos de uma população — os "favorecidos" e os "desfavorecidos". Este último segmento, de acordo com a discussão anterior, pode ser definido com base numa série de vulnerabilidades cruzadas (não apenas pobreza, mas também exclusão demográfica, regional e ligada a outras características importantes). Análises mais complexas poderiam considerar vários grupos vulneráveis em conjunto.

Duas outras premissas simplificam a situação e nos ajudam nesse exercício de subdivisão. Primeiro, podemos considerar que o grupo de favorecidos já está "incluído" — ou seja, todos os integrantes desse segmento já têm total acesso ao serviço em questão. Qualquer possível ganho em inclusão virá do aumento do número de participantes oriundos do segmento desfavorecido.

Segundo, podemos supor — ao menos de início — que a eficácia do serviço é igual nos dois grupos. Por exemplo, a qualidade da educação ou da água disponível para o segmento desfavorecido é a mesma dos favorecidos. (Em breve vou relaxar essa suposição.)

A partir dessas duas premissas, o valor social total criado com uma melhoria do serviço pode ser escrito da seguinte forma:

valor social criado = eficácia melhorada × população inicial + número de pessoas incluídas × eficácia

(Ver Apêndice 2 para uma explicação matemática desta fórmula.)

Essa equação mostra que, se o tamanho da população que acessa o serviço for constante, o valor pode ser obtido de duas maneiras:

- aumentando a eficácia da atividade (resultados melhores para cada unidade monetária investida, conforme visto no primeiro termo multiplicador da equação);

- incluindo mais pessoas desfavorecidas, caso seja possível manter a eficácia (o segundo termo multiplicador da equação).

O resultado é ainda melhor se esses dois efeitos ocorrerem em paralelo — a maior felicidade do maior número de pessoas, como diria Bentham.

No entanto, não é realista supor que a eficácia será igual entre os dois grupos. Famílias ricas possivelmente podem pagar por melhores escolas ou hospitais, e essas organizações podem, por sua vez, ter incentivos para melhorar progressivamente seus serviços e produtos. Por outro lado, o segmento desfavorecido tende a contar com menos provedores interessados ou, em situações mais críticas, não contar com nenhuma opção satisfatória, apenas com mercados informais e serviços públicos mal administrados.

Se a eficácia for menor no segmento desfavorecido e não melhorar ao longo do tempo, significa que os ganhos de eficácia estão sendo capturados sobretudo pelo grupo favorecido. Na equação apresentada, o aumento da eficácia beneficiará apenas o segmento privilegiado (o primeiro termo multiplicador). Além disso, os ganhos na inclusão serão pequenos, porque o grupo incluído receberá serviços ineficazes (o segundo termo multiplicador). Os indivíduos terão mais acesso, mas sua satisfação será limitada pela baixa qualidade dos serviços.

2.4. Quando a inclusão é uma prioridade

Quando o assunto é inclusão, uma limitação fundamental da abordagem utilitarista nasce de sua ideia central de agregar ganhos individuais. Nessa visão, não importa se estamos agregando os ganhos de indivíduos com diferentes condições ou enfrentando tipos distintos de vulnerabilidades — todos têm a mesma importância. Por outro lado, poderíamos dar um passo atrás e questionar: e se a sociedade decidir priorizar os desfavorecidos?

Mais uma vez podemos recorrer ao filósofo John Rawls (ver a discussão sobre justiça no Capítulo 1, seção 1.5). Rejeitando a visão utilitarista,

Rawls argumentou que as sociedades deveriam seguir um contrato social com um conjunto de prioridades ordenadas — primeiro, proteção de direitos e liberdades básicas; segundo, igualdade de oportunidades; terceiro, o bem-estar dos menos favorecidos. No contexto que estamos abordando aqui, os formuladores de políticas vão considerar não só o valor agregado de outras formas de prestação de serviços, como também se cada uma dessas formas garante direitos fundamentais e amplo acesso, especialmente com foco nas populações desfavorecidas.[13]

Voltando ao exemplo anterior, em 2011 o Conselho de Direitos Humanos das Nações Unidas adotou uma resolução propondo que o acesso à água e ao saneamento básico seja um direito humano fundamental. Em outras palavras, todo ser humano deve ter fluxos suficientes de água potável, nas imediações das moradias, além de instalações sanitárias adequadas. Embora os estados soberanos tenham liberdade para seguir suas próprias políticas e prioridades, os que aderem a essas diretrizes estão essencialmente participando de um contrato social planetário.

Mas como essa abordagem contratualista social difere do utilitarismo na prática? Considere o exemplo a seguir. Como se sabe, o regime de apartheid da África do Sul levou à proliferação de áreas segregadas e assentamentos informais, com comunidades sofrendo todo tipo de privação e exclusão. Aqui temos outro exemplo de vulnerabilidades cruzadas: discriminação racial misturada com pobreza, estigma e desrespeito aos direitos humanos fundamentais.

Os governos pós-apartheid implementaram diversas medidas corretivas e de desenvolvimento. Uma nova Constituição e, em particular, a Lei de Serviços de Fornecimento de Água de 1997 estabeleceram um novo contrato social, exigindo investimentos que garantam o acesso a água potável a distâncias razoáveis.

Embora áreas mais abastadas pudessem pagar por suas conexões privadas à rede de água e saneamento, áreas mais carentes e assentamentos informais exigiam ação pública. Para cumprir com sua obrigação legal de fornecer acesso a todos, os governos recorreram a alternativas mais baratas (e menos eficazes), como fontes comunitárias e banheiros químicos.[14] O aumento no acesso teve um custo: menor eficácia.

A Tabela 2.1 apresenta opções de investimento num cenário inspirado no exemplo sul-africano. Um governo local quer melhorar a infraestrutura de água e saneamento numa cidade com 4 milhões de habitantes. Nesse contexto, os analistas de políticas consideram quatro opções, expostas na Tabela 2.1, com estimativas do valor social criado por cada opção dentro de uma perspectiva utilitarista. A população é apresentada em dois grupos, intitulados (assim como antes) favorecidos e desfavorecidos, com o último representando 25% da população total. A população favorecida já tem acesso a serviços privatizados de fornecimento de água e saneamento básico, mas existe a oportunidade de melhorar a infraestrutura pública de coleta e tratamento de resíduos a um custo anual de dez dólares per capita, com relação custo-benefício de dois dólares.

Por sua vez, de partida o segmento desfavorecido está totalmente excluído desses serviços. Existe uma oportunidade de assinar contratos de concessão com operadores privados, mas essa opção exigiria subsídios públicos para gerar uma infraestrutura totalmente nova, a um custo anual de cinquenta dólares per capita — opção *a* na Tabela 2.1. Conforme discutido anteriormente, essa grande melhoria no serviço pode estar associada a uma relação custo-benefício muito mais alta, que neste caso é de 4,30 dólares.

Conforme visto no exemplo sul-africano, o governo também poderia investir numa infraestrutura paliativa e inferior, com fontes comunitárias e banheiros químicos — opção *b* na Tabela 2.1. Essa opção é menos onerosa, vinte dólares per capita/ano, mas também muito menos eficaz: sua relação custo-benefício é de dois dólares.

A opção *d* é obviamente a preferível porque oferece amplos investimentos em infraestrutura superior para ambos os grupos.

No entanto, a prefeitura aprovou um orçamento anual máximo de 50 milhões de dólares para água e saneamento básico. Embora o governo possa tentar contrair um empréstimo ou solicitar financiamento externo para aumentar esse orçamento, vamos supor que essa opção não seja viável. Por exemplo, o município pode ter uma classificação de crédito baixa ou pode não estar autorizado a criar uma nova dívida pública.

Tabela 2.1. Dilemas de inclusão no fornecimento de água e saneamento

Investimento anual total e opção de fornecimento	**Número de beneficiários do investimento**		**Inclusão: percentual de desfavorecidos com acesso**	**Criação de valor social total por ano**[a]
	Favorecidos	Desfavorecidos		
a US$ 50 milhões: Privado, com subsídios parciais para os desfavorecidos	3 milhões	400 mil	40%	US$ 96 milhões
b US$ 50 milhões: Privado para os favorecidos e público para os desfavorecidos	3 milhões	1 milhão	100%	US$ 50 milhões
c US$ 50 milhões: Privado, visando apenas os desfavorecidos	0	1 milhão	100%	US$ 165 milhões
d US$ 80 milhões: Privado, com amplo investimento e subsídios totais aos desfavorecidos	3 milhões	1 milhão	100%	US$ 195 milhões

Nota: a. A criação de valor social é calculada com base na eficácia de cada opção e no número de indivíduos atendidos. Assim, a opção *a* utiliza um provedor privado cuja relação custo-benefício é de US$ 2,00 para os favorecidos e US$ 4,30 para os desfavorecidos (ver os parâmetros discutidos no texto). Com 3 milhões de pessoas atendidas no grupo favorecido a um custo anual per capita de US$ 10,00, o investimento total para este grupo será de US$ 30 milhões, o que vai gerar US$ 30 milhões em valor anual para este grupo: benefícios de US$ 2,00 × US$ 30 milhões menos custos de US$ 30 milhões.

Para os desfavorecidos, os custos anuais da opção *a* serão maiores, de US$ 50,00 per capita, e, portanto, o investimento total será de US$ 20 milhões (400 000 × US$ 50,00). Assim, o total da criação de valor para os desfavorecidos será de US$ 66 milhões: benefícios de US$ 4,30 × US$ 20 milhões, menos custos de US$ 20 milhões. A opção *b* permite a inclusão de um número maior de desfavorecidos porque nela o governo oferece uma tecnologia mais barata, que também é inferior e menos eficaz, custando US$ 20,00 per capita/ano e com uma relação custo-benefício de US$ 2,00. O valor investido para os desfavorecidos ainda é de US$ 20 milhões — tal como na opção *a* —, mas o valor gerado é bem menor.

Se *d* for inviável do ponto de vista orçamentário, a segunda melhor opção, com maior potencial de criação de valor, é a *c*. Nesse caso, o governo vai se abster de melhorar a infraestrutura para os mais favorecidos e, em vez deles, terá como alvo 100% do grupo desfavorecido, que receberá serviços privados altamente eficazes por meio de subsídios públicos.

Mas essa opção também pode ser inviável, e dessa vez por uma questão política: o segmento favorecido, que é maioria (75%), não vai receber nenhum investimento público. Os políticos responsáveis terão dificuldade para justificar essa exclusão a seus contribuintes, ainda que, do ponto de vista de políticas públicas, eles já estejam conectados à rede de água e esgoto.

Assim, só nos restam as opções *a* e *b*, que custam 50 milhões de dólares por ano. Embora inclua apenas 40% do segmento desfavorecido, a opção *a* cria mais valor do que a *b* por oferecer um serviço mais eficaz, apesar de mais caro. A opção *b*, por outro lado, é 100% inclusiva, mas usa tecnologia inferior, o que reduz a sua eficácia (e, portanto, a sua criação de valor). Assim, os formuladores de políticas que seguem uma perspectiva utilitarista recomendariam a opção *a*.

Mas, se existe um contrato social em vigor — uma exigência constitucional ou um entendimento informal de que todos os indivíduos devem ser incluídos —, então a opção *a* deve ser a primeira a ser descartada. Como *d* é inviável do ponto de vista orçamentário, a comparação passa a ser entre as opções *b* e *c*. Assim como antes, talvez seja politicamente inviável implementar a opção *c*, uma vez que a maioria privilegiada não receberá novos investimentos. Logo a opção *b* pode ser a escolhida, o que resultará em inclusão total, porém com menor eficácia para o segmento desfavorecido. Um resultado semelhante ocorreu na África do Sul pós-apartheid, conforme discutido anteriormente.

Mas uma sociedade que estabeleça padrões mínimos de qualidade para inclusão também pode considerar a opção *b* inaceitável: o grupo desfavorecido tem o direito de ter condições adequadas de fornecimento de água e saneamento, em vez de medidas paliativas para resolver um problema crítico. Se essa definição melhorada de inclusão faz parte do contrato social, então a opção *d* também é eliminada, e a recomendada será a *c*.

2.5. Comparações justas

Em última análise, é prerrogativa da sociedade escolher qual princípio de justiça deve fundamentar a comparação de opções de políticas, em geral, e a escolha entre fornecimento público ou privado, em particular. No entanto, podemos discutir os prós e os contras das diretrizes utilitárias e contratualistas sociais.

Conforme visto no exemplo anterior, o utilitarismo exige o cálculo dos resultados agregados resultantes de cada opção. Essa interpretação requer sofisticação analítica e corre o risco de ser altamente imperfeita. Vale lembrar que, na estimativa da relação custo-benefício, vários outros benefícios relevantes não foram incluídos — como a autoestima dos moradores decorrente da melhoria das condições urbanas ou os ganhos ambientais com a coleta e o tratamento de resíduos. Ignorar esses fatores pode influenciar sobremaneira o cálculo dos benefícios.

Também é possível que os analistas não consigam avaliar e comparar os ganhos de todas as políticas possíveis e suas combinações, levando a um menu bastante incompleto. Quando se excluem opções que não atendem a certos requisitos mínimos, o contratualismo social pode ajudar, reduzindo a necessidade de avaliar todas as opções possíveis e suas consequências. No exemplo da água e do saneamento, os analistas podem focar na construção de opções que garantam a inclusão total e talvez até a inclusão total com infraestrutura de alta qualidade.

Outra limitação importante da abordagem utilitarista é que os ganhos estimados serão extremamente incertos. Pense numa crise de saúde como a pandemia de covid-19, difícil de antever. Nesse caso, os formuladores de políticas podem buscar a ação mais segura com base nas prioridades sociais. Por exemplo, um aumento da disponibilidade de água potável e da coleta de lixo em áreas carentes pode ajudar na implementação de melhores protocolos de higiene e ajudar a evitar pandemias.[15]

No entanto, o contratualismo social tem suas limitações. Conforme deixamos claro na discussão sobre inclusão, não é fácil demarcar os limites dos que estão em condições precárias em situações nas quais pode haver muitas vulnerabilidades cruzadas e vários subgrupos negligenciáveis. O economista John Harsanyi (1920-2000), numa conhecida crítica à teoria de Rawls, argumentou ainda que a ênfase nos desfavorecidos pode ser muito extrema e inflexível. Por exemplo, pode haver populações tão isoladas que torne proibitivo o custo para garantir acesso total e de qualidade, e essa ação pode desviar recursos que seriam alocados de maneira mais eficaz em outras áreas vulneráveis.[16]

Além disso, enquanto o utilitarismo propõe um critério universal baseado em valor agregado, o contratualismo social requer, antes de tudo, uma discussão sobre a origem desses princípios ordenados. A sociedade não precisa seguir a sugestão de Rawls — dar prioridade absoluta aos menos favorecidos — e pode, em vez disso, buscar outras opções que incluam metas mínimas e proteção social parcial.[17]

Com base na discussão do Capítulo 1, seção 1.6, há a possibilidade de essas diretrizes seguirem valores sociais (públicos) que ditem procedimentos normativos e parâmetros para a concepção e a ação de políticas. Nas democracias, a definição de padrões de inclusão e qualidade pode vir de dispositivos legais e até constitucionais nascidos de uma ampla discussão.

Nesse contexto surgirão dilemas difíceis de resolver. Locais com grande quantidade de grupos vulneráveis podem ter um cenário político mais favorável para a aprovação de uma lei com foco nos desfavorecidos. No entanto, esses mesmos locais costumam ter limitações na capacidade de financiar novos investimentos por meio de impostos ou dívida pública.

Por outro lado, se o grupo favorecido for majoritário, como no exemplo da Tabela 2.1, esses clientes mais abastados podem ter uma influência política que lhes permita exigir uma maior fatia do orçamento público — eles podem alegar que os recursos públicos vêm principalmente dos impostos que são obrigados a pagar. Em ambos os casos, é difícil alcançar o acesso total. Não é de se estranhar que a inclusão continue a ser uma questão crítica tanto nos países em desenvolvimento como nos desenvolvidos.

Portanto, por mais que quiséssemos oferecer uma resposta direta para a pergunta sobre quais são os objetivos de desempenho das diferentes formas de prestação de serviço, a verdade é que dependemos intrinsecamente de preferências sociais amplas, que vão muito além de considerações simplificadas de valores. Conforme discutirei no próximo capítulo, os objetivos das políticas que influenciam o equilíbrio entre eficácia e inclusão serão fundamentais para avaliar e julgar o mérito e os custos tanto da participação de estatais como da de empresas privadas.

3
Público, privado e suas variações: uma análise comparativa

ASSIM COMO NO CASO do fornecimento de água e saneamento, discutido no capítulo anterior, a incidência do vírus da imunodeficiência humana (HIV), que causa a aids, ainda é um problema que afeta populações pobres em todo o mundo. Em 2019, estimava-se que cerca de 36 milhões de pessoas eram portadoras do vírus HIV. Embora a terapia antirretroviral esteja disponível há muito tempo, aproximadamente um terço da população estimada com aids ainda não recebe o tratamento — e isso inclui mulheres grávidas, que correm o risco não apenas de perder a vida, mas também de transmitir o vírus para os filhos. Além disso, cerca de 7 milhões de pessoas nem sabem que estão em risco; precisam de acesso a testes de HIV e a outros serviços de apoio à prevenção e ao tratamento.[1]

Com base no capítulo anterior, uma questão-chave é saber quem prestará esses serviços — não só de forma eficaz, mas também com atenção à inclusão. Uma grande parcela da população com aids vive em áreas rurais remotas. Alcançar os indivíduos mais distantes é um enorme desafio — é preciso montar um sistema de transporte personalizado para coletar amostras de sangue de quem mora nesses locais e levá-las aos laboratórios de testes.

Quando há serviços adicionais envolvidos — por exemplo, orientação e apoio a pessoas que vivem em locais remotos —, pode até ser necessário contar com unidades de saúde locais com profissionais especializados. A necessidade de serviços complementares aumenta sobremaneira o custo dos testes.

Estarão as empresas privadas dispostas a investir em serviços que alcancem literalmente todos? E caso decidam alocar recursos para aumentar o número de testes de HIV, os governos de fato fornecerão os serviços necessários?

Inspirada num estudo detalhado que analisa os custos do teste de HIV na Zâmbia,[2] a Tabela 3.1 apresenta uma comparação hipotética entre serviços administrados por empresas privadas e estatais. Supondo que haja estatais e organizações privadas envolvidas nesses serviços, a primeira parte da tabela (3.1a) mostra que as privadas não só operam em maior escala, como também com custo médio inferior. As empresas privadas parecem ser mais eficazes: entregam 0,062 teste por dólar, em comparação com 0,034 no caso das estatais. Observando esses números, alguns podem concluir: vamos envolver mais operadores privados nos serviços de testagem do HIV!

O problema é que essa comparação é simplista e mal abalizada. Os operadores públicos e privados atendem aos mesmos grupos nas mesmas condições? A parte inferior da tabela (3.1b) demonstra que não é isso o que acontece. Os operadores privados têm eficácia superior por se concentrarem na maior parte da população, a que vive nas áreas mais acessíveis. As demais áreas não são cobertas por empresas privadas e, portanto, acabam sendo atendidas apenas pelo setor público.

No entanto, as áreas remotas são precisamente aquelas com custos *marginais* mais altos — isto é, os custos para testar cada nova pessoa.[3] No contexto da testagem de HIV na Zâmbia, para uma cobertura total de cerca de 80%, o custo para chegar à última pessoa é de 19,70 dólares por teste. Mas para atingir 100% de cobertura, o custo para alcançar o último indivíduo é 2,6 vezes maior — 51,95 dólares.

Uma comparação mais apropriada exige que façamos as seguintes perguntas:

Tabela 3.1. Comparação do desempenho de empresas privadas e públicas: o caso dos serviços de testagem do vírus HIV

Tabela 3.1a. Comparação simplista

	Privado	Público
Número de testes por ano (milhares)	1.350,19	354,44
Custos totais (milhares de dólares)	US$ 21.791,30	US$ 10.381,66
Custo médio por teste	US$ 16,14	US$ 29,29
Eficácia (número de testes por dólar)	0,062	0,034

Tabela 3.1b. Comparação completa (as células em cinza são os cenários contrafactuais)

	Testagem em áreas mais acessíveis (79,2%)		Testagem apenas em áreas mais remotas (20,8%)	
	Privado	**Público**	**Privado**	**Público**
Número de testes por ano (milhares)	1.350,19	1.350,19	354,44	354,44
Receitas totais (em milhares de dólares)	US$ 25.636,83	—	US$ 10.381,66	—
Custos totais (em milhares)	US$ 21.791,30	US$ 25.636,83	US$ 8.824,41	US$ 10.381,66
Custos adicionais (privados) em áreas remotas (milhares)	—	—	US$ 2.200,00	—
Margem de lucro	15%	—	6%	—
Custo médio por teste	US$ 16,14	US$ 18,99	US$ 31,10	US$ 29,29
Eficácia (número de testes por dólar)	0,062	0,053	0,032	0,034

Nota: As estimativas se baseiam nos parâmetros de custo relatados por Nichols et al. (2019). Presume-se que as receitas do setor privado sejam os custos do fornecimento estatal no mesmo segmento da população, ao passo que os custos do fornecimento privado são considerados 15% inferiores aos custos estatais. As estimativas contrafactuais nas células cinza indicam, por exemplo, o que teria acontecido se houvesse fornecimento privado de testes nas áreas remotas, onde os testes são feitos por organizações públicas. O índice de eficácia é o número de testes por dólar investido no serviço.

- Qual seria a eficácia das empresas privadas se elas tivessem como alvo as áreas mais remotas?
- Da mesma forma, qual seria a eficácia das instituições públicas se elas focassem apenas nas regiões mais acessíveis?

Esses são os chamados cenários contrafactuais: situações que não são observadas na prática, mas que são cruciais para garantir uma comparação adequada entre provedores de serviços em condições semelhantes.

Na Tabela 3.1b, as células em cinza mostram os cenários contrafactuais. Como não aconteceram no mundo real, essa análise requer suposições adicionais. Em consonância com a discussão sobre falhas de governo (Capítulo 1, seção 1.4) e com estudos anteriores de comparação de custos,[4] presumo que, em condições semelhantes, o custo do fornecimento privado é 15% inferior ao custo do serviço oferecido pelo Estado.

Além disso, mesmo com o envolvimento de empresas privadas, a testagem de HIV é um serviço financiado pelo Estado. Assim, as empresas privadas recebem do governo um pagamento que suponho ser igual a uma estimativa do custo no qual o Estado teria incorrido. No exemplo, isso leva a uma margem de lucro de 15% obtida pelo operador privado: a empresa se beneficia do custo superior do setor público. (Conforme discutirei mais adiante, o governo poderia fazer uma licitação para reduzir ainda mais os valores pagos na terceirização do serviço.)

Uma suposição adicional importante é que, embora geralmente sejam mais eficazes, não necessariamente as empresas privadas têm a infraestrutura e o conhecimento necessários para operar nas áreas mais remotas. Os custos para ter acesso a essas populações podem saltar em algum momento — custos estes estimados em 2,2 milhões de dólares por ano — justamente por causa dos gastos extras para criar estruturas dedicadas de operação em locais afastados. Os governos, por outro lado, podem se valer de instituições públicas e seus servidores para alcançar essas pessoas e fornecer apoio local.

Nesse exemplo, os custos extras para garantir que a população seja incluída em sua totalidade reduzem de forma drástica a margem de lucro do operador privado e tornam a operação como um todo financeiramente desinteressante. Com isso, as empresas privadas preferem não agir para ter acesso aos moradores de áreas remotas, do contrário terão prejuízo na prestação do serviço. Considerando os custos adicionais das empresas privadas, elas seriam um pouco menos eficazes do que as instituições públicas que já trabalham nessas áreas: 0,032 teste por dólar contra 0,034 por dólar do Estado.

O governo poderia oferecer um subsídio temporário no valor de 2,2 milhões de dólares por ano a essas empresas privadas para estimulá-las a investir em infraestrutura e conhecimento com o objetivo de alcançar a inclusão total — partindo do pressuposto de que, após um tempo, elas aprenderiam a operar alcançando as populações mais remotas, tornando gradativamente a operação cada vez mais rentável. À primeira vista, a implementação desse mecanismo parece ser bem fácil: o operador privado recebe o subsídio e depois informa o número de testes realizados nas áreas remotas.

No entanto, o governo vai precisar de uma estrutura interna para monitorar e auditar esses testes. Também é possível que, para incluir 100% da população no programa, seja preciso fazer um esforço adicional, conscientizando-a da importância da testagem, fornecendo orientações sobre medidas preventivas e assim por diante. Talvez não seja fácil colocar essas atividades e seus resultados em um contrato, e talvez elas não sejam executadas da forma mais adequada por operadores com fins lucrativos — o que, novamente, reflete as preocupações relacionadas ao dilema custo-qualidade.

Em suma, não é fácil escolher entre fornecimento público ou privado — e as várias opções entre essas duas alternativas —, e devemos evitar comparações que não considerem os fatores que afetam os custos do serviço e a possibilidade de colocá-los em contrato. Assim, neste capítulo, tratarei de outras opções de fornecimento de serviços e os vários aspectos que podem afetar seu potencial na promoção da eficácia e da inclusão, bem como a percepção de legitimidade de cada uma no debate público.

3.1. O cardápio de formas públicas e privadas de fornecimento de serviço

Existe uma enorme variedade de modos de fornecimento de serviço, além da simples dicotomia público-privado. Esses modos vêm em cores e formatos diversos, dependendo de seu escopo e sua governança — ou seja, das regras e dos mecanismos adotados para definir e monitorar seus objetivos organizacionais. Para simplificar a discussão, proponho três modelos que resumem as características centrais dos métodos de fornecimento.

A Figura 3.1 é uma representação estilizada desses três modelos básicos: empresas privadas e públicas (estatais) nos extremos; e, no meio, arranjos híbridos estruturados como colaborações público-privadas.

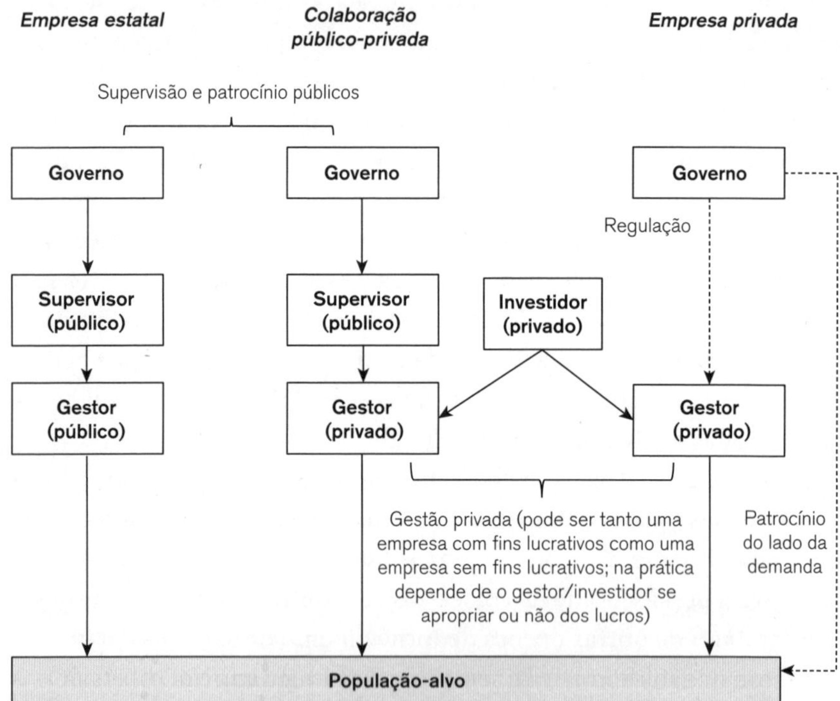

Figura 3.1. Cardápio estilizado de formas públicas e privadas de fornecimento de serviço
Fonte: Adaptado de Lazzarini (2020b)

Na *empresa pública*, o governo delega a operação de determinado serviço a burocratas públicos, geralmente divididos em dois papéis: aqueles que executam as operações e têm contato direto com os beneficiários (como diretores e professores nas escolas, médicos nos hospitais etc.) e aqueles que são responsáveis pela supervisão dessas atividades (como servidores que monitoram a alocação de recursos e o desempenho das atividades públicas). Grosso modo, é um modelo que envolve gestão pública, patrocínio público e fiscalização pública.

Em *colaborações público-privadas*, a gestão é terceirizada para gestores privados, enquanto o governo mantém as funções de supervisor e patrocinador público (de forma parcial ou total). Entre os exemplos estão presídios geridos por empresas privadas, que administram as operações internas com a presença de servidores públicos na gestão; empresas privadas de ônibus que têm contrato com a secretaria municipal de transporte; ou empresas que recebem financiamento de um órgão público para apoiar a pesquisa e o desenvolvimento em áreas fundamentais (como farmacêuticas que tentam criar tratamentos para doenças que afligem comunidades carentes).

Conforme discutido no Capítulo 1, seção 1.2, o papel da supervisão é essencialmente manter o controle sobre decisões difíceis de especificar em contratos formais. Mas, como as empresas privadas recebem parte de seu financiamento de investidores, é possível que surjam metas conflitantes. Por um lado, os supervisores públicos podem querer dar ênfase a objetivos que beneficiem a população; por outro, os investidores podem valorizar a lucratividade.[5]

As *empresas privadas*, por sua vez, envolvem não apenas a gestão privada, mas também a supervisão privada e o patrocínio de investidores externos. No entanto, mesmo neste caso, o governo não está totalmente ausente. Em primeiro lugar, o governo pode criar regulamentações gerais capazes de influenciar ou restringir a ação privada — como no caso de empresas privadas de telecomunicação sujeitas a regras que definem seu escopo geográfico, ou empresas de processamento de alimentos cujos produtos e seus ingredientes são monitorados por agências governamentais.

Além disso, o governo pode patrocinar diretamente a população-

-alvo, que, com esses recursos, pode contratar os serviços de empresas privadas. Milton Friedman (1912-2006), fervoroso defensor do livre mercado, argumentava que a existência de populações de baixa renda não justifica operações estatais. Em vez disso, os governos poderiam financiar diretamente essas populações — oferecendo *vouchers* — e deixá-las escolher seu provedor (privado).[6] Esse modus operandi evita falhas de governo e, ao mesmo tempo, estimula a concorrência entre operadores privados.

Vale ressaltar que estou adotando aqui uma definição mais elástica de "privado", dependendo de investidores e gestores poderem se apropriar do excedente ou superávit financeiro da operação privada. Nas empresas com fins lucrativos tradicionais, o excedente financeiro é o lucro total gerado pela operação. Os investidores podem se apropriar livremente desses lucros, embora também possam permitir que os gestores retenham parte do excedente por meio de participação nos lucros ou bônus por desempenho.

Mas existem outros arranjos nos quais investidores e gestores não se apropriam do excedente financeiro da empresa privada, que, com isso, passa a funcionar mais como uma organização sem fins lucrativos, na qual os investidores e administradores têm incentivos financeiros mais fracos. Em organizações sem fins lucrativos e instituições privadas de caridade, existem até restrições legais impedindo que patrocinadores ou gestores se apropriem diretamente de qualquer superávit operacional, de modo que elas são essencialmente financiadas por doadores e o superávit pode ser usado para novos investimentos.[7]

Por isso, alguns até preferem chamar a terceirização de atividades estatais de *externalização*, em vez de privatização, pois pode envolver organizações nas quais ninguém tem o direito de se apropriar do excedente operacional de maneira privada.[8] A externalização pode envolver empresas com fins lucrativos, organizações privadas sem fins lucrativos, associações voluntárias e instituições de caridade.

É fácil ver como essas diferentes maneiras de fornecimento alteram as fronteiras do governo. Na Figura 3.1, a privatização (ou, se preferir, externalização) faz com que a fronteira do governo encolha da esquerda para a direita. Nas colaborações público-privadas, a gestão pública é substituída por empresas privadas, enquanto o setor público mantém as funções de supervisão e patrocínio. Nas empresas privadas, a supervisão pública direta é substituída pelo esforço de monitoramento dos investidores que financiam as atividades das empresas e avaliam seu desempenho.[9]

Por serem estilizados, é claro que esses modelos admitem muitas variações. Algumas empresas públicas podem se tornar corporações autônomas e até atrair capital privado minoritário. Muitas empresas estatais têm ações na Bolsa de Valores e recebem dinheiro de fundos e de todo tipo de investidores — a norueguesa Equinor (no setor de petróleo) e a China Telecom são dois exemplos.[10]

As colaborações público-privadas, em particular, são altamente diversificadas. Primeiro, diferem nas suas fontes de receita, o que afeta o mix de patrocínio público e privado. As colaborações público-privadas *pagas pelo usuário* ocorrem quando os governos definem um projeto público específico para concessão (por exemplo, uma estrada ou um aeroporto), e as receitas majoritariamente vêm de tarifas pagas pelos clientes. As colaborações público-privadas *pagas com orçamento público*, por outro lado, têm a maior parte do financiamento proveniente do Estado, pago com antecedência ou após a conclusão do projeto (é o que ocorre, por exemplo, na construção e operação de presídios ou hospitais).[11]

Em segundo lugar, as colaborações público-privadas diferem em seu *escopo privado* — a que ponto as empresas privadas estão envolvidas nas atividades sequenciais do projeto. Colaborações de baixo escopo são aquelas em que as empresas privadas são contratadas temporariamente para construir ou gerir ativos de propriedade do Estado. Colaborações de alto escopo envolvem empresas privadas em projetos complexos que elas não apenas financiam e operam, mas também projetam e coordenam por um longo período, sendo proprietárias dos ativos envolvidos.[12]

Apesar dessas variações, os modelos na Figura 3.1 representam as formas de fornecimento mais comuns e nos permitem fazer uma comparação mais simples e inteligível das opções, que é o próximo passo desta análise.

3.2. Escolhendo entre as opções: comparações diretas

Definido o cardápio de opções de fornecimento, o passo seguinte é escolher um critério para comparar o desempenho relativo de cada uma. Já vimos exemplos desse tipo de comparação — a Tabela 2.1, no contexto de água e saneamento, e a Tabela 3.1b, no contexto de serviços de testagem do vírus HIV. Em ambos os casos, as opções de fornecimento foram comparadas nas mesmas condições — evitando, assim, o erro de comparar opções que visem a segmentos diferentes da população ou busquem objetivos políticos distintos.

Conforme discutido no capítulo anterior, porém, existem outras formas de comparar políticas. O método mais comum, seguindo uma perspectiva utilitarista, envolve um exame do valor social total criado por cada uma das opções.

Um exemplo explícito é o uso da metodologia *value for money* (em que os ganhos excedem o valor que o governo paga pelo serviço). No início da década de 1990, como parte das amplas reformas do setor público instauradas no começo do governo de Margaret Thatcher (1925-2013), o Reino Unido lançou a Private Finance Initiative (PFI) com o objetivo de atrair capital privado para apoiar grandes investimentos em infraestrutura e cujas receitas seriam provenientes de tarifas pagas pelo usuário ou de pagamentos governamentais de longo prazo. Alinhada com a perspectiva de falha de governo, a PFI fazia parte da pauta do Partido Conservador britânico para dar agilidade ao setor público e aumentar a produtividade, com atores privados investindo em projetos de risco, tal como fariam em contextos empresariais.

Essa estratégia continuou com a eleição do Partido Trabalhista em 1997. Defendendo uma "terceira via" entre o Estado e o mercado, o primeiro-ministro Tony Blair se mostrou um forte defensor da participação privada contínua: "O pressuposto deve ser que a atividade econômica fique nas mãos do setor privado".[13]

A metodologia *value for money* tenta demonstrar que o dinheiro do contribuinte pode ser alocado em usos mais eficazes. Voltando ao exemplo do fornecimento de testes do vírus HIV, o cálculo basicamente compara o valor do fornecimento público de testes atual (o status quo) com o cenário alternativo no qual a *mesma atividade* é gerida e/ou financiada por empresas privadas.

No entanto, uma diferença fundamental da nossa estrutura de criação de valor anterior é que essa análise geralmente é conduzida do ponto de vista do governo. Na PFI, a principal expectativa era que os investidores privados pudessem ajudar a reduzir os custos operacionais de fornecimento e absorver parte do risco associado à operação da atividade, a flutuações na demanda (nos casos em que a parceria fosse paga pelo usuário) e a outros fatores voláteis. A partir dessa perspectiva, o *value for money* em si aumenta quando as potenciais economias de custo provenientes de operações privadas permitem que os governos paguem menos pelos serviços públicos que são obrigados a oferecer.[14]

A criação de valor, conforme a definição do Capítulo 2, é diferente porque analisa os ganhos sociais *gerais* de cada opção, não só os ganhos para o Estado. Lembre-se da discussão que serviu de base para as comparações na Tabela 3.1: eu presumi que os pagamentos feitos ao operador privado seriam iguais aos custos em que o governo teria incorrido. Nesse caso, o *value for money*, do ponto de vista do governo, é zero, embora haja criação de valor social positiva devido à eficácia da empresa privada no fornecimento do serviço. Mas, nesse exemplo, a empresa privada se apropriou de todas as economias geradas pela redução de custos.

O governo também poderia abrir uma licitação pública para operadores privados. Se o processo for competitivo o suficiente, os lances podem convergir para o custo da operação privada, aumentando a capacidade do Estado de se apropriar da economia de custos esperada.

No entanto, tudo o mais constante, a partir de uma perspectiva universal (utilitarista), a atratividade do fornecimento privado teria sido a mesma de antes: basicamente levaria a resultados mais valorizados pela população para cada dólar gasto na atividade. Em outras palavras, ao comparar opções de fornecimento, a perspectiva utilitarista exige a análise de como o valor *total* é criado.

Mas existem várias armadilhas no processo de avaliação de resultados distintos. No capítulo anterior (seção 2.5), analisei como a perspectiva utilitarista pode se tornar impraticável quando há um aumento na complexidade ou na incerteza. Além disso, os formuladores de políticas podem ser influenciados por vieses no cálculo de ganhos e custos.

Em relação aos custos, as economias obtidas com a transferência do setor público para o privado podem ser subestimadas ou superestimadas. Minha discussão anterior sobre males públicos (Capítulo 1, seção 1.4) sugere que as burocracias públicas podem tentar aumentar o orçamento e expandir para novas áreas, mesmo que não enxerguem com clareza a possibilidade de ganhos sociais líquidos. As propostas para manter as estruturas públicas existentes podem, portanto, subestimar seus custos de longo prazo e sua tendência a permanecerem ativas mesmo que as políticas iniciais deixem de ser necessárias.

Mas os analistas podem errar na outra direção, exagerando para mais no cálculo das economias potenciais que os atores privados podem trazer. Um relatório de 2018 do Escritório Nacional de Auditoria do Reino Unido analisou a evolução e o desempenho da PFI e chegou à conclusão de que "o governo reduziu seu uso de PFI após a Crise Financeira de 2008, à medida que o custo do financiamento privado aumentou. O Parlamento também foi se tornando cada vez mais crítico desse modelo".[15]

Uma nova versão da PFI foi lançada em 2012 e, nesse processo, o Tesouro do Reino Unido deixou de enfatizar o uso do cálculo do *value for money* em favor de diretrizes mais gerais. Também passou a recomendar uma maior participação de fundos do Estado e de investidores de longo prazo (como fundos de pensão), com o objetivo de reduzir o custo de capital de projetos públicos.

Além disso, é fundamental descobrir se os atores privados estarão dispostos a cumprir, e até se serão capazes de cumprir, os objetivos esperados de eficácia e inclusão. No exemplo da testagem do vírus HIV, para alcançar toda a população, inclusive as comunidades mais isoladas, as empresas teriam que fazer um forte investimento em novas infraestruturas e em conhecimento de locais distintos. Ao precisarem encarar esses aumentos de custo, e não sendo devidamente monitorados, os operadores privados podem tentar apresentar "reduções de custos" provenientes, sobretudo, da mudança de foco de suas atividades, passando a privilegiar mercados de acesso mais fácil e custos inferiores.

Do lado dos benefícios, as comparações entre fornecimento público ou privado podem subestimar os ganhos sociais em potencial além da economia de custos. A PFI também foi criticada pela falta de atenção aos resultados comparativos que refletem ganhos mais amplos para as populações-alvo — aumento na qualidade de serviço e em todos os tipos de externalidades positivas (conforme discutido no Capítulo 2, seção 2.1).[16]

De fato, conforme previsto pelo dilema custo-qualidade, uma ênfase excessiva na economia pode levar à negligência de atributos fundamentais do serviço, sobretudo no caso de variáveis difíceis de verificar. Assim, será importante fazer o acompanhamento das atividades na transferência da gestão pública para a gestão privada. As colaborações público-privadas que permitem uma supervisão próxima podem estar menos sujeitas ao viés de avaliação do lado dos benefícios, caso mitiguem os incentivos dos operadores privados de reduzir custos em detrimento da qualidade.

Vale ressaltar que, embora o cálculo de benefícios e custos siga uma perspectiva utilitarista, a decisão final pode estar inserida num contrato social mais amplo. Conforme apontado no exemplo da Tabela 2.1, as sociedades podem querer priorizar a inclusão, em vez de agregar a criação de valor. Se for esse o caso, certas opções que em tese geram valor positivo podem ser descartadas logo de cara, ao passo que outras opções de menor valor podem ser escolhidas, caso promovam maior inclusão.

3.3. Uma árvore de decisão simplificada

Com tantos parâmetros, cenários de incerteza e potenciais vieses, comparar métodos de entrega de serviços públicos torna-se uma tarefa intimidadora. Mesmo se tivéssemos um computador extremamente poderoso coletando todos os dados relevantes e calculando os resultados possíveis em todos os potenciais cenários, a mente humana ainda não seria capaz de processar uma quantidade tão incrível de informações e chegar a decisões em tempo hábil.

Para lidar com essas complicações, os teóricos da decisão argumentam que os humanos muitas vezes recorrem a regras de escolha que, embora sejam simples e incompletas, facilitam a avaliação das opções disponíveis — considerando méritos e limitações de cada uma.

Pioneiro nessa discussão, Herbert Simon (1916-2001) analisou cenários de decisão em que os atores escolhem racionalmente entre as opções, mas de forma limitada.[17] Uma possibilidade é o uso de *heurísticas*, ou "regras de ouro", que identifiquem as questões mais importantes e forneçam atalhos para se chegar a decisões finais com muito menos sobrecarga de informações — uma estimativa rudimentar, mas calcada em informações.

Assim, na Figura 3.2 apresento uma árvore de decisão simplificada que identifica os fatores críticos que influenciam a atratividade das opções de entrega discutidas anteriormente. Em vez de calcular de maneira direta os benefícios e custos, a ideia é analisar as condições que *provavelmente* aumentam a atratividade de cada opção. Para facilitar a escolha, organizo essas condições em ordem sequencial.[18]

Assim como antes, porém, precisamos começar pela discussão sobre o critério subjacente usado para comparar a atratividade das opções.

Tendo em vista que não existe uma avaliação direta e simultânea das opções e seus resultados, a árvore de decisão na Figura 3.2 não é uma tentativa de maximizar a criação geral de valor social.

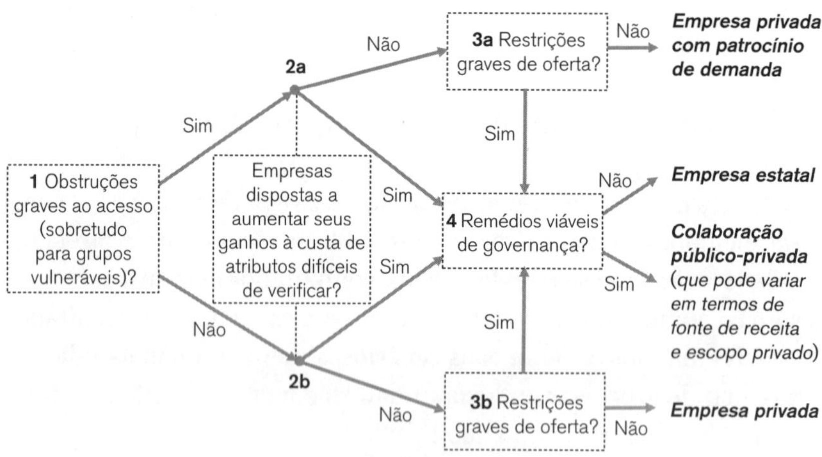

Figura 3.2. Escolha entre opções de entrega de serviços públicos: uma árvore de decisão
Nota: A Tabela 3.2 descreve os fatores que devem ser levados em conta em cada nó de decisão.

Tabela 3.2. Nós de decisão na escolha entre formas de entrega de serviços públicos

Nó de decisão	Aspectos a serem considerados
1. Existem obstruções graves ao acesso (sobretudo para grupos vulneráveis)?	As obstruções ao acesso são graves quando: ▪ Grande parte da população-alvo não consegue pagar por serviços de qualidade satisfatória. ▪ Outros tipos de vulnerabilidades limitam a capacidade dos indivíduos de acessarem e se beneficiarem dos serviços, seja de modo individual ou na interseção (por exemplo, traços demográficos e socioeconômicos, vários tipos de deficiências e suscetibilidade a ameaças ambientais). ▪ Indivíduos em situação vulnerável têm custos elevados para acessar a infraestrutura de serviço. ▪ Os custos operacionais para atender aos segmentos populacionais vulneráveis são muito maiores do que os custos para atender aos grupos mais abastados.
2. As empresas estão dispostas a aumentar ganhos privados à custa de atributos difíceis de verificar?	O perigo de negligenciar atributos de serviço importantes aumenta quando: ▪ Atributos muito valorizados pela população-alvo e difíceis de medir representam grande parte dos custos do serviço. ▪ Os serviços são executados por operadores privados com forte ênfase em resultados financeiros de curto prazo. ▪ É difícil incentivar atributos de serviço adequados por meio de interações relacionais (por exemplo, interações repetidas nas quais os beneficiários trocam de fornecedor caso a qualidade do serviço seja insatisfatória).
3. Existem restrições graves de oferta?	A oferta pode sofrer restrições quando: ▪ Iniciar ou melhorar as atividades demandadas exige grandes investimentos numa arquitetura de serviço específica. ▪ Leis e regulamentações aumentam os custos de entrada e são difíceis de alterar. ▪ (nó 3a) Existem poucos fornecedores de baixo custo e qualidade razoável ou organizações com orientação social que podem patrocinar ou fornecer subsídio cruzado para grupos vulneráveis.
4. Os remédios de governança são viáveis?	Os arranjos de governança incluem: ▪ Mudanças no controle da decisão: presença de uma supervisão pública capaz (talvez in loco, com poucos incentivos para entrar em conluio com os operadores privados), stakeholders externos monitorando a entrega e condicionantes à forma de propriedade (por exemplo, termos contratuais que restringem a entrega do serviço para organizações sem fins lucrativos). ▪ Mudanças nos incentivos: oportunidades de "completar o contrato" com indicadores de resultado aprimorado e possíveis pagamentos resultantes desses indicadores. ▪ Mudanças de escopo: definir quais atividades sequenciais deveriam ser desenvolvidas por atores públicos ou privados. ▪ Mudanças na forma de financiar os investimentos: a possibilidade de alocar orçamento público ou doações privadas voluntárias para estimular o investimento privado.

No entanto, serve como uma aproximação para auxiliar um tomador de decisão utilitarista a escolher, caso esteja preocupado com eficácia e inclusão ao mesmo tempo.

Considerando-se a natureza sequencial e sobretudo o ponto de decisão inicial (o nó 1), o quadro também reflete uma perspectiva contratualista social tendo a inclusão como critério fundamental. As sociedades que priorizam a inclusão devem prestar mais atenção ao primeiro nó.

A seguir, analiso cada nó e os aspectos a serem considerados na decisão, resumidos na Tabela 3.2. Vale ressaltar que essa árvore de decisão não é geral e deve ser aplicada não apenas a uma atividade focal específica (por exemplo, habitação ou saúde), mas também a um segmento específico (por exemplo, habitação para populações com determinado nível de renda, serviços de saúde para tratar doenças endêmicas a determinadas regiões etc.).

NÓ 1: OBSTRUÇÕES AO ACESSO (SOBRETUDO PARA GRUPOS VULNERÁVEIS)

Esse nó de decisão está fortemente ligado ao potencial de exclusão e, portanto, se baseia no debate sobre vulnerabilidades (Capítulo 2, seção 2.2). Uma questão-chave é se a população-alvo pode pagar por um serviço de qualidade — princípio que provavelmente será violado quando houver um grande segmento populacional com graves restrições orçamentárias e quando os serviços de qualidade forem onerosos (como no caso de tratamentos para doenças raras ou de programas de treinamento para indivíduos que não têm formação básica).

Além das restrições de renda, outros tipos de vulnerabilidades também podem ser limitantes, individualmente ou em interseção. Características como gênero, etnia ou idade podem interagir com condições socioeconômicas — por exemplo, nível de escolaridade e ocupação.

Mesmo quando os indivíduos conseguem pagar por esses serviços, deficiências físicas ou cognitivas podem reduzir sua capacidade de acessá-los e melhorar suas próprias condições de vida. Além disso, há pessoas que moram em lugares com ameaças ambientais graves, locais em que prestadores de serviços podem relutar em operar (como áreas de alta criminalidade ou com grande chance de desastres naturais).

Essas vulnerabilidades se agravam quando os custos para alcançar e receber os benefícios dos serviços são altos — por exemplo, as populações podem ter que pagar uma taxa alta para acessar a rede elétrica formal ou aprender a lidar com serviços digitais (serviços on-line, plataformas educacionais ou aplicativos de bancos). Esses custos não são desprezíveis para as camadas mais pobres e podem levá-las a buscar serviços mais simples ou mais baratos, porém mais precários.[19]

Vale ressaltar que pode haver grandes diferenças no custo de atendimento a grupos vulneráveis em comparação com outros segmentos da sociedade. Essas assimetrias podem vir da dificuldade inerente de lidar com fontes múltiplas e interseccionais de vulnerabilidade. Por exemplo, alunos de baixa renda com necessidades especiais podem ser excluídos das escolas que preferem alunos que já tenham boa formação educacional e sem demandas de acessibilidade ou apoio psicológico.[20]

Grandes assimetrias de custos também podem surgir da segregação geográfica de comunidades vulneráveis. Conforme mostra o exemplo do início deste capítulo, os custos marginais para alcançar toda uma população podem ser muito altos. É o que costuma acontecer com povoados em áreas remotas, sem bons sistemas de transporte e em locais isolados.

NÓ 2: DIFICULDADE DE VERIFICAR ATRIBUTOS DE SERVIÇO RELEVANTES

Esse nó de decisão está fortemente ligado à discussão sobre o dilema custo-qualidade (Capítulo 1, seção 1.2). Uma questão fundamental é analisar até que ponto os fornecedores são capazes de gerar grandes economias ao reduzir o foco nos atributos de qualidade que não estão especificados nos contratos e são difíceis de verificar.

Usando novamente o exemplo dos presídios, compare a limpeza ou a manutenção das instalações, tarefas para as quais existe um conjunto claro de itens que os fornecedores de serviço devem cumprir, à prestação de serviços sociais ou psicológicos complexos para estimular a ressocialização dos detentos. A chance de negligenciar as dimensões relevantes da qualidade será maior quando os atributos difíceis de medir representarem uma grande parcela dos custos do serviço.

Também é possível generalizar esse problema levando em conta que empresas com fins lucrativos podem se afastar dos atributos de serviço desejados pela sociedade para aumentar o próprio lucro não necessariamente reduzindo custos. As empresas privadas que administram presídios recebem um pagamento mais alto do governo se os detentos ficarem muito tempo presos, mesmo que alguns deles possam ser libertados antes de forma segura e legal. Nos Estados Unidos, dois juízes foram condenados em 2008 por aceitar subornos para enviar jovens a prisões privadas — no caso que ficou conhecido como escândalo "crianças à venda" (*kids for cash*).[21]

Mas esse perigo também vai depender da *motivação* do fornecedor para negligenciar atributos de serviço importantes. Obviamente, essa motivação deve aumentar quando a operadora tem fins lucrativos, sobretudo com foco em resultados de curto prazo, com tendência a ser agressiva na busca por economias ou receitas imediatas. Por outro lado, esse problema perde importância no caso de empresas cujos investidores e gestores não se apropriam de grande parte do superávit operacional.

Mais concretamente, cenários nos quais a maioria dos fornecedores em potencial são empresas com fins lucrativos, sob forte pressão para alcançar resultados financeiros trimestrais ou anuais, exigem mais atenção no segundo nó do que cenários envolvendo organizações sem fins lucrativos ou organizações com pelo menos um foco no longo prazo ou um objetivo social.

Esses perigos também podem ser atenuados se houver interações relacionais com os beneficiários — ou seja, trocas contínuas em que se possa verificar se o serviço está sendo bem prestado e que uma troca de fornecedor seja possível caso se conclua que a qualidade não está satisfatória. Assim, é possível que a melhora no desempenho surja de interações repetidas e relacionais, mesmo que não haja um contrato formal ou uma autoridade externa (ver Capítulo 1, seção 1.3).[22]

No entanto, conforme discutido no Capítulo 1, seção 1.3, essas trocas relacionais não são implementadas de maneira automática. Para que elas funcionem, tanto fornecedores como beneficiários devem ter a mesma percepção em relação à qualidade desejada, o que está longe de ser fácil no caso de serviços mais técnicos. No exemplo dos testes do vírus HIV, como os indivíduos-alvo podem saber se o teste é preciso e se estão recebendo o apoio e a orientação corretos?

Além disso, os beneficiários devem ser capazes de detectar uma possível deterioração do serviço — tarefa que pode ser problemática no caso de intervenções demoradas e cujos resultados não ficam evidentes logo de início. É possível que os fornecedores consigam continuar vendendo seus serviços mesmo que a qualidade esteja abaixo do esperado pelos beneficiários.[23]

A dificuldade em avaliar os resultados do serviço também pode variar de acordo com o segmento populacional. Quando é difícil atestar sua qualidade, clientes de alta renda podem contratar consultores ou advogados externos para orientar suas decisões.[24] Às populações vulneráveis, por outro lado, não só faltam recursos financeiros para contratar agentes externos, como também estruturas adequadas para expressar suas reclamações e mudar de fornecedor. Os detentos, por exemplo, são enviados a uma única instalação, e sua capacidade de expressar as preocupações é limitada, a menos que sejam representados por organizações sem fins lucrativos ou ativistas especializados no monitoramento de serviços prisionais ou na defesa dos direitos humanos.[25]

NÓ 3: RESTRIÇÕES DE OFERTA

Em certas categorias de serviço existe um grande número de fornecedores com qualidade aceitável e capacidade de acomodar rapidamente aumentos na demanda. No nosso dia a dia, usamos vários desses serviços com frequência: mercearias, atividades de limpeza, restaurantes etc.

Se não houver risco de exclusão (caso a resposta seja "não" no primeiro nó), se for fácil verificar os atributos do serviço ("não" no nó 2b) e se não houver restrições de oferta ("não" no nó 3b), então o provedor privado pode atuar sem necessidade de qualquer ação adicional do governo, exceto via regulamentação-padrão (por exemplo, leis antitruste ou regramenots de segurança).

As empresas privadas também podem atender a grupos vulneráveis ("sim" no primeiro nó), desde que os atributos do serviço sejam facilmente verificáveis ("não" no nó 2a) e não haja grandes restrições de oferta ("não" no nó 3a). Nesse caso, para resolver o problema da exclusão — sobretudo nos segmentos de baixa renda —, uma possível solução é combinar a entrega privada com o patrocínio de demanda — repasses diretos do governo aos beneficiários do serviço.

Por exemplo, os governos podem fornecer, a famílias de baixa renda, vouchers (vales) para compra ou aluguel de imóveis. Se essas famílias (ou terceiros em nome delas) puderem atestar os atributos dessas moradias, provavelmente não haverá problema de qualidade na contratação. Se houver oferta suficiente de imóveis para compra ou aluguel, o programa de vales pode melhorar o bem-estar dessas famílias sem a necessidade de qualquer outra ação do Estado.

No entanto, restrições de oferta podem ser um fator fundamental. Basicamente, elas reduzem o número de possíveis prestadores de serviços nos mercados. No exemplo anterior, uma distribuição de vouchers em larga escala (ou de qualquer tipo de ação governamental para subsidiar a demanda) deve gerar grande mudança na demanda sem uma resposta rápida e proporcional na oferta. Com isso os preços podem subir, reduzindo a capacidade das famílias de usar os vouchers para comprar ou alugar bons imóveis.

Foi exatamente o que aconteceu na Malásia na década de 1980, quando os programas governamentais para subsidiar as hipotecas levaram a um forte aumento no preço dos imóveis, acima do que a população podia pagar.[26] Os vouchers podem parecer uma ferramenta simples e eficaz para promover a inclusão, mas são difíceis de implementar e exigem que os beneficiários tenham opções suficientes.

As restrições de oferta vão surgir quando o início ou a melhoria das atividades necessárias exigirem grandes investimentos para atender às demandas de serviços personalizados. Aqui podemos recorrer novamente a Oliver Williamson (cuja teoria da probidade foi discutida no

Capítulo 1, seção 1.6). Williamson argumentou que muitos investimentos têm natureza *específica* — ou seja, visam a certos usos ou usuários e, portanto, muitas vezes não estão imediatamente disponíveis.

No contexto das políticas públicas, a especificidade também pode ter origem em requisitos sistêmicos da arquitetura orientada a serviços. Pense em projetos de construção de estradas e metrôs: não é possível construir uma boa rede de transporte público sem pensar em como ela se integrará às mais diversas áreas da cidade e até mesmo a outras cidades.[27]

Os mercados autônomos podem não conseguir promover esses investimentos grandes e dedicados. Embora seja comum argumentar que a origem desse problema é um monopólio natural — ou seja, é difícil ter várias empresas operando a mesma linha de metrô ou rede de saneamento básico —, em princípio os governos poderiam utilizar uma licitação pública para conceder o serviço à empresa que cobrar o menor valor para gerir toda a operação. Se houver um problema de qualidade, o serviço pode ser descontinuado, e a infraestrutura, transferida para outro fornecedor.[28]

No entanto, argumentou Williamson, embora seja fácil transferir a infraestrutura física para os novos fornecedores que vençam a licitação, as empresas que já estão atuando costumam ter um conhecimento superior do mercado e dos aspectos técnicos da operação local — esses também são exemplos de ativos específicos do ponto de vista do capital humano (baseado na capacidade). Fornecedores experientes podem, assim, ter uma vantagem de custo na licitação pública. É possível que o governo acabe dependendo de poucos fornecedores ou, num caso extremo, de uma única empresa.[29]

Mas também existem complicações contratuais no lado dos fornecedores privados. Se forem obrigados a investir em ativos dedicados a uma arquitetura de serviço específica, podem temer que o governo seja agressivo na negociação dos preços após a consumação do investimento — afinal, ficarão presos a um único grande cliente.

Isso é conhecido como problema do *refém*: uma parte pode tentar melhorar a própria posição de barganha enquanto a outra está presa numa troca em andamento e pode alcançar ganhos econômicos superiores em negociações futuras.[30] Se não forem devidamente tratados, todos esses problemas podem restringir a oferta adequada de infraestrutura de serviço.

Mesmo quando não há necessidade de novos investimentos específicos, as regulamentações existentes podem aumentar os custos de entrada e restringir a oferta. No exemplo dos subsídios habitacionais na Malásia, um problema grave foi a existência de leis urbanas que reduziam os investimentos em novas moradias. Uma medida óbvia para aumentar a oferta seria mudar essas leis. Por que os formuladores de políticas manteriam regras tão rígidas? Talvez elas tenham origem em comissões que especifiquem e apliquem regras urbanas idiossincráticas e restritivas (como as que limitam a altura de edifícios ou a densidade dos imóveis). Outra possibilidade é que essas leis venham da pressão dos moradores que já têm imóveis, talvez imaginando que novas construções reduzirão o valor de suas propriedades.

No contexto de populações vulneráveis (nó 3a), os problemas de oferta podem ser atenuados se houver um número suficiente de provedores de baixo custo que prestem serviços de qualidade razoável. Organizações com financiamento privado podem fornecer aos grupos vulneráveis soluções alternativas e mais baratas — o vaso sanitário reinventado mencionado no Capítulo 2 é um exemplo, e esses produtos e serviços podem ser comercializados por empresas com fins lucrativos que buscam mercados de alto crescimento na base da pirâmide (ver Capítulo 1, seção 1.5).

Também pode ser possível que empreendimentos sociais usem receitas de clientes abastados para subsidiar clientes vulneráveis — como no caso de escolas particulares que destinam parte do excedente financeiro para oferecer bolsas de estudo a alunos de baixa renda.

No entanto, não se pode subestimar as tensões que nascem dessas estratégias. Se o segmento de maior renda for muito lucrativo, uma empresa privada pode se concentrar cada vez mais nesse grupo e dedicar apenas uma pequena parte de sua capacidade, quando muito, a clientes em situação vulnerável. Os custos assimétricos vão agravar o problema, pois os serviços oferecidos ao grupo vulnerável serão mais caros e difíceis de gerir do que os prestados aos clientes abastados.[31]

O patrocínio do governo a segmentos desfavorecidos não necessariamente será benéfico, caso a empresa privada conclua que é mais lucrativo atender a clientes de alta renda. Veja o caso dos vouchers escolares no Chile. Implementados em 1981 no contexto das reformas de Augusto Pinochet orientadas para o mercado, os vouchers permitiam que as famílias matriculassem seus filhos na escola particular que escolhessem. De início o foco do programa não era os segmentos populacionais de baixa renda, e as escolas particulares podiam selecionar livremente seus alunos. Em 1993, o sistema de vouchers foi alterado para permitir que as escolas particulares passassem a cobrar mensalidades acima do valor dos vouchers. Resultado: aumento da segregação, com migração cada vez maior de alunos de classe média para as escolas particulares, deixando os alunos mais vulneráveis no setor público, cujo desempenho piorou ao longo do tempo.

Em 2007 foi implementada uma reforma exigindo que os vouchers fossem direcionados aos "estudantes prioritários" de baixa renda. O valor dos vouchers para esses alunos também aumentou em relação aos do segmento populacional menos vulnerável. As escolas particulares foram impedidas de aumentar a mensalidade para esses alunos prioritários e deixaram de poder escolher os melhores alunos com base no histórico acadêmico.[32]

Em outras palavras, longe de ser a solução de livre mercado idealizada por Milton Friedman, os vouchers escolares se tornaram cada vez mais uma forma de entrega privada com supervisão pública — uma maneira de combater a tendência das escolas particulares de negligenciar as famílias desfavorecidas.

NÓ 4: REMÉDIOS DE GOVERNANÇA

Se há escassez de oferta ("não" nos nós 3a ou 3b) ou atributos de serviço difíceis de verificar ("sim" nos nós 2a ou 2b), então a pergunta seguinte é se existem arranjos que podem ser implementados para resolver estes problemas.

Basicamente, será necessário alterar a governança do serviço fazendo mudanças em até quatro aspectos da prestação de serviços:

- *controle de decisão* (quem ratifica as decisões e monitora o desempenho dos prestadores);
- *incentivos* (quem se apropria dos ganhos);
- *escopo* (quem faz o quê e quando); e/ou
- *financiamento* (quem arca com as despesas e investimentos necessários).

Se esses arranjos forem viáveis ("sim" no quarto nó), a forma de entrega passará da privatização total para um modelo de colaboração público-privada. Se forem inviáveis ("não" no quarto nó), então recomenda-se a forma estatal. A seguir analiso cada um dos arranjos.

CONTROLE DE DECISÃO

Uma possível mudança no controle de decisão foi discutida no Capítulo 1 (seção 1.2) no contexto das prisões: a introdução de supervisores públicos, potencialmente no local do serviço, para vetar, por parte da empresa privada, qualquer redução de custos que possa resultar em queda na qualidade de prestação do serviço (ver Apêndice 1 para uma representação matemática desse mecanismo).

Vale lembrar, porém, que esse arranjo exige a presença de supervisores públicos competentes e que não tenham incentivos para entrar em conluio com o operador privado. Para dar certo, é preciso recrutar gestores públicos experientes e criar mecanismos que garantam que o responsável não fará vista grossa para desvios internos. Um mecanismo possivelmente útil é fornecer a esses supervisores um salário extra que permanecerá em vigor enquanto não houver sinais de queda de qualidade na prestação do serviço da empresa privada.

Nesse processo, é muito importante contar com diversas modalidades de monitoramento externo: por meio de organizações da sociedade civil especializadas na atividade focal em questão; via maior transparência, por exemplo, publicando dados sobre os segmentos de beneficiários visados e seu desempenho; por meio de ampla cobertura da mídia; e com o possível apoio de auditorias periódicas para avaliação do desempenho na prestação do serviço.[33] No próximo capítulo, analisarei mais a fundo como esses mecanismos podem facilitar a ação de burocracias públicas competentes que têm uma interação próxima com operadores privados.

Outra possibilidade é alterar os critérios para o tipo de organização que pode participar da prestação de serviço. Se o principal problema é que os operadores privados podem se sentir tentados a negligenciar atributos de serviço desejáveis para lucrar, uma alternativa é restringir legalmente o serviço, de modo que só possa ser executado por organizações cujos gestores e investidores estejam menos dispostos a economizar nesses atributos — por exemplo, organizações sem fins lucrativos ou instituições de caridade.

No entanto, como essas organizações têm suas próprias limitações — a falta de fortes incentivos para economizar tem um lado negativo, qual seja, menos incentivos para aumentar a produtividade —, essa opção deve ser restrita a casos em que os principais atributos de serviço são difíceis de verificar, o que acentua o dilema custo-qualidade (conforme discutido a respeito do segundo nó de decisão).

INCENTIVOS

Quanto aos incentivos, há ainda a possibilidade de "completar o contrato" com indicadores de resultados superiores e, possivelmente, pagamentos vinculados a esses indicadores. Ou seja, atributos que a princípio eram considerados difíceis de verificar podem ser monitorados com mais precisão com o uso de técnicas de avaliação e de sistemas de pagamento por desempenho, por meio dos quais os operadores privados podem aumentar as receitas caso cumpram as metas contratuais. O Capítulo 5 detalha esse arranjo.

ESCOPO

As decisões de escopo envolvem escolhas mais refinadas entre certos serviços serem executados por atores públicos ou privados. Meu argumento segue diretamente a discussão sobre contratos incompletos e o dilema custo-qualidade. Para facilitar o entendimento, imagine que um processo de contratação envolva duas etapas: a construção e a operação de uma instalação ou infraestrutura. Um aumento no escopo privado corresponde a um arranjo em que a empresa privada se envolve em ambas as etapas.

Conforme proposto por John Bennett e Elisabetta Iossa, um aumento no escopo privado é desejável quando a construção da instalação gera um ganho positivo para a fase operacional.[34] Por exemplo, na construção de uma rodovia, o envolvimento de empresas privadas na fase de construção pode fazer com que o projeto seja aprimorado, reduzindo os posteriores custos de manutenção.

O inverso acontece quando há um efeito negativo nos custos operacionais. Imagine, por exemplo, que uma infraestrutura hospitalar inovadora reduza a ocorrência de infecções hospitalares, mas seja mais cara de gerir. As empresas privadas envolvidas tanto no projeto como nas fases operacionais podem não querer investir numa infraestrutura melhorada, pois isso aumentará os custos operacionais.

FINANCIAMENTO

Por fim, mudanças no patrocínio afetam sobremaneira o desenho das colaborações público-privadas. Pode-se implementar sistemas de tarifas de usuários se os clientes não enfrentarem restrições e puderem pagar pelo serviço (ou seja, se a resposta no primeiro nó for "não") — conforme exemplificado pelos pedágios nas estradas e pelas tarifas nos aeroportos, que tendem a ser usados por pessoas de maior renda.

Em alguns casos, porém, a necessidade de evitar a exclusão (por exemplo, em parques públicos) ou a existência de impedimentos legais à cobrança de tarifas diretamente aos usuários (no contexto das prisões) exige financiamento público — ou pelo menos contribuições de doadores externos. O investidor John Paulson, por exemplo, doou 100 milhões de dólares em 2012 para a organização sem fins lucrativos que administra o Central Park, em Nova York.[35]

A questão, porém, é que esses arranjos podem ser inviáveis ou onerosos demais. Vejamos o caso dos bancos com foco em empréstimos para clientes com dificuldade de acesso aos mercados formais de crédito. Podem novos arranjos de governança incentivar os bancos privados a atenderem aos pobres? Uma possível solução são as organizações sem fins lucrativos que fornecem microcrédito, como o Grameen Bank. O problema é que talvez essas organizações não consigam fornecer crédito em grande escala. Outra opção é os governos formularem políticas para patrocinar as atividades dos bancos privados: poderiam fazer transferências diretas para permitir que os bancos oferecessem taxas de juros subsidiadas ou poderiam absorver parte do risco de crédito dos mutuários mais vulneráveis.

No entanto, conforme discutimos, esses mecanismos de financiamento público estão longe de ser simples. O governo precisa estabelecer mecanismos operacionais para transferir esses subsídios, monitorar se os destinatários estão recebendo o crédito (o que pode ser particularmente problemático no caso de mutuários sem acesso a serviços bancários), avaliar se a vida dos beneficiários está de fato melhorando e fazer ajustes diante de imprevistos — como crises financeiras ou pandemias — que causem um aumento acentuado e imprevisto no risco de crédito.[36]

Além disso, como no exemplo da testagem para o vírus HIV no início deste capítulo, é possível que os bancos privados não tenham conhecimento ou infraestrutura suficiente para alcançar 100% da população — por exemplo, mutuários em áreas mais remotas e com graves restrições de recursos. Para aumentar a eficácia do crédito, talvez seja necessário oferecer serviços complementares, como treinamento e assessoria para aprimorar as práticas de gestão dos mutuários. Os governos podem ter dificuldade para elaborar contratos que especifiquem os atributos de serviço exigidos.[37]

QUANDO OS REMÉDIOS DE GOVERNANÇA SÃO INVIÁVEIS

Se esses remédios de governança forem caros ou impraticáveis — ou seja, se não for possível implementar uma supervisão competente, mudar os incentivos dos prestadores de serviços, ajustar o escopo ou oferecer um financiamento complementar —, uma alternativa pode ser envolver uma estatal, talvez visando o segmento mais vulnerável da população.

Claro que a entrega estatal também teria suas desvantagens. Os bancos públicos, em particular, são notoriamente afetados por todos os tipos de falhas de governo, incluindo a sua suscetibilidade à influência de políticos que tentam redirecionar o crédito barato para seus amigos e aliados em vez de para aqueles com reais necessidades.[38]

No entanto, conforme discutido, há certas situações em que é difícil implementar arranjos e incentivar a entrega adequada por empresas privadas. Quando os riscos de deterioração da qualidade e exclusão aumentam, as operações estatais podem ser um último recurso, mesmo que tenham suas falhas. Segundo Oliver Williamson, tais falhas podem não ser *remediáveis* onde não há alternativa viável — empresas privadas ou colaborações público-privadas, em suas várias formas — capaz de atender satisfatoriamente às demandas sociais esperadas para o serviço público. O que não tem remédio remediado está.[39]

3.4. A percepção de legitimidade restringe a escolha das formas de entrega de serviços públicos

Conforme discutido no Capítulo 1, seção 1.6, a escolha entre empresas estatais ou privadas não é apenas "técnica", seguindo as diretrizes aqui apresentadas. Pelo menos nas sociedades democráticas, a decisão final depende de valores e crenças que podem mudar drasticamente a percepção de conformidade das opções de políticas. As privatizações, em particular, são notoriamente controversas e podem ser vistas como soluções ilegítimas.[40]

Podemos considerar dois aspectos que podem afetar a percepção de legitimidade do envolvimento de empresas privadas em atividades públicas: os determinantes *processuais* e *estruturais* da legitimidade. Primeiro, o arranjo proposto pode não levar em consideração os objetivos sociais gerais. Com isso, o projeto e a implementação podem ser inadequados. Trata-se de um aspecto processual de preocupação com a legitimidade pois decorre do processo de escolha e deliberação social — sobretudo quando há riscos relacionados à exclusão de beneficiários centrais, oferta insuficiente ou desatenção aos atributos de qualidade.

Para analisar essas questões, numa colaboração com a Ipsos Public Affairs, perguntamos a 1200 brasileiros selecionados aleatoriamente sua opinião a respeito de programas de privatização em julho de 2018. A Ipsos já vinha monitorando essas opiniões com uma pergunta mais genérica sobre se os entrevistados eram "a favor ou contra a privatização das estatais". O percentual de respostas positivas foi usado para calcular o apoio geral à privatização e foi considerado muito baixo: 17,3% (ver Apêndice 3 para uma análise detalhada dos dados).

Em seguida, analisamos as *condições* que podem aumentar as respostas favoráveis — a mesma pergunta genérica, mas com cenários adicionais indicando as políticas e os arranjos de governança que acompanham a privatização.

Começamos com a possibilidade de os programas de privatização ajudarem a abater a dívida pública e a permitir que o governo aloque o dinheiro da venda de estatais para cobrir os próprios gastos. Quando essa condição foi adicionada à pergunta para aferir respostas favoráveis ou negativas, o índice de apoio à privatização *diminuiu* 2,4 pontos percentuais. Uma possível explicação é que os entrevistados não acreditavam que o governo usaria o dinheiro de forma adequada e achavam que a sociedade se beneficiaria mais com as operações estatais então existentes.

E se o dinheiro obtido com a venda da estatal fosse revertido a um fundo público para custear programas sociais? Quando acrescentamos essa condição, o apoio aumentou em 8,2 pontos percentuais. Parece que o uso dos recursos da privatização é importante, talvez porque sinaliza benefícios sociais mais concretos.

Nessa mesma linha, acrescentamos outra pergunta para averiguar como os cidadãos reagiriam à possibilidade de se tornarem acionistas das empresas privatizadas, algo que ocorreu em alguns países que implementaram grandes programas de privatização. John Moore, ex-ministro do governo de Margaret Thatcher, argumentou que "espalhar a propriedade da forma mais ampla e profunda possível era parte integral da nossa política de privatização [...]. Quando têm um interesse pessoal em alguma coisa, as pessoas pensam nela, se preocupam com ela, trabalham para fazê-la prosperar".[41]

Assim, avaliamos o apoio dos entrevistados à privatização num cenário em que o governo implementasse um mecanismo que permitisse a compra de ações ao público geral. As respostas positivas aumentaram em relação ao percentual inicial, mas em grau menor se comparadas com a pergunta anterior (a criação de um fundo público para custear programas sociais): 5,6 pontos percentuais.

Em seguida, levantamos a hipótese de que talvez os entrevistados temam que os atores privados cobrem preços abusivos ou não ofereçam serviços de qualidade — o que, seguindo nossa discussão anterior, poderia resultar da insuficiência de oferta e da dificuldade de verificar certos atributos de qualidade. Medimos o apoio dos entrevistados à privatização com uma condição adicional: de que os órgãos públicos remediassem esses possíveis riscos. Essa foi a condição que levou ao maior aumento nas opiniões positivas em relação à privatização: 10,3 pontos percentuais.

Em novembro de 2019, fiz parceria com outra empresa, a Ideia Big Data, para coletar dados de um conjunto de 1542 entrevistados brasileiros. O acréscimo dessa última condição gerou um efeito ainda maior: 31 pontos percentuais acima da fração de pessoas que apoiam a privatização sem qualquer condição adicional.

Interpreto este resultado como uma confirmação de que a legitimidade tem um importante componente processual, qual seja, a oposição à privatização aumenta quando ela não vem acompanhada de arranjos de governança para mitigar os riscos do envolvimento de empresas privadas.

No entanto, mesmo com todas as condições descritas, ainda existe um grande percentual de entrevistados contra a privatização. Possivelmente acreditam que os órgãos públicos não serão capazes de evitar os perigos que discutimos. Também é possível que essas pessoas tenham preferências sociais fortes e arraigadas contra a propriedade privada, independentemente dos procedimentos utilizados no processo de privatização. Esses seriam determinantes estruturais da legitimidade.

Uma possível explicação é que os indivíduos dependem das estruturas públicas existentes e se opõem a qualquer tipo de reforma que possa alterar seus benefícios atuais. Por exemplo, os entrevistados podem ver as estatais como fontes de emprego local. Encontramos apoio para essa conjectura ao analisar os dados da primeira pesquisa: um aumento de 10% no número de trabalhadores que são servidores públicos no município dos entrevistados reduz a opinião pró-privatização em 3,1 pontos percentuais (ver Apêndice 3).[42] Em contrapartida, as respostas favoráveis à privatização aumentam nos municípios com maior renda per capita, possivelmente indicando que a população local tem outras fontes de renda que não empregos públicos.

Outros estudos também analisaram o papel das crenças gerais sobre a importância dos mercados versus a importância dos estados na promoção do desenvolvimento. Nesse caso, um candidato é a ideologia política, expressa pela filiação a (ou simpatia por) partidos políticos.[43] Partidos de esquerda tendem a se opor à privatização com o argumento de que os operadores privados terão menos interesse em inclusão e serviços sociais. Os partidos de direita, por outro lado, tendem a apoiar a privatização como forma de reduzir as falhas de governo.

José Alonso e Rhys Andrews analisaram o papel da ideologia partidária nas decisões sobre a terceirização de serviços sociais infantis no Reino Unido. Para tanto, estudaram os resultados eleitorais de 150 governos locais entre 2009 e 2016.[44] A orientação de esquerda foi medida pelo percentual de assentos ocupados por membros do Partido Trabalhista no parlamento. Embora na década de 1990 o partido tenha mantido algumas das reformas pró-mercado da Era Thatcher (conforme discutido na seção 3.2), sua agenda mudou com a coalizão entre os partidos conservador e liberal-democrata em 2010 e com o surgimento de novos líderes políticos com mais inclinações socialistas.

Para identificar de maneira mais precisa o elo causal entre a ideologia política e a adoção de políticas, Alonso e Andrews analisaram uma característica comum aos sistemas democráticos: o controle partidário aumenta abruptamente depois que os políticos conquistam a maioria dos assentos disponíveis. Os pesquisadores compararam governos locais onde o Partido Trabalhista conseguiu um número de cadeiras um pouco acima e um pouco abaixo do limite que concede o controle ao partido (50% das cadeiras).

Esse método de pesquisa (conhecido como *método de regressão descontínua*) se beneficia do fato de que ganhar ou perder por uma pequena margem é quase um sorteio aleatório, reduzindo as preocupações de que existem outros fatores externos influenciando o elo entre ideologia e apoio à privatização. As análises confirmam que, em governos locais em que o Partido Trabalhista teve a sorte de garantir a maioria dos assentos por uma pequena margem, houve menor tendência à contratação de fornecedores privados e maior tendência à dependência de serviços sociais internos (estatais).[45]

É claro que os determinantes processuais e estruturais da percepção de legitimidade estão profundamente interligados. Na educação, por exemplo, existe um forte cuidado com a inclusão. Na seção 3.3 tratamos do caso dos vouchers escolares, uma forma de operação privada patrocinada pelo governo. O caso chileno evidenciou que, sem entrega e supervisão estatal suficientes, os fornecedores privados podem não estar atentos às necessidades das famílias mais vulneráveis. Assim, é possível que a população enxergue os programas de vouchers como ilegítimos se os governos não implementarem as soluções adequadas para promover a inclusão.

As mesmas preocupações surgem em outro método controverso de envolvimento de empresas privadas na educação pública: as escolas charter. Em suma, são colaborações público-privadas em que as empresas privadas recebem financiamento público para prestar serviços educacionais às populações locais. Diane Ravitch, uma conhecida crítica das propostas com foco em mercado no intuito de reformar a educação, argumenta que os defensores dessas políticas "fecham os olhos para as evidências de que as escolas charter matriculam um número desproporcionalmente pequeno de crianças com deficiência, ou crianças provenientes de lares problemáticos, ou crianças que ainda estão aprendendo a língua inglesa".[46]

Embora existam casos de programas do tipo que levaram à exclusão de alunos vulneráveis, também há evidências de que as escolas charter tiveram efeitos positivos na aprendizagem dos alunos e proporcionaram educação de qualidade a comunidades carentes. E é mais provável que as escolas charter apresentem resultados positivos quando os governos implementam outros arranjos de governança simultâneos, entre os quais metas para a composição do corpo discente (para evitar a exclusão), avaliação da qualidade da aprendizagem etc.[47] Uma escola charter legítima deve ser aquilo que se propõe a ser: uma colaboração público-privada com prestação de serviço de uma empresa privada sob supervisão pública.

3.5. Podem as organizações públicas e privadas coexistirem — e se beneficiarem — umas das outras?

Até aqui a discussão poderia, à primeira vista, sugerir que a escolha de uma modalidade de prestação de serviço pode impedir a escolha de outras — ou seja, que os arranjos são concorrentes ou substitutos. Mas na realidade as condições que afetam os benefícios e custos desses arranjos (conforme demonstrado na árvore de decisão da Figura 3.2) se limitam a indicar a probabilidade de uma escolha organizacional ser eficaz ou inclusiva. Na prática, com frequência o que vemos é a coexistência de formas públicas, privadas e híbridas de entrega. Uma explicação simples para isso é que elas visam segmentos distintos. No exemplo do setor bancário, sugeri que os bancos públicos podem ter um papel importante para segmentos vulneráveis, nos casos em que é difícil ou oneroso implementar arranjos para incentivar o crédito privado. Os bancos privados se concentrariam, então, em clientes com baixo risco de crédito ou que possam ser alcançados com baixos custos marginais.

No entanto, em muitos casos, diferentes formas organizacionais atendem ao *mesmo* segmento. Por exemplo, um serviço postal estatal pode competir com várias empresas de correio privadas em mercados sobrepostos. Também é comum que universidades públicas e privadas tentem atrair os mesmos acadêmicos de ponta e matricular alunos com perfis demográficos semelhantes.

Grandes economias de escala podem explicar esse padrão de concorrência entre serviços públicos e privados.[48] Os serviços de correio exigem infraestrutura fixa e dedicada para rastrear os pacotes enviados e otimizar a logística. A expansão da rede de entrega também deve ser valorizada pelos clientes que pretendem alcançar locais variados e distantes. Nesses casos, faz sentido atender a diversos segmentos de clientes.

Podemos dar um passo adiante e argumentar que a presença de uma forma particular de prestação de serviço é capaz de melhorar o desempenho de outro tipo de prestação operando em conjunto. Ou seja, elas podem ser *complementares*. Por exemplo, alguns estudos constatam que empresas privadas podem aumentar a produtividade de suas concorrentes estatais. As estatais que operam em mercados como petróleo, mineração e manufatura precisam ser produtivas, e a presença de empresas privadas pode servir como referência para avaliar seu desempenho.

Estudos recentes também mostram que a competição fomenta o uso de práticas de gestão superiores (como planejamento e metas) e que essas práticas reduzem a diferença de desempenho entre empresas estatais e privadas.[49] Portanto, nos casos em que os governos decidem manter as estatais, ter um concorrente do setor privado pode melhorar o desempenho dos gestores públicos. Ou seja: a competição pode ser uma forma de reduzir as falhas de governo.

Também podemos analisar essa interação a partir do outro ponto de vista: a presença do Estado pode melhorar a prestação de serviços das empresas privadas. Como têm objetivos sociais além dos lucros, as estatais podem estar mais dispostas a aumentar a produção ou diminuir os preços em maior medida do que os concorrentes privados.

No entanto, não é evidente se esses efeitos são desejáveis, para começo de conversa. As estatais podem simplesmente estar respondendo a uma pressão populista — investindo demais em projetos improdutivos ou baixando preços para aumentar a popularidade de determinados políticos, com consequências adversas para sua futura solvência financeira.[50] Em determinado ponto, os governos podem ter que socorrer essas estatais, gerando custos elevados para toda a sociedade.

Além disso, de acordo com a visão de falhas de governo, as estatais podem ter custos mais elevados do que seus pares privados. Um concorrente de alto custo não é exatamente uma ameaça para outras empresas que desejem manter preços elevados. Se a falta de concorrência for motivo de preocupação, a sociedade pode oferecer arranjos antitruste melhores — por exemplo, reduzir as barreiras à entrada e punir empresas que utilizem práticas de mercado abusivas.

Um mecanismo mais plausível é que a presença de estatais pode aumentar a capacidade do Estado de compreender e monitorar as empresas privadas, sobretudo nos casos em que a supervisão pública se faz necessária.[51] Governos com ampla experiência na gestão de estradas ou na distribuição de água devem compreender melhor as especificidades do setor, concebendo serviços superiores e definindo metas contratuais melhores para os operadores privados.

De modo mais geral, as estatais podem gerar repercussões positivas para as empresas privadas, e vice-versa. Aqui podemos novamente invocar Diane Ravitch. Apesar de suas críticas às políticas educacionais baseadas em mercado, ela não se opõe à participação privada. Tudo depende dos objetivos das empresas privadas e, especialmente, se elas estão dispostas a acolher (em vez de evitar) estudantes em situação vulnerável. Segundo Ravitch, "as escolas charter explorariam novas formas de educar esses alunos. Elas precisam desenvolver estratégias e currículos benéficos para todas as escolas e compartilhar regularmente o que aprenderam".[52]

Nessa perspectiva, longe de ser uma *alternativa* à prestação pública de serviços, as empresas privadas poderiam atuar para gerar ganhos compartilhados — entre os quais, ganhos que podem ser apropriados pelo setor público. Sabendo que existem diversas formas de entrega de serviço, poderíamos comparar os desempenhos, estimular a fecundação cruzada de conhecimento e encorajar melhorias organizacionais à luz das experiências acumuladas e compartilhadas.

Em suma, que todas as opções coexistam e que todos os virtuosos prosperem, se forem merecedores.

4
A privatização precisa de governos capazes

EM 2003, o aclamado diretor de cinema Francis Ford Coppola viajou a Curitiba para coletar ideias para seu novo projeto de filme, *Megalopolis*. Estava interessado na série de inovações urbanas que a cidade havia implementado ao longo dos anos e achava que essas experiências poderiam inspirar o enredo do filme, um conto futurista sobre a cidade de Nova York reimaginada como um coletivo urbano utópico e centrado nos cidadãos.

Coppola foi visto usando transporte público para visitar diversas áreas da cidade, saboreando pratos populares em restaurantes locais, interagindo com pessoas nas ruas e até ajudando uma pessoa a lavar seu carro.[1]

Um projeto que chamou a atenção de Coppola foi o famoso corredor de ônibus (BRT, do inglês *Bus Rapid Transport*) de Curitiba. Lançado em 1974, o BRT era uma alternativa mais barata às dispendiosas redes de metrô. A ideia era criar corredores viários dedicados ao trânsito de ônibus, com diversos pontos de parada construídos como estações em forma de tubo e um sistema de passagens pré-pagas.

Com esse novo sistema, os passageiros reduziram o tempo de viagem, enquanto os investimentos inferiores do BRT — que, estima-se, custou entre vinte e cinquenta vezes menos do que outras opções de transporte rápido — permitiram uma grande expansão na área de cobertura. Tempos depois, a inovação foi adotada em vários outros países e, em 2019, foi selecionada como um dos cinquenta melhores projetos mundiais dos últimos cinquenta anos pelo Project Management Institute.[2]

Durante a visita, Coppola fez amizade com um dos líderes do projeto, o arquiteto Jaime Lerner (1937-2021), que foi prefeito de Curitiba e depois governador do Paraná. As prisões privadas mencionadas na introdução foram outra iniciativa implementada durante seu mandato como governador. O próprio Coppola apareceria em um documentário dedicado a Lerner, *Uma história de sonhos*, que também relata a criação do BRT e o reconhecimento internacional alcançado pelo projeto.

O BRT de Curitiba foi um dos casos incluídos num projeto comparativo para estudar o desempenho de iniciativas públicas no Brasil, na Índia e na África do Sul. Meu grupo de pesquisa (com Nobuiuki Ito e Leandro Pongeluppe) colaborou com uma equipe global de consultores da Accenture (comandada por Armen Ovanessoff e Felippe Oliveira) para analisar iniciativas de serviço público com base numa variedade de métricas de desempenho e características organizacionais — incluindo a combinação de atores públicos e privados envolvidos no projeto e na execução.[3]

Focamos em quatro atividades com grande potencial de impacto no cotidiano dos cidadãos: educação, transporte, desenvolvimento urbano e serviços burocráticos (por exemplo, instituições focadas em agilizar o processamento de documentos ou pagamentos). Para cada país e atividade, criamos pares combinados de projetos com evidências de sucesso e fracasso baseadas em indicadores de eficácia.

Os projetos classificados como bem-sucedidos apresentaram evidências de resultados positivos em comparação com o que provavelmente teria acontecido sem a intervenção (este é o cenário contrafactual discutido no capítulo anterior). Em contrapartida, os casos de fracasso apresentaram execução deficiente e custos excessivos; alguns dos projetos foram até mesmo cancelados.

O BRT de Curitiba, por exemplo, permitiu um deslocamento mais rápido (um atributo de qualidade) a um custo inferior. Infelizmente, não conseguimos encontrar análises detalhadas de custo-benefício para todos os projetos, mas identificamos várias fontes de informação para ajudar a classificar os casos. Embora nosso foco fosse a eficácia, todos os casos de sucesso tendiam a promover a inclusão — como transporte barato, educação pública de alta qualidade ou desenvolvimento urbano em áreas carentes.

Entrevistando especialistas envolvidos ou familiarizados com cada projeto, mensuramos uma série de variáveis que poderiam explicar os diferentes resultados observados. Avaliamos o grau de *participação externa* do projeto em uma escala de 1 a 5, com as pontuações mais altas atribuídas a situações em que organizações com e/ou sem fins lucrativos trabalharam lado a lado com funcionários públicos responsáveis pelo projeto e colaboraram em várias tarefas, tais como concepção do projeto, operação e serviços complementares.

No caso do BRT de Curitiba, os fabricantes, como a multinacional sueca Volvo, ajudaram a criar modelos de ônibus com maior capacidade de passageiros e estações aprimoradas. Posteriormente, a operação das linhas envolveu empresas privadas de ônibus sob contratos de concessão. Institutos educacionais forneceram suporte técnico e treinamento.

No entanto, Jaime Lerner e sua equipe também obtiveram recursos valiosos *dentro* da burocracia pública. Nesse sentido, um ator central foi o Instituto de Pesquisa e Planejamento Urbano de Curitiba (IPPUC), autarquia municipal que contava com um grupo técnico multifuncional de engenheiros, cientistas sociais e urbanistas encarregados de otimizar a rede de transportes. Os líderes de projeto tinham uma visão clara de como gerar uma opção de transporte mais rápida e barata, apoiada por processos competentes de planejamento, comunicação e monitoramento.

Todos esses fatores sugerem a presença de fortes *competências governamentais*, que codificamos da mesma forma que fizemos com a participação externa, a partir de entrevistas, no intuito de refletir o grau de mobilização em prol de metas bem definidas, a adoção de práticas de gestão profissional e o uso de procedimentos de prestação de contas para evitar a corrupção.

É claro que essas capacidades não se mantiveram uniformes ao longo do tempo. Em Curitiba, administrações mais recentes não conseguiram continuar otimizando o sistema de BRT de acordo com o aumento do trânsito. Os casos de alta performance devem ser entendidos como projetos que, pelo menos por um tempo, foram planejados e executados com competência, evitando desperdício de dinheiro público e energia.

A Figura 4.1 mostra como os projetos variaram em termos de participação externa e competências governamentais e como esses fatores estão associados ao sucesso ou ao fracasso observado (percepção de alta ou baixa eficácia). Vale lembrar que associações simples não refletem causalidade; ao longo deste capítulo apresentarei evidências mais sólidas sobre o papel das competências governamentais. Com essa ressalva em mente, vemos que quase todos os projetos bem-sucedidos que

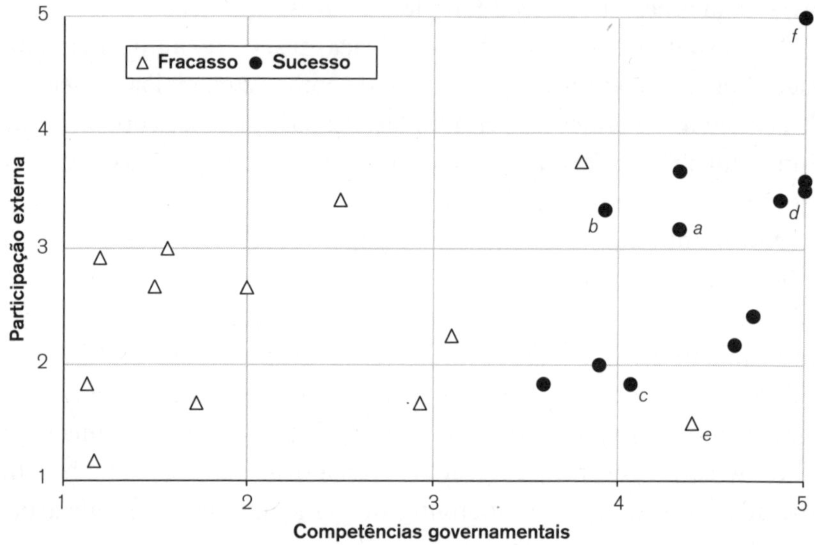

Figura 4.1. Participação externa e capacidades governamentais influenciando os resultados de projetos públicos no Brasil, na Índia e na África do Sul

Nota: Os projetos foram classificados como sucesso quando houve evidências de resultados positivos para a população-alvo e como fracasso quando houve má implementação do projeto e custos excessivos. Assim, a classificação reflete a percepção da eficácia do projeto. As competências governamentais e a participação externa foram medidas com base em entrevistas e usando escalas de 1 a 5, sendo 1 baixa capacidade ou participação, e 5, alta. A participação externa indica se as empresas com ou sem fins lucrativos forneceram recursos importantes para a concepção e implementação do projeto. Para mais detalhes sobre a amostra e as medidas, ver Lazzarini et al. (2020b). As letras na figura indicam os projetos discutidos no texto. *a*: Sistema BRT de Curitiba (transporte, Brasil); *b*: Hyderabad e-Seva (serviços burocráticos, Índia); *c*: Conselho Metropolitano de Abastecimento de Água e Esgoto da Região Metropolitana de Hyderabad (desenvolvimento urbano, Índia), *d*: Sistema de BRT MyCiTi da Cidade do Cabo (transporte, África do Sul); *e*: Programa para aumentar os indicadores de aprendizagem e saúde infantis (educação, Índia); *f*: KwaZulu-Natal — Siyakha Nentsha (educação, África do Sul).

analisamos tinham níveis de capacidade estatal acima da média (o BRT de Curitiba é marcado com *a*). À medida que esses recursos aumentam no lado direito do gráfico, observamos mais casos de sucesso com maior envolvimento privado (área superior direita), mas também vemos bons projetos que não dependem substancialmente de atores externos (área inferior direita).

Esse padrão sugere que as competências governamentais foram associadas não apenas ao sucesso do projeto, mas também a uma maior participação privada. No entanto, o aumento nas competências governamentais pareceu gerar dois caminhos para uma maior eficácia do projeto: ou uma forte execução pública (interna) ou uma maior participação externa de atores com ou sem fins lucrativos.

Assim, vemos que governos capazes não só adaptam as formas de prestação ao contexto e implementam arranjos de governança adequados (conforme discutido no capítulo anterior), como também exploram diversas rotas de melhoria — por vezes de maneira simultânea. Para governos capazes, "muitos caminhos levam a Roma". Neste capítulo, explico por que esse pode ser o caso.

4.1. Bons governos em países mal governados?

Antes de discutir o papel das capacidades governamentais, uma questão natural que surge é: de onde elas vêm? Intuitivamente, devem, pelo menos em parte, vir de fatores nacionais, como disposições legais estáveis e normas de conduta que incentivam a produtividade econômica. O historiador econômico Douglass North (1920-2015) classificou esses fatores como *instituições* e afirmou que eles podem explicar grande parte da variação no desenvolvimento econômico. Segundo John Drobak, "Douglass North explicou que os marinheiros se tornarão piratas se a sociedade criar incentivos para a pirataria e que os piratas se tornarão comerciantes quando a sociedade criar incentivos para o comércio".[4]

Pesquisas mostram que melhores instituições estão associadas a melhores governos. Os problemas que levam a falhas de governo (Capítulo 1, seção 1.4) derivam basicamente da falta de regras e sanções para disciplinar os burocratas públicos. Eles vão agir como piratas se forem livres para explorar os cidadãos em troca de autorizações discricionárias, regulamentos flexíveis e outros tratamentos preferenciais. Por outro lado, fornecerão serviços valiosos se seguirem procedimentos transparentes e forem punidos quando forem flagrados em desvios.

Instituições mais fortes — e os bons governos que as acompanham — também afetam positivamente o investimento produtivo. No capítulo anterior (seção 3.3), discuti a dificuldade de incentivar grandes investimentos dedicados nos casos em que as empresas privadas temem que os governos reneguem os acordos já existentes, forçando reduções de preços ou ajustando termos contratuais de modo a prejudicá-los. Mas as instituições se aprimoram a partir do momento em que há leis que restringem esse tipo de intervenção desenfreada, órgãos reguladores bem comandados que criam e impõem regras claras e sistemas judiciais independentes que permitem que empresas privadas busquem a devida compensação em casos de quebra contratual.[5]

Estudiosos também usaram o termo *capacidade estatal* para descrever as diferenças entre os países na habilidade de implementar procedimentos e políticas de criação de valor que desencadeiem e sustentem o desenvolvimento econômico. De acordo com o cientista político Francis Fukuyama, um Estado de alta capacidade oferece um ambiente institucional que "de forma transparente e eficaz, atende às necessidades dos seus clientes — os cidadãos do Estado". Por outro lado, num Estado de baixa capacidade, políticos e burocratas utilizam recursos públicos para apoiar suas coalizões e financiar seus projetos pessoais — em suma, fornecem males públicos.[6]

No entanto, se as instituições nacionais são fundamentais para determinar como os governos agem, então os cidadãos dos países em desenvolvimento ou emergentes estariam destinados a receber serviços ruins, e não haveria iniciativas de alto desempenho em condições institucionais precárias. Não foi o que vimos no nosso estudo comparativo no Brasil, na Índia e na África do Sul — que estão longe de ser países com excelentes indicadores institucionais e capacidade estatal.[7] Nos mesmos tipos de atividade, e no mesmo país, encontramos projetos que fracassaram, sim, mas também iniciativas bem-sucedidas com evidências de serviço de alta eficácia.

Na Índia, exemplos de má implementação dos serviços e de exclusão de grupos sociais coexistem com iniciativas que geraram resultados positivos em grande escala.[8] Em Hyderabad, o mesmo governo local executou dois projetos bem-sucedidos, citados no nosso estudo comparativo: o eSeva, que instalou quiosques eletrônicos para facilitar serviços e reduzir seu tempo de espera, e o Conselho Metropolitano de Abastecimento de Água e Esgoto, iniciativa para ampliar o tratamento e o fornecimento de água. Na Figura 4.1, os projetos estão assinalados com as letras *b* e *c*, respectivamente.

Curiosamente, esses projetos foram associados a níveis semelhantes de competência governamental, mas o eSeva conta com mais participação externa, que foi fundamental na implementação da tecnologia da informação usada para operar os quiosques.

Para entender esse aparente paradoxo de ações governamentais competentes em meio a condições institucionais fracas, precisamos avaliar o tamanho da variação da competência do Estado dentro de um país. Longe de ser uma entidade monolítica que abrange um território como um todo, é mais preciso descrever os governos como arquipélagos em que cada ilha pode criar regras específicas e atrair habitantes que diferem em suas habilidades e competências.[9] Algumas dessas ilhas podem representar governos subnacionais, como províncias e municípios que, ao longo do tempo, desenvolvem leis e expertise próprias. Outras ilhas funcionarão como agências e até como departamentos dentro das agências.

Felizmente, cada vez mais dados estão disponíveis para analisar como essas unidades e subunidades diferem em suas competências governamentais. Nos Estados Unidos, por exemplo, a Federal Highway Administration integra uma unidade maior, o Departamento de Transportes. Lá, desde 2002 há um esforço para coletar dados sobre como os funcionários federais avaliam seus supervisores e o trabalho feito nos departamentos e agências. Estudos que analisaram esses conjuntos de dados detalhados descobriram não só que as agências diferem numa série de atributos, mas também que departamentos dentro das mesmas agências divergem na forma como seus funcionários enxergam a qualidade de seu trabalho coletivo e os padrões de liderança adotados por seus supervisores.[10] As competências governamentais são um fenômeno de nível micro.

Não surpreende que esses traços heterogêneos também expliquem a capacidade das unidades e subunidades governamentais de criar valor. Utilizando o mesmo banco de dados de servidores federais dos Estados Unidos, Francesco Decarolis, Leonardo Giuffrida, Elisabetta Iossa, Vincenzo Mollisi e Giancarlo Spagnolo analisaram um item que mensurava como os trabalhadores enxergavam a competência da unidade em que trabalhavam. Essa medida foi positivamente associada ao desempenho de cada unidade focal em suas tarefas de compras. A percepção de competência se mostrou maior quando associada à execução pontual do serviço contratado, à mitigação de custos excessivos e a um número inferior de renegociações.[11]

4.2. As dimensões das competências governamentais

Como é comum nos construtos de gestão, as competências governamentais são multifacetadas. Na análise comparativa das iniciativas públicas apresentada na Figura 4.1, consideramos três dimensões conceituais: mobilização de recursos públicos e privados, execução por parte da gestão e prestação de contas públicas. Essas dimensões estão relacionadas ao que tem sido chamado de capacidade pública *operacional*: se os governos são capazes de executar o que é preciso.[12]

Nesta seção, analiso esses aspectos e apresento mais três dimensões das competências governamentais: capacidade de formulação de políticas, compromisso com as regras e colaboração entre instituições públicas complementares. As seis dimensões estão resumidas na Tabela 4.1.

FORMULAÇÃO DE POLÍTICAS

A capacidade de formulação de políticas é a habilidade de uma instituição governamental de identificar e propor caminhos de melhoria. Tudo começa quando se sabe qual é o problema certo a ser resolvido —

isso porque é muito comum que os governos e seus parceiros externos se concentrem nas questões erradas. Por exemplo, startups tecnológicas educacionais podem convencer os governos de que o problema é que os alunos não têm acesso a computadores, mesmo que os maiores problemas sejam a falta de envolvimento dos professores ou de apoio familiar. Talvez os governos até estejam trabalhando, mas para resolver os problemas errados (ou questões apenas periféricas).[13]

Após determinar qual é o problema a se resolver, os governos precisam saber quais objetivos específicos devem buscar alcançar. Em outras palavras, o que representaria uma melhoria concreta para a população-alvo? Com base na estrutura apresentada no Capítulo 2, as melhorias podem vir na forma de aumento da eficácia e/ou da inclusão. Embora em alguns casos essas dimensões andem de mãos dadas, em outros os governos podem ter de optar por investir na melhoria da eficácia do serviço, mesmo que alguns grupos sejam excluídos, ou alocar recursos para priorizar os desfavorecidos.

Após a identificação do problema e dos objetivos, os governos devem pensar num plano de ação. Embora haja muitas opções de políticas disponíveis, meu foco neste livro é a forma de prestação de serviço, com maior ou menor envolvimento privado.[14] A árvore de decisão simplificada apresentada no capítulo anterior (Figura 3.2) é um exemplo de roteiro para orientar decisões políticas relacionadas à privatização em função da existência de grupos vulneráveis, atributos difíceis de verificar e restrições de oferta. Discuti, por exemplo, como as políticas que oferecem vouchers a comunidades carentes são inadequadas se a oferta de serviços de qualidade for insuficiente.

Por fim, a capacidade de formulação de políticas requer o conhecimento das restrições impostas pela *legitimidade*. Parte do processo de construção de legitimidade envolve todos os aspectos mencionados anteriormente: focar nos problemas certos, estabelecer as prioridades corretas e escolher as rotas mais adequadas para gerar melhorias visíveis. Mas também requer atenção aos mecanismos de diálogo e debate. À medida que instituições governamentais *operacionalmente* capazes realizam suas jornadas de implementação e aprendizagem, existe o risco de criarem um excesso de confiança nas próprias soluções.

Tabela 4.1. As dimensões das competências governamentais

Dimensão	**Definição**
Formulação de políticas	Capacidade de se concentrar nos problemas certos, definir como avaliar possíveis melhorias, identificar soluções adequadas para resolver esses problemas e construir legitimidade a partir de discussões abertas e debate público.
Mobilização	Presença de líderes que estabeleçam projetos transformadores e mobilizem recursos para facilitar a implementação bem-sucedida. Responsabilidades e decisões distribuídas entre os membros da organização (liderança compartilhada) ajudam a reduzir a dependência de líderes políticos efêmeros.
Execução	Combinação de habilidade e vontade: presença de gestores tecnicamente competentes, capazes de executar com sucesso as tarefas exigidas e cumprir os objetivos especificados.
Prestação de contas	Mecanismos complementares para detectar e punir desvios: supervisão interna por meio de unidades internas de monitoramento, supervisão externa por meio de agências governamentais independentes e pressão da sociedade (por exemplo, organizações fiscalizadoras e mídia).
Compromisso com as regras	Agências independentes que aderem a mandatos bem especificados e estáveis, as quais são complementadas por um sistema de freios e contrapesos que restringe o poder discricionário e facilita a resolução de conflitos.
Colaboração	Externamente, é a capacidade de combinar autonomia e diálogo produtivo com o setor privado em colaborações público-privadas. Internamente, é a capacidade de nutrir colaborações público-públicas com várias unidades estatais especializadas em promover esforços interdependentes e coordenados.

Esse problema se agrava quando os formuladores de políticas ignoram a contribuição dos membros do ecossistema e tentam impor suas políticas de cima para baixo. Como qualquer processo social, a formulação de políticas requer também um amplo envolvimento. Os formuladores de políticas devem aprender a dialogar com legisladores, grupos representativos da sociedade e seus beneficiários para não só propor boas soluções, como também garantir que essas soluções sejam relevantes e bem recebidas pelas comunidades-alvo.

Voltando ao tema deste livro, às vezes a melhor solução pode não passar pela decisão de privatizar. Um episódio histórico envolvendo Ronald Coase (que foi mencionado no Capítulo 1) ilustra bem esse ponto.[15] Por volta de 1949, a British Broadcasting Corporation (BBC) era um monopólio estatal. Embora o controle governamental da informação cause arrepios nas sociedades democráticas de hoje, uma justificativa comum na época era que o país precisava de uma política de programação centralizada.

No entanto, os limites do sistema foram ficando evidentes. Nem Winston Churchill teria conseguido emitir livremente suas opiniões sobre a ameaça representada pela Alemanha em expansão antes da Segunda Guerra Mundial.

Embora Coase tenha considerado a possibilidade de permitir a transmissão comercial, sua principal recomendação foi aumentar a concorrência dentro do sistema existente. Num relatório para um comitê público, ele sugeriu dividir a BBC em várias corporações distintas, criar unidades regionais independentes, separar a televisão do rádio e outras ações para reduzir o monopólio estatal.

Surpreendentemente, seu relatório foi endossado pela Fabian Society, organização britânica que defende o socialismo democrático — apesar de Coase, em suas próprias palavras, "não ser socialista". Coase se concentrou no problema certo (o monopólio), identificou uma solução viável (quebrar o monopólio) e estabeleceu a legitimidade de sua proposta — legitimidade esta que teria sido limitada se ele tivesse insistido na privatização ou em arranjos na mesma linha.

MOBILIZAÇÃO

Quando o assunto é mobilização de recursos no setor público, imagina-se um líder político forte definindo a agenda e a direção da mudança. Em nossos casos comparativos, vimos que esses líderes eram fundamentais. Jaime Lerner é amplamente reconhecido como o idealizador do BRT Curitiba, e sua fama ultrapassou as fronteiras nacionais. Na Índia, o ministro-chefe de Andhra Pradesh, Chandrababu Naidu, foi uma figura de liderança nos projetos eSeva e do Conselho Metropolitano de Abastecimento de Água e Esgoto. Líderes fortes têm a capacidade de visualizar o que precisa ser feito, atrair pessoas igualmente motivadas e orientar todo o processo de concepção e implementação de um projeto.[16]

No entanto, a ênfase nesses líderes destacados não leva em conta que, pelo menos em democracias estáveis, os políticos vêm e vão. Um novo grupo político de um partido da oposição, ou até da mesma facção política, pode ser eleito e tentar impor soluções radicalmente diferentes. Nas democracias, o inevitável ciclo político sujeita as instituições públicas aos caprichos dos políticos eleitos e pode desestabilizar as políticas em curso, mesmo quando já há evidências de resultados bem-sucedidos. As prisões de gestão privada no Brasil, citadas na Introdução deste livro, implementadas por Jaime Lerner e descontinuadas pelo governador seguinte, são um exemplo dessa síndrome.

Ao longo dos anos, os estudiosos da administração descreveram padrões de liderança que se afastam da tomada de decisão centralizada, controlada por um líder carismático, e se aproximam de uma configuração mais *compartilhada* de responsabilidades e escolhas. Numa situação centralizada típica, os gestores públicos seguem regras, e qualquer decisão diferente da receita usual deve ser aprovada pelos superiores — que, por sua vez, respondem aos políticos no comando. Uma alternativa, porém, é que as burocracias públicas sejam compostas por gestores com autonomia para tomar possíveis decisões e que interajam frequentemente com seus pares no intuito de propor e implementar políticas.[17] Por exemplo, no projeto do Conselho Metropolitano de Abastecimento de Água e Esgoto da Região Metropolitana de Hyderabad, os líderes não apenas se esforçaram para atrair talentos em áreas técnicas fundamentais, como também criaram fóruns nos quais os gestores públicos podiam interagir entre si e com os cidadãos, de modo a elevar a conscientização a respeito do projeto e explorar ideias para possíveis melhorias.

Na configuração de liderança compartilhada, os gestores assumem a responsabilidade por uma variedade de tarefas e passam a depender relativamente menos de políticos efêmeros com seus interesses voláteis. É claro que, nas democracias, espera-se que novas políticas surjam de acordo com a orientação política do grupo eleito. No entanto, a liderança distribuída aumenta a voz e a influência dos gestores públicos dispostos a defender políticas que pareçam funcionar e estimula discussões mais transparentes diante de pressões injustificadas para mudar as políticas em curso.

EXECUÇÃO

Os líderes públicos precisam definir uma visão e um possível caminho para melhorias bem-sucedidas. Também precisam reorientar toda a organização para alcançar os novos objetivos desejados. O primeiro passo, já discutido, é ter as pessoas certas com as habilidades certas nas posições certas. O segundo e fundamental passo é garantir que elas sejam devidamente incentivadas a fazer o que for necessário. Em suma, a execução requer uma combinação de habilidade e vontade.[18]

A relevância da motivação e dos incentivos aos funcionários é evidente na decisão de privatizar (lembre-se da discussão do Capítulo 1, seções 1.2 e 1.4), mas também afeta a estrutura das burocracias públicas. A mesma pessoa com as mesmas habilidades pode se comportar de formas diferentes em regimes organizacionais distintos.

Uma pesquisa conduzida por Jishnu Das, Alaka Holla, Aakash Mohpal e Karthik Muralidharan no estado indiano de Madhya Pradesh estudou o comportamento de médicos que trabalhavam tanto em unidades de saúde públicas como em privadas.[19] Concluiu que os profissionais davam mais atenção a seus pacientes e recomendavam os tratamentos adequados com mais frequência nos consultórios particulares. Como já se imaginava, o desempenho superior foi associado a serviços mais caros.

É possível criar incentivos financeiros para o desempenho dos gestores públicos — por exemplo, bonificações se atingirem determinadas metas e/ou critérios meritocráticos para definir promoções? A resposta é “sim”, e há evidências empíricas que apoiam essas políticas de incentivo.[20]

No entanto, não se pode esquecer que a qualidade do serviço é um construto com diversas facetas (Capítulo 2, seção 2.1). Os gestores públicos em geral estão envolvidos em atividades socialmente complexas associadas a múltiplas tarefas e dimensões de eficácia. Fornecer incentivos financeiros para dimensões mais fáceis de mensurar pode desviar a atenção de outros atributos fundamentais difíceis de verificar. No estudo de clínicas indianas, preços mais altos em consultórios particulares encorajaram melhores diagnósticos, mas também estavam correlacionados com mais medicamentos prescritos e até desnecessários.

Outra possibilidade é complementar ou até substituir a remuneração por desempenho por outros mecanismos de incentivo baseados em recompensas e reconhecimento não financeiros. O argumento da probidade discutido no Capítulo 1 (seção 1.6) se baseia na ideia de que os incentivos monetários nas burocracias públicas *devem* ser mais fracos para garantir que os gestores tentem atingir objetivos públicos orientados para missão, em vez de resultados ou variáveis financeiras mais facilmente mensuráveis.

Um estudo experimental na Zâmbia conduzido por Nava Ashraf, Oriana Bandiera e B. Kelsey Jack avaliou diferentes tipos de recompensas para incentivar os membros da comunidade a atuar como agentes sociais na prevenção do vírus HIV.[21] Em algumas condições, o simples reconhecimento de que a pessoa alcançou as metas do programa gerou mais engajamento do que a compensação monetária — o que, no entanto, também se mostrou relevante para a participação dos agentes mais pobres. Recompensas de outras naturezas também podem incentivar uma ampla gama de comportamentos difíceis de depreender com métricas objetivas e quantificáveis.[22]

PRESTAÇÃO DE CONTAS

Embora recompensas por desempenho (financeiras ou não) possam servir como incentivos importantes, uma característica fundamental das burocracias públicas é a presença de supervisão. Os atores estatais monitoram não só os atores privados nos serviços públicos, mas também a si próprios.

A polícia é um exemplo vívido. O livro e o filme *Serpico* contam a história do policial homônimo da polícia de Nova York que, entre o fim dos anos 1960 e o início dos anos 1970, revelou casos de corrupção interna.[23] A polícia geralmente tenta lidar com esse problema criando corregedorias para investigar seus membros. Farão essas divisões um bom trabalho, tendo em vista que seus membros terão que punir seus colegas e até amigos? Serpico era cético e, no filme, o protagonista, interpretado por Al Pacino, declara a certa altura: "Não vejo como a polícia pode investigar a si mesma".

Esse é um velho dilema. Num diálogo na *República* de Platão, Sócrates conclui que "se o homem justo é hábil em guardar dinheiro, também o será em furtá-lo". Esse é o problema *Quis custodiet ipsos custodes?*, expressão latina que significa algo como "Quem vigia os vigias?" ou "Quem supervisiona o supervisor?": podemos delegar um papel de supervisão a alguém, mas, no fim das contas, precisamos perguntar quem vai supervisionar essa pessoa.[24] Se instituirmos múltiplas camadas de supervisão, podemos acabar numa regressão infinita (um supervisor supervisiona outro supervisor e assim sucessivamente), até que em dado momento precisaremos definir quem é a pessoa que de fato irá monitorar todo o sistema.

Nas empresas privadas, a supervisão última está nas mãos dos acionistas (ou dos membros do conselho escolhidos para essa tarefa), que têm incentivos financeiros ou de reputação para garantir que a empresa esteja funcionando de maneira adequada e lucrativa. Nas burocracias públicas, a sociedade seria o supervisor último, mas os cidadãos estão muito dispersos e distantes das operações internas das agências (ver Capítulo 1, seção 1.4). A sociedade delega a tarefa de supervisão a outros burocratas, que, nas democracias, se reportam a funcionários eleitos. Ou seja, os agentes públicos são seus próprios monitores.

Um possível arranjo para esse caso é especializar as funções públicas — alguns indivíduos serão gestores especializados, ao passo que outros serão monitores especializados. Corregedorias de polícia, por exemplo, podem recrutar agentes qualificados que não estejam envolvidos em ações policiais cotidianas.[25] No entanto, nesse caso também precisamos perguntar: quem garante que esses supervisores especialistas têm em mente os melhores interesses da sociedade?

Estudioso da justiça criminal, Christopher Stone considera que a prestação de contas pública requer ação em três níveis complementares.[26] O primeiro diz respeito aos mecanismos internos de supervisão e compliance — como as corregedorias. O segundo envolve outras unidades públicas *independentes* que podem avaliar o desempenho da organização e impor sanções em caso de desvios. O terceiro e fundamental nível corresponde à supervisão e pressão da *sociedade* — por exemplo, organizações sem fins lucrativos em defesa dos direitos humanos ou organizações de mídia que divulgam casos de corrupção ou brutalidade policial.

Esse mecanismo de prestação de contas em múltiplos níveis ajuda a disciplinar não apenas as burocracias públicas, como também sua interação com organizações externas. Lembre-se do mecanismo de supervisão pública discutido no contexto das prisões terceirizadas (Capítulo 1, seção 1.2; Capítulo 3, seção 3.3; e Apêndice 1). Talvez os diretores públicos das prisões não aceitem cooperar com os gestores privados se temerem perder seu emprego (e os maiores salários associados ao cargo) caso desvios sejam detectados. Para que isso aconteça, deve haver uma ação externa e social que garanta que os desvios virão a público e serão punidos.

Vale ressaltar que todos esses níveis atuam como um sistema. Um governo pode criar uma unidade de avaliação independente para divulgar dados sobre os resultados dos serviços e a conduta dos funcionários públicos. Esses dados podem facilitar o escrutínio público e gerar canais de pressão. Órgãos de supervisão independentes podem realizar auditorias aleatórias para descobrir se os gestores públicos estão seguindo os procedimentos corretos. Resultados insatisfatórios ou evidências de má conduta, se amplamente expostos, podem desencadear pressão de grupos de defesa e organizações sociais. Se o sistema estiver funcionando bem, a sociedade poderá substituir os políticos que não conseguirem implementar melhorias consistentes e recompensar aqueles que apresentarem bons resultados.[27]

COMPROMISSO COM AS REGRAS

Suponha que um governo tenha assinado um contrato com uma empresa privada que fornece um serviço público (como água ou energia), e o governo eleito em seguida veja uma oportunidade de forçar uma redução nos preços previamente acordados ou mesmo nacionalizar toda a operação. Na verdade, não é incomum ver governos sendo eleitos exatamente por fazer esse tipo de promessa. A pressão externa pode promover a prestação de contas (conforme já discutido), mas o tiro pode sair pela culatra quando os políticos populistas intervêm, chegando até a quebrar leis e contratos existentes para obter ganhos políticos.

Ao longo de décadas, as burocracias públicas lidaram com esse problema criando agências reguladoras independentes e isolando-as da pressão política direta. No exemplo anterior, é possível indicar profissionais com formação e conhecimento técnicos para gerir órgãos responsáveis por definir e fazer cumprir os parâmetros de operação e concorrência do setor.

Conforme demonstrado pelos cientistas políticos Gary Miller e Andrew Whitford, aqui temos uma interessante reviravolta do canônico problema do principal-agente (Capítulo 1, seção 1.4). Em vez de responderem estritamente aos interesses dos principais (os políticos eleitos pela sociedade), esses profissionais têm preferências que se *opõem* aos interesses políticos. Assim, estarão mais comprometidos e dispostos a seguir as regras e os regulamentos técnicos.[28]

No entanto, de tempos em tempos, esses departamentos e agências independentes são criticados com o argumento de que têm independência em excesso e, assim, concentram muito poder nas mãos de funcionários que não foram eleitos. Com isso, voltamos à pergunta que não quer calar: quem supervisiona o supervisor? Alguns argumentam que a autonomia técnica, mesmo que imperfeita, é a melhor opção. "A alternativa", escrevem Miller e Whitford, "é um governo formado apenas por políticos — políticos que, em todas as oportunidades que tiverem, serão influenciados por forças eleitorais poderosas".[29]

Existe uma terceira opção, que combine prestação de contas e compromisso? Em primeiro lugar, é fundamental lembrar que as agências independentes devem seguir regras e que essas regras podem ser estabelecidas em debates democráticos. Mesmo com autonomia regulatória, os burocratas técnicos não eleitos podem seguir um mandato — objetivos e procedimentos — amplamente discutido e aprovado pelos legisladores eleitos.

Em segundo lugar, o próprio poder da agência pode ser domado por diretrizes públicas. Os juristas Cass Sunstein e Adrian Vermeule propõem três diretrizes simples: "as agências devem seguir as próprias regras; a retroatividade é contraindicada e deve ser limitada para evitar abusos; e as declarações oficiais das agências sobre leis e políticas devem ser congruentes com as regras que as agências realmente aplicam".[30]

Além disso, estados competentes têm não apenas um órgão regulador, mas vários mecanismos de supervisão e resolução de conflitos, com um sistema de separação de poderes: a presença moderadora de outros poderes estatais restringe ações discricionárias de uma agência.[31]

Um caso envolvendo a Amtrak, operadora ferroviária estatal estadunidense, ilustra esse ponto. A empresa recebeu prioridade para operar um serviço de passageiros usando trilhos de empresas privadas, que, com isso, poderiam se concentrar em serviços de frete.[32] No entanto, os operadores privados estavam sujeitos a prejuízos se a Amtrak não cumprisse suas metas (por exemplo, devido a atrasos causados por interrupções no acesso aos trilhos das empresas privadas). Tendo em vista que, segundo os termos do acordo, a Amtrak tinha influência na Administração Ferroviária Federal, as empresas privadas de transporte reclamaram que um concorrente estatal tinha um poder injustificado para definir as regras do setor.

Em 2016, o Tribunal de Apelações dos Estados Unidos para o Circuito do Distrito de Columbia determinou que o acordo original não tinha validade. O juiz declarou que, "armada com poder regulatório coercitivo, a Amtrak empunha uma arma de vantagem considerável em sua batalha competitiva por uma via escassa". O caso acabou indo para a Suprema Corte dos Estados Unidos em 2019, e a disputa desencadeou novas discussões entre a Amtrak e a Administração Ferroviária Federal para revisar as métricas de desempenho, apoiadas por um processo de consulta pública.

Assim, mecanismos externos de prestação de contas podem apoiar o compromisso com as regras. Diversos braços dos poderes Executivo, Legislativo e Judiciário podem frear as tendências de busca pelo poder existentes nas organizações governamentais e ajustar distorções — isso, claro, dentro dos limites de seus mandatos. No fim das contas, o importante é evitar uma situação em que uma única pessoa ou um único grupo tenham influência desproporcional. David Levy e Sandra Peart resumem bem essa ideia: "Em vez de ter pessoas 'melhores' observando pessoas 'piores', sugerimos que as pessoas observem umas às outras".[33]

COLABORAÇÃO

As capacidades de colaboração podem ser vistas a partir de dois ângulos. No contexto das colaborações público-privadas, as unidades públicas devem ter a capacidade de elaborar acordos adequados e manter um misto de autonomia e diálogo produtivo com o setor privado. Detalharei essa capacidade na próxima seção. Além disso, as unidades públicas devem saber atuar em colaboração com outras organizações *dentro* da burocracia pública.

Mencionei anteriormente que o setor público é basicamente um conjunto de ilhas com autonomia e especializações distintas. Os governos são diferenciados verticalmente, com uma série de governos subnacionais que podem ter vínculos políticos e financeiros com esferas de nível superior. Também são diferenciados horizontalmente, em ministérios, departamentos e agências. Embora essa complexidade organizacional permita que os governos construam conhecimentos especializados e lidem com inúmeras demandas locais, também cria o desafio de realizar atividades que exigem ação conjunta e mobilização de recursos.[34] Em outras palavras, as ilhas devem se conectar e fazer trocas umas com as outras.

Dentro dos governos, essas interações ocorrem por meio de colaborações *público-públicas*.[35] Um exemplo é o caso *d* na Figura 4.1: outra iniciativa de BRT, desta vez na Cidade do Cabo, África do Sul. O projeto MyCiTi BRT fez parte do pacote de investimentos em infraestrutura para a Copa do Mundo de 2010. Embora a iniciativa tenha sido implementada em nível municipal, houve forte colaboração público-pública vertical: o projeto foi idealizado pela Secretaria Nacional de Transportes e financiado pelo Tesouro Nacional.

O engajamento horizontal público-público também foi evidente. Um novo órgão público, Transport for Cape Town, foi criado para comandar o projeto, ao passo que um membro da comissão indicado pelo prefeito da Cidade do Cabo garantiu que houvesse comunicações ininterruptas para tratar de questões envolvendo o projeto e outros assuntos relacionados a transporte. Os departamentos de transporte público e engenharia foram mobilizados para participar dos debates mais importantes. A Universidade da Cidade do Cabo ajudou com treinamento técnico e serviu como fórum para a discussão.

Nunca é demais enfatizar a importância da colaboração nessas iniciativas. Projetos desenvolvidos em condições que deveriam garantir a implementação adequada acabam fracassando devido à falta de interações colaborativas dentro e fora do setor público.

É o caso da iniciativa *e* na Figura 4.1, um programa para melhorar os indicadores educacionais e de saúde de crianças em situação de vulnerabilidade na Índia. Relembrando: nossa medida das competências do governo centrou-se em mobilização, execução e prestação de contas. O projeto se saiu bem nessas dimensões. No entanto, houve pouca interação fora e dentro do setor público, o que acabou por limitar a capacidade do Estado para treinar os trabalhadores envolvidos no programa e proporcionar a eles uma remuneração adequada.

4.3. Competências governamentais em colaborações público-privadas

Todas as dimensões das competências governamentais que discutimos são necessárias para o avanço das colaborações público-privadas que geram valor. A capacidade de formulação de políticas garante que a decisão de envolver gestores privados seja tecnicamente justificada e que arranjos sejam criados para resolver problemas de insuficiência de oferta ou de atributos de serviço difíceis de verificar. Formuladores de políticas capazes também buscam a inclusão e evitam acordos que levem à negligência de grupos vulneráveis. Os processos para conceber e implementar colaborações público-privadas resultam de consultas e debates públicos. A partir disso a legitimidade surge naturalmente.

Por sua vez, as três dimensões operacionais — mobilização, execução e prestação de contas — garantem que os acordos pré e pós-contratuais e os processos de supervisão sejam implementados com agilidade, adequação e retidão. O compromisso que surge a partir de leis e regulamentos transmite às empresas privadas a crença de que os governos não vão negociar ou alterar injustamente os termos contratuais.

Também existem amplas evidências de que a presença de órgãos reguladores independentes mitiga litígios onerosos e estimula o investimento privado.[36] Esse efeito é ainda mais relevante em colaborações com maior escopo privado: contratos de longo prazo em que as empresas investem em ativos personalizados e até ajudam a projetar a operação como um todo.

Uma dimensão final e obviamente fundamental da capacidade do Estado é a colaboração. Aqui falo da importância de gerir as interações com os atores externos. Existe uma tensão inerente nas colaborações público-privadas. Por um lado, as unidades públicas devem ser autônomas para evitar a submissão a interesses privados oportunistas. Por outro, devem ser sensíveis às preocupações legítimas do setor privado, de modo a propor melhorias, evitar a burocracia e reduzir o risco de futuros conflitos provocados por exigências inviáveis.

Uma maneira de estimular e aumentar as capacidades de colaboração externa é criar unidades públicas especializadas em gerir colaborações público-privadas, não necessariamente em nível setorial — ou seja, essas unidades podem abranger vários setores e interagir com as agências reguladoras específicas do setor. As unidades públicas seriam análogas às funções organizacionais em empresas privadas responsáveis pelo gerenciamento de portfólios de investimentos com vários parceiros externos.[37]

As unidades de colaboração público-privada parecem ser fundamentais, sobretudo em países que carecem de condições institucionais favoráveis. Nesses ambientes, conforme já discutido, os governos têm dificuldade de persuadir empresas privadas a investir em ativos que posteriormente possam ser expropriados ou cujos retornos sejam muito incertos devido a pressões políticas voláteis.

Custos elevados de redigir contratos e providenciar as salvaguardas adequadas também afugentam investidores. A falta generalizada de infraestrutura de alta qualidade nesses países implica que os parceiros privados terão que partir do zero. A adaptação às condições locais é essencial para o sucesso do projeto nesses ambientes, elevando a complexidade e os custos a níveis, por vezes, proibitivamente altos.

Assim, o benefício de criar unidades especializadas para promover colaborações público-privadas deve ser maior em países com instituições fracas. Essas unidades podem atuar como mecanismos microinstitucionais para garantir maior compromisso público, fornecer conhecimento local e reduzir os custos dos atores externos. Por outro lado, o efeito positivo dessas unidades especializadas seria menor em ambientes com instituições nacionais de maior qualidade, que já costumam ser convidativos ao investimento privado.

Foi exatamente isso que encontrei num trabalho de pesquisa em conjunto com Bertrand Quelin, Sandro Cabral e Ilze Kivleniece. Analisamos 1003 colaborações público-privadas em 96 países e nove setores de 1992 a 2012 e medimos a participação privada de cada uma.

Projetos em que o parceiro privado projeta, constrói, financia, opera e detém os ativos subjacentes por um longo período foram considerados instâncias de escopo máximo. Estes ocorreram em cerca de 15% dos casos observados. Também medimos a força do ambiente institucional (em nível nacional), usando indicadores de qualidade da burocracia pública, percepção de corrupção e transparência.[38]

Como já era de se esperar, a qualidade das instituições em nível nacional parecia estimular acordos com maior escopo privado. Analisando a existência de unidades especializadas de colaboração público-privada em cada país, verificamos que elas estavam positivamente associadas ao âmbito privado apenas em países com qualidade institucional abaixo da média. Nesses casos, projetos público-privados de grande escopo eram mais comuns quando havia uma unidade pública criada especificamente para gerir as colaborações externas.

4.4. Competências governamentais como capacidade de resposta rápida: o caso da covid-19

Além de ajudar a conceber e a implementar intervenções para problemas já conhecidos, as competências governamentais podem ajudar a sociedade a lidar com cenários de incerteza. Alguns eventos, como desastres ambientais ou surtos de doenças, são difíceis de prever e podem exigir ação rápida.

Os gestores públicos não podem simplesmente esperar para reagir a essas situações. Leva-se um bom tempo para entender o problema, formular políticas, mobilizar recursos e propor medidas (com ou sem envolvimento privado). Assim, as unidades públicas precisam estar preparadas para agir com rapidez, seja qual for o problema inesperado. Num mundo repleto de incertezas, as competências governamentais também podem exigir preparação — o que, no setor da saúde, é chamado de *capacidade de resposta rápida.*

A pandemia de covid-19 escancarou a importância da capacidade de resposta rápida. Ela tem características de um bem público: um país precisa investir em conhecimentos específicos para promover rapidamente a prevenção ou disponibilizar o tratamento para todos, e até mesmo para manter recursos *ociosos* de modo a conseguir lidar com aumentos súbitos de demanda (por exemplo, leitos e UTIs em hospitais).

É improvável que empresas privadas forneçam essa infraestrutura de forma independente e automática — afinal, recursos ociosos representam custos conhecidos para benefícios desconhecidos.[39] A ação pública pode ser necessária, embora não por meio de operação pública direta.

De início, podemos pensar que a capacidade de resposta rápida depende da competência do Estado em nível nacional. Há evidências de que a qualidade geral da burocracia pública e a confiança da sociedade nos governos tiveram correlação positiva com melhores resultados nas primeiras ondas de infecção da pandemia de covid-19.[40] Condições institucionais amplas, no entanto, não explicam o desempenho de um país como a Suécia, considerado de alta capacidade estatal, mas que se recusou a implementar amplas medidas de prevenção no início da pandemia e acabou tendo inicialmente altas taxas de mortalidade.[41]

Compreender o desempenho dos governos diante de eventos de alta incerteza, como a covid-19, deve, novamente, exigir uma análise mais detalhada das competências governamentais e suas dimensões. A formulação de políticas, nesse caso, não envolve encontrar soluções para determinado problema, pois a natureza do potencial problema pode ser desconhecida. Em vez disso, as políticas devem garantir que o Estado se verá preparado para aprender e reagir rapidamente quando necessário.

Por exemplo, os governos podem formular políticas que estimulem a pesquisa aplicada (como a tecnologia de desenvolvimento de vacinas) e garantam uma equipe mínima de emergência que possa ser ampliada quando surgirem novas pandemias. As estruturas públicas existentes, se bem preparadas, podem ser usadas para mobilizar com agilidade recursos públicos e privados, de modo a implementar medidas de prevenção e tratamento com o maior alcance possível.

Nesse contexto, a experiência prévia com crises e calamidades pode ajudar. Michael Lokshin, Vladimir Kolchin e Martin Ravallion encontraram uma associação entre mortes durante a Segunda Guerra Mundial e mortes na primeira onda de covid-19.[42] Eles argumentam que grandes choques aumentam os retornos do investimento em capacidade de resposta rápida.

No entanto, respostas eficazes e inclusivas exigem aprendizagem e aprimoramento contínuos. Muitos países africanos relataram taxas de mortalidade relativamente baixas nos primeiros momentos da pandemia. Uma explicação é que eles já contavam com serviços de saúde e apoio de agências internacionais, devido à experiência com os vírus Ebola e HIV. No entanto, em pouco tempo ficou claro como os recursos desses países eram restritos — eles não tinham equipamentos nem infraestrutura hospitalar suficientes para lidar com novas ondas de infecção de covid-19.[43]

Também surgirão dilemas críticos relacionados a prestação de contas e compromisso. Os governos podem enxergar essas emergências como oportunidades para derrubar regulamentações e estimular a oferta privada. Podem reduzir etapas nas inspeções de plantas ou buscar a terceirização sem licitações públicas demoradas. Uma possível desvantagem desse processo é que ele pode aumentar o risco de corrupção e fraude, algo que aconteceu em estados com histórico de interações obscuras entre atores públicos e privados.[44] Com regulamentações enfraquecidas, mecanismos de prestação de contas que funcionam bem se tornam ainda mais importantes. Estruturas regulatórias autônomas também ajudam, atuando como dispositivos de compromisso contra governos populistas tentados a forçar unilateralmente reduções nos preços de insumos essenciais. Quando empresas privadas são convocadas a aumentar a oferta, não há necessidade de acrescentar ainda mais turbulência a um sistema que já está passando por dificuldades.

Além disso, o aumento da oferta se beneficiará das capacidades para promover colaborações dentro e fora do setor público. A China, por exemplo, reuniu recursos internos para construir infraestruturas e conter a propagação do vírus originário de Wuhan. O Hospital Huoshenshan foi construído em Wuhan em dez dias, com a mobilização de unidades públicas, entre as quais o Exército de Libertação Popular.

As capacidades de promover colaborações externas também se mostraram fundamentais. O governo de Singapura, por exemplo, fez uma parceria com hospitais particulares para receber mais pacientes. Diversas vacinas nasceram de pesquisas privadas conduzidas por empresas farmacêuticas e de biotecnologia, mas com o apoio ou a associação de organizações públicas — dois exemplos são a vacina de RNA mensageiro (mRNA) da Moderna, desenvolvida em conjunto com o National Institute of Allergy and Infectious Diseases (NIAID, Instituto Nacional de Alergia e Doenças Infecciosas) dos Estados Unidos e a Biomedical Advanced Research and Development Authority, e a CoronaVac, da Sinovac Biotech, cujos testes e distribuição envolveram o Instituto Butantan, do Brasil, e o Ministério da Saúde da Turquia, entre outros.[45]

Essas parcerias podem parecer rotineiras, mas a reação eficaz a emergências depende muito de recursos preexistentes. As empresas de biotecnologia já estavam envolvidas em pesquisas de vacinas de ponta, apoiadas por uma combinação de financiamentos públicos e privados. Alguns governos também conseguiram reformular as iniciativas em andamento para reduzir os efeitos da pandemia na economia como um todo.

Foi o caso do Paycheck Protection Program, nos Estados Unidos, que financiou pequenas empresas para evitar o aumento do desemprego. A Small Business Administration (SBA), responsável pelo projeto, manteve os empréstimos e as garantias que dava a empreendedores em parcerias com bancos comerciais e até desenvolveu programas para acelerar a recuperação econômica após desastres naturais, como o furacão Katrina em 2005.[46]

4.5. Muitos caminhos levam a Roma

Seja em tempos normais ou de reação a crises, governos capazes adotam uma variedade de opções efetivas de políticas e serviços. Encontram e percorrem vários caminhos para implementar ações que funcionem. A Figura 4.1 mostra, conforme já observado, dois grupos de projetos eficazes implementados por governos competentes, com diferentes níveis de participação externa.

O projeto *f* na figura representa um caminho com alta participação *externa*: a iniciativa sul-africana Siyakha Nentsha (termo em zulu que significa "construir com jovens"). O projeto introduziu atividades extracurriculares nas escolas da província de KwaZulu-Natal para ajudar os estudantes a compreender e mitigar a ameaça do vírus HIV. Um estudo experimental descobriu que os jovens do grupo de tratamento aparentemente aumentaram sua consciência sobre a doença e passaram a ter um comportamento sexual mais seguro, em comparação com um grupo de controle que recebeu apenas uma orientação-padrão.[47]

Esse projeto envolveu participação externa de uma miríade de atores trabalhando em estreita colaboração com o Departamento de Educação da África do Sul. As organizações sem fins lucrativos Population Council e Isihlangu contribuíram na elaboração das atividades extracurriculares e ajudaram a coletar informações sobre os alunos e suas comunidades. O esforço foi complementado pela AccuData, empresa especializada em soluções de dados empresariais. Os líderes do projeto também recrutaram membros desempregados da comunidade local para atuar como facilitadores, aumentando o envolvimento das famílias locais e construindo legitimidade.

Mas projetos de sucesso também podem enfatizar o engajamento do público *interno*. O caso de desenvolvimento urbano em Hyderabad (projeto *c* na Figura 4.1) foi, em grande parte, resultado de interações dentro da burocracia pública. Para melhorar a mobilização e a execução, duas agências se fundiram numa unidade relativamente autônoma, o Conselho Metropolitano de Abastecimento de Água e Esgoto da Região Metropolitana de Hyderabad. Essa unidade pública consolidada interagiu com várias outras organizações e projetos públicos, entre os quais a Greater Hyderabad Municipal Corporation e os quiosques eSeva, que introduziram soluções digitais para facilitar cobranças e pagamentos.

Mas isso não quer dizer que projetos com maior participação interna não tenham nenhum vínculo externo; atores com e sem fins lucrativos podem ter funções importantes. Além disso, governos capazes estimulam o contato externo com os beneficiários. Assim, o Conselho de Hyderabad implementou uma série de iniciativas para interagir com a população. Os gestores elaboraram uma carta de serviços ao cidadão no intuito de definir padrões de prestação de serviço e estabeleceram canais de comunicação para receber as reclamações dos usuários.

Na verdade, como os projetos com participação interna têm menos ênfase em parcerias externas, os mecanismos de participação cidadã se tornam fundamentais para evitar políticas introspectivas que, com o tempo, se desvinculam cada vez mais das demandas da sociedade. A execução interna não deve implicar isolamento do exterior, pelo contrário: é preciso criar fóruns públicos em que as contribuições e ideias de usuários, parceiros e demais stakeholders serão ouvidas.[48]

A existência desses caminhos alternativos não é totalmente surpreendente. Os governos e os ambientes que os cercam são sistemas formados por partes interconectadas que mutuamente se reforçam. Em geral, organizações também agem assim. Recursos e processos podem ser combinados de diferentes maneiras para atingir o mesmo objetivo. Essa condição, em que várias receitas de atuação podem gerar resultados semelhantes, é conhecida como *equifinalidade* na pesquisa de sistemas organizacionais.[49]

Compreender esses caminhos alternativos também é importante para distinguir entre o sistema e partes do sistema. A tecnologia da informação, por exemplo, é considerada fundamental para aumentar a transparência e a capacidade de execução no setor público. Os governos podem se conectar com parceiros e usuários por meio de plataformas on-line e relatar melhorias com ferramentas interativas acessíveis.[50] No entanto, as soluções digitais podem fazer parte de vários caminhos organizacionais. Podem permitir que os governos criem licitações públicas on-line para adquirir produtos e serviços de empresas externas ou que usem tecnologia de "big data" para monitorar e comparar internamente o desempenho de diversas unidades organizacionais. Embora sejam importantes, essas ferramentas são ingredientes de receitas de atuação mais amplas e alternativas — receitas essas que os governos capazes escolhem e implementam de maneira meticulosa.

4.6. A relevância da irrelevância

Agora posso voltar à observação que fiz no início do capítulo: governos capazes criam caminhos de prestação *tanto* privados como públicos. Num governo capaz, é cada vez *mais* irrelevante se uma iniciativa é organizada por meio de participação interna ou externa. A questão fundamental passa a ser *como* articular mecanismos complementares para promover eficácia e inclusão, qualquer que seja a forma de prestação escolhida. Vários caminhos são possíveis, mas os governos precisam saber como trilhar com sucesso o caminho escolhido.

Para entender a razão, podemos começar focando na eficácia como uma dimensão de desempenho do serviço e, então, comparar duas formas de prestação, com entrega pública ou privada (esta última também pode envolver colaborações público-privadas).

Nos capítulos anteriores, um fator-chave que surgiu como influenciador do desempenho relativo dessas formas de prestação foi a presença de atributos-chave de serviço difíceis de medir e verificar. Esses atributos reduzem a eficácia de ambas as formas de entrega, porém afetam mais a prestação privada, pois nesse caso a empresa fornecedora pode se sentir tentada a cortar custos em detrimento da qualidade.

Assim, o primeiro gráfico à esquerda da Figura 4.2 mostra uma situação inicial em que uma maior dificuldade de medir os atributos de serviço importantes diminui sobremaneira a eficácia da entrega privada, em comparação com o desempenho de uma estatal gerindo o mesmo serviço. No entanto, as linhas de eficácia de ambas começam em níveis diferentes no eixo vertical. Se as dificuldades de verificar a qualidade do serviço forem mínimas, então, de acordo com a visão de

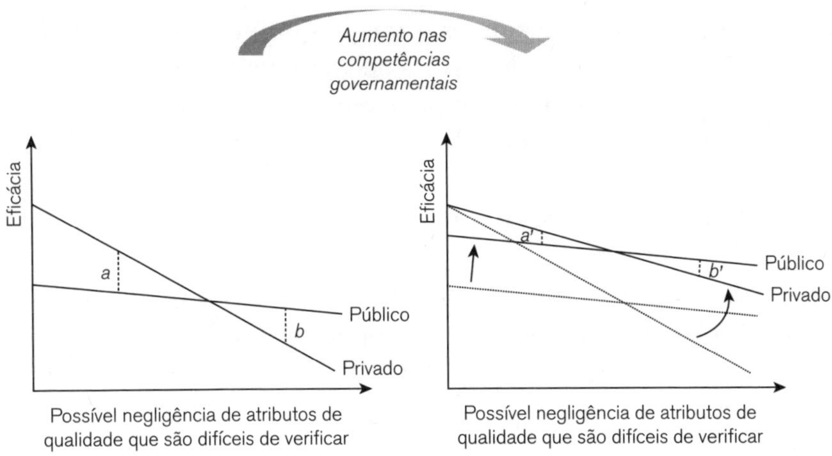

Figura 4.2. Como as competências governamentais reduzem as diferenças de eficácia na comparação entre a prestação de serviços pública e a privada

Nota: *a* e *a'* indicam a perda de eficácia na prestação pública quando o serviço pode ser terceirizado para operadores privados. Por sua vez, *b* e *b'* representam a perda de eficácia na entrega privada quando as condições do serviço exigem gestão pública. Um aumento nas competências governamentais eleva a eficácia da prestação pública e reduz a variação da eficácia privada nos atributos de qualidade difíceis de verificar. Como resultado, as diferenças de eficácia entre a prestação pública e a privada diminuem. Essa representação é inspirada na análise comparativa de formas organizacionais realizada por Gibbons (2005).

falhas de governo, as empresas privadas devem ter uma relação custo-benefício melhor que suas contrapartes públicas.[51]

Portanto, quando é mais fácil atestar a qualidade do serviço, a entrega pública tem uma perda de eficácia, exemplificada pela diferença indicada como *a*. Essa perda surge essencialmente por causa da escolha equivocada da prestação de serviço estatal. Por outro lado, quando fica mais difícil verificar a qualidade do serviço, a prestação privada tem uma eficácia inferior em comparação com as organizações públicas. De forma análoga, *b* representa uma perda em potencial devido à escolha equivocada pela privatização.

Agora imagine que o governo em questão se torne mais capaz — é o que mostra o gráfico à direita na Figura 4.2. Competências governamentais mitigam as falhas de governo e deslocam para cima a linha de eficácia da prestação pública.

Especificamente, governos capazes melhoram o desempenho da prestação dos serviços públicos por meio de políticas que:

- identificam corretamente os principais problemas e especificam como podem ser resolvidos pelas operações públicas existentes;
- mobilizam recursos internos para atingir as metas de eficácia;
- envolvem gestores públicos qualificados e os incentivam a ser altamente eficazes;
- criam mecanismos de prestação de contas operacionais para coibir desvios e corrupção;
- se comprometem com as regras e, portanto, evitam intervenções motivadas por interesses políticos oportunistas; e
- articulam interações entre unidades públicas importantes em contato próximo com as demandas dos beneficiários do serviço.

As competências governamentais também afetam a prestação das empresas privadas, reduzindo sua sensibilidade à dificuldade de verificar atributos de qualidade — no gráfico, a linha de eficácia dessas empresas torna-se menos inclinada. Na sua essência, governos capazes compreendem e mitigam os riscos que aumentam progressivamente quando vários atributos se tornam cada vez mais difíceis de verificar.

Assim, os governos capazes melhoram o desempenho dos operadores privados, formulando políticas que:

- identificam tais atributos e implementam arranjos para evitar que empresas privadas prestem serviços de má qualidade;
- mobilizam recursos públicos para supervisionar a entrega dos serviços;
- incentivam os operadores privados a fornecer de forma eficaz todas as dimensões importantes do serviço em questão;
- promovem a prestação de contas por meio de dados transparentes sobre o desempenho do serviço;
- se comprometem a não intervir de forma negativa nos acordos existentes; e
- possibilitam parcerias com empresas privadas na concepção de serviços de alta qualidade.

Nesse novo cenário em que o governo se mostra capaz, as linhas de eficácia das formas pública e privada de prestação de serviços se aproximam, reduzindo as perdas causadas pela escolha equivocada do tipo de prestação, sendo ela estatal *ou* privada (agora indicadas na figura como *a'* e *b'*, respectivamente). Em outras palavras, governos capazes errarão menos, qualquer que seja a opção de entrega escolhida. Eles aprendem *como* mitigar os possíveis riscos que surgem da prestação de serviços de baixa qualidade, seja por empresas estatais ou privadas. E, conforme discutido no fim do capítulo anterior, os governos que conseguem promover com competência diferentes formas de entrega também se beneficiam das suas consequentes sinergias.[52]

É possível realizar uma análise semelhante como foco em inclusão, em vez de eficácia. Vejamos novamente o exemplo dos testes do vírus HIV na Tabela 3.1. Um aumento na capacidade estatal deve atenuar falhas de governo e, portanto, reduzir a desvantagem das organizações públicas num cenário alternativo (contrafactual) em que elas atuam nas áreas menos remotas (segunda coluna da tabela). Governos capazes também devem saber elaborar parcerias para compartilhar seus conhecimentos e recursos em localidades remotas, reduzindo as despesas privadas necessárias para alcançar indivíduos em áreas isoladas (a terceira coluna).

Mas seria um erro concluir que é preciso esperar os governos serem altamente capazes ou que estejam subordinados a políticas mais amplas que promovam a competência estatal para só então privatizar. Manter serviços estatais ineficazes quando as condições permitem o envolvimento bem-sucedido de empresas privadas pode prejudicar gravemente a população-alvo.

Além disso, o próprio processo de avaliar e refletir sobre outros arranjos organizacionais é um exercício de capacitação. Em determinado ponto, após muita análise e discussão, os governos podem até optar por manter as operações estatais, mas com uma compreensão clara do que a sociedade pode ganhar ou perder, e tendo em vista ações concretas para melhorar a capacidade do setor público para passar a oferecer serviços de forma eficaz e inclusiva.

5
Completando os contratos: pagamento por resultados sociais

POR VOLTA DE 2007, Sir Ronald Cohen, executivo com larga experiência em capital de risco, presidiu a Comission on Unclaimed Assets [Comissão de Ativos Não Reivindicados] do Reino Unido — dinheiro que as pessoas esqueciam em suas contas bancárias. Ele se perguntou se seria possível canalizar parte desses recursos para resolver necessidades sociais deixadas em segundo plano. Suas propostas na comissão sugeriram a criação de um "banco de investimento social", que mais tarde se tornou o Big Society Capital. Ele já havia fundado a Bridges Ventures, empresa de investimentos de impacto. Na época, cada vez mais pessoas se faziam a mesma pergunta: se os mercados financeiros são hábeis em conectar pessoas a oportunidades de investimento, poderíamos criar um mecanismo de mercado para incentivar o financiamento de projetos sociais inovadores?

Foi quando surgiu uma oportunidade concreta. David Robinson, funcionário do governo que trabalhava no Conselho de Ação Social do primeiro-ministro, estava preocupado com o aumento da reincidência de prisões no Reino Unido de detentos que eram libertados e logo depois voltavam a se envolver com o crime. A maneira mais comum de resolver o problema seria alocar mais dinheiro público para melhorar a infraestrutura e os serviços carcerários.

Com o apoio da Social Finance, consultoria patrocinada por Sir Ronald Cohen, Robinson pensou numa alternativa: atrair financiamento externo de investidores privados, que financiariam intervenções com detentos e seriam ressarcidos se essas intervenções levassem a uma queda significativa nas taxas de reincidência. A ideia foi inspirada num projeto criado no Peru para mensurar e recompensar a melhoria dos resultados sociais em saneamento básico — projeto esse que nunca foi colocado em prática.

Em 2010, após várias rodadas de discussão e trabalhos técnicos, o grupo sugeriu a criação de um *social impact bond* (SIB, no Brasil também conhecido como *contrato de impacto social*, ou CIS) a ser implementado num presídio da cidade de Peterborough (brevemente mencionado no Capítulo 1, seção 1.2). Aqui o termo "bond" não denota o conhecido instrumento financeiro de dívida, mas um "acordo colaborativo" em que investidores e fornecedores promoveriam intervenções sociais e seriam recompensados de acordo com resultados sociais mensuráveis.

Os pagamentos viriam dos orçamentos do Ministério da Justiça e do Big Lottery Fund, fundo lotérico do governo do Reino Unido que canaliza o dinheiro da loteria para projetos sociais. Eles concordaram em ressarcir os investidores se o projeto ajudasse a reduzir as taxas de reincidência em 7,5 pontos percentuais no geral. A iniciativa atraiu dezessete investidores, que, somados, ofereceram um montante total de 5 milhões de libras para intervenções visando grupos anuais de 1000 prisioneiros; o programa incluiu apoio individual e familiar para facilitar a reintegração dos ex-detentos à sociedade.

Concebido no Reino Unido, o SIB herdou a lógica de custo-benefício comum às iniciativas anteriores de financiamento privado (discutidas no Capítulo 3, seção 3.2). Quando os detentos libertos são reintegrados com sucesso à sociedade, economiza-se dinheiro público que seria usado para mantê-los no presídio. Além disso, índices de reincidência mais baixos melhoram o impacto social negativo de crimes recorrentes. Portanto, se bem-sucedido, o SIB criaria valor social, parte do qual poderia ser usado para ressarcir os investidores — neste caso, a uma taxa de retorno anual de 3%.

De imediato o SIB chamou a atenção pública. Evocando as reformas de privatização da Era Thatcher, um artigo de março de 2010 na revista *The Economist* dizia que o governo "espera que a história se repita com uma nova abordagem em relação às finanças públicas".[1] A equipe de consultoria da Social Finance mal conseguia acompanhar os pedidos de reunião para falar sobre o SIB e discutir oportunidades de replicação do modelo em outras localidades. Os cidadãos de Peterborough ficaram perplexos com o fluxo de pessoas que iam à cidade para visitar a penitenciária.

Em pouco tempo a contratação por resultados entrou em voga. Sir Ronald Cohen defendeu veementemente o modelo SIB para forças-tarefa globais com o objetivo de estimular investimentos de impacto. Uma enxurrada de consultores e grupos de pesquisa propôs replicar o SIB em novos setores e países. Em 2012, a empresa de consultoria McKinsey escreveu um relatório defendendo a adoção dos SIBs nos Estados Unidos como "uma nova abordagem para expandir programas sociais".[2]

Ao mesmo tempo, organizações multilaterais, como o Banco Mundial e o Banco Interamericano de Desenvolvimento, promoveram eventos e projetos para testar o modelo. Uma variante do SIB, o *development impact bond* (DIB), foi criado para permitir pagamentos feitos por organizações sem fins lucrativos ou organismos de desenvolvimento, em vez de governos.

O modelo se alastrou rapidamente pelo mundo, primeiro na Europa Continental e na América do Norte, e depois nos países emergentes e em desenvolvimento (Figura 5.1). Cada vez mais casos de implementação e ressarcimento surgiam na mídia. Em 2017, a avaliação final do SIB de Peterborough indicou que a reincidência no crime havia caído em nove pontos percentuais nos grupos do presídio de Peterborough, em comparação com os presos de outras localidades. Os investidores foram ressarcidos.

A conexão com os capítulos anteriores é evidente. Se os investidores e fornecedores privados são pagos de acordo com resultados sociais, então deveriam estar menos propensos a economizar nos atributos fundamentais do serviço que prestam. Em outras palavras, acordos como os SIBs podem ser uma forma de "completar os contratos". Além disso, podem ser uma maneira de canalizar capital novo para resolver necessidades sociais negligenciadas.

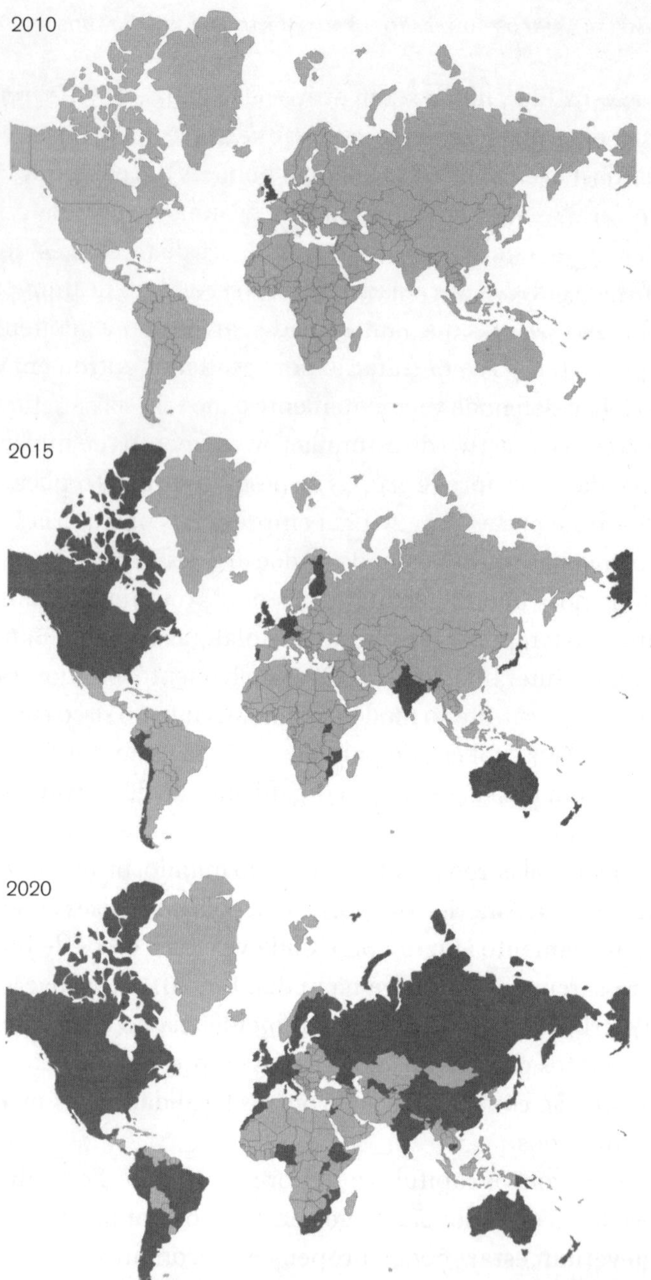

Figura 5.1. Países que anunciaram contratos de impacto social após o início do primeiro contrato no presídio de Peterborough, Reino Unido, em 2010

Nota: A figura inclui apenas os contratos de impacto social com investidores (SIBS e DIBS), conforme demonstrado na base de dados compilada por Lazzarini et al. (2021c). Inclui não só os contratos já iniciados, mas também os que estavam em processo de elaboração.

No entanto, nem todos estavam entusiasmados. Um documentário de 2018 chamado *The Invisible Heart* [O coração invisível] apresentou uma visão crítica aos SIBS. A obra deve seu título ao próprio Sir Ronald Cohen, que numa passagem, declara: "Vamos trazer o coração invisível dos mercados para ajudar aqueles que a mão invisível deixou para trás". O otimismo de Cohen, no entanto, contrasta com outros participantes do documentário, que questionam o uso do dinheiro público para pagar os investidores, bem como a adoção de métricas simples que não refletem a complexidade dos problemas sociais.

No filme, Math Radfar, agente social que trabalha numa intervenção patrocinada pelo SIB para moradores de rua na cidade de Toronto, no Canadá, é visto entrando em contato com os beneficiários para descobrir se a iniciativa está de fato tirando pessoas das ruas. Segundo ele, embora úteis para fins de monitoramento, as métricas estabelecidas em contrato não capturam "as partes humanas do trabalho". Ele diz: "Qualidade é a parte que não dá para medir!".[3]

Neste capítulo, discuto o potencial de contratos por resultado, como os SIBS e os DIBS, como solução para estimular melhores resultados sociais em colaborações público-privadas. Será que esses contratos são capazes de atender com sucesso às demandas fundamentais de eficácia, inclusão e legitimidade com o envolvimento de atores privados em atividades públicas?

5.1. O poder (e o ponto fraco) dos incentivos

Se acreditamos em contratos de remuneração por resultados sociais, estamos basicamente supondo que é possível determinar medições para a criação de valor social e compensar agentes privados de acordo com essas métricas: assim os contratos se tornam "completos". Isso nos leva de volta à teoria do problema do principal-agente: o governo, ou quem estiver interessado na intervenção social, é o ator principal que incentiva agentes — prestadores de serviços — a executar a intervenção de acordo com objetivos sociais mensuráveis.

Nesse mecanismo, portanto, a medição é fundamental — tanto que o economista Bengt Holmstrom cunhou um termo para descrever uma base fundamental de contratos de incentivo bem elaborados: o *princípio da informatividade*.[4] Resumidamente, o principal quer que o agente se esforce ao máximo nos aspectos que importam. No entanto, ele não tem como observar perfeitamente o esforço do agente. As métricas contratuais devem, portanto, refletir o que os agentes fizeram e até que ponto agiram de acordo com o que o principal esperava.

Aplicando essa ideia ao exemplo das pessoas em situação de rua de Toronto, um governo (principal) comissionando um contrato para os sem-teto esperaria que um assistente social entendesse a situação dessas pessoas, ouvisse suas demandas, sugerisse caminhos viáveis para recuperação, ajudasse-as a se realocar e monitorasse o progresso posterior desses indivíduos. Esse conjunto de tarefas representa o esforço desejável do agente.

Mas imagine que o principal se limite a medir a frequência com que o agente ajudou a realocar os beneficiários do programa para um imóvel. Talvez um agente não faça nada além de entrar em contato com alguns moradores de rua e, em seguida, aproveite as novas políticas governamentais de promoção e subsídios à habitação. Por outro lado, um agente pode se esforçar para abordar e ajudar os moradores de rua, mas descobrir que existe uma escassez local de imóveis acessíveis ou que não há financiamento suficiente para a realocação desses indivíduos e, portanto, se ver incapaz de atingir a meta de realocação.

Assim, ao aceitar um contrato cujos pagamentos não estão totalmente alinhados com o esforço final, o agente está comprando um bilhete de loteria. Talvez um agente amante de riscos goste do contrato. A maioria das pessoas, porém, vai exigir pelo menos pagamento fixo parcial para garantir que circunstâncias fora de seu controle não prejudiquem a compensação que esperam receber.

Por outro lado, pagamentos fixos reduzem os incentivos justamente porque o pagamento do agente se torna menos responsivo a resultados mensuráveis a partir do seu esforço. Para reduzir a exposição ao risco do agente, o principal precisa fornecer uma compensação mínima, mas essa garantia de pagamento pode desestimular o bom desempenho do agente. Esse é o conhecido dilema risco-incentivo.[5]

Outro problema, citado com frequência nos capítulos anteriores, é a existência da multitarefa: o agente se sentir tentado a focar em tarefas mais fáceis de mensurar e ignorar outras tarefas importantes.

Novamente usando o exemplo dos sem-teto, as taxas de serviço podem estar atreladas ao número de moradores de rua contatados pelo agente. Essa medida não vai refletir adequadamente o esforço de alguns agentes que se destacaram no contato e na orientação pessoal, mas que também passaram bastante tempo acompanhando os beneficiários mesmo depois de realocados — tarefas muito mais difíceis de mensurar e verificar.

Em outro artigo com Paul Milgrom, Holmstrom mostrou que, em alguns casos, pode ser melhor para o principal *não* recompensar o agente com base numa métrica simples, pois isso desviará a atenção de outras tarefas altamente relevantes.[6] O assistente social do exemplo pode maximizar o número de contatos com moradores de rua em vez de efetivamente tentar melhorar a vida dessas pessoas. Um valor fixo para todo o serviço pode evitar essa distorção.

No entanto, com esse valor fixo pré-acordado, *por que* os agentes se esforçariam? No setor público, os governos geralmente substituem os incentivos monetários pela supervisão direta — o que, entretanto, traz o dilema de quem vai supervisionar os supervisores e, ao mesmo tempo, demanda uma série de condições para que o trabalho de supervisão seja bem-sucedido (ver Capítulo 4, seção 4.2).

Outra possibilidade é completar o contrato e avaliar o desempenho dos agentes nas tarefas difíceis. No entanto, um acréscimo de métricas aumentaria os custos, e talvez essas métricas não registrem perfeitamente os resultados desejados. Por exemplo, o governo pode tentar medir a satisfação dos beneficiários com o serviço, mas irão as respostas subjetivas dos beneficiários refletir corretamente a qualidade do trabalho do agente?

Seja qual for a opção escolhida, provavelmente trará benefícios e complicações extras. Vamos supor, então, que o principal decida completar o contrato introduzindo métricas para uma série de atributos importantes do serviço.

Neste ponto, deve ficar claro que o objetivo é reduzir o erro de medição — a desconexão entre o que o agente faz para aumentar a qualidade do serviço e o que as medidas de qualidade indicam. Grandes erros de medição são prejudiciais aos incentivos dos agentes. Estudantes, por exemplo, muitas vezes reclamam de provas com critérios confusos e subjetivos para a determinação da nota. Conforme detalharei na seção 5.4 deste capítulo, métricas bem concebidas são essenciais para uma contratação por resultados.

Uma consideração importante a se fazer é que os contratos por resultado podem, em princípio, ser usados para incentivar não só agentes externos, mas também gestores *internos*, servidores da burocracia pública. Se o governo for capaz de medir com competência a qualidade do serviço, também poderá incentivar os agentes públicos com uma adequada remuneração por desempenho.

No entanto, o risco de os agentes economizarem em atributos sociais valiosos — o dilema custo-qualidade — é maior quando há empresas privadas envolvidas, em especial empresas com foco na maximização dos lucros. Os gestores públicos, por outro lado, não têm fortes incentivos para cortar despesas operacionais, o que naturalmente atenua esse dilema.

Em outras palavras, com boas métricas, a remuneração por resultados deveria ser mais utilizada nos contratos entre atores públicos e privados do que nos contratos de trabalho dentro da burocracia pública. (Ver o Apêndice 4 para uma demonstração mais formal desse argumento.) Logo, pelo menos em tese, uma tecnologia aprimorada de medição de desempenho deveria permitir um envolvimento cada vez maior de empresas privadas em atividades públicas, mesmo naquelas em que há possibilidade de grandes economias geradas pela redução na qualidade do serviço prestado.

5.2. Precisamos de investidores em contratos públicos?

Embora o alinhamento de incentivos seja um objetivo fundamental em contratos por resultado, uma questão extremamente controversa no modelo SIB é a presença de investidores lucrando com pagamentos dos governos por intervenções sociais.

É legítimo usar fundos públicos para recompensar capitalistas abastados que já são bastante criticados por não pagarem impostos suficientes ou não doarem dinheiro suficiente para causas sociais? Por que precisamos de mais um ator para receber recursos públicos que já são escassos? Por que criar relações complicadas com investidores para gerir projetos que podem ser executados apenas pelo Estado ou por colaborações público-privadas tradicionais?[7]

Vale a pena dar um passo atrás e pensar num arranjo simples sem investidores. Ou seja, o governo assina um contrato *direto* com os prestadores de serviços, que são pagos com taxas de serviço que variam de acordo com os resultados medidos.

Na verdade, esses arranjos existiam muito antes dos SIBS. Em sua essência, os SIBS são colaborações público-privadas com compensação por resultados, mas as parcerias com pagamentos por resultados não precisam ter estrutura de SIB. Elas podem simplesmente envolver um *contrato de pagamento por sucesso* (*pay-for-success*), em que o recebimento dos provedores de serviço varia de acordo com as métricas de desempenho.

Por exemplo, nos Estados Unidos existem programas de reabilitação profissional que ajudam pessoas com deficiências físicas ou de aprendizagem a encontrar emprego. Tradicionalmente, esses prestadores de serviço externos recebiam pagamento por hora. A partir da década de 1990, porém, alguns estados experimentaram usar contratos de pagamento por sucesso, cujos pagamentos eram condicionados a marcos que indicavam se os beneficiários encontravam e se mantinham em um emprego por um certo período.[8]

A Figura 5.2 apresenta uma comparação simplificada entre contratos patrocinados diretamente pelo governo e arranjos mais complexos com investidores, como o modelo SIB. Na contratação direta, uma unidade pública de supervisão assina um contrato de pagamento por sucesso com um prestador de serviço, que fornece o serviço à população-alvo.

Existem muitos tipos e níveis para a remuneração variável. No exemplo da reabilitação profissional, os pagamentos eram acionados pela verificação de marcos sequenciais: conclusão do planejamento do

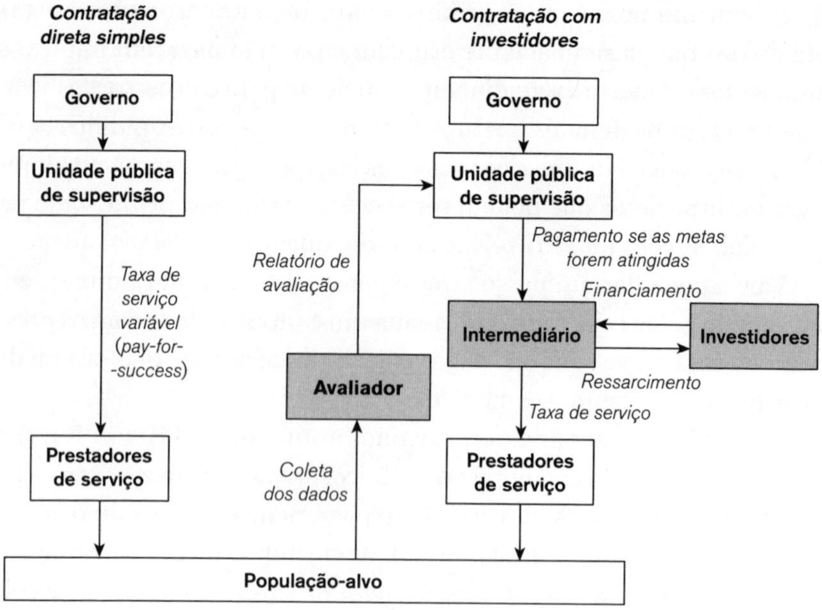

Figura 5.2. Contratos entre agentes públicos e agentes privados com pagamentos por resultado: comparação da contratação direta com a contratação por investidor

serviço seguido de métricas indicando que o beneficiário manteve o emprego, além de indicadores de satisfação com o serviço prestado.

Num modelo baseado em investidores, a situação se complica. No projeto original do SIB existem pelo menos três elementos novos: um *intermediário* financeiro, com a responsabilidade de arrecadar dinheiro de *investidores* e formular intervenções cujos resultados serão avaliados e relatados por um *avaliador independente*.[9]

No SIB de Peterborough, a Social Finance atuou como intermediária e havia vários investidores — sobretudo fundações e instituições de caridade — e uma equipe de avaliadores independentes, entre os quais pesquisadores das Universidades de Leicester e de Westminster, que coletaram e analisaram dados de detentos para calcular mudanças nos índices de reincidência criminal.

Tanto os modelos de contratação direta como os com investidores têm suas variações. Em alguns contratos do tipo SIB, não há intermediário especializado; a unidade pública assina um contrato com um prestador de serviços geral, que pode terceirizar parte do trabalho a outras organizações, obter financiamento externo e ressarcir os investidores. Mas também existem modos mais complexos de contratação direta — por exemplo, em parcerias público-privadas de grande porte costuma-se criar uma sociedade de propósito específico para coordenar toda a operação, cujo desempenho é medido por um avaliador independente.

A principal diferença no modelo com investidores é que nele existe um envolvimento mais explícito de investidores de risco. No modelo de contratação direta, por outro lado, os prestadores não são integralmente pagos se não cumprirem as metas contratuais. No entanto, conforme discutido na seção anterior, os provedores podem não querer assinar contratos arriscados com elevado componente de remuneração variável.

Nesse contexto os investidores podem ajudar, pois o seu negócio é justamente assumir riscos. No entanto, vão exigir uma compensação pelo risco em questão. Do ponto de vista dos governos, o pagamento por metas evita a aplicação de recursos públicos para cobrir intervenções sociais ineficazes. Assim, os investidores absorvem o risco que normalmente caberia aos governos e seus fornecedores. De início, os proponentes do modelo SIB anunciaram essa transferência de risco como uma vantagem fundamental do modelo.[10]

No entanto, no dilema risco-incentivo, ao reduzir o risco dos agentes, reduzem-se também seus incentivos para alcançar um bom desempenho na prestação do serviço. Portanto, os investidores — ou os intermediários que os representam — também podem atuar como supervisores, complementando o papel de monitoramento que cabe ao governo. Ao contrário dos burocratas públicos, os investidores colocam o próprio dinheiro em risco, então *vão querer* monitorar a prestação do serviço para cumprir as metas contratuais.

Além disso, investidores que assinam SIBs podem ter um foco em resultados sociais, que vão além da pura e simples lucratividade — como financiamentos sem fins lucrativos que estejam alinhados com a missão organizacional. Conhecendo bem a atividade focal do contrato, eles também podem aumentar as chances de encontrar bons projetos e possíveis prestadores de serviços.[11]

Se essas justificativas não forem suficientes para eliminar as preocupações com a legitimidade que surgem da presença de investidores pagos com dinheiro do governo, outra possibilidade é mudar quem vai pagar pelo resultado. No modelo DIB, mencionado anteriormente, as organizações sem fins lucrativos atuam não apenas como investidores, mas também como pagadores. Nesses casos, todas as despesas do projeto são financiadas e ressarcidas pelo setor privado.[12]

Por exemplo, em 2018 foi assinado um contrato de apoio para programas de ensino complementar em seiscentas escolas indianas. Voltado para alunos do ensino fundamental, o DIB foi financiado pela UBS Optimus Foundation (braço filantrópico do banco suíço UBS), que atuou no papel de investidor de risco com base em métricas objetivas analisadas por um avaliador independente (no caso, a IDinsight, consultoria de análise de dados). A Children's Investment Fund Foundation, organização privada sem fins lucrativos, concordou em pagar mais de 9 milhões de dólares sob a condição de os programas atingirem as metas contratuais especificadas.[13]

Os investidores também podem financiar diretamente os prestadores em tranches que variem de acordo com os resultados do programa. Esses arranjos são conhecidos como *financiamento por resultados*. Como exemplo desse modelo, em 2007, o Banco Mundial criou o Health Results Innovation Trust Fund, canalizando dinheiro de diversos doadores para financiar intervenções em áreas como saúde materna e nutrição. Os pagamentos foram baseados em avaliações regulares da prestação e da qualidade do serviço.[14] Nesse modelo, os investidores assumem dois papéis: o de financiadores do projeto e de pagadores por resultado, compensando os prestadores com base nas metas contratadas.

5.3. Um panorama dos contratos de impacto social

Minha equipe de pesquisa mapeou diversos contratos de impacto social anunciados e lançados em todo o mundo.[15] Embora os modelos baseados em investidores (SIBS e DIBS) sejam amplamente divulgados por seus proponentes, é mais difícil coletar informações sobre casos de contratação direta (que representam apenas cerca de 14% dos contratos no nosso banco de dados). Além disso, mesmo quando os contratos são anunciados, nem sempre as partes envolvidas revelam informações exatas sobre o valor investido, as métricas de desempenho escolhidas ou outras características relevantes do acordo.

Apesar dessas limitações, os dados revelam alguns padrões relevantes. Os contratos tendem a envolver intervenções na forma de serviços numa ampla gama de áreas, como saúde, emprego, educação e habitação (Figura 5.3).

Vários contratos que buscam reduzir os índices de desemprego, por exemplo, se concentravam em jovens que não estavam estudando, trabalhando ou recebendo qualquer formação. Os programas geralmente combinavam mentoria e treinamento profissional e usavam métricas para indicar se os beneficiários encontravam um emprego e permaneciam nele por um tempo.

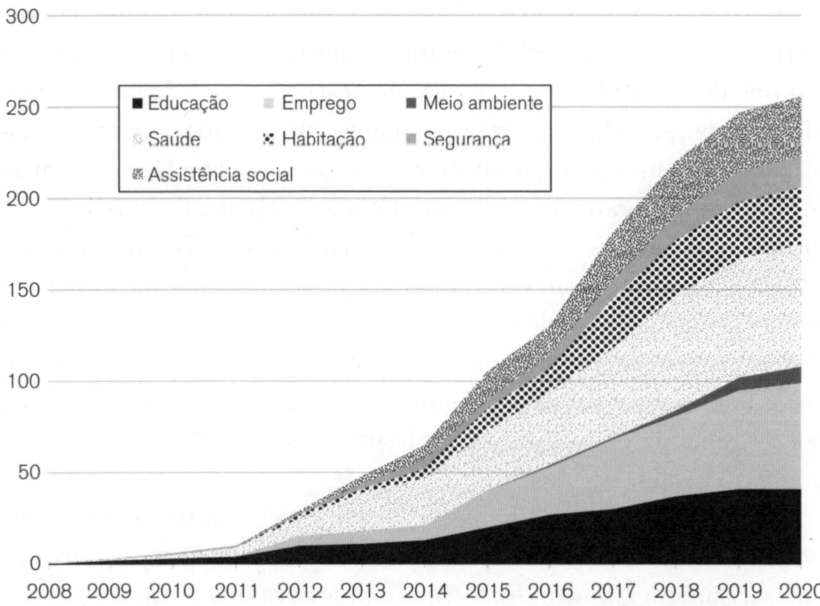

Figura 5.3. Evolução cumulativa de contratos de impacto social, mundialmente, por setor
Nota: Os contratos nesta figura incluem não só contratos com investidores (SIBS e DIBS), mas também contratos diretos (contrato de pagamento por sucesso e financiamento por resultado) anunciados ou lançados a cada ano, com base no banco de dados compilado por Lazzarini et al. (2021c).

Na área da saúde, vários contratos arrecadavam fundos para fazer intervenções de apoio familiar a mulheres grávidas e seus filhos. Na educação, cerca de 60% dos contratos focavam na melhoria ou complementação das atividades oferecidas nas escolas primárias, com métricas de assiduidade e desenvolvimento cognitivo. Na habitação, quase 90% dos contratos financiaram intervenções para os sem-teto, conforme exemplificado na seção 5.1.

A gama de possíveis intervenções aumentou ao longo do tempo, com o surgimento de alguns casos criativos e de nicho. Por exemplo, um "contrato para preservar rinocerontes" foi criado pela Conservation Capital (consultoria de preservação ambiental) para ajudar a proteger a população em declínio de rinocerontes-negros no Quênia e na África do Sul. Com uma estrutura DIB, os investidores só seriam pagos se a população de rinocerontes aumentasse em cinco locais no período de cinco anos.[16]

Nesses modelos baseados em investidores, uma questão natural que surge é: quais tipos de investidores estão financiando as intervenções e arriscando seu dinheiro? A Figura 5.4 mostra o número de contratos por tipo de investidor representado no nosso banco de dados. As organizações sem fins lucrativos são o maior grupo: ajudaram a financiar 92 contratos cujas informações conseguimos codificar.[17] Duas organizações sem fins lucrativos ativas são a Esmée Fairbairn Foundation, que financiou vários SIBS no Reino Unido (incluindo o de Peterborough), e a Start Foundation, com várias intervenções de combate ao desemprego na Holanda. Os fundos de investimento de impacto são o segundo maior grupo de investidores, com um total de 78 contratos. Nesse grupo, os líderes são a Big Society Capital e a Bridges Ventures, cofundada por Sir Ronald Cohen, além da Big Issue Invest, outra empresa sediada no Reino Unido.

A forte presença de organizações sem fins lucrativos e fundos de investimento de impacto não surpreende. Já dissemos que os investidores assumem grandes riscos e que o monitoramento e a triagem das intervenções podem ser melhor realizados por investidores orientados para missão.

A desvantagem de contar com esses atores, porém, é que o volume de

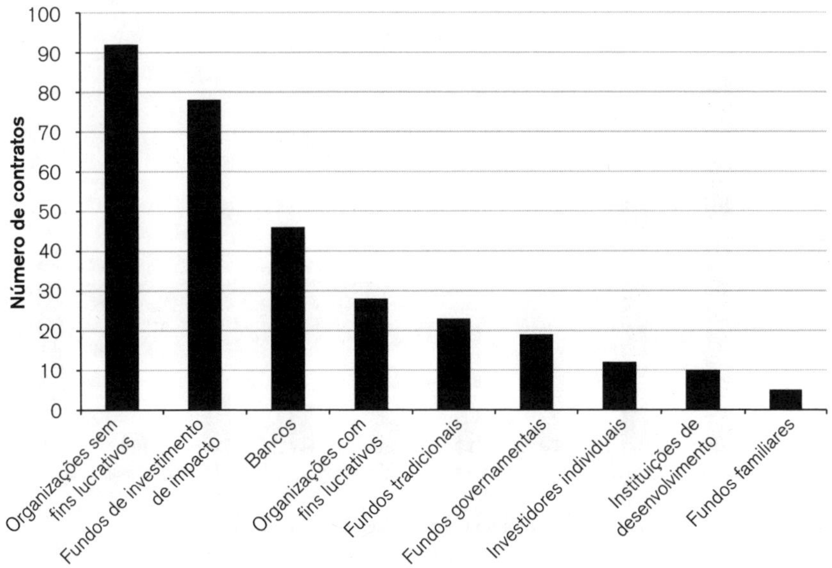

Figura 5.4. Tipos de investidores de contratos de impacto social
Nota: A figura inclui apenas os contratos baseados com investidores (SIBS e DIBS), conforme demonstrado na base de dados compilada por Lazzarini et al. (2021c). Inclui não só os contratos em vigor, mas também os que estão em desenvolvimento.

capital é limitado se comparado a outros possíveis investidores, como bancos e fundos tradicionais. Além disso, ao atuar como investidores, eles têm menos recursos disponíveis para participar como entidade que pagará pelo resultado. O objetivo inicial dos SIBS não era competir por recursos que seriam destinados à filantropia, mas explorar um mercado de capitais mais amplo para alavancar projetos sociais.

Essa dependência de um segmento restrito de investidores com foco no social se reflete no volume relativamente acanhado de investimentos gerais que analisamos (Figura 5.5). Cerca de um terço dos contratos dos quais temos informações envolvem menos de 1 milhão de dólares em investimento total; o tamanho mais frequente (a convenção) é de 2,41 milhões de dólares. Vários contratos são programas-piloto com pequenas populações-alvo. Um SIB em Lisboa foi concebido com o objetivo de ensinar programação de computadores a 65 alunos, com um investimento total de apenas 120 mil euros.

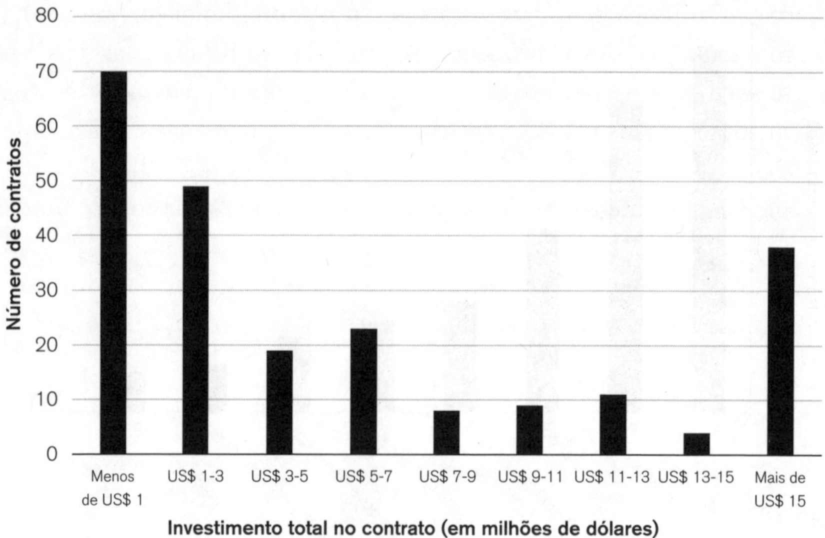

Figura 5.5. Número de contratos de impacto social de acordo com o investimento total esperado
Nota: Os contratos nesta figura incluem não apenas contratos com investidores (SIBS e DIBS), mas também contratos diretos (contrato de pagamento por sucesso e financiamento com pagamento por resultados) que foram anunciados ou lançados durante o período analisado (2008-2020), usando a base de dados compilada por Lazzarini et al. (2021c).

Uma questão muito pertinente é se essas intervenções estão funcionando. Como os contratos por resultado são um fenômeno recente ainda em andamento, as evidências disponíveis são, na melhor das hipóteses, preliminares. Dos 57 contratos a que tivemos acesso aos resultados parciais ou finais, 56% atingiram suas metas e 39% relataram resultados positivos em metas parciais.

Mas não se deve encarar esses percentuais como algo definitivo e preciso. O desempenho dos contratos depende das métricas e metas escolhidas. Mesmo em casos de aparente sucesso, os resultados e as métricas de alguns contratos foram questionados, o que leva à discussão sobre como melhorar a tecnologia de mensuração de contratos — justamente o tema da próxima seção.

Além disso, houve alguns casos bem conhecidos de fracasso. O primeiro SIB nos Estados Unidos, anunciado em 2012, teve investimento do Goldman Sachs e da Bloomberg Philanthropies. O objetivo do

SIB de 7,2 milhões de dólares era reduzir a reincidência criminal entre um grupo de jovens infratores no presídio de Rikers Island, Nova York. As metas não foram alcançadas devido a diversos imprevistos nas interações dos prestadores de serviço com os beneficiários, cuja participação no programa era interrompida com frequência.[18] Embora o Goldman Sachs não tenha sido ressarcido, sua perda foi atenuada pela Bloomberg Philanthropies, que tinha dado garantias ao Goldman Sachs. Nesse caso, uma organização sem fins lucrativos ajudou não só a financiar o projeto, mas também absorveu parte do risco de um investidor tradicional.

5.4. Os sete pecados capitais da medição

Se nos contratos de incentivo é fundamental que as métricas sejam adequadas, então vale a pena analisar minuciosamente os possíveis problemas que surgem quando os sistemas de medição são deficientes. Desenvolver boas métricas para mapear intervenções sociais é uma tarefa muito difícil exatamente porque essas medidas precisam refletir aspectos complexos, múltiplos e subjetivos do comportamento humano. O erro de medição é inevitável.

Uma medição ruim não só enfraquece os incentivos por desempenho (conforme já discutido) como serve de convite a todo tipo de comportamento disfuncional — agentes relatando erroneamente suas ações, explorando lacunas na definição operacional das métricas e se desviando dos objetivos públicos originais para aumentar seus pagamentos. É fato que certas pessoas podem reagir a incentivos monetários num espírito que não condiz com o acordo original e com a intenção estratégica de burlar o sistema.

Nesta seção, descrevo as sete armadilhas principais na concepção de sistemas de medição e suas possíveis soluções. No entanto, é preciso ter em mente que em alguns casos esses problemas são tão exacerbados que talvez os contratos de impacto social não sejam uma solução viável. Em vez disso, talvez valha a pena considerar outros remédios de governança (conforme discutido no Capítulo 3, seção 3.3).

FOCO EM PRODUTOS, E NÃO EM RESULTADOS

No documentário *The Invisible Heart*, Dame Caroline Mason, diretora executiva da Esmée Fairbairn Foundation (um dos principais investidores no movimento inicial dos SIBS), diz que "a tentação é que os SIBS estabeleçam métricas fáceis de atingir, que não tenham relação com resultados verdadeiramente positivos".

Ela usa o exemplo de um SIB que tinha como foco crianças que corriam o risco de entrar no sistema de acolhimento familiar em virtude de problemas familiares ou de saúde. A principal métrica nesse caso era o "número de dias que as crianças em situação de vulnerabilidade não passaram sob a tutela do Estado". No entanto, se não estavam sendo cuidadas, onde estavam essas crianças? Estavam seguras e felizes? Para Mason, uma métrica melhor seria "o que mudou na casa da família para se tornar um lugar seguro para crianças".

Portanto, em vez de se apressar para escolher métricas fáceis de acompanhar, os criadores de contratos de impacto social devem seguir as melhores práticas na avaliação de impacto. Devem começar identificando as principais vulnerabilidades da população-alvo e as principais potenciais melhorias. Em seguida, precisam desenvolver uma teoria da mudança que especifique como as intervenções propostas gerariam resultados que de fato reflitam o bem-estar dos beneficiários (ver Capítulo 6, seção 6.6, para um exemplo concreto de como construir uma teoria da mudança).

Nesse processo, é fundamental distinguir produtos de resultados. Os produtos são quantidades que refletem a execução do programa e a participação dos beneficiários. No exemplo anterior, "número de dias que as crianças em situação de vulnerabilidade não passaram sob tutela do Estado" se assemelha a um produto, mas não indica se as crianças foram de fato reintegradas em famílias funcionais e que efetivamente cuidam delas, criando condições melhores para seu desenvolvimento individual. Este último aspecto melhor reflete *resultados*: benefícios que são valorizados pela sociedade e estão intimamente ligados às noções de eficácia e inclusão discutidas no Capítulo 2.

Em geral é mais difícil medir os resultados do que os produtos, e os resultados podem ser facilmente descartados e substituídos por métricas mais simples. Mas o fato é que ignorar resultados importantes — transformações positivas decorrentes da teoria da mudança — só piora o problema dos contratos incompletos. Para haver transparência e prestação de contas, gestores e investidores precisam estar cientes de todos os resultados relevantes e criar mecanismos complementares para monitorar a evolução deles, mesmo que os resultados não constem como gatilhos explícitos para os pagamentos.

MÉTRICAS MANIPULÁVEIS

Dando continuidade às reformas do setor público implementadas no Reino Unido na década de 1980, o Governo Tony Blair introduziu um sistema padronizado para mensurar o desempenho de hospitais e serviços complementares do Serviço Nacional de Saúde do Reino Unido (NHS). Classificações ruins podiam gerar sanções contra gestores públicos e fornecedores externos. Era um sistema de "metas e terror", de acordo com Gwyn Bevan e Christopher Hood, que estudaram esse caso a fundo.[19]

À primeira vista, o sistema parecia funcionar. Os operadores atingiam metas relacionadas a uma série de métricas operacionais, como tempo de espera em unidades hospitalares ou tempo de resposta para chamados de ambulância. Mas, na realidade, apenas tinham aprendido a burlar o sistema.

Por exemplo, diante da exigência de que o tempo de espera para atendimento de urgência no hospital não excedesse quatro horas, algumas unidades mantinham ambulâncias aguardando em fila do lado de fora da unidade e só permitiam a entrada quando podiam admitir com rapidez os pacientes na unidade de emergência. Nesse meio-tempo os pacientes ficavam em leitos improvisados nos corredores para cumprir com as metas de tempo até que sua entrada fosse de fato registrada e eles fossem internados.

Os dados sobre o tempo de resposta para chamados de ambulância também sugerem possíveis fraudes. O limite estabelecido foi que o tempo de resposta não deveria ultrapassar oito minutos. Analisando os dados, detectou-se uma alta frequência de casos logo abaixo desse limite, sugerindo que os provedores de serviços reclassificaram os chamados que demoraram um pouco mais que oito minutos para parecer que as pessoas foram atendidas pouco antes do limite estabelecido.

O problema, neste caso, era que as metas se baseavam em indicadores rudimentares e facilmente manipuláveis. Os operadores conseguiam ajustar a própria definição de "tempo" — é quando os pacientes dão entrada na emergência dentro do hospital ou quando chegam ao prédio do hospital? O sistema de classificação se baseava em métricas operacionais simples e ignorava o que realmente acontecia nas unidades de atendimento.

Nesse caso, a solução é óbvia: evitar incentivar os agentes com base em indicadores operacionais simples e fáceis de manipular. E ao que parece foi isso que aconteceu no NHS depois que esses casos de manipulação foram detectados.[20] A política de metas e terror foi abandonada em favor de métricas descentralizadas em nível local, incorporando medidas de resultados, como taxas de mortalidade em hospitais, que refletem melhor os resultados de qualidade e são mais difíceis de distorcer.

FALTA DE VERIFICAÇÃO INDEPENDENTE

Falhas na checagem dos dados relativos à intervenção podem agravar ainda mais o problema da manipulação. É comum encontrar contratos por resultado, sobretudo no modelo de contratação direta, em que os pagamentos são feitos de acordo com dados fornecidos pelos prestadores de serviços ou por outras partes interessadas em demonstrar o seu próprio sucesso.

Um exemplo dos perigos do autorrelato é a introdução de mecanismos de pagamento por sucesso no contexto do Medicare, programa federal de planos de saúde nos Estados Unidos. Os gestores do programa estavam preocupados com o aumento da taxa de infecções hospitalares, cujas despesas eram reembolsadas pelo Medicare. Uma nova política permitia esses reembolsos apenas no caso de infecções que o paciente já tivesse ao dar entrada no hospital. O objetivo era evitar ressarcir os hospitais por infecções resultantes de negligência interna.

No entanto, a mudança criou incentivos para subnotificar infecções ocorridas no hospital ou alegar incorretamente que essas infecções já existiam quando o paciente foi admitido. Hamsa Bastani, Joel Goh e Mohsen Bayati encontraram evidências dessas práticas comparando padrões de notificação em estados com diferentes padrões de supervisão pública. Esse viés parecia ser menos frequente em locais onde unidades públicas coletavam dados detalhados de desempenho e elaboravam relatórios de forma disciplinada.[21]

Esse caso confirma a importância dos avaliadores externos, em especial quando são os próprios prestadores do serviço que relatam os resultados. Repetindo o que foi falado no capítulo anterior, unidades públicas capazes também podem fazer monitoramento in loco e impor sanções aos prestadores que forem pegos informando dados fundamentais incorretos usados para avaliar a qualidade do serviço.

EXCESSO DE MÉTRICAS IMPRECISAS

Como as intervenções sociais são complexas e envolvem diversas tarefas, poderíamos tentar medir todos os resultados possíveis da maneira mais detalhada possível. No entanto, cada métrica acrescentada aumenta os custos da coleta e da verificação dos dados, em intervenções que talvez tenham restrições orçamentárias. Além disso, contratos com muitas metas são mais difíceis de entender e monitorar. Todas as métricas são igualmente importantes ou algumas devem ter mais peso que outras?

Esse é um problema clássico no monitoramento de desempenho. Aconteceu, por exemplo, quando as corporações entraram na onda de propor grandes painéis de monitoramento de indicadores (*balanced scorecards*) que incluíam múltiplas dimensões de desempenho além dos retornos contábeis (por exemplo, métricas de satisfação do cliente e clima no ambiente de trabalho).

Embora o objetivo fosse criar um painel completo que acompanhasse todas as facetas relevantes da estratégia de uma empresa, os executivos tiveram dificuldade para medir muitos indicadores ao mesmo tempo e explicar os meandros do sistema de medição proposto. Por fim, diversas empresas optaram por usar métricas mais simples e em menor número.[22]

Aparentemente refletindo um esforço para simplificar o conjunto de indicadores monitorados, nosso banco de dados de contratos por resultado revela que o contrato de impacto social típico tem duas métricas de resultado. No entanto, também vemos um número razoável de casos (6,2%) com dez ou mais indicadores.

Não existe nenhuma recomendação clara nesse caso. Os benefícios de aumentar o painel de métricas dependem da qualidade e do custo das medidas propostas, bem como se elas de fato refletem os principais resultados emanados da teoria da mudança do programa. Por outro lado, reduzir o número de métricas aumenta o risco de negligenciar atributos de qualidade relevantes, o que pode ser atenuado com uma supervisão eficaz — como já foi mencionado, mais provável quando os investidores se preocupam com melhorias na população-alvo, e não só com as recompensas financeiras do contrato.

ANÁLISE DEFICIENTE DA CONTRIBUIÇÃO CAUSAL DO FORNECEDOR

As métricas também devem refletir se os fornecedores externos realmente geraram as melhorias medidas. Um caso que ilustra bem esse ponto é o SIB financiado pelo Goldman Sachs e pela J. B. & M. K. Pritzker Family Foundation para apoiar programas de desenvolvimento pré-escolar no estado de Utah , nos EUA. O objetivo do SIB, lançado em 2013, era promover intervenções para reduzir as lacunas de aprendizagem na primeira infância, com isso reduzindo também a necessidade de programas públicos para corrigir esse problema. Os gatilhos de pagamento eram baseados em testes de aprendizagem padronizados.

Embora os prestadores de serviços tenham cumprido as metas e os investidores tenham sido ressarcidos, o contrato teve suas controvérsias. Em 2015 o *New York Times* publicou um artigo intitulado "Success

Metrics Questioned in School Program Funded by Goldman" [Métricas para medir o sucesso questionadas em programa escolar financiado pelo Goldman].[23] A referência ao Goldman Sachs no título não surpreende, dada a crítica recorrente de permitir que investidores ricos lucrem com intervenções sociais. Para aumentar a controvérsia, alguns questionaram se os investidores fizeram alguma diferença além do que o governo poderia ter alcançado com os próprios programas públicos.

Uma das principais preocupações era que os gatilhos de pagamento se baseavam numa avaliação apenas do que aconteceu com as crianças que receberam a intervenção. Os investidores foram ressarcidos pelo governo com base no número de crianças cujos testes indicaram melhoria de aprendizagem e não precisaram de apoio complementar. Mas e se essas crianças já estivessem melhorando antes mesmo do SIB? Elas foram escolhidas a dedo para garantir que os testes apresentariam resultados positivos?

Uma forma de abordar essas questões seria comparar essas crianças com crianças semelhantes que não receberam a intervenção. Retomando a discussão no início do Capítulo 3, a comparação dos grupos nos permitiria analisar um cenário contrafactual do que teria acontecido com as crianças sem o SIB. A diferença entre os grupos indicaria então a contribuição do programa para a melhoria dos resultados. Testes estatísticos podem ser aplicados para determinar se os beneficiários do programa (o *grupo de tratamento*) evoluíram mais do que indivíduos semelhantes sem participação no programa (o *grupo de controle*).[24]

Essas avaliações comparativas são consideradas as melhores práticas na avaliação de políticas. Elas têm sido usadas para avaliar a eficácia de diversas intervenções, desde vacinas até programas de treinamento para desempregados. No entanto, por incrível que pareça, de longe a abordagem de medição mais comum em contratos por resultado é monitorar a evolução apenas do conjunto de beneficiários do programa, sem um grupo de controle. No nosso banco de dados, isso acontece em cerca de 69% dos contratos para os quais temos informações mais completas. O SIB de Utah é regra, não exceção.

Uma possível explicação é que as avaliações comparativas dos grupos de tratamento e de controle são caras e difíceis de implementar.

Coletar os dados apenas do grupo que recebe a intervenção social é fácil, desde que o sistema de medição proposto não seja muito complexo.

Em contraste, o método de avaliações comparativas exige longas discussões sobre como selecionar os beneficiários do programa. Estudos experimentais (RCTS, *randomized controlled trials*) são considerados o "padrão-ouro" na avaliação de programas, porque, nesse caso, sorteios definem quem vai para o grupo de tratamento e quem vai para o grupo de controle. Se o sorteio for executado da maneira correta, os grupos finais serão equilibrados e comparáveis, eliminando possíveis erros devido à seleção enviesada dos participantes.

Em vários casos, porém, os beneficiários do programa são predefinidos, o que traz à baila a questão de como encontrar um grupo de comparação adequado. As avaliações do programa no SIB de Peterborough, por exemplo, envolveram um procedimento de comparação em que cada detento liberto era comparado a outros ex-detentos com características semelhantes que haviam cumprido pena em penitenciárias diferentes.

Para criar essas avaliações é preciso ter uma expertise técnica dispendiosa, isso sem falar no custo e na dificuldade de monitorar indivíduos que não fazem parte da intervenção e que são mais difíceis de observar.[25] Em outras palavras, gestores e investidores geralmente preferem observar apenas os beneficiários de seus programas para simplificar o monitoramento das metas contratuais.

Com Thomaz Teodorovicz, Sergio Firpo e Sandro Cabral, ofereci uma outra explicação para essa escolha: apesar dos benefícios da análise comparativa, a simples introdução de um grupo de controle acrescenta um risco — o risco de não receber o pagamento mesmo que a intervenção seja um sucesso.[26]

Para entender o motivo, imagine receber pagamentos que dependem não só do que acontece na sua comunidade-alvo, mas também num grupo de controle de pessoas em outros contextos nos quais você não exerce qualquer influência. Pelo lado positivo, ter um grupo de comparação pode ser benéfico, no caso de eventos inesperados que afetem negativamente ambos os grupos (por exemplo, uma crise de saúde ou econômica).

Vamos supor que uma recessão econômica dificulte o cumprimento das metas de emprego num contrato para capacitação com treinamento técnico. Como os indivíduos que não fazem parte do programa de treinamento também serão afetados negativamente, um grupo de controle ajuda a filtrar o efeito da recessão. Os prestadores de serviços (e seus investidores) só precisarão mostrar que seus beneficiários se saíram melhor do que outros indivíduos semelhantes no grupo de controle.

No entanto, também é possível que o grupo de controle acabe apresentando uma grande variação nos resultados, incluindo uma grande proporção de participantes que, por algum motivo aleatório, melhoraram mesmo sem as intervenções do SIB. No exemplo anterior do contrato para capacitação técnica, o grupo de controle pode incluir vários indivíduos que não receberam o treinamento mas que tiveram a sorte de encontrar ou receber ofertas de empregos atraentes. Isso provavelmente reduzirá a diferença entre os grupos de tratamento e de controle e dificultará o cumprimento das metas contratuais.

Em estatística, esses fatores aleatórios podem ser irrelevantes caso haja muitos indivíduos em ambos os grupos, mas não necessariamente em intervenções pequenas, cujos efeitos esperados nos principais resultados não sejam muito fortes. Um teste estatístico comparando os dois grupos pode não detectar nenhuma diferença positiva — exceto, talvez, se o programa gerar uma melhoria muito grande, o que, na maioria dos programas, está longe de ser garantido.

Reforçando esse argumento, ao analisar nossos dados constatamos que o uso de grupos de comparação em contratos por resultado tende a aumentar com o número de beneficiários da intervenção e o valor investido por beneficiário, o que serve como um indicador aproximado do potencial de gerar grandes melhorias.[27] Em outras palavras, uma possível explicação para a escassez na adoção de técnicas de avaliação comparativa é que os contratos por resultado ainda são muito pequenos em termos de investimento médio (conforme visto na seção anterior). Eles visam atender a um número restrito de beneficiários, e suas intervenções podem não ser robustas o suficiente para ficarem visíveis numa avaliação comparativa.

Portanto, um efeito positivo dos contratos por resultado com grandes grupos de tratamento e comparação é que eles proporcionam uma facilidade na adoção de técnicas de medição robustas para avaliar a verdadeira contribuição dos prestadores de serviço e investidores desse tipo de contrato. Se os contratos forem pequenos e as intervenções ocorrerem apenas no início, quando o programa ainda é um piloto, os investidores e fornecedores terão dificuldade em convencer o público de que as melhorias relatadas só aconteceram devido à presença dele e ao dinheiro investido.

ARQUITETURA DE METAS INAPROPRIADA

É comum encontrar contratos por resultado que definem metas arbitrárias e abruptas, abaixo das quais o desempenho é considerado insatisfatório. Foi o caso da política de metas e terror do NHS, já discutida. Para bater a meta e evitar um tempo de resposta acima de oito minutos para os chamados de ambulância, os prestadores do serviço alteravam os dados de tempo de resposta e, como as metas de serviço eram agregadas, realocavam estrategicamente os serviços de ambulância para áreas de alta demanda, mesmo que gerassem atrasos em outras regiões.[28]

O irônico é que ter funcionários altamente capacitados pode piorar esse efeito. Gestores capacitados entendem melhor as nuances do sistema de medição e podem encontrar maneiras sagazes de cumprir artificialmente as metas contratuais. Além disso, ao atingirem determinado desempenho mínimo, podem evitar ultrapassá-lo para não sofrer com futuros aumentos nas metas.[29]

Mas mesmo sem essas manipulações, as metas abruptas são problemáticas. Uma situação do tipo "tudo ou nada" aumenta o risco de os investidores não serem ressarcidos, a depender de fatores aleatórios que afetem negativamente os resultados. Ao perceberem que o risco de não receber o pagamento é maior, eles vão exigir uma compensação maior, o que aumenta o custo do contrato para quem vai pagar pelo resultado.

Uma solução é definir pagamentos parciais para resultados intermediários ou marcos que monitorem o progresso gradual (ver o exemplo de programas de reabilitação profissional na seção 5.2). Além disso, em vez de metas únicas e abruptas, os contratos podem contar com diversos limiares associados a pagamentos parciais. Os investidores podem receber o pagamento integral se os resultados atingirem a meta e apenas parte do pagamento caso os resultados fiquem abaixo dessa meta.

DESCONSIDERAÇÃO DOS VALORES PÚBLICOS

No Capítulo 1 (seção 1.6), defendi que os valores públicos existentes influenciam a forma como a sociedade enxerga a presença de atores privados nos serviços públicos. É mais provável que os contratos propostos sofram forte oposição quando não resultarem de uma discussão ampla.

O ideal é que a análise e a escolha de resultados em potencial envolvam vários stakeholders, como os beneficiários, os prestadores de serviço, as entidades que vão pagar pelo resultado e os investidores. Eles podem ajudar a avaliar os prós e contras de métricas alternativas com base em sua experiência e suas perspectivas. Também podem fornecer informações valiosas para a concepção de uma teoria da mudança que indique os resultados mais importantes.

O amplo envolvimento dos stakeholders também é fundamental na escolha de outros métodos de avaliação. O SIB de Utah foi criticado por não contar com um grupo de comparação, mas propostas para incorporar avaliações comparativas também podem gerar polêmica. Embora considerados o padrão-ouro na avaliação de programas, os estudos experimentais (por sorteio) costumam ser criticados por motivos éticos, pois, na criação de um grupo de controle, alguns indivíduos não receberão intervenções que poderiam melhorar suas vidas.

Um possível contra-argumento é que os contratos por resultado geralmente têm recursos limitados; por isso, não há como cobrir todos os beneficiários, pelo menos nas primeiras fases do programa. Caso as avaliações demonstrem o sucesso do projeto, ele poderá ser ampliado progressivamente, com mais investimento e um modelo aprimorado. Uma avaliação comparativa mais robusta também reduz o risco de se implementar intervenções que não apresentem evidências suficientes de seu impacto.[30]

Como as principais decisões relacionadas à medição e avaliação não têm respostas simples, é fundamental que haja um processo de debate e consulta aberto, de modo a permitir a análise de diferentes pontos de vista e evitar possíveis críticas de que fornecedores e investidores foram pagos com base em metas equivocadas, incompletas ou distorcidas. Mesmo que acrescentem custos ao processo de elaboração do programa, essas discussões aumentam a percepção de legitimidade do sistema de medição proposto.

5.5. Além dos incentivos: as virtudes da coordenação

O SIB de Peterborough se valeu de um conjunto de intervenções para reduzir a reincidência. Os gestores até criaram uma nova organização para isso, a One Service. Uma equipe diversificada interagiu com os detentos antes e depois de saírem da penitenciária de Peterborough. As intervenções incluíram apoio familiar, serviços médicos, coaching e treinamento para ajudar os ex-detentos a conseguir emprego. Essas medidas funcionaram como um sistema, se complementando e aumentando as chances de reintegração dos ex-detentos à sociedade.[31]

No entanto, vários SIBS posteriores a esse se transformaram em intervenções simples e únicas. O contrato de impacto social típico no nosso banco de dados tem apenas um fornecedor identificado (75,5% dos casos). Uma possível explicação para isso é que governos e investidores tendiam a se concentrar em programas especializados, com tecnologia bem conhecida. Embora reduza a complexidade e aumente as chances de sucesso do programa, essa abordagem limitada não trata os problemas sociais que têm causas múltiplas e profundas, exigindo uma ação ampla e coordenada.

Fazer intervenções sociais é como escalar um terreno montanhoso. Você vai encarar picos e vales. O objetivo é subir no pico mais alto, mas é possível que cada membro da equipe acabe tomando uma direção diferente. Talvez duas pessoas trabalhando juntas possam fazer o grupo alcançar o topo de uma montanha de altura média. Três ou quatro pessoas com grande conhecimento do terreno e trabalhando juntas podem ajudar o grupo todo a subir mais e talvez alcançar o pico mais alto.

Programas complexos, que contam com diversas tarefas, são como caminhar por um terreno acidentado, pois os benefícios de se adotar uma intervenção (feita por um fornecedor especializado) aumentam o impacto de intervenções complementares (feitas por outros fornecedores especializados). A sinergia leva a um desempenho superior — os picos —, ao passo que ações independentes podem não gerar possíveis melhorias — o projeto pode acabar em um vale. Em suma, atividades que reforçam umas às outras exigem *coordenação*: devem ser concebidas e executadas em conjunto.[32]

Uma ênfase na coordenação também pode ajudar a aumentar a escala dos SIBS. Embora o SIB típico no nosso banco de dados tenha investimento de cerca de 2,41 milhões de dólares por cerca de quatro anos, as parcerias público-privadas envolvendo investimentos em infraestrutura de apoio podem facilmente ser de cinquenta a cem vezes maiores, durar décadas — em vez de anos — e alcançar mais beneficiários, às vezes em escala nacional.[33]

Portanto, de acordo com a discussão no Capítulo 3, existe uma oportunidade de aumentar o *escopo* dos contratos por resultado, ao associá-los a grandes contratos público-privados de infraestrutura.

Vejamos o caso dos contratos que buscam melhorar a vida dos moradores de rua. Os assistentes sociais podem compreender os problemas dessas pessoas e encontrar formas de melhorar suas condições de vida, mas esses ganhos podem ser muito maiores se houver projetos públicos complementares para ampliar a oferta de moradias populares e programas de apoio social. Dependendo da localização, os projetos também podem precisar de mais investimentos em infraestrutura básica (como água, saneamento e eletricidade). Caso essas melhorias estimulem um aumento da atividade comercial e criem oportunidades de emprego sustentadas, pode surgir um ciclo de desenvolvimento que se retroalimenta.

Se contratos no estilo SIB derem ênfase à coordenação, algo visível no SIB de Peterborough, é possível que seu verdadeiro valor esteja na promoção de novas competências que eventualmente possam ser internalizadas pelos governos. O fato de a prestação de serviços contar ou não com pagamentos por resultados é secundário para escolher e expandir as intervenções corretas. Após o SIB de Peterborough, o governo decidiu implementar as intervenções com formas mais diretas de contratação e supervisão pública.[34] E conforme vimos no capítulo anterior, melhorias nas competências governamentais abrem muitos caminhos para Roma.

E o mais importante de tudo é que a abordagem coordenada estimula uma visão mais relacional dos contratos por resultado. As pesquisas sobre gestão descobriram que os contratos não são só dispositivos de incentivo, mas também canais de aprendizagem conjunta. Especificar os objetivos e discutir maneiras de avaliar o desempenho são, por si sós, oportunidades de diálogo e fecundação cruzada de conhecimento.[35]

Um consultor da Social Finance que passava quase três dias por semana no Gabinete do Reino Unido trabalhando no SIB de Peterborough me disse que "o mais importante de tudo são os relacionamentos [...] e a construção de confiança nos contratos público-privados". Governos capazes saberão encontrar um equilíbrio entre prestação de contas e colaboração. E seus parceiros externos, incluindo investidores de mercado, sabem que vão ganhar a confiança do governo caso realmente se importem com o problema social em questão.

Nessa abordagem relacional, com ênfase na coordenação e na cooperação, os contratos por resultado se tornam mais completos não só na questão das métricas para monitorar melhorias na população-alvo, como também na amplitude das intervenções sinérgicas que ajudam a promover.

6
Investidores privados com interesse público?

GRANDE PARTE DA DISCUSSÃO até aqui sobre os limites do envolvimento de empresas privadas em atividades públicas pressupõe que as empresas tendem a ignorar os benefícios sociais e a excluir grupos vulneráveis que não representam clientes lucrativos. Em suma, essa visão do mundo empresarial nasce de uma premissa fundamental: a de que os investidores corporativos — acionistas ou credores — só se preocupam com o lucro imediato e fazem pressão para as empresas ignorarem atributos de serviço socialmente relevantes, exceto quando esses atributos puderem ser precificados ou incentivados contratualmente.

Podemos rever um pouco essa suposição? No Capítulo 1, seção 1.5, mencionei brevemente o surgimento de investidores de impacto, que buscam realizar negócios com metas tanto de lucratividade quanto de impacto. O termo "impacto" tem vários significados dependendo do contexto, mas corresponde aproximadamente à criação de valor social como resultado da interação entre eficácia e inclusão.

Por exemplo, um investidor de impacto interessado em moradias populares pode financiar startups que gerem soluções de baixo custo para aumentar a qualidade de vida (eficácia) e ao mesmo tempo atendam a famílias sem condições de sair de áreas carentes e degradadas (inclusão). Se esses negócios forem bem projetados e geridos, talvez os investidores possam combinar impacto social e retornos positivos.

Estimulado pelo famoso relatório de 2010 do J. P. Morgan, relatando que negócios de impacto social eram uma nova classe de investimento, o campo ganhou força com a criação de fundos especializados em mesclar rentabilidade e desempenho socioambiental, e também graças a capitalistas de risco, que cada vez mais enxergavam empreendimentos sociais como uma nova oportunidade de investimento.

A onda de contratação por resultado discutida no capítulo anterior foi um movimento que veio junto do surgimento desse tipo de investimento, e diversos atores faziam parte dos dois grupos — como Sir Ronald Cohen, que não só cofundou organizações financeiras voltadas para o impacto social como também comandou diversos fóruns para promover o investimento de impacto.

A Global Impact Investing Network (GIIN), organização sem fins lucrativos dedicada ao investimento de impacto, realiza pesquisas anuais para mapear esse campo. Em 2020, revelou que 294 investidores entrevistados no fim de 2019 haviam reportado um volume total de ativos de 404 bilhões de dólares dedicados a investimentos de impacto. Se esse número parece grande, compare-o com o volume total de ativos administrados nos mercados de capitais globais, estimado pelo Boston Consulting Group em cerca de 89 trilhões de dólares no mesmo período.[1]

Embora seja um montante relativamente pequeno, a esperança é que aos poucos esse nicho se torne a norma, caso atraia investidores tradicionais interessados em gerar impacto social ou que estejam simplesmente tentando legitimar suas estratégias de criação de riqueza. Um exemplo é o caso da BlackRock, multinacional de investimentos que, sozinha, administrava um volume total de ativos dezoito vezes maior que o volume estimado pela GIIN para ativos orientados a impacto. Em 2020, numa carta aos acionistas, seu CEO, Larry Fink, argumentou que "só podemos atender nossos acionistas se focarmos no longo prazo e evoluirmos nossos negócios constantemente [...]. E só podemos atender a todo o nosso conjunto de stakeholders — de nossos funcionários às comunidades onde operamos — se continuarmos a contribuir para a sociedade".[2]

A questão de 1 trilhão de dólares é se esse movimento vai representar uma grande mudança na forma como os investidores atuam, atenuando, portanto, as preocupações de que suas empresas tendem a ignorar os efeitos que causam na sociedade, ou se, em vez disso, esse movimento será de curta duração e terá seu apelo ofuscado pelos ganhos que os atores do mercado obtêm em negócios convencionais, com foco na maximização do lucro.

6.1. O impacto dos lucros

Embora recentemente a tendência ao investimento de impacto tenha reforçado a visão de que lucros e criação de valor social podem andar de mãos dadas, esse argumento está longe de ser original. A cada década surge uma nova moda, que se soma à infinidade de conceitos que expressam ideias semelhantes e uma sopa de letrinhas de abreviações.

A *responsabilidade social corporativa* (RSC) ainda é usada para denotar estratégias que vão além da busca exclusiva pela lucratividade e incorporam interesses mais amplos de stakeholders, expressos como indicadores de desempenho econômico, social e ambiental. Diz-se que as empresas que buscam simultaneamente essas três dimensões seguem uma abordagem de *triple bottom line* (TBL), ou *tripé da sustentabilidade*, que envolve esses três indicadores de desempenho.[3]

Posteriormente, especialistas em gestão como Michael Porter e Michael Kremer criticaram as estratégias da RSC, considerando-as reativas e periféricas ao modelo de negócios de uma empresa — como no caso de empresas que criam ou doam para organizações sem fins lucrativos que são totalmente separadas de suas operações principais. Segundo eles, em vez disso as empresas devem buscar *valor compartilhado*, no qual os benefícios dos stakeholders são parte essencial do processo de obtenção de lucro.[4] Por exemplo, as indústrias no ramo de recursos naturais podem promover processos limpos e produtivos como tática fundamental para reduzir o desperdício, garantir o fornecimento de longo prazo e desenvolver uma reputação positiva com clientes e agentes reguladores.

Mas e quanto às empresas posicionadas em mercados de baixa renda cujos clientes podem não ter renda suficiente para apoiar operações sustentáveis e inclusivas? Não é um problema, disse C. K. Prahalad, que propôs estratégias corporativas voltadas para a base da pirâmide (BdP).[5] Grandes mercados de baixa renda não são apenas pobres, mas também mal atendidos. As empresas podem inovar com produtos frugais e de baixo custo lucrando com o tamanho gigantesco e o crescimento acelerado dos segmentos da BdP.

Do lado do investidor, o *investimento socialmente responsável* (ISR) defendia uma nova forma de gerir carteiras de ativos. Em vez de buscar combinações ideais de ações apenas com base em risco e retorno, a ISR passou a levar em conta indicadores de desempenho socioambiental na triagem de suas metas de investimento. Assim, os investidores evitam empresas cujas atividades possam causar danos à sociedade — como poluição ou consumo viciante — e aumentam em seu portfólio o peso de empresas com externalidades positivas, como investimentos em energia renovável ou diversidade no local de trabalho.[6]

O movimento dos investimentos de impacto foi uma evolução natural do ISR, com nova roupagem. Em vez de simplesmente incluir ou excluir empresas de um portfólio, os investidores passaram a buscar projetos e empreendimentos com propósito social. Alguns fundos de investimento de impacto também promoveram interações com os empreendedores que apoiavam — desenvolvendo e reajustando seus modelos de negócios de modo a explorar oportunidades de crescimento e, ao mesmo tempo, preservar o objetivo original de beneficiar a sociedade.

Vale ressaltar que os investidores de impacto também ajudaram a criar novas maneiras de medir a contribuição socioambiental de suas metas. Em 2008, as organizações sem fins lucrativos Rockefeller Foundation, Acumen e B-Lab patrocinaram a criação de um conjunto padronizado de ferramentas de medição — o Impact Reporting and Investment Standards (IRIS), que é um dicionário de variáveis socioambientais, e o Global Impact Investing Report System (GIIRS), utilizado para classificar as empresas com base em um conjunto de dimensões (governança, funcionários, comunidade, meio ambiente e foco do modelo de negócios). Com essas ferramentas de classificação, as empresas podem solicitar o *certificado B Corp*, sinalizando que elas buscam unir lucros e impacto social. No início de 2021, eram mais de 3,7 mil empresas certificadas em 74 países — incluindo grandes empresas, como a Ben & Jerry's e a Danone.[7]

A onda seguinte foi a dos indicadores ambientais, sociais e de governança (ESG, *environment, social and governance*). Mais uma vez, nenhuma grande novidade. Já existiam diversas consultorias mapeando indicadores socioambientais com variados sistemas de classificação, que posteriormente foram rebatizados como ESG. Em consonância com o movimento ISR, os investidores têm usado os indicadores ESG para incluir ou excluir empresas em seus portfólios, pressupondo que indicadores melhores ajudam a prever futuros desvios corporativos ou ataques que diminuam a reputação das empresas.[8] O ESG se tornou um elemento central nos Princípios para o Investimento Responsável (PRI) das Nações Unidas.

Se esse festival de siglas e palavreados parece confuso, lembre-se de que todos estão alinhados com uma visão da empresa centrada nos stakeholders — mais especificamente, a perspectiva *instrumental* discutida no Capítulo 1, seção 1.5. A hipótese é de que as empresas não apenas criam valor social, como também aumentam seus lucros ao beneficiarem clientes, funcionários, fornecedores e o meio ambiente. E ao aumentar os lucros, as ações centradas nos stakeholders acabam, em última instância, beneficiando investidores e acionistas.

Jay Barney, um dos principais autores em gestão estratégica, sugeriu recentemente que as empresas só obterão rendas acima da média do mercado se compartilharem seus ganhos com os stakeholders, que, por sua vez, estarão cada vez mais dispostos a investir em ativos valiosos para a empresa com a qual se envolveram.[9] Imagine ter que persuadir os fornecedores a melhorar suas plantas de produção e personalizar os insumos. Eles só vão embarcar caso consigam ficar com parte dos ganhos advindos desse esforço de personalização. Por outro lado, as outras empresas do ramo que compram suprimentos em mercados competitivos talvez só tenham acesso a insumos comoditizados, que não geram vantagem competitiva.

Mas existem outros argumentos fundamentais que realinham os objetivos privados aos sociais: é do interesse da empresa cuidar das pessoas e do planeta. E essa é uma suposição que podemos comprovar. É de se esperar que quanto mais a empresa tiver uma orientação social, seja qual for a métrica, melhor será seu desempenho financeiro. E o fato é que, com frequência, analistas comparam empresas usando vários indicadores ESG e concluem que as empresas mais bem classificadas costumam ter, a longo prazo, retornos mais altos no mercado de ações.[10]

No entanto, é bom ter cuidado com correlações simples, sobretudo quando nascem de decisões estratégicas planejadas. Imagine que uma empresa conte com executivos muito inteligentes que não só implementam estratégias lucrativas, mas também usem uma pequena parte dos lucros para financiar projetos sociais que, por sua vez, aumentam os indicadores ESG da empresa. Esses projetos sociais podem ser totalmente irrelevantes para seu modelo de negócios, mas mesmo assim dar a impressão de ter influenciado o desempenho financeiro da empresa.

Ao longo dos anos, pesquisas acadêmicas mais robustas tentaram desvendar o efeito causal desse foco no impacto social sobre os lucros econômicos. Por exemplo, Caroline Flammer usou uma amostra de empresas de capital aberto nos Estados Unidos para monitorar propostas de acionistas a fim de melhorar as práticas socioambientais no período de 1997 a 2012. Levou em conta propostas aprovadas por uma margem de votação muito pequena — quase um evento aleatório (ver Capítulo 3, seção 3.4) — e concluiu que a aprovação teve um efeito positivo no desempenho financeiro das empresas.

A pesquisa também revelou canais que podem explicar o efeito positivo das práticas socioambientais corporativas. Por exemplo, empresas com indicadores ESG superiores podem sinalizar uma reputação positiva nos mercados de crédito corporativo — elas podem ser vistas como confiáveis e transparentes, pelo menos quando comparadas a pares com indicadores inferiores — e, portanto, atrair financiamento externo com mais facilidade. Elas também podem atrair funcionários qualificados e motivados que busquem trabalhar em empresas com um propósito social.[11] A capacidade de acessar recursos valiosos e produtivos leva a lucros maiores.

6.2. E se for preciso fazer um sacrifício financeiro?

Se ter orientação ESG é lucrativo para as empresas, então é possível que executivos esclarecidos adotem voluntariamente práticas que gerem valor social; do contrário, estariam deixando de ganhar dinheiro.[12] Com isso, o argumento que defende a ação ou regulamentação por parte do Estado perde grande parte de sua força. O importante nesse caso seria mostrar aos gestores e investidores os ganhos que surgem com a adoção de estratégias centradas nos stakeholders. Problema resolvido.

Mas é difícil acreditar que gestores e investidores inteligentes estão, de fato, deixando de ganhar dinheiro. Se os valores econômico e social estão alinhados, por que existem queixas de que grupos desfavorecidos carecem de serviços de saúde, educação e infraestrutura de alta qualidade, como vimos nos diversos exemplos dos capítulos anteriores? Por que esses segmentos populacionais ainda são atendidos pelo Estado? O exemplo no início do Capítulo 3, por exemplo, demonstra que as empresas privadas dificilmente promoverão a inclusão total, tendo em vista o aumento nos custos em que incorrem quando precisam atender às pessoas em locais mais isolados e de difícil acesso. Nesses casos, os investidores privados terão de aceitar um sacrifício financeiro para aumentar os ganhos sociais.

E de fato existem investidores que aceitam fazer um certo sacrifício financeiro, embora estejam longe de ser a maioria. Na pesquisa da GIIN mencionada anteriormente, embora a maioria dos investidores (67%) exija a rentabilidade-padrão de mercado, 18% aceitam retornos ligeiramente inferiores e 15% podem aceitar projetos que se limitem a recuperar o investimento inicial. Para atender a expectativas de retorno tão distintas, a Bridges Ventures segmentou seus fundos e criou categorias com retornos mais baixos para financiar empresas com foco em populações vulneráveis.[13]

Um estudo de Brad Barber, Adair Morse e Ayako Yasuda confirmou a existência desses sacrifícios financeiros. Analisando 159 fundos de investimento de impacto, eles concluíram que seus retornos eram 4,7 pontos percentuais inferiores aos de fundos de capital de risco orientados para lucro.[14] Os investimentos que parecem exigir maior sacrifício financeiro são os que focam em questões ambientais e os que visam minorias, mulheres e comunidades carentes — justamente os casos com maiores chances de externalidades e maior risco de exclusão. Como conciliar esse dilema financeiro com a alegação de que os investimentos ESG são o melhor dos dois mundos, combinando rentabilidade e impacto social?

Vejamos o caso de uma empresa de microcrédito com foco em tipos distintos de mutuários. A Figura 6.1 mostra o caso de uma empresa inicialmente posicionada no ponto *X* no espaço rentabilidade-impacto. "Impacto", neste exemplo, é a quantidade de mutuários vulneráveis no portfólio de empréstimos da empresa. Mas esses mutuários vulneráveis são menos rentáveis do que os outros, pois são mais difíceis de acessar (por exemplo, moram em locais mais afastados) e não oferecem garantias, o que aumenta a possibilidade de inadimplência. Além disso, é possível que o valor que eles pegam emprestado seja baixo, o que aumenta o custo unitário dos empréstimos.

Assim, a curva logo acima do ponto *X* é uma "fronteira" que indica o melhor que a empresa pode fazer, levando em conta que, ao se buscar maior inclusão (maior proporção de mutuários vulneráveis), espera-se que os lucros caiam.[15] De início, a empresa está abaixo da fronteira — é menos produtiva do que poderia ser. Seria possível diluir seus custos fixos incorporando novos clientes que são pouco mais vulneráveis e, portanto, não devem gerar grandes perdas — conforme exemplificado pelo movimento do ponto *X* em direção ao ponto *a* na figura. A lucratividade e o impacto aumentarão juntos.

A empresa de microcrédito também pode reinventar o negócio e deslocar a fronteira para cima, conforme indicado pela curva pontilhada. Por exemplo, uma nova tecnologia digital pode melhorar a triagem de possíveis clientes, facilitar a comunicação e auxiliar no monitoramento do desempenho de cada um. Sair do ponto *X* para o ponto *b* permite, portanto, ganhos ainda maiores em inclusão e lucratividade.

Até aqui tudo bem. A empresa de microcrédito está lucrando e causando maior impacto social. No entanto, mesmo no ponto *b* existe uma grande proporção de pessoas excluídas. Mesmo com a nova tecnologia, tentar alcançar toda a população prejudicará os lucros — que

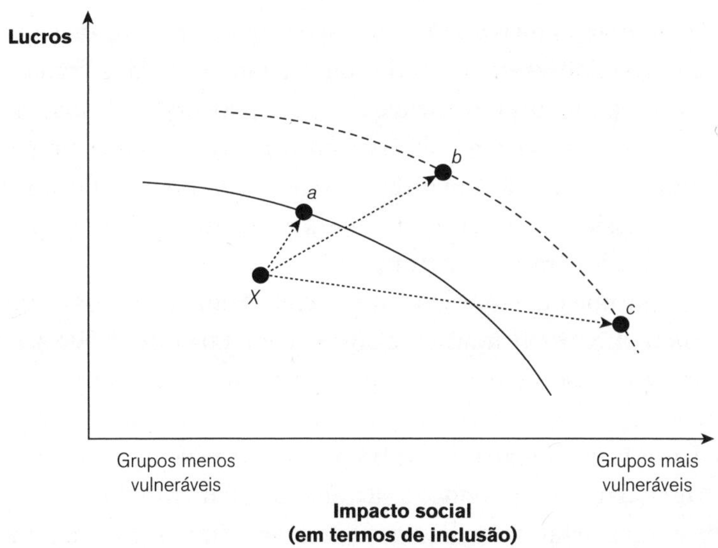

Figura 6.1. A ilusão de não haver necessidade de sacrifício financeiro para se gerar impacto social
Nota: Um movimento em direção ao ponto *a* corresponde ao caso em que a empresa melhora a alocação de recursos produtivos ao incluir marginalmente clientes mais vulneráveis (por exemplo, a empresa expande a base de clientes e com isso se beneficia de economias de escala). Um movimento em direção ao ponto *b* envolve inovações que expandem a fronteira produtiva (por exemplo, a empresa desenvolve uma tecnologia digital para acessar clientes mais vulneráveis a baixo custo). Um movimento em direção ao ponto *c* mostra um dilema rentabilidade-impacto social (por exemplo, a empresa investe fortemente no segmento de clientes vulneráveis, levando a um aumento nas restrições orçamentárias e nos custos de processamento de empréstimo). Em geral, não se espera que empresas com foco nos lucros se desloquem em direção ao ponto *c*; na prática, porém, em geral observamos movimentos em direção aos pontos *a* ou *b*. Isso pode levar à conclusão equivocada de que lucros corporativos mais altos estão sempre positivamente associados a um impacto social mais alto — daí a ilusão de não haver necessidade de sacrifício financeiro.

é o que ocorre quando a empresa de microcrédito faz o movimento na direção do ponto *c*. A empresa e seus investidores terão que aceitar um sacrifício financeiro se quiserem aumentar o impacto. Se a rentabilidade no ponto *c* não for aceitável, provavelmente *não veremos* empresas tentando alcançar 100% da população, buscando os segmentos vulneráveis.

Portanto, estudos que apontam uma associação positiva entre retorno financeiro e impacto social podem simplesmente ter analisado empresas cujos modelos de negócios têm certo foco socioambiental, mas não abrangem localidades e atividades mais críticas, que exigiriam grandes sacrifícios. Esses estudos optam apenas por fazer movimentos como o *a* ou o *b* na Figura 6.1. Não se espera que empresas de capital aberto com investidores de mercado convencionais façam a transição para o ponto *c*, o que prejudicaria os lucros e, portanto, destruiria o valor para o acionista. Assim, observar movimentos apenas em direção aos pontos *a* ou *b*, e não em direção ao ponto *c*, cria uma ilusão que não existe necessidade de sacrifício financeiro para se gerar impacto social, conforme ilustrado na Figura 6.1.

Mas imagine que um empreendedor social decida criar uma empresa de microcrédito propositalmente posicionada no ponto *c*. Ele aceita um menor retorno sobre o investimento para cumprir sua missão de gerar alto impacto social. No entanto, essa situação é bastante instável. A empresa precisará obter capital extra para crescer. Novos investidores podem pressionar o empreendedor a aumentar a lucratividade, o que pode causar um afastamento do segmento mais vulnerável — digamos, de *c* para *b*.

Esse é o risco do "desvio de missão", discutido a seguir.

6.3. Diferenças irreconciliáveis

De início o campo das microfinanças foi povoado por organizações sem fins lucrativos, cooperativas e organizações como o Grameen Bank, cujos clientes (pequenos mutuários) são os principais proprietários. Ao longo do tempo, várias empresas e startups foram criadas com a premissa de que uma orientação mais comercial ajudaria a atrair novos capitais e promover um crescimento consistente. Algumas dessas empresas até se originavam de organizações sem fins lucrativos que já ofereciam serviços de microcrédito.

Foi o caso do BancoSol e da Caja Los Andes, ambos na Bolívia. Julie Battilana e Silvia Dorado mostraram que, embora criados no mesmo local e na mesma época (início dos anos 1990), o BancoSol e a Caja Los Andes tiveram trajetórias distintas.[16] Contratando profissionais especializados com diferentes experiências, em pouco tempo o BancoSol começou a vivenciar um conflito interno entre gestores com experiência bancária, que primavam pelo desempenho financeiro, e gestores com formação social, que enfatizavam o impacto social. A Caja Los Andes, por outro lado, buscou construir um grupo de gestores mais integrado e compatível com um objetivo em comum: excelência na prestação de serviços.

Battilana e Dorado explicam esses conflitos internos como uma dificuldade inerente quando se combinam diversas "lógicas" — no exemplo, práticas comerciais de organizações financeiras e foco no impacto de empreendimentos sociais. Basicamente, essa divergência e essa dificuldade surgem do fato de que promover ao mesmo tempo a eficácia e a inclusão é um exercício multitarefa.

Aqui vemos que a pressão para maximizar o lucro tenderá a afastar os gestores das dimensões difíceis de medir e incentivar, mesmo que estejam fortemente ligadas à missão social da organização. Ao longo do tempo, em comparação com a Caja Los Andes, o BancoSol passou a fazer empréstimos de maior porte, o que sugere que se afastou de sua missão social, de forma semelhante a um movimento de *c* para *b* na Figura 6.1.

Talvez o ramo das microfinanças seja simplesmente inadequado para investidores que busquem ganhos convencionais a taxas de mercado. Para David Roodman, especialista na área, uma das principais preocupações é que as empresas com foco comercial "estão vendendo mais do que partes de suas empresas para investidores — estão vendendo também suas almas".

Claro que tudo depende de quem são esses investidores. O problema, segundo Roodman, surge se eles quiserem "atingir as metas de lucro trimestrais". Muhammad Yunus, fundador do Grameen Bank, tem a solução: "nossas preocupações estão no 'bem-estar' dos nossos acionistas, não no retorno imediato do dinheiro investido".[17] Dessa forma, se a raiz do problema está na ênfase excessiva no lucro a curto prazo, uma possibilidade é atrair investidores que não tenham um foco tão exclusivo no lucro, e que estejam dispostos a sacrificar parte de seus ganhos em troca de evidências de melhores resultados sociais.

No investimento de impacto existem dois arquétipos de investidores: os que priorizam o lado *financeiro*, buscando empreendimentos sociais porém retornos convencionais de mercado, e os que priorizam *impacto*, que acima de tudo estão interessados em ter certeza de que estão causando impacto social (como fundos de investimento administrados por organizações sem fins lucrativos e de desenvolvimento).[18] Infelizmente, como vimos na seção anterior, este segundo grupo ainda é pequeno.

As organizações priorizando impacto social também podem pagar pelos resultados alcançados, em vez de assumir o papel de investidoras. Por exemplo, organizações sem fins lucrativos podem fazer parceria com empresas de microcrédito que tenham fins lucrativos e financiar serviços melhores para os desfavorecidos. No capítulo anterior vimos que essas possibilidades existem — elas podem ser estruturadas por meio de DIBS, por exemplo —, mas o baixo número de doações recebido pelas organizações sem fins lucrativos restringe sobremaneira a capacidade de promover a inclusão em larga escala.

Além disso, acordos com investidores que têm foco no impacto social criam novas tensões. Ao focarem nos clientes abastados e no aumento da lucratividade, as empresas podem perder o foco no impacto social e ignorar o financiamento extra trazido pelos patrocinadores com foco em impacto social — um problema que é exacerbado se houver custos altos associados ao atendimento a grupos vulneráveis (conforme discutido no Capítulo 3, seção 3.3).[19] A tentação de se afastar da missão social original pode ser irresistível.

6.4. Impostores entre nós

O desvio de missão não é a única tentação para atores privados relutantes em tolerar dilemas financeiros. Eles podem ter um desempenho ruim em aspectos valorizados pela sociedade e tentar compensar com contribuições sociais superficiais. Com isso, conseguem desviar a atenção do mau desempenho.

Por exemplo, no contexto da indústria petrolífera dos Estados Unidos, Jiao Luo, Aseem Kaul e Haram Seo descobriram que as empresas que derramam mais petróleo no meio ambiente também doam mais para causas filantrópicas. Essas doações ajudam a atenuar as perdas que os acionistas enfrentam no mercado de ações quando a informação de um derramamento de petróleo é divulgada: ao doarem mais, suas ações caem menos do que cairiam as ações de uma empresa doando menos.[20] A filantropia, nesse caso, serve para legitimar o valor para o acionista construído sobre danos à sociedade.

Originalmente criado para falar de empresas que tentam passar a impressão de que se importam com o meio ambiente, o termo *greenwashing* tem sido usado para descrever práticas que sinalizam incorretamente ao grande público um impacto social positivo, quando na verdade a empresa aloca o mínimo possível de recursos — quando de fato aloca — para compensar vulnerabilidades importantes. Para abarcar esse significado mais amplo do termo, alguns passaram a se referir a essas práticas como *impact washing*.[21]

Embora seja preocupante pensar que algumas empresas estão enganando a sociedade de forma sistemática, também é possível que esses investidores e executivos estejam enganando a si mesmos. John List e Fatemeh Moreni conduziram um estudo experimental em que os participantes doaram para causas filantrópicas antes de se envolverem numa tarefa produtiva. Descobriram que as doações aumentavam a chance de o acordo não ser cumprido e argumentaram que a ação filantrópica dava aos participantes uma "licença moral" para trapacear.[22] Da mesma maneira, quando empresários patrocinam organizações sem fins lucrativos e projetos sociais, podem sentir que têm liberdade moral para adotar (ou fazer vista grossa para) práticas fraudulentas, corruptas e predatórias.

O impact washing aumenta quando as empresas deturpam seu desempenho socioambiental, emitindo sinais tendenciosos que ocultam ou omitem desvios. Medições malfeitas escondem maus comportamentos. Assim, os sete pecados da medição, discutidos no capítulo anterior, também aumentam a probabilidade de impact washing.

Vejamos a proliferação de indicadores corporativos, como o RSC e o ESG, provocada por agências independentes que vendem seus serviços para investidores e analistas interessados em monitorar as práticas socioambientais no mercado privado. Comparando dados de indicadores das mesmas empresas apresentados por seis grandes agências de classificação, Florian Berg, Julian Koelbel e Roberto Rigobon descobriram que as diferentes classificações nos indicadores ESG divergem tanto nas pontuações finais como na forma como as variáveis são medidas.[23]

Além disso, os indicadores agregados definem os pesos atribuídos às diferentes dimensões de ESG usadas para calcular as pontuações finais. Mas por que, digamos, os indicadores ambientais recebem mais ou menos peso do que os indicadores sociais de desenvolvimento da força de trabalho? Dependendo dos pesos escolhidos, uma empresa pode facilmente compensar o desempenho ruim num atributo (por exemplo, altas emissões de carbono) com um bom desempenho em outra dimensão (por exemplo, apoio à comunidade). Assim, os indicadores agregados podem agravar o problema da licença moral.

Um problema ainda maior é que a estratégia ESG de uma empresa deveria envolver áreas onde ela mais pode contribuir para a sociedade. Scorecards com uma ampla gama de indicadores sociais ou ambientais podem ser enganosos porque as empresas raramente são boas em todos os aspectos, muito menos em resolver problemas sociais ou ambientais complexos e que muitas vezes exigem o esforço coordenado de vários atores, públicos e privados.[24]

Uma alternativa seria as empresas identificarem as áreas em que seu modelo de negócios permite um impacto mais consistente e, com isso, medir os resultados específicos que geram. Às vezes, esses resultados podem ser avaliados de forma direta e a baixo custo. Por exemplo, alguns investidores financiam startups que dão óculos e outros acessórios a pessoas com deficiência visual e outras deficiências físicas em comunidades carentes. Para medir o efeito dos óculos, basta investigar, de forma simples e imediata, se esses indivíduos estão enxergando melhor.

Em outros projetos, o impacto leva muito mais tempo para ser estabelecido, e sua avaliação requer projetos mais complexos. No exemplo anterior das microfinanças, imagine que uma empresa perceba que seus mutuários tiveram um aumento na renda após receberem crédito. A empresa pode e deve reportar esse resultado positivo.

No entanto, alegar que esses resultados ocorreram *por causa* do crédito que a empresa forneceu pode ser uma forma de *impact washing*. A empresa provavelmente escolheu a dedo clientes que se saíram melhor, com projetos existentes que já estavam em crescimento acelerado e se beneficiando de condições econômicas favoráveis em sua região. Em suma, os investidores também devem ser sinceros sobre a real contribuição de seu patrocínio para o sucesso dos projetos em evidência.[25]

6.5. O impacto elusivo

Mesmo resolvendo os problemas de desvio de missão e de impact washing, precisamos presumir que os investidores privados e os empreendedores que eles apoiam conseguirão gerar transformações eficazes e inclusivas. Infelizmente, nem sempre essa é uma suposição realista.

Veja o caso da TOMS, empresa de calçados sediada na Califórnia e com certificado B Corp. O fundador da empresa, Blake Mycoskie, afirma comandar uma "missão com uma empresa". Fundou a TOMS com uma ideia simples e atraente: para cada par de calçados vendidos, a empresa doa outro par a uma criança carente. Em muitos aspectos, a TOMS é um exemplo típico de empreendimento social que tenta equilibrar lucros e impacto. Mycoskie diz que seus investidores veem "nossas doações e nosso propósito como uma vantagem competitiva".

À primeira vista, parece que o impacto da TOMS é claro e direto. Como doar um par de calçados pode não melhorar a vida de crianças carentes? Mycoskie explicou sua teoria da mudança: "Usamos nossos calçados para proteger os pés das crianças de doenças nos pés; usamos nossos calçados para ajudar a completar o uniforme escolar de crianças cujas famílias não podem pagar por sapatos".[26] Os calçados novos também podem aumentar a autoestima dessas crianças.

Numa atitude admirável, a TOMS encomendou um estudo para medir esses resultados. Ao contrário do exemplo anterior dos óculos, simplesmente observar o que aconteceu com as crianças depois que receberam os calçados pode ser um método de avaliação enganoso. Por exemplo, as crianças que estão ansiosas para receber os calçados podem estar mais motivadas, o que pode dar a impressão incorreta de que os calçados as levaram a estudar mais ou praticar esportes. Além disso, as crianças que correm para receber os calçados podem estar mais interessadas em brincar do que em estudar, o que indicaria incorretamente que as doações as fizeram perder o interesse pela escola.

Assim, o estudo encomendado adotou um modelo de pesquisa para avaliar o cenário contrafactual do que teria acontecido com as crianças sem os tênis. Foi um estudo experimental: os pesquisadores selecionaram aleatoriamente as comunidades em El Salvador que receberiam as doações, utilizando as outras comunidades como grupo de controle.[27] Os pesquisadores, então, compararam os resultados das crianças que receberam os calçados doados com um grupo de controle formado por crianças semelhantes que não foram submetidas a essa intervenção externa.

Os resultados foram muito surpreendentes. Embora as crianças usassem e gostassem dos calçados, não houve efeito positivo claro na saúde ou na autoestima delas. Aliás, por incrível que pareça, o estudo revelou efeitos negativos das doações. Embora algumas análises indicassem que os tênis aumentavam a frequência escolar, em outras havia evidências de que as crianças aparentemente dedicavam menos tempo aos deveres de casa. Além disso, as crianças que tinham recebido os calçados expressaram maior sentimento de dependência de ajuda externa, sugerindo que o fato de receber uma doação pode aumentar a percepção psicológica de vulnerabilidade e falta de autonomia.

Outra questão não avaliada no estudo foi que alguns também criticaram a TOMS por despejar calçados gratuitos em países pobres, prejudicando fabricantes e vendedores locais que já têm dificuldade para gerar renda suficiente. Depois de um tempo a empresa começou a fabricar sapatos em alguns países em desenvolvimento e mudou a estratégia de impacto. Em vez da abordagem anterior "compre um, doe um", a empresa se comprometeu a doar um terço de suas receitas para várias causas filantrópicas.[28]

Podemos pensar que o fracasso da TOMS em causar um impacto social consistente decorre do fato de que seus beneficiários — crianças em países pobres — estavam muito distantes das atividades principais da empresa em mercados de clientes afluentes. Mas e quanto às empresas que tentam causar impacto a partir de suas próprias práticas e operações de negócios, conforme sugerido por criadores de estratégias de valor compartilhado?

Vejamos o caso da Nestlé. A empresa tem patrocinado projetos que buscam melhorar a nutrição, a conservação da água e o desenvolvimento rural. É frequentemente citada como exemplo de como criar valor compartilhado. A Nestlé melhora a vida de pequenos agricultores ao inseri-los totalmente em cadeias de abastecimento eficazes e sustentáveis.[29]

No entanto, o valor compartilhado pode ser igualmente elusivo. Em dezembro de 2018, o recém-eleito presidente do México, Andrés Manuel López Obrador, anunciou que a Nestlé investiria 154 milhões de dólares numa fábrica de grande porte de processamento de café solúvel na cidade de Veracruz. A Nestlé estimava que a fábrica poderia criar 1200 empregos na região e planejava usar grãos de café de origem local e práticas de produção sustentáveis.

Uma questão controversa, porém, era que o projeto exigiria o plantio de grandes áreas de cafeeiro da variedade chamada robusta — amplamente utilizada na produção de café solúvel. Cinco associações de agricultores protestaram, argumentando que o aumento da oferta de café robusta poderia reduzir o preço dos grãos de outra variedade, a arábica, considerada de melhor qualidade e que costuma ser produzida por pequenos produtores e comunidades indígenas. Além disso, as associações alegaram que o governo concordou em subsidiar o projeto com recursos de um programa público de reflorestamento.[30]

É muito possível que o projeto aumente a produtividade local e crie empregos. Mas será que passar a produzir o café robusta é uma opção melhor do que reformular a estrutura de produção existente na região? E se o governo patrocinar a iniciativa? Esses subsídios se justificam, considerando-se que existem outras possíveis prioridades para os gastos públicos?

Sabendo que os problemas sociais têm grande escala e alta complexidade, é improvável que os investidores e suas empresas consigam gerar transformações definitivas simplesmente alavancando ou ajustando seus modelos de negócios. Eles próprios precisarão se transformar. Conforme discuto a seguir, as empresas precisam readaptar suas estratégias às condições locais, dialogar com os formuladores de políticas e trabalhar em parceria com inúmeras organizações que entendem e representam os interesses dos stakeholders locais.

Anand Giridharadas, um crítico do empreendedorismo social ingênuo, explica o desafio: "Não resta dúvida de que o grande fluxo atual de mudanças sociais comandadas pela elite faz um grande bem, alivia a dor e salva vidas. Mas também devemos nos lembrar das palavras de Oscar Wilde, sobre essa ajuda da elite ser 'não uma solução', mas 'um agravamento da dificuldade'".[31]

6.6. Poderiam as corporações salvar a floresta amazônica?

A floresta amazônica vive no centro das atenções. Maior floresta tropical do mundo, ela é o exemplo por excelência da tragédia dos comuns, discutida no Capítulo 1 (seção 1.3). Constantemente ameaçada pela presença de atividades extrativistas ilegais, práticas agrícolas insustentáveis e conflitos fundiários, a região é alvo frequente de organizações sem fins lucrativos, agências internacionais e corporações que propõem novos modelos que combinem desenvolvimento econômico e proteção ao meio ambiente.

Algumas empresas acham que é possível usar os vastos recursos naturais da Amazônia para criar produtos cujos lucros podem gerar uma alternativa às práticas tradicionais que prejudicam a floresta. Um exemplo dessas empresas é a Natura, multinacional brasileira do setor de cosméticos dona da Body Shop e da Avon. A empresa criou uma linha de cosméticos que utiliza insumos naturais (nozes e frutas) da região, chamados de "produtos da biodiversidade".

A Natura tem certificado B Corp e, como tal, busca aliar rentabilidade e impacto social. Se a abordagem *triple bottom line* já parece desafiadora, a empresa buscou uma *quadruple bottom line*, acrescentando o desejo de incluir as relações humanas nos já conhecidos objetivos econômicos, sociais e ambientais.

Assim, a empresa não usa intermediários para comprar suprimentos de biodiversidade da floresta amazônica. Em vez disso, está fisicamente presente em mais de cinquenta comunidades da região, tendo desenvolvido interações próximas e colaborativas com pequenos fornecedores para comprar produtos e fomentar práticas sustentáveis.

A estratégia parece estar funcionando. Usando dados de imagens de satélite, Anita McGahan e Leandro Pongeluppe constataram que, em municípios onde a Natura está presente, a preservação florestal é 47,9% maior do que em áreas onde a empresa não estabeleceu operações.[32]

E como funciona o modelo de negócios da Natura? Já mencionei diversas vezes a importância de construir a teoria da mudança de um projeto. Agora vou exemplificar com o caso da Natura. A Figura 6.2 está dividida em duas partes. A parte de cima descreve a teoria da mudança, que visa gerar resultados socioambientais positivos e, portanto, indica de que forma a estratégia pode criar valor social. A parte de baixo é o lado empresarial do modelo, mostrando como os acionistas podem se apropriar de parte do valor gerado pela empresa.

A teoria da mudança é, em essência, um fluxo lógico de recursos e ações que levam a transformações positivas. Ela começa com os insumos principais e as atividades nas quais serão alocados. A Natura aperfeiçoou tecnologias para extrair produtos da biodiversidade em áreas florestais, preservando, ao mesmo tempo, as plantas nativas. Pequenos fornecedores recebem treinamento e suporte técnico contínuo para implementar a produção sustentável.

Os cálculos indicam que essa tecnologia alternativa gera mais receita por área do que as práticas tradicionais de exploração. Em grande parte, isso se deve à abordagem relacional da Natura nas negociações de preços, envolvendo reuniões sucessivas em que a empresa revela de forma transparente seus custos de produção e os fornecedores indicam os lucros desejados. Essas dinâmicas são facilitadas pelo esforço da Natura em construir relações de confiança com associações e cooperativas locais, e também com organizações sem fins lucrativos que defendem os interesses dos pequenos produtores.

Para quem conhece as relações modernas entre compradores e fornecedores, a estratégia da Natura não parece nova. No Japão, a Toyota construiu laços estreitos com fornecedores para melhorar a qualidade dos componentes de seus automóveis.[33]

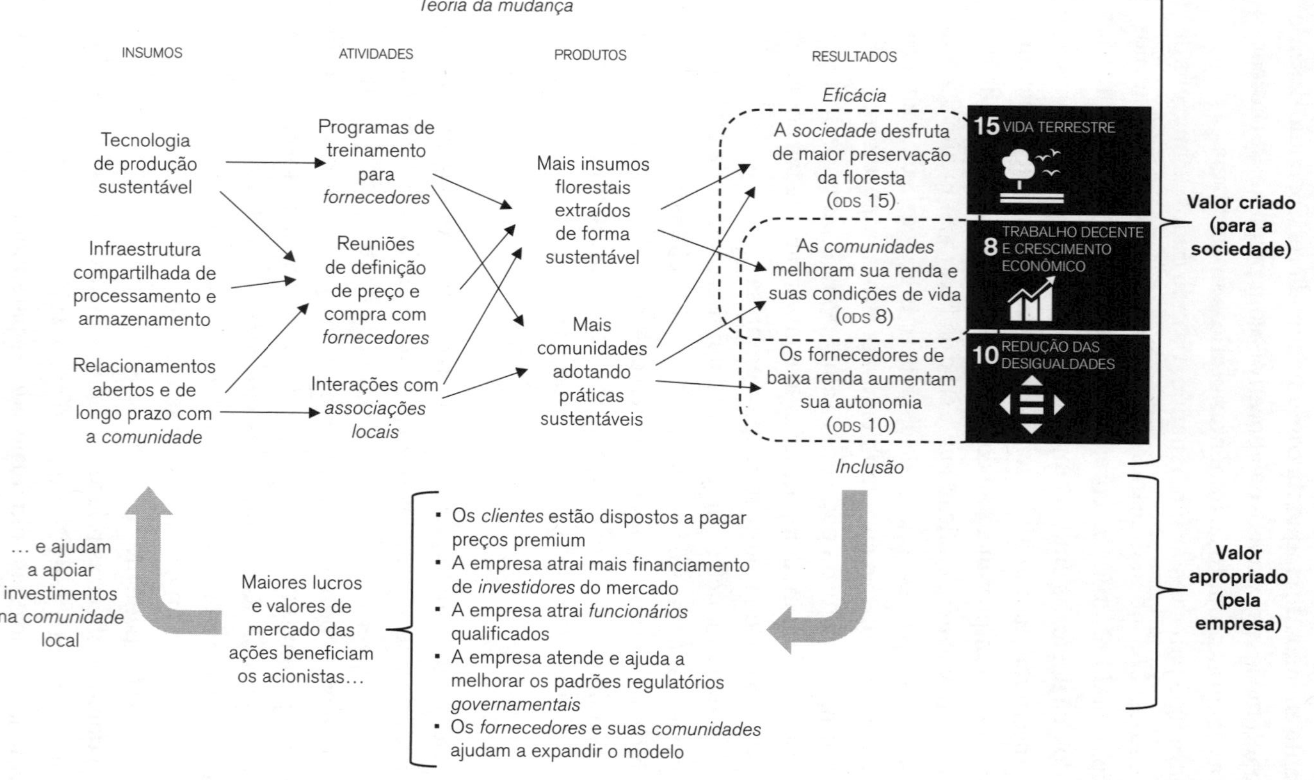

Figura 6.2. Modelo de negócio orientado para impacto de uma empresa com fins lucrativos que promove uma produção comercial sustentável na Amazônia
Nota: A parte de cima da figura descreve a teoria da mudança da empresa que culminou em melhores resultados em termos de eficácia e inclusão, que também podem ser traduzidos como Objetivos de Desenvolvimento Sustentável (ODS) das Nações Unidas. A parte de baixo descreve mecanismos de apropriação em nível de empresa que levam a lucros mais elevados, que por sua vez podem ser usados para apoiar os investimentos locais. As palavras em itálico representam os stakeholders.

Uma diferença fundamental é que o sistema de compras da Natura é *aberto*. A empresa investe no treinamento de fornecedores, doa armazéns e plantas de processamento para cooperativas locais e paga preços mais altos pelos produtos da biodiversidade sem exigir exclusividade. Em tese, esses fornecedores podem usar as habilidades recém-adquiridas e a infraestrutura de produção aprimorada para vender exatamente os mesmos produtos para os concorrentes da Natura.

Mas a questão é que essas relações abertas sinalizam confiança, aumentam a percepção de legitimidade do modelo de negócios e incentivam a participação do fornecedor no sistema de produção. Ao longo do tempo, a Natura conseguiu aumentar o volume de produtos da biodiversidade comprado e ampliar o número de comunidades que praticam a produção sustentável.

Esses produtos geram uma série de resultados, relacionados tanto à eficácia como à inclusão. Com a nova tecnologia de produção, mais áreas são preservadas na floresta, com um processo escalável e de boa relação custo-benefício que combina preservação e geração de renda. Com o aumento da renda, as comunidades aumentam sua qualidade de vida — resultado que combina eficácia (benefícios sociais líquidos) e inclusão (tendo em vista que essas comunidades são de baixa renda e estão localizadas em áreas remotas com serviços públicos precários).

A relação de suprimento aberta também permite grande autonomia ao fornecedor — mesmo que prefira vender para a Natura, ele é livre para negociar com outros compradores. A menor dependência de uma única empresa promove a inclusão não apenas nas interações atuais, mas também em atividades futuras.

No mundo dos investimentos de impacto social e do ESG, costuma-se vincular os resultados de um projeto aos Objetivos de Desenvolvimento Sustentável (ODS) das Nações Unidas, que englobam dezessete objetivos para promover o progresso socioambiental no planeta.[34] Conforme a Figura 6.2, no modelo de negócios da Natura os três resultados principais estão associados ao objetivo de alcançar três ODS: preservação do meio ambiente (ODS 15, "vida terrestre"), melhores oportunidades de trabalho (ODS 8, "trabalho decente e crescimento econômico") e redistribuição de renda (ODS 10, "redução das desigualdades").

Pode parecer que a empresa está gerando esses resultados sozinha, sem necessidade de envolvimento governamental — ou seja, a solução privada da Natura para a tragédia dos comuns é um exemplo do pacto sem a espada de Elinor Ostrom (ver Capítulo 1, seção 1.3). A empresa de fato iniciou suas operações de compra na Amazônia antes de haver qualquer legislação regulamentando a compra de insumos florestais.

No entanto, a partir de 2001 uma portaria do governo brasileiro definiu parâmetros para a preservação dos produtos da biodiversidade e princípios para o compartilhamento das rendas de seu uso comercial, a qual acabou se tornando lei federal em 2015. A regulamentação governamental, embora imperfeita, é vista pelos gestores das empresas como um passo inicial para coibir empresas que atuam em mercados informais de comprar produtos da biodiversidade sem fazer a devida compensação às comunidades locais — o que é conhecido como *problema do carona*.

Nesse contexto, podemos tentar explicar a estratégia da Natura com base na teoria instrumental dos stakeholders. Na Figura 6.2, todos os stakeholders estão em itálico. Olhando para a parte inferior da figura, vemos como a empresa se apropria do valor econômico, gerando relações positivas com os stakeholders.

A qualidade superior dos produtos da Natura e a associação da marca com práticas sustentáveis permitem à empresa cobrar preços premium. Funcionários qualificados e motivados gostam de trabalhar para uma empresa com uma reputação tão positiva. O modelo da empresa atrai não só investidores com consciência social, mas também investidores em geral que buscam empresas seguras e com baixa probabilidade de receber multas por negligência. Em 2021, a Natura emitiu *títulos sustentáveis* no valor de 1 bilhão de dólares, cujos pagamentos de juros dependem de metas de desempenho ambiental (e, portanto, são um tipo de financiamento com pagamento por resultados, tema discutido no Capítulo 5).

As autoridades governamentais, por sua vez, valorizam o fato de que a Natura cumpre as leis e aprendem com sua experiência na produção sustentável. Fornecedores e comunidades ajudam a expandir o modelo para novas áreas. Os lucros criam valor para os acionistas e são parcialmente compartilhados com as comunidades, estimulando mais investimentos em treinamento, infraestrutura local e relacionamento com os fornecedores.

No entanto, no caso da Natura essa explicação instrumental não é suficiente. Embora suas várias relações com os stakeholders estimulem ganhos econômicos, elas estão repletas de potenciais sacrifícios financeiros. Agora os concorrentes da empresa podem ir até a região amazônica e acessar os produtos da biodiversidade, mas isso é resultado da aprendizagem, do desenvolvimento de fornecedores e de melhorias de infraestrutura que foram (e continuam sendo) pagas pela Natura. Na opinião de um ex-conselheiro da empresa com quem eu tive a oportunidade de conversar, sem os investimentos sociais da empresa, "o retorno sobre o capital poderia ser maior".[35]

Além disso, a Natura levou muito tempo para desenvolver relações com as comunidades e conquistar a confiança de cada uma — iniciou as operações na floresta amazônica no fim da década de 1990 e continuou alocando recursos não apenas para expandir suas próprias atividades, mas também para atrair outros atores da indústria para a região.

Mais recentemente, a empresa criou um ecoparque e convidou outras empresas interessadas no fornecimento e processamento de produtos da biodiversidade a participar. A estratégia relacional aberta da Natura exigiu um compromisso dispendioso e de longo prazo, muito mais do que seria tolerado pela maioria dos investidores. O mesmo ex-conselheiro considera que a estratégia da Natura é "fiel [à sua missão], não instrumental".

Segundo R. Edward Freeman, um dos principais autores da teoria dos stakeholders, os modelos de negócios priorizando objetivos sociais — mesmo aqueles com um objetivo instrumental — exigem princípios para orientar a ação de gestão, a que ele se referiu como um *núcleo moral*.[36]

No caso da Natura, os gestores que atuam na região amazônica sabiam que a empresa queria criar um negócio lucrativo, mas suas ações cotidianas eram inspiradas pela orientação geral da empresa de cultivar relações próximas e harmoniosas com os principais stakeholders. Como essas ações exigem grande tempo e esforço, e não há certeza dos resultados, os gestores não podiam se basear apenas em sinais do mercado.

Muito pelo contrário: estruturaram novos canais para produtos cujos mercados ainda nem existiam.

Uma proposição mais radical é que, acima de tudo, e independentemente de qualquer motivação pelo lucro, as empresas devem respeitar e considerar os interesses dos stakeholders. Alguns até argumentam que se dar bem fazendo o bem é uma expressão contraditória. Se as empresas tentam fazer coisas boas porque querem fazer bem, então talvez não queiram genuinamente fazer a coisa certa em primeiro lugar.[37] E é possível que se desviem dos princípios morais básicos assim que grandes ganhos econômicos forem viáveis.

O núcleo moral da empresa pode, portanto, fornecer uma base mais sólida para estratégias orientadas para stakeholders. Partindo da discussão no Capítulo 2, o núcleo moral dá suporte a um contrato social em nível de empresa.[38] Uma questão intrigante é como construir um núcleo moral estável, dado que os gestores podem ficar tentados a sabotar elementos essenciais do modelo de negócios, muitas vezes pressionados por investidores que exigem resultados imediatos (um tema recorrente neste capítulo).

6.7. A responsabilidade última

Em várias empresas, os executivos têm certo grau de autonomia para tomar decisões importantes. No entanto, inevitavelmente se reportam aos donos, que lhes concedem autonomia para agir. De uma forma ou de outra, o poder desses executivos depende de quem tem direitos formais para autorizar ou restringir a ação gerencial.

Nas empresas com fins lucrativos, esses atores são proprietários que têm o poder de sancionar decisões fundamentais. Podem ser acionistas controladores ou investidores minoritários com influência em fóruns de discussão — como comitês executivos e conselhos de administração. Vou me referir a esses atores como os *donos últimos*. Eles têm poder discricionário sobre estratégias-chave e são, em última análise, responsáveis pelo que executam suas organizações e seus gestores. Portanto, são essenciais para moldar o núcleo moral da empresa.

Parece estranho apontar os proprietários como determinantes do núcleo moral, tendo em vista que diversos autores destacaram a *primazia do acionista* — a busca incansável pela maximização do valor das ações — como um problema fundamental que leva ao foco no curto prazo e ao descaso com os interesses mais amplos dos próprios acionistas.[39] No entanto, tudo depende de quem são esses donos últimos. No Capítulo 1 (seção 1.5) explicamos que se espera que empresas com fins lucrativos busquem as preferências de seus acionistas, mas isso não significa que os acionistas sempre vão desejar lucros imediatos.

Vimos anteriormente que os investidores de impacto têm preferências com foco social que, em diversos graus, ajudam a evitar um foco agressivo no lucro de curto prazo. O problema, porém, é que eles ainda são um grupo restrito e muitas vezes preferem empreendimentos sociais que acabam não conseguindo crescer e gerar um grande impacto. Assim, fica a pergunta: os proprietários de corporações *existentes* podem ter preferências por empreendimentos sociais que promovam e deem sustentação a um núcleo moral sólido?

No caso da Natura, a resposta é "sim". A empresa conta com uma estrutura societária concentrada e compartilhada por três acionistas controladores: Antônio Luiz Seabra, Guilherme Leal e Pedro Passos. Inspirado nos filósofos clássicos, Seabra iniciou as operações da empresa com a crença de que "tudo na vida está interligado". Essa visão abriu caminho para a declaração de valores e crenças da Natura. Um trecho dizia: "A empresa é um conjunto dinâmico de relacionamentos. Seu valor e continuidade estão ligados à sua capacidade de contribuir para a melhoria da sociedade."[40]

Claro que as declarações de visão e missão de um empresa podem não passar de um monte de palavras inócuas.[41] Na Natura, porém, o foco nos stakeholders foi não só explicitado nas declarações organizacionais, como também incorporado em seus sistemas de avaliação de desempenho — conforme ilustrado pela já mencionada abordagem *quadruple bottom line*.

Espera-se que os gestores alcancem todas as metas-chave, evitando, assim, o risco de se esforçar para atingir indicadores agregados ponderados, nos quais os gestores podem compensar o descaso em certas áreas com um desempenho melhor em outras. Ao longo do tempo, a Natura atraiu profissionais que não só conheciam, como também estavam alinhados com os valores da empresa, os quais são propostos e reforçados por seus donos últimos.

A Natura é um exemplo de empresa controlada por acionistas cujos donos últimos são bem conhecidos e definidos. Mas em organizações com muitos investidores minoritários a situação pode ser bem mais complicada. É óbvio que esses donos últimos podem ter objetivos múltiplos e até conflitantes, o que pode dificultar em muito a tarefa de definir um único núcleo moral. Nesse caso, a construção de um contrato social será um exercício coletivo.

As cooperativas podem ser uma forma de alinhar os interesses dos proprietários e dos acionistas porque os proprietários (membros da cooperativa) *são* os principais beneficiários. Nas cooperativas de crédito, por exemplo, os mutuários, como proprietários, querem que a organização tenha um superávit operacional, mas, como clientes, querem taxas de juros mais baixas e melhores condições de crédito. Todos os membros têm direitos iguais de voto, o que, presume-se, estimula o debate inclusivo.

Por outro lado, investidores minoritários dispersos em empresas com fins lucrativos precisarão encontrar mecanismos para alinhar seus objetivos, provavelmente com o uso de fóruns formais, como conselhos de administração. Talvez queiram facilitar a própria vida e adotar objetivos financeiros ou operacionais de fácil medição.

Por outro lado, se decidirem incorporar os interesses dos stakeholders, podem acabar seguindo a ideia de John Rawls, de decidir sob o véu da ignorância. Assim, que princípios de ação os donos últimos defenderiam se estivessem no lugar de funcionários, fornecedores, comunidades e formuladores de políticas? Eles podem até convidar esses stakeholders ou seus representantes para fazer parte de conselhos corporativos ou comissões de debate.

De fato, são cada vez mais fortes os apelos para promover a ampla diversidade e a tomada de decisão inclusiva nas organizações. Cada vez mais governos vêm propondo cotas para mulheres e minorias em conselhos corporativos. Na Alemanha, leis passaram a exigir a presença de funcionários nos conselhos. Após analisar as mudanças provocadas por esses requisitos, Simon Jäger, Benjamin Schoefer e Jörg Heining concluíram que as empresas que têm funcionários no conselho investiam mais em ativos fixos, tinham maior produtividade e pagavam salários um pouco mais elevados.[42]

No entanto, essas estruturas e práticas organizacionais não são isentas de custos. As cooperativas funcionam bem quando os membros são relativamente homogêneos, mas é natural que surjam conflitos quando se tem a percepção de que alguns membros geram mais valor que outros.[43]

Por exemplo, grandes mutuários de uma cooperativa de crédito podem pensar que os requisitos para empréstimos deveriam ser mais rigorosos, uma vez que mutuários menores geram custos mais altos e possivelmente taxas de inadimplência mais altas — taxas estas que os grandes mutuários terão que absorver. Os mutuários menores, por outro lado, podem usar seu direito de voto para pressionar por políticas de empréstimo mais generosas, as quais, embora inclusivas, podem aumentar o risco de insolvência financeira.

Nas corporações, espera-se que um conselho com membros mais diversificados aumente os custos de deliberação e tomada de decisão, especialmente quando há muitas demandas conflitantes. Tal como acontece nas democracias, as empresas podem escolher entre diferentes preferências em votação. No entanto, os mecanismos de votação ficam sujeitos a distorções quando os líderes manipulam a pauta e priorizam estrategicamente suas propostas preferidas.[44]

Talvez já imaginando esses custos, os executivos com foco socioambiental não parecem necessariamente promover grandes mudanças em suas práticas de governança corporativa. Lucian Bebchuk e Roberto Tallarita pesquisaram empresas que participaram da Business Roundtable, a associação de CEOS que em 2019 assinaram uma declaração indicando seu compromisso de buscar valor para os stakeholders.[45] Os pesquisadores descobriram que apenas um dos 48 entrevistados conseguiu aprovar a declaração em seu conselho administrativo.

Talvez os CEOS tenham ignorado seus conselhos administrativo porque sabiam que a declaração não exigiria grandes investimentos ou mudanças em seus modelos de negócios. Ou talvez os conselhos — e os donos últimos que representam — não tenham entendido que têm um papel fundamental na promoção e na defesa do núcleo moral da empresa.

Em suma, é possível que um dia propostas com orientação para impacto social e ESG se tornem mais intrinsecamente conectadas aos mecanismos centrais (e aos princípios morais) de governança, e isso, por sua vez, pode levar a um maior compromisso com a eficácia e a inclusão. Por ora, apesar de alguns casos esparsos, os investidores que promovem soluções privadas para questões sociais complexas ainda precisam convencer a sociedade de que têm disposição e envergadura para gerar um impacto forte, escalável e perene.

7
Promoção pública de competências privadas

O CHILE É FREQUENTEMENTE CITADO como um país que implementou uma série de reformas orientadas para mercado a partir do fim da década de 1970, propostas por um grupo de economistas formados na Universidade de Chicago que assumiram cargos-chave no governo. O Chile também foi palco de conhecidas intervenções governamentais que, em diversos graus, persistiram por muito tempo.

É o caso da Corfo, agência de desenvolvimento do Chile. Ela nasceu de uma tragédia: em 1939, um forte terremoto matou 28 mil pessoas e exigiu grandes esforços de reconstrução. Fundada como um banco de desenvolvimento estatal, a Corfo ajudou a financiar investimentos em infraestrutura, como produção de aço, telecomunicações e eletricidade. Ao longo dos anos, reduziu suas operações bancárias e tornou-se um órgão público responsável por políticas de estímulo à produtividade e à inovação.

Uma iniciativa mais recente nesse sentido é o programa Start-Up Chile, criado após outro terremoto que devastou o país em 2010. Idealizado por empresários formados no exterior que abordaram o governo chileno com a ideia de estimular empreendimentos inovadores no país, o Start-Up Chile oferece capital semente público para atrair empreendedores tanto do Chile quanto do exterior.[1] Eles recebem 40 mil dólares em duas parcelas, metade no início do empreendimento e metade meses depois, com a condição de que o negócio prospere. A Corfo está envolvida na seleção dos destinatários, com a ajuda de árbitros externos que avaliam um grupo de candidatos em todo o mundo.

Já o Start-Up Chile fornece mais do que financiamento público. A iniciativa foi concebida como uma aceleradora de negócios. No início do programa, a Movistar (de propriedade da empresa espanhola Telefónica) patrocinou um espaço de coworking em Santiago, onde novos empreendedores poderiam estabelecer e desenvolver seus negócios. Aqui vale ressaltar que, nesse papel de aceleradora, um componente-chave do Start-Up Chile é o suporte aos negócios e ao desenvolvimento de competências. O programa ajuda os empresários a lidarem com exigências burocráticas (por exemplo, obter os registros oficiais) e facilita a mudança para Santiago. Um subconjunto dos empreendedores selecionados também participa de programas de treinamento especializado, com workshops e mentorias.

Um estudo de Juanita Gonzalez-Uribe e Michael Leatherbee avaliou a eficácia do programa.[2] Como os candidatos receberam pontuações objetivas e foram ranqueados pelo comitê de seleção, foi possível comparar empreendedores que estavam em posições semelhantes no ranking, mas que ficaram logo acima e logo abaixo do limite para a seleção. Os empreendedores não selecionados logo abaixo do limiar foram usados como grupo de controle. Ou seja, eles indicaram o que teria acontecido com os empreendedores selecionados com posição semelhante no ranking, caso tivessem sido rejeitados (este é o cenário contrafactual).

Analisando uma amostra de mais de 3 mil candidatos, dos quais cerca de 19% foram selecionados, o estudo não detectou um impacto significativo das atividades básicas do Start-Up Chile (capital semente, espaço de coworking e apoio nas tarefas burocráticas). No entanto, o grupo mais restrito, que recebeu um treinamento especializado, apresentou desempenho superior ao dos demais empreendedores. Eles também tiveram mais chances de obter financiamento adicional para expandir os negócios, em comparação com empresários semelhantes, mas que não participaram do grupo mais restrito. Esse grupo seleto conseguiu arrecadar um valor adicional de 37 a 112 mil dólares para financiar suas operações, o que, por sua vez, acelerou o crescimento de suas empresas.

Assim, um dos principais benefícios do programa é nutrir e desenvolver habilidades privadas, o que, por sua vez, promove o desenvolvimento consistente dos negócios. Com esses atributos, o Start-Up Chile é um exemplo de *política industrial*: ações governamentais que buscam promover novas competências produtivas de uma forma que não ocorreria em mercados autônomos.[3]

Ao contrário do estatismo centralizado, a política industrial busca fomentar o engajamento privado e a inovação. As políticas industriais modernas também são mais integradas globalmente. No grupo de casos do Start-Up Chile estudados na pesquisa mencionada, apenas 21% dos candidatos eram chilenos. O programa foi projetado para atrair talentos externos e desenvolver um clima empresarial aberto no país.

O Start-Up Chile não é um caso isolado. Os programas patrocinados pelo governo para desenvolver o empreendedorismo estão difundidos pelo mundo todo e têm tamanho comparável às fontes privadas de capital de risco. Jessica Bai, Shai Bernstein, Abhishek Dev e Josh Lerner mapearam 755 programas em 66 países entre 2010 e 2019 e descobriram que as iniciativas patrocinadas pelos governos tinham um orçamento anual de 156 bilhões de dólares, o equivalente ao valor investido pela indústria comercial de capital de risco no mesmo período, 153 bilhões de dólares.[4]

Voltando à discussão dos capítulos anteriores, a política industrial pode ser vista como uma forma de colaboração público-privada para superar as restrições de oferta e incentivar o desenvolvimento de competências privadas. Trata-se de uma ação pública para superar as limitações do setor privado, o que, por sua vez, aumenta os ganhos sociais que surgem do envolvimento de atores privados em inúmeras iniciativas de interesse público.

O exemplo do Start-Up Chile mostra que a nova atividade empresarial pode aumentar a renda local, fomentar o emprego e gerar soluções com ampla adoção por outras empresas. A política industrial também pode promover a inclusão, caso as soluções atendam às necessidades de comunidades vulneráveis — como tratamentos de saúde de baixo custo e serviços educacionais acessíveis.

No entanto, a política industrial continua sendo um tema altamente controverso, porque os mesmos canais de influência governamental que apoiam o desenvolvimento empresarial criam oportunidades para laços público-privados obscuros e má alocação de recursos públicos. Portanto, assim como em qualquer programa público que envolva empresas privadas, o uso da política industrial requer uma análise honesta e detalhada dos méritos e custos do programa, bem como possíveis arranjos para aumentar as chances de os ganhos gerados serem compartilhados, ao invés de apropriados por um grupo seleto de empresas privadas.

7.1. Política industrial: o bom, o mau e o crucial

Economias do Leste Asiático, como Coreia do Sul e Taiwan, personificam o uso de políticas industriais para promover o progresso tecnológico e o rápido crescimento da renda. Apresentados como exemplos ideais de estímulo da ação do Estado para o desenvolvimento industrial, esses países foram submetidos a uma série de políticas com o objetivo de criar competências privadas além de suas respectivas bases de produção iniciais, focadas em atividades intensivas em mão de obra e itens básicos. Aos poucos, suas economias foram se diversificando, inicialmente em direção à infraestrutura básica e depois para produzir itens de alta tecnologia, como semicondutores e eletrônicos.

Hoje em dia existe um debate sobre se a trajetória desses países foi resultado das políticas que adotaram — incluindo crédito subsidiado, pesquisas patrocinadas pelo governo e restrições à importação —, já que outras grandes mudanças ocorreram mais ou menos na mesma época. Por exemplo, vários países do Leste Asiático também são conhecidos por sua ênfase na educação de qualidade e pelas práticas orientadas para exportação — explicações mais ortodoxas para o crescimento econômico.[5]

No entanto, existem características importantes das políticas adotadas em alguns países do Leste Asiático que os defensores das políticas industriais destacam como determinantes para o desenvolvimento industrial. Basicamente, a política industrial lida com as externalidades, embora com algumas nuances que a diferenciam do que discuti nos capítulos anteriores.

O economista Dani Rodrik distinguiu dois tipos de externalidades. O primeiro ocorre porque o próprio desenvolvimento é um processo de aprendizagem.[6] Os empreendedores, se bem-sucedidos, não só lucram, como descobrem coisas novas. Podem criar setores totalmente inéditos, e seus produtos podem ser imitados posteriormente. É possível que seu primeiro esforço fracasse, mas a aprendizagem será útil para outras empresas que podem ajustar e aperfeiçoar as ideias iniciais.

Portanto, o empreendedor revelará informações úteis, e isso representa uma externalidade positiva para outros atores locais. E é difícil incorporar essa externalidade no cálculo de receitas versus custos de um empreendedor, na hora de decidir fundar uma nova empresa ou investir num novo projeto.

Nesse contexto, existe uma oportunidade para os governos darem um impulso inicial em novos empreendimentos — com capital semente e programas de apoio —, ajudando os empreendedores a investirem em ideias que possam gerar ganhos para o ecossistema. Esse é exatamente o objetivo de programas como o Start-Up Chile.

O segundo tipo de externalidade tem a ver com a necessidade de coordenar atividades simultâneas e complementares — o que já foi discutido no Capítulo 5, seção 5.5. Agora, a coordenação ocorre em escala regional e até nacional.

Por exemplo, se houver oportunidade de investir em uma fábrica e gerar renda local, o retorno do investimento pode aumentar substancialmente se houver esforços sinérgicos para melhorar a rede de transporte, desenvolver fornecedores locais, reformar a estrutura básica de energia elétrica e comunicação etc. Cada uma dessas ações complementares gera uma externalidade positiva para a nova fábrica, enquanto a própria fábrica aumenta os benefícios da construção de uma infraestrutura local de alta qualidade.

Para promover esses investimentos coordenados, vários empreendedores poderiam se organizar e investir simultaneamente na localidade em questão. Mas é possível que eles discordem a respeito do que precisa ser feito e quem deve arcar com os custos de cada parte do esforço coletivo. Os governos poderiam, então, atuar como catalisadores, traçando um plano de desenvolvimento regional e convidando empresas privadas a investirem, transferindo conhecimento técnico das especificidades da região ou estruturando colaborações para copatrocinar as despesas necessárias.[7]

Como é comum em qualquer tipo de intervenção estatal, os céticos argumentam que as políticas industriais muitas vezes ignoram os perigos das falhas de governo. A controvérsia é menor quando são propostas as chamadas políticas *horizontais*, que afetam vários setores e atividades — como o apoio estatal à infraestrutura, à educação ou à pesquisa básica aplicável a múltiplas tecnologias.

No caso das políticas horizontais, o papel do governo é estimular a entrada e o desenvolvimento de empresas promissoras, sem escolher quais setores ou empreendedores devem receber maior atenção. Programas gerais de fomento ao empreendedorismo, como o Start-Up Chile, seguem essa perspectiva horizontal.

O debate fica acalorado quando os governos propõem políticas *verticais* — ou seja, quando escolhem os setores ou até as empresas que devem receber apoio.[8] As políticas adotadas por alguns países do Leste Asiático incluíam apoio horizontal em áreas como educação e infraestrutura, mas também envolviam esforço conjunto para diversificar a economia em direção a indústrias com uma maior sofisticação tecnológica.

Em alguns casos, os governos chegam a escolher as indústrias e os grupos privados que vão receber tratamento diferenciado em troca de uma expansão global agressiva. O Chile promoveu sua indústria de salmão com a ação governamental e o apoio da Fundación Chile, organização semipública parcialmente financiada pela Corfo.

Obviamente, o problema é como definir quais setores ou empresas devem receber essa ajuda direcionada. O ponto de vista da falha de governo faz surgirem questionamentos sobre diversas possíveis distorções. A escolha de empreendedores e empresas pode ser baseada em seus laços sociais, em vez de seu mérito. Existem evidências contundentes de que subsídios governamentais, créditos, isenções fiscais e todo tipo de proteção tendem a favorecer capitalistas bem relacionados — aqueles que doam para campanhas políticas, nutrem laços pessoais com políticos e participam de círculos influentes.[9]

Os defensores da política industrial, como Dani Rodrik, argumentam que o problema não é que as políticas verticais possam "escolher vencedores". É difícil saber com certeza qual é a empresa mais promissora para apoiar.[10] Empreendedores relacionados com políticos podem ser capazes de investir em novos setores produtivos. Em vez disso, segundo Rodrik, as políticas industriais deveriam "se afastar dos perdedores" — ou seja, interromper as políticas verticais em caso de fracasso.

No entanto, os "perdedores" terão fortes incentivos para lutar pela continuidade do apoio. Os elos políticos que fizeram suas empresas serem escolhidas em primeiro lugar provavelmente também lhes darão a capacidade diferencial de conversar com os formuladores de políticas e convencê-los de que é do interesse da sociedade manter as políticas verticais em funcionamento.

A lista de justificativas é mais do que conhecida: o fim do apoio aumentará o desemprego, permitirá que a economia local seja invadida por empresas estrangeiras agressivas (que também podem ser subsidiadas pelo governo de seus países de origem), enfraquecerá a base industrial do país e assim por diante. Se as políticas verticais estiverem concentradas em algumas empresas selecionadas, a situação será ainda pior, pois elas provavelmente terão uma influência política que lhes permitirá dar continuidade ao apoio.[11]

Também é mais provável que haja políticas de longa duração injustificadas quando todo o processo não for sujeito a análises de impacto transparentes. A economista Mariana Mazzucato defendeu a adoção de políticas *orientadas para missão* nos moldes do programa Apollo, que colocou o homem na lua pela primeira vez.

As missões podem ser baseadas em desenvolvimentos tecnológicos ambiciosos ou esforços orquestrados para resolver problemas sociais urgentes. Mazzucato dá exemplos para ilustrar a possibilidade de estruturar "uma política de compras do setor público com o objetivo de estimular ao máximo a inovação — social, organizacional e tecnológica

— para resolver problemas dos mais diversos tipos, de crimes com facas nas cidades grandes à solidão doméstica dos idosos".[12]

Vale ressaltar que, para Mazzucato, as políticas orientadas para missão devem ter uma abordagem diferente de avaliação. Segundo ela, as análises de custo-benefício (como as amplamente discutidas neste livro) são difíceis de aplicar a grandes missões que envolvem eventos desconhecidos e múltiplos caminhos de aprendizagem. Por outro lado ela argumenta: "as políticas orientadas para missão têm uma métrica clara: a missão foi cumprida?".[13]

No entanto, mais rápido do que os formuladores de políticas podem gritar "missão cumprida!", outras vozes podem perguntar se a missão original foi escolhida e concebida da maneira mais adequada, dados os imensos investimentos feitos. Além disso, mesmo quando bem-sucedida, uma missão original pode ser anexada a programas subsequentes (e menos eficazes).[14] Assim, por mais atraentes que pareçam ser, a políticas orientadas para missão exigem a suposição heroica de que os atores do Estado vão escolher e executar à risca iniciativas que gerarem valor, e, além disso, abortar as iniciativas que não atenderem às demandas fundamentais da sociedade.

Chegamos, assim, ao requisito crucial para a implementação de políticas industriais, algo que, a essa altura, não deve ser nenhuma surpresa: essas políticas precisam de governos altamente capazes.

Vejamos a primeira dimensão das competências governamentais discutidas no Capítulo 4, seção 4.2: a formulação de políticas. Segundo Alice Amsden (1943-2012), que estudou a implementação de políticas industriais no Leste Asiático, os governos "podem alcançar uma visão geral da economia que o empreendedor individual não possui".[15]

Mas imagine a quantidade de informações necessárias para mapear todos os setores e suas conexões. Mesmo que todos os setores estejam mapeados, os formuladores de políticas precisarão avaliar quais investimentos têm mais chances de gerar externalidades positivas para toda a localidade. Ao fornecer subsídios ou crédito, os governos também precisam avaliar quais áreas provavelmente vão gerar os maiores retornos.

Também é preciso levar em conta as preferências dos consumidores finais. Eles vão preferir políticas que estimulem a produção de carros ou de telefones celulares? De que modo a qualidade e o custo desses produtos vão reagir aos incentivos estatais?[16]

O nível necessário de sofisticação analítica para conduzir esses cálculos pode ser quase inatingível. No entanto, as políticas industriais podem se beneficiar de formuladores de políticas competentes, capazes de pelo menos identificar candidatos óbvios a ações sinérgicas, mesmo que de forma limitada. No exemplo anterior da fábrica, as operações podem ser aprimoradas com infraestrutura de transporte e energia. A capacidade de formulação de políticas, portanto, requer profissionais qualificados e treinados, com profundo conhecimento de diversas indústrias e aprendizagem a partir de experiências de intervenção anteriores.[17]

Sendo uma forma de colaboração público-privada, as políticas industriais também podem se beneficiar da criação de instituições especializadas que guardem essas análises técnicas e funcionem como repositório de experiência e conhecimento. Como tal, elas também podem facilitar a mobilização e execução, a segunda e a terceira dimensões das competências governamentais.

Para diminuir os perigos de favorecimento e proteção duradoura, essas instituições também precisarão desenvolver mecanismos de prestação de contas e compromisso — a quarta e a quinta dimensões das competências governamentais. Em termos de prestação de contas, as políticas devem ter objetivos e resultados transparentes, inclusive em relação ao que se espera de seus destinatários. Na Coreia do Sul, as empresas eram obrigadas a competir nos mercados globais e estavam sujeitas a metas de exportação. Um mau desempenho poderia levar à perda do apoio do governo. Para Alice Amsden, essas políticas combinavam "recompensas e punições".[18]

O compromisso, por sua vez, é um claro mandato por uma política industrial — com metas, objetivos e previsão de duração. Os departamentos técnicos responsáveis pela política também devem se proteger da pressão de lobbies e políticos, que podem solicitar tratamento diferenciado para as empresas que os patrocinam.[19] Conforme já apontado, a prestação de contas e o compromisso podem surgir da criação de departamentos técnicos autônomos que executem seus mandatos de maneira transparente.

Por outro lado, isolar-se do setor privado é uma medida contraproducente. Os burocratas públicos devem criar canais de comunicação com os empreendedores para entender as oportunidades e as restrições à atividade empresarial. Na Corfo, os servidores da área técnica que propuseram e implementaram programas como o Start-Up Chile não só conheciam as políticas e os objetivos da agência: alguns também já tinham experiência em startups e em ecossistemas empresariais estrangeiros.

Portanto, uma última parte fundamental das competências governamentais para implementar políticas industriais é a de estimular colaborações internas e externas que evitem burocracia desnecessária e resolvam problemas que atrapalhem o desenvolvimento das empresas privadas. Os envolvidos precisarão lidar com a armadilha de manter um equilíbrio entre isolamento e cooperação — condição que o sociólogo político Peter Evans batizou de *autonomia enraizada*.[20]

Se você achou que combinar todos esses atributos é uma tarefa extremamente desafiadora, então creio que passei a principal mensagem. Políticas industriais eficazes, sobretudo em escala nacional, são muito difíceis de implementar. E é igualmente desafiadora a tarefa de encontrar uma unidade estatal em todas essas dimensões. Definir quem será responsável pela concepção e pela execução das políticas é parte central da equação. Os bancos de desenvolvimento, discutidos a seguir, são uma possibilidade — embora, como sempre, sejam uma possibilidade controversa.

7.2. Será que precisamos de bancos de desenvolvimento?

Os bancos de desenvolvimento estão no ramo de ajudar a criar competências privadas. Alguns bancos, como a Corfo, surgiram após grandes choques nacionais que exigiram ações para uma reconstrução coordenada. O grupo bancário alemão KfW nasceu no rescaldo da Segunda Guerra Mundial com o objetivo de financiar grandes projetos de desenvolvimento, que posteriormente incluíram os realizados após a queda do Muro de Berlim.

Da mesma forma, a criação do Korea Development Bank (KDB) tinha o objetivo de reconstruir a economia da Coreia do Sul após a divisão territorial causada pela Guerra da Coreia. Outros bancos — como o Banco de Desenvolvimento da China (BDC) e o Banco Nacional de Desenvolvimento Econômico e Social (BNDES) no Brasil — foram criados para desencadear mudanças estruturais em nível nacional e modernizar a indústria desses países.[21] Se os bancos de desenvolvimento visam alcançar grupos vulneráveis (como empresas com restrições de crédito ou startups com orientação social), também podem assumir o papel de investidores de impacto em escala nacional.

Por outro lado, o uso do termo "bancos" pode ser enganoso. Embora vários bancos de desenvolvimento emprestem e até se tornem acionistas de empresas privadas, sua ênfase está na promoção de novos investimentos. Discutimos como a Corfo foi aos poucos eliminando suas atividades de empréstimo direto e se tornou uma agência de desenvolvimento. Portanto, alguns se referem a essas organizações como "instituições financeiras de desenvolvimento". Existe uma associação global dessas organizações, a World Federation of Development Financing Institutions (Federação Mundial de Instituições Financeiras de Desenvolvimento), que conta com 330 membros em 154 países e territórios.[22]

Em 2017, uma pesquisa do Banco Mundial lançou luz sobre essas organizações e seus diferentes focos.[23] Entre as 64 organizações que responderam à pesquisa, 51% têm um escopo amplo e atuam em setores variados, enquanto os demais bancos são especializados em segmentos — por exemplo, pequenos empreendimentos, agricultura ou infraestrutura.

Os bancos estatais também devem ser diferenciados de grandes organizações multilaterais, como o Banco Mundial ou o Banco Interamericano de Desenvolvimento. Embora atuem apenas em países, e não em regiões ou continentes, o tamanho dos bancos estatais está longe de ser insignificante. Os entrevistados da pesquisa de 2017 (que são apenas uma pequena parte dos bancos de desenvolvimento espalhados pelo mundo) declararam ativos que, somados, totalizam 940 bilhões de dólares — mais que o dobro da estimativa da soma dos ativos de investidores (privados) de impacto citada no Capítulo 6.

Tal como relatado na seção anterior, os bancos de desenvolvimento implementam políticas industriais cuja justificativa está na promoção de descobertas e de coordenação. Segundo Beatriz Armendáriz de

Aghion, um papel fundamental dos bancos de desenvolvimento é investir em capital humano orientado para políticas.

Em outras palavras, os bancos de desenvolvimento contratam economistas, engenheiros e gestores com experiência técnica para mapear e avaliar indústrias e atividades nas quais falta investimento privado.[24] Por outro lado, os bancos privados podem simplesmente dar mais atenção aos seus clientes preferenciais, sem preocupação se seus projetos vão gerar externalidades para toda a economia.

Mas os bancos de desenvolvimento não precisam estar no ramo bancário. Sem dúvida eles poderiam fazer parcerias com bancos privados especializados na seleção e no monitoramento dos tomadores de crédito. É exatamente isso que faz a Corfo no Chile. A agência fornece garantias de crédito para empresas que tomam empréstimos em mercados de crédito privados. Se as organizações de desenvolvimento devem emprestar ou investir diretamente nas empresas é uma decisão que requer análise cuidadosa.

Essa decisão é particularmente importante porque, conforme discutido e ligado à ideia de falhas de governo (Capítulo 3, seção 3.3), os bancos públicos podem gerar diversas distorções. Controlados pelos governos, eles são influenciados pela política interna. Há inúmeras evidências de que os bancos estatais emprestam mais durante os anos eleitorais e tendem a favorecer pessoas do partido que está no poder.[25] Assim, bancos estatais podem não só comprometer as finanças públicas no momento em que sua expansão exige um financiamento extra (e caro), como também servem de ferramenta poderosa para comprar apoio político e perpetuar laços escusos.

Uma preocupação relacionada a isso é que os bancos estatais frequentemente são convocados a dar suporte a empresas de desempenho ruim. Eles tendem a adotar critérios mais flexíveis para selecionar os destinatários de suas políticas e, como resultado, podem atrair empresas de desempenho inferior e maior risco de crédito.[26]

Claro que, de acordo com o argumento das externalidades de aprendizagem, emprestar para essas empresas não necessariamente é ruim. Certas empresas podem não ser lucrativas agora, mas, com o passar dos anos, podem desenvolver novas ideias e projetos bem-sucedidos — que, por sua vez, podem desencadear novas indústrias e atividades.

O problema é quando os empresários se tornam improdutivos e empresas insolventes exigem crédito por muito tempo. Nesse caso eles terão incentivos para desenvolver conexões políticas e contribuir com partidos aliados para garantir dinheiro público. Em alguns casos, serão considerados "campeões nacionais", recebendo preferência na hora de pedir créditos e proteções. Se a falência da empresa for iminente, é possível que o governo corra para salvá-la, renegociando os empréstimos ou adquirindo suas ações.[27] Cientes de que são muito grandes (ou têm muitos laços valiosos) e por isso não vão falir, essas empresas não sentirão que têm qualquer restrição no momento de tomar decisões de investimento e expansão.

Portanto, a decisão de criar uma organização de desenvolvimento que também esteja envolvida em empréstimos ou ativos privados deve levar em conta se os benefícios superarão todos os custos associados à possível falha de governo. Considerando-se a dificuldade de estimar esses custos e benefícios, pode-se aplicar a abordagem heurística discutida no Capítulo 3, seção 3.3.

A escolha passa pela incorporação das atividades bancárias em instituições públicas responsáveis pelo desenvolvimento industrial — o que representa uma ampliação das fronteiras do governo — versus a terceirização dessas atividades bancárias para o setor privado. Para orientar essa escolha, podemos seguir os nós de decisão da Figura 3.2 e da Tabela 3.2 (Capítulo 3), para cada tipo de atividade definida de acordo com o objetivo e as metas da política industrial. A Tabela 7.1 apresenta essa análise.

A primeira atividade envolve empréstimos para grandes empresas privadas com foco em setores existentes e conhecidos. Como costumam ter caixa e ativos suficientes que podem servir de garantia, em geral as grandes empresas não têm restrições de crédito relevantes nem são vulneráveis — ou seja, podem obter capital nos mercados de crédito privado (nó 1 na Figura 3.2).

Os bancos privados que emprestam a essas empresas tendem a usar contratos-padrão, com indicadores operacionais ou financeiros simples e fáceis de verificar (nó 2). Se a localidade for atendida por um grande número de credores privados — nacionais ou estrangeiros —, também

Tabela 7.1. As agências de desenvolvimento público devem fazer parte do negócio bancário?

Principal atividade	Há obstruções graves de acesso (sobretudo para grupos vulneráveis)?	As empresas estão dispostas a aumentar ganhos privados à custa de atributos difíceis de verificar?	Existem restrições graves de fornecimento?	Os remédios de governança são viáveis?	Método de fornecimento recomendado (ver árvore de decisão na Figura 3.2)
Empréstimos a grandes empresas privadas com foco em setores conhecidos.	Não. Em geral as grandes empresas não têm restrições de crédito graves.	Não. Os bancos privados tendem a usar contratos-padrão de dívida.	Não, supondo que a localidade já tem um número suficiente de bancos comerciais.	Não é preciso encontrar arranjos de governança.	Bancos privados.
Empréstimos a grandes empresas privadas envolvidas em investimentos coordenados e complementares.	Não. Em geral as grandes empresas não têm restrições de crédito graves.	Sim. Os bancos privados podem economizar nos esforços para avaliar e criar mecanismos para lidar com externalidades interprojetos.	Sim. Os bancos comerciais podem não ter a expertise para avaliar e criar mecanismos para lidar com externalidades interprojetos.	Embora seja possível monitorar e patrocinar bancos privados, isso fica caro e impraticável quando surge a necessidade de forte coordenação.	Bancos públicos de desenvolvimento em fases muito iniciais de desenvolvimento ou após um choque negativo que exija fortes investimentos em grande número e sincronizados. Em outros momentos, os governos podem criar colaborações com bancos privados. Um banco de desenvolvimento pode se tornar uma agência de desenvolvimento (sem atividades bancárias).

Empréstimos a pequenos empreendedores com recursos limitados em áreas subdesenvolvidas.	Sim. Esses empreendedores não só têm restrições de crédito, como também são afetados por uma série de vulnerabilidades interseccionais.	Sim. Os bancos privados podem negligenciar uma série de tarefas complementares para aumentar a eficácia do crédito e seu potencial de incluir grupos vulneráveis.	Sim, exceto caso haja investidores de impacto presentes. No entanto, os investimentos desse grupo podem ser insuficientes.	Sim. Os governos podem fornecer garantias de crédito e monitorar bancos privados. No entanto, essa atividade se torna cara e impraticável se o segmento tiver alto risco de crédito e exigir uma série de atividades de apoio.	Colaborações público-privadas entre agências de desenvolvimento (que *não sejam* bancos), bancos privados e organizações de apoio. Em segmentos altamente vulneráveis, talvez seja preciso acionar bancos estatais.
Empréstimos a empreendedores em fase inicial com foco em inovação (externalidades de aprendizagem) ou impacto (externalidades socioambientais).	Sim. Em geral os empreendedores em fase inicial são restritos em crédito e podem não ter recursos essenciais (por exemplo, competências de gestão e de pesquisa).	Sim. Os bancos privados podem economizar na avaliação e na concepção de mecanismos para lidar com as externalidades de aprendizagem e as externalidades socioambientais.	Sim, exceto se houver fundos de capital de risco e/ou investidores orientados para impacto presentes. No entanto, os investimentos desses grupos podem ser insuficientes.	Sim. Os governos podem copatrocinar pesquisas e investimentos e adotar uma combinação de supervisão e incentivos contratuais.	Colaborações público-privadas envolvendo agências de desenvolvimento (que *não sejam* bancos), fundos privados e aceleradoras.

Nota: Para cada atividade focal, esta tabela aplica a estrutura de decisão heurística apresentada na Figura 3.2 e explicada na Tabela 3.2 (Capítulo 3). A análise está centrada em estabelecer se as agências públicas de desenvolvimento precisam prestar serviços bancários (por exemplo, empréstimos ou investimentos em empresas) ou se poderiam terceirizar essas atividades para bancos privados e investidores.

não haverá restrições de oferta (nó 3). Portanto, nenhum arranjo de governança será necessário (nó 4). O método de fornecimento recomendado é via bancos privados.

A segunda atividade é conceder empréstimos a grandes empresas privadas envolvidas em investimentos coordenados e complementares. Assim como no caso anterior, não existe uma vulnerabilidade crítica. No entanto, a existência de externalidades interprojetos cria a necessidade de investir em competências de avaliação de vários setores e suas complementaridades.

Eduardo Levy Yeyati, Alejandro Micco e Ugo Panizza explicam por que essa condição aumenta a importância do dilema custo-qualidade. Um banco privado pode "eliminar (ou não alocar pessoal suficiente para) seu departamento de pesquisa e, com isso, reduzir sua capacidade de identificar e atuar em setores que geram grandes externalidades".[28] É claro que uma agência pública pode fornecer esse tipo de expertise ou compensar o banco privado por seus esforços de pesquisa. No entanto, a agência pode ter dificuldade em monitorar o banco e estabelecer metas de desempenho, sobretudo quando as intervenções são complexas e exigem a concepção de grandes programas de crédito.

Essas dificuldades aumentam quando há necessidade de grande coordenação — exatamente a condição encontrada nas primeiras fases de desenvolvimento ou após grandes choques negativos que causam escassez de infraestrutura básica, de capacidade de fabricação e de serviços essenciais. Apresentei alguns bancos de desenvolvimento criados após guerras ou desastres ambientais ou, de forma mais geral, em momentos que exigiam investimentos múltiplos, substanciais e sincronizados.[29]

Em outros casos, mesmo quando há possíveis externalidades intersetoriais, os bancos de desenvolvimento podem reduzir progressivamente suas operações bancárias e desenvolver colaborações público-privadas com bancos privados — coinvestindo em projetos de infraestrutura, oferecendo subsídios condicionados a metas de desempenho e fornecendo conhecimento técnico a fim de identificar áreas para fazer investimentos coordenados.

Agora considere um tipo diferente de beneficiário: pequenos empreendedores com poucos recursos em regiões subdesenvolvidas. Geralmente eles têm uma série de vulnerabilidades cruzadas, entre as quais restrições de crédito e acesso precário a educação básica e especializada. Portanto, além do crédito, eles podem precisar de diversas atividades de apoio para aumentar a eficácia do crédito e promover a inclusão (como treinamento gerencial e apoio social nas comunidades).

Os resultados dessas atividades podem ser os mais diversos e provavelmente serão ignorados pelos bancos privados, que geralmente só procuram saber se o empreendedor pode pagar a dívida contraída. Nesse segmento também há escassez de oferta, exceto quando há organizações orientadas para impacto, como firmas de microcrédito. Conforme visto no capítulo anterior, porém, essas empresas podem operar em pequena escala e enfrentar dilemas financeiros bastante relevantes.

No entanto, essas limitações podem ser sanadas com colaborações público-privadas nas quais agências de desenvolvimento (que *não* sejam bancos) fornecem aos empreendedores garantias de crédito em empréstimos concedidos por bancos privados.[30] Prestadores de serviços — como, por exemplo, empreendimentos de impacto ou organizações sem fins lucrativos especializadas no segmento de pequenas e médias empresas — podem oferecer treinamento e apoio social.

No entanto, conforme já discutido (por exemplo, no Capítulo 3, seção 3.3), é possível que clientes muito vulneráveis, com históricos e experiências passadas ruins, sejam vistos como um risco maior ao crédito e exijam mais serviços de apoio. Caso decidam subsidiar bancos privados para atender a esses empreendedores, os governos vão incorrer em custos elevados para monitorar se essas atividades estão sendo fornecidas da maneira correta. Em algum momento talvez os bancos estatais precisem intervir.

Por fim, considere o tipo de empreendedor que é o alvo do Start-Up Chile: startups focadas no desenvolvimento tecnológico, capazes de gerar importantes externalidades de aprendizagem. Conforme discutido no capítulo anterior, alguns desses empreendimentos também podem ser orientados para impacto, com atividades que tenham resultados socioambientais positivos.

Talvez esses empreendedores não necessariamente sejam de baixa renda, mas eles podem carecer de recursos essenciais, como expertise em gestão e pesquisa. Também é possível que bancos ou fundos privados não enxerguem nesses empreendedores possíveis externalidades que sejam, de fato, difíceis de constatar. Além disso, esses empreendedores podem ter dificuldade para obter crédito, a menos que participem de um ecossistema de capital de risco ou de investimento de impacto desenvolvido o suficiente.

Assim como no Start-Up Chile e em outros programas patrocinados pelo governo, uma forma de remediar essas restrições são as colaborações público-privadas: capital semente fornecido por agências de desenvolvimento (novamente, que *não* sejam bancos) complementado pelo trabalho de empresas privadas de capital de risco que selecionam empreendedores e financiam tranches. As agências de desenvolvimento também podem criar catalizadores para dar treinamento e apoio gerencial a esses empreendedores.

Mas vale lembrar que os méritos e custos dessas opções também dependem das competências governamentais. Bancos de desenvolvimento com mandatos claros, funcionários com alto conhecimento técnico e boas práticas de prestação de contas podem ajudar as iniciativas a evitar diversas fontes de falha de governo.[31] Alguns bancos de países desenvolvidos, como o alemão KfW, financiam grandes corporações que investem em tecnologias verdes e outras áreas com grandes externalidades. Com governos capazes, bancos privados e bancos de desenvolvimento podem coexistir e, em sincronia, promover diversas competência privadas.

7.3. Política frugal

Em 2018, o economista Mark Perry postou em seu blog uma imagem que alguns afirmaram ser o "gráfico do século".[32] Ele acompanha os preços de diversos produtos e serviços nos Estados Unidos desde janeiro de 2000. O gráfico mostra que os preços de eletrônicos como celulares, computadores e TVS caíram mais de 40% no período até dezembro de

2020. Em contrapartida, houve um forte aumento nos preços de serviços essenciais, como serviços hospitalares (203%), educação universitária (170%) e moradia (62%).

Comentaristas sugeriram que os últimos segmentos são altamente regulamentados e sofrem influência do Estado, enquanto os primeiros envolvem mercados competitivos. No entanto, os serviços essenciais também são fornecidos por operadores privados e, conforme já discutimos, os eletrônicos importados de países capitalistas de Estado no Leste Asiático provavelmente terão forte apoio do governo.

A questão-chave, portanto, é: atores públicos e privados conseguiriam colaborar para desenvolver competências que levem a produtos e serviços mais baratos? Embora a literatura de política industrial geralmente enfatize o desenvolvimento industrial em larga escala, o foco aqui é o avanço da inclusão por meio de *inovações frugais*: soluções para reduzir os custos de bens que as populações vulneráveis não seriam capazes de adquirir nos mercados convencionais.[33]

Se a qualidade se mantiver satisfatória, a redução de custos pode aumentar não só o acesso, mas também a eficácia: os indivíduos desfrutariam de novos produtos e serviços a um custo inferior. Conforme já visto no contexto das estratégias na base da pirâmide, os incentivos à redução de custos nos mercados privados podem ser uma força valiosa no estímulo a inovações frugais. No entanto é preciso ter cuidado com o dilema custo-qualidade. Os produtos ou serviços acessíveis terão qualidade suficiente para gerar benefícios líquidos para a população-alvo?

Embora este seja um problema universal, um laboratório ideal para testar inovações frugais pode ser mercados emergentes com recursos limitados, cujas populações não conseguem pagar por serviços caros e cujos governos têm capacidade limitada de arrecadar e gastar dinheiro público.

Os hospitais particulares na Índia, por exemplo, são notoriamente frugais, devido a uma combinação de fatores como salários mais baixos, uso de profissionais técnicos para procedimentos simples que em outros países exigiriam o envolvimento de médicos mais bem pagos, e economias de escala na compra de insumos em grandes volumes.

Novas políticas públicas podem estar reforçando ainda mais essa tendência na Índia. Em 2018, o primeiro-ministro Narendra Modi lançou um novo programa de plano de saúde público voltado para os segmentos mais pobres da população. Os hospitais particulares eram ressarcidos pelos serviços prestados de acordo com valores definidos pelo governo.

Os pagamentos, no entanto, foram considerados baixos. Alguns provedores privados se recusaram a aderir ao programa, ao passo que outros tentaram reformular seus processos e operações para atender aos novos clientes e lucrar. Resta saber se esses operadores terão os incentivos corretos para manter uma qualidade razoável mesmo tentando fazer uma redução agressiva de custos.[34]

Mas para lidar com tipos mais extremos de vulnerabilidade talvez seja necessária a presença de inovadores orientados para impacto. A Jaipur Foot, uma perna protética de baixo custo distribuída pela Bhagwan Mahaveer Viklang Sahayata Samiti, organização sem fins lucrativos indiana, tem cerca de 90% de seu orçamento vindo de doações e subsídios governamentais.[35] Segmentos críticos de clientes com vulnerabilidades interseccionais — neste exemplo, baixa renda e deficiência física grave — geralmente exigem patrocínio e financiamento direcionado para o desenvolvimento de produtos.

As inovações frugais também precisarão enfrentar o desafio de alcançar uma produção de grande escala, e nesse caso a tecnologia da informação pode ser uma solução. Veja o caso do M-Pesa, serviço desenvolvido na África para simplificar a transferência de dinheiro diminuindo as taxas. Basicamente, a tecnologia permitiu que os indivíduos armazenassem unidades monetárias em suas contas de celular e usassem mensagens de texto para fazer pagamentos e transferências. Lançado no Quênia em 2007, o serviço rapidamente se disseminou e se tornou uma ferramenta popular para o processamento de transações monetárias.

Os atores estatais foram fundamentais para o desenvolvimento do M-Pesa. Ele nasceu de uma bolsa concedida pelo Departamento de Desenvolvimento Internacional do Reino Unido à Vodafone, multinacional britânica. A prestação do serviço no Quênia foi realizada em conjunto com a Safaricom, maior empresa de telefonia móvel do país, de propriedade da Vodafone em parceria com o governo nacional do Quênia.[36]

Assim como na maioria das tecnologias de informação, a iniciativa se beneficiou de outro tipo de externalidade que emana dos efeitos de rede. Uma pessoa que adota o M-Pesa gera uma externalidade para seus amigos e conexões: eles descobrem o serviço e se beneficiam em usar a mesma plataforma para processar transações. Aderindo ao serviço, eles geram externalidades semelhantes a seus próprios contatos. Como uma bola de neve, a rede cresce e progressivamente domina o mercado.

Os efeitos de rede permitem um crescimento rápido e, com isso, podem resolver o problema de escalabilidade enfrentado por muitos serviços sociais. No entanto, eles também criam seus próprios problemas, já que o serviço será dominado por um único provedor, ou por poucos provedores.[37] Mas políticas governamentais podem ajudar a evitar essa dinâmica, impondo regulamentos que estimulem a concorrência e incentivem a entrada de novos atores.

É igualmente importante monitorar se os serviços estão gerando uma inclusão verdadeira. Atualmente existe um debate sobre se o crescimento do M-Pesa empoderou comunidades desfavorecidas ou estimulou áreas mais lucrativas que já estavam num caminho mais acelerado de desenvolvimento econômico. Além disso, se produtos frugais são desenvolvidos por corporações estrangeiras com pouco envolvimento de empreendedores locais, também podem enfrentar críticas relacionadas a uma maior dependência de tecnologias externas.[38]

As inovações frugais podem ser bastante eficazes, mas também recebem atenção devido ao seu potencial para melhorar o acesso. Para evitar arriscar a percepção do público a respeito de sua legitimidade, as empresas privadas (e suas políticas públicas de apoio) devem garantir que a frugalidade também traga maior inclusão.

7.4. Voltando ao caso da covid-19: como aumentar a capacidade de resposta rápida

No Capítulo 4, seção 4.4, discorri sobre como competências governamentais afetam as respostas locais a crises e eventos carregados de incertezas, como a pandemia de covid-19. Nesses casos, é fundamental estar preparado e ter capacidade de agir rápido. Esse argumento também se aplica ao setor privado. Os governos conseguem aumentar sua capacidade de resposta rápida?

A resposta é que isso vai exigir uma combinação paradoxal de mais *e* menos ações do Estado. Durante as crises, os mercados podem ser uma importante ferramenta para sinalizar o que precisa ser produzido. Uma elevação nos preços de respiradores ou produtos de higiene, por exemplo, deve estimular um aumento da oferta privada.

No entanto, diversos governos se mostraram lentos e relutantes ao reduzir regulamentações onerosas durante a pandemia de covid-19, num momento em que era necessária uma ampliação acentuada no fornecimento de produtos essenciais. As empresas tiveram que passar por longos processos de aprovação para mudar ou aumentar a produção, e também para levar produtos além das fronteiras.

E mesmo que haja uma forte desregulamentação, não se deve esperar que a reação automática das empresas seja aumentar a produção de itens essenciais em regiões que exigem suporte imediato. Mesmo se os preços aumentarem, os produtores podem não ter certeza da duração e da magnitude da crise, o que pode ser um problema, sobretudo quando eles precisarem investir para aumentar sua infraestrutura de produção.

Também é possível que países cubram o preço dos países concorrentes para garantir suprimentos, vacinas e produtos para tratamento. Nos mercados, os lances revelam informações úteis: os mais altos geralmente são feitos por quem valoriza muito determinado bem. No entanto, eles podem causar escassez de oferta em regiões desfavorecidas, o que prejudica os esforços sistêmicos para lidar com a pandemia.

As externalidades intersetoriais agravarão o problema. Em uma empresa privada, a decisão de aumentar a produção de equipamentos e insumos deve depender de outros investimentos complementares na localidade — por exemplo, clínicas e UTIS em hospitais. Locais com infraestrutura mais desenvolvida terão, portanto, vantagem no fornecimento e na compra de itens essenciais.

Portanto, crises como a da covid-19 exigirão certo grau de coordenação, o que, conforme discutido na seção 7.1, é uma justificativa fundamental para as políticas industriais. Nesse caso, as políticas precisam enfatizar produtos e serviços cuja oferta possa amenizar a crise. Por exemplo, agências estatais podem criar linhas de crédito temporárias ou isenções fiscais no intuito de apoiar a readequação de instalações industriais para a produção de itens essenciais e o aumento de capacidade em hospitais e outras unidades de saúde.[39]

Da mesma forma, políticas temporárias também podem estimular descobertas. Um empreendedor que desenvolve um novo equipamento ou tratamento gera uma grande externalidade de aprendizagem para outras empresas privadas ao reduzir os custos de entrada no mercado. No caso das vacinas, as externalidades podem ser enormes, pois gerarão novas oportunidades de produção e distribuição — isso sem falar nos ganhos que criam para toda a economia caso o aumento da imunidade ajude a evitar medidas drásticas, como lockdowns.

Acima de tudo, as respostas têm de ser rápidas. O economista Tyler Cowen afirmou que as políticas para lidar com a covid-19 tinham um *prêmio de rapidez* inerente. Atrasos podem impor um aumento de custos à sociedade em períodos posteriores — não só com o aumento no número de mortes, mas também medidas onerosas para compensar políticas ruins que não conseguiram controlar a pandemia.

Trabalhos preliminares sugerem que tanto governos como empresas privadas foram importantes para acelerar as respostas à pandemia. Ruchir Agarwal e Patrick Gaule, por exemplo, analisaram milhares de ensaios clínicos farmacêuticos em 209 países.[40] Cerca de 70% dos ensaios clínicos sobre a covid-19 foram conduzidos por organizações de pesquisa estatais. No entanto, os pesquisadores também descobriram que empresas privadas, sozinhas ou em parceria com governos, fizeram seus projetos avançarem mais rápido para os estágios pré-clínicos.

Voltando à discussão da seção 7.1, também há evidências anedóticas de que a autonomia inserida facilitou o envolvimento de empresas privadas. Embora de início tenha relutado em adotar medidas mais rigorosas para conter o vírus, a Grã-Bretanha apresentou várias iniciativas que levaram a descobertas, articulando os esforços de organizações públicas e privadas. A força-tarefa para a criação de vacinas do país foi liderada por profissionais com alta capacidade técnica, experiência na área comercial e autonomia para criar parcerias intersetoriais.[41]

Tradicionalmente, a Grã-Bretanha concentra grande parte de seus esforços de pesquisa no setor de saúde, o que foi fundamental para acelerar esses novos projetos. O estudo de Agarwal e Gaule também descobriu que grandes empresas privadas com experiência em doenças respiratórias eram duas vezes mais propensas que outras empresas a se envolver em ensaios clínicos. Uma mistura tão complexa de recursos públicos e privados permite que um país alcance o prêmio de velocidade e tenha benefícios na resposta a eventos extremos e carregados de incertezas.[42]

7.5. O apoio público inibe o investimento privado?

Os críticos das políticas industriais argumentam que os gastos públicos têm implicações sistêmicas para toda a economia. Eles podem desviar recursos privados para usos menos produtivos. A possibilidade de aumentar os gastos públicos pode exigir maior tributação dos indivíduos, o que reduz sua capacidade de investir em projetos com foco no aumento da produtividade, ao mesmo tempo que traz o risco de que o dinheiro arrecadado seja usado para financiar operações estatais potencialmente ineficazes. Este é o chamado efeito *crowding out* (também conhecido como efeito substituição).

Um contra-argumento é que a ação do governo pode estimular o investimento privado em situações nas quais esse interesse não teria ocorrido — conforme discutido anteriormente, devido à falta de coordenação ou de descobertas. Nesses casos, a política governamental ocasiona o chamado efeito *crowding in* (efeito complementaridade) de investimentos privados.

Mariana Mazzucato está convencida de que "a ideia de governos fazendo *crowding out* com o setor privado geralmente é falsa. O investimento do governo muitas vezes tem o efeito contrário".[43] O otimismo de Mazzucato, no entanto, não é totalmente justificado. Há evidências tanto de *crowding in* quanto de *crowding out*, dependendo do contexto e dos mecanismos usados pelos governos.

O *crowding in* parece mais provável quando os governos complementam as atividades de fornecedores privados e quando o escopo da intervenção é circunscrito, com objetivos bem definidos. É o caso de políticas como o Start-Up Chile, que oferece apoio inicial a empreendimentos empresariais que posteriormente recebem financiamento privado.[44]

O financiamento público também pode estimular o desenvolvimento inicial de tecnologias cuja comercialização é incerta. Em seguida, as empresas privadas podem liderar os esforços de comercialização, à medida que novas aplicações surgem. Nesse processo, o fundamental é garantir que o apoio público complemente a invenção privada e estimule novas rotas de desenvolvimento.[45]

O *crowding in* também pode acontecer quando os beneficiários do apoio público têm recursos limitados, com acesso restrito a outras fontes de capital.[46] Nesses casos, duas condições-chave são necessárias: em primeiro lugar, os empreendedores que recebem apoio têm boas ideias que não foram postas em prática por falta de financiamento. Em segundo lugar, os patrocinadores privados consideram esse segmento arriscado e, portanto, têm pouco interesse em apoiar empreendedores com restrições de crédito.

No entanto, diversos estudos também detectaram efeitos do *crowding out*. Eles parecem acontecer quando a atividade estatal subsidiada compete pelos mesmos clientes e recursos que as empresas privadas. Por exemplo, os bancos de desenvolvimento podem emprestar a grandes empresas com histórico suficientemente bom para tomar empréstimos de fontes alternativas (privadas). Se essas empresas obtiverem crédito subsidiado — possivelmente por terem forte influência na economia local e laços políticos —, o restante do mercado ficará com empresas de alto risco que talvez tenham dificuldade para obter crédito de bancos privados.[47]

Além disso, toda a economia pode sofrer efeitos sistêmicos não necessariamente capturados por estudos que analisam o efeito direto das políticas sobre os beneficiários. Por exemplo, um programa estatal de financiamento a pequenas empresas pode atrair indivíduos que simplesmente querem ser "seus próprios patrões", mesmo sem ter qualquer ideia ou projeto. Esses indivíduos podem não gerar externalidades de aprendizagem. O crédito público pode acabar estimulando e até perpetuando empresas de baixa produtividade.[48]

Também é importante saber como as políticas são implementadas, seja pelos governos sozinhos ou em parceria com o setor privado. Vejamos o caso do capital de risco: os governos podem selecionar e financiar empreendimentos ou fazer parceria com fundos privados de capital de risco, ajudando na triagem e no monitoramento dos candidatos de cada investimento. Menos afetados pelas conhecidas fontes de falha de governo, o segundo grupo pode escolher possíveis empreendedores com mais cuidado e alocar seu capital de acordo com marcos de crescimento e metas de desempenho.[49]

Além disso — e correndo o risco de soar repetitivo —, os efeitos de *crowding in* e *crowding out* devem depender basicamente das competências governamentais existentes. O estudo de Jessica Bai e coautores descobriu não só que as fontes públicas e privadas de capital parecem funcionar em conjunto, mas também que essa associação positiva é mais forte em países com melhor governança pública.[50]

Governos capazes reduzem os efeitos do *crowding out* evitando atuar em áreas onde o setor privado pode gerar melhores resultados. Formulam políticas que promovem a aprendizagem ou externalidades intersetoriais e monitoram o desempenho de seus beneficiários. E o mais importante: comprometem-se a não expandir ou estender programas de apoio além de seu propósito original — requisito necessário para políticas industriais bem executadas, como analisado a seguir.

7.6. Saber quando parar

Mencionei anteriormente que os pedidos por maior ação governamental geralmente surgem durante as crises, em casos não só de pandemias ou desastres naturais, mas também quando há longos períodos de depressão econômica. A existência de bancos estatais, por exemplo, também se justifica pelo fato de ajudarem a suavizar os ciclos econômicos, ampliando as operações em momentos de escassez de crédito.

Metade dos entrevistados da pesquisa de bancos de desenvolvimento citada na seção 7.2 disse que agiu de forma anticíclica durante a Crise Financeira de 2008.[51] Alegaram que expandiram os empréstimos ou as garantias para compensar os mercados de crédito arruinados e estimular novos investimentos.

O ideal é que as crises sejam temporárias e que o ciclo de expansão pública termine quando o setor privado começar a se recuperar. Dani Rodrik acredita que as políticas industriais devem ter um mandato de duração claro, que ele chama de *cláusula de término*.[52] Os governos podem acompanhar o desempenho de suas políticas e cessar o apoio após determinado período, quando houver sinais de recuperação e desenvolvimento contínuo.

No entanto, vários governos fracassam no cumprimento dessas cláusulas, conforme ilustrado pelo caso do BNDES. Embora o banco estivesse ampliando sua atividade de crédito antes mesmo da crise global de 2008, a depressão que se seguiu levou a novas políticas que expandiram substancialmente suas atividades. De 2008 a 2009, o valor de seus empréstimos aumentou 50%,[53] respaldado por novas dívidas emitidas pelo governo brasileiro. Em 2009, o BNDES emprestou cerca de 78 bilhões de dólares, equivalente a 4,1% do PIB do Brasil.

Luciano Machado, Daniel Grimaldi, Breno Albuquerque e Leonardo Santos estudaram esse período de expansão, com ênfase num programa de crédito fortemente subsidiado com o objetivo de aumentar os investimentos apoiando a compra de itens como maquinário industrial, caminhões, navios e computadores por empresas privadas. A amostra do estudo incluiu mais de 15 mil empresas manufatureiras, das quais cerca de 1,5 mil se beneficiaram do programa.[54]

Nos dois anos seguintes à crise global (2009 e 2010), a política aparentemente desencadeou novos investimentos. Em 2009, o aumento nos investimentos foi maior que a soma dos empréstimos, sugerindo que as empresas estavam com restrições de crédito e, portanto, usaram os empréstimos para alcançar um nível de investimento além do valor total emprestado pelo BNDES. Na média, cada empresa tomou 172 mil dólares emprestados e gerou 203 mil dólares em novos investimentos.

Em 2010, porém, os investimentos agregados foram inferiores ao valor dos empréstimos. As empresas contraíram mais empréstimos do que no ano anterior: 279 mil dólares em média. No entanto, apenas parte desse valor resultou em novos investimentos, 163 mil dólares.

Cerca de 42% dos empréstimos foram usados para outros fins que não o investimento em novos bens de capital que não teriam sido adquiridos sem o crédito subsidiado.

Existem várias explicações para esses resultados. Dada a rápida recuperação da economia brasileira após a crise, as empresas provavelmente ficaram menos restritas financeiramente do que em 2009. Em 2010, o crescimento anual do PIB foi de 7,5%, em comparação com 0,1% do ano anterior. As empresas poderiam, portanto, obter crédito em outro lugar e financiar pelo menos parte do investimento sem precisar recorrer a financiamento subsidiado.

Esses resultados poderiam ter sido ainda piores se a amostra estivesse limitada a grandes empresas com menos restrições financeiras. Trabalhando em parceria com Aldo Musacchio, Rodrigo Bandeira de Mello e Rosilene Marcon, estudamos o impacto dos empréstimos do BNDES no desempenho e no investimento de empresas com ações na Bolsa. E de fato esses empréstimos tendem a ser maiores e mais equipados para acessar vários canais de crédito.[55]

Seria normal imaginar que o BNDES não visaria essas empresas, uma vez que não se espera que tenham recursos limitados. No entanto, com base nas informações disponíveis no nosso banco de dados, elas representavam 31% dos empréstimos em aberto do banco de desenvolvimento em 2009. Comparando empresas com diversos níveis de exposição a empréstimos do BNDES, não conseguimos detectar qualquer efeito desses empréstimos sobre o investimento.[56] O único efeito que detectamos foi uma redução nas despesas financeiras, o que é fácil de entender, visto que as taxas de juros do BNDES estavam bem abaixo das taxas nos mercados de crédito privado.

Assim, as empresas aparentemente estavam pegando subsídios públicos onerosos sem mudar a maneira como investiam. Estavam substituindo fontes de crédito privado por empréstimos governamentais baratos. Com isso, o BNDES provavelmente inibiu o desenvolvimento dos mercados financeiros privados: os melhores tomadores de crédito, com bons históricos e baixo risco de crédito, obviamente preferiram as taxas subsidiadas do banco de desenvolvimento.

Apesar das críticas e das evidências de que seus programas pareciam ter perdido a eficácia, o BNDES continuou a trajetória de expansão. Antes da crise financeira, entre 2005 e 2008, a proporção de desembolsos anuais de empréstimos em relação ao PIB era de 2,3%; depois, entre 2009 e 2013, chegou a 3,7%.[57] O BNDES estava no mesmo nível de vários outros grandes bancos de desenvolvimento ao redor do mundo. Em 2012, os empréstimos em aberto do BNDES atingiram 11,3% do PIB do Brasil, próximo dos empréstimos em aberto do KfW, da Alemanha (15,5%), e do Banco de Desenvolvimento da China (12,4%).

Embora as atividades do banco estivessem, em princípio, vinculadas a um plano de política industrial com metas de resultados, os gestores públicos aparentemente não perseguiram cláusulas de extinção. A maioria das metas não foi atingida, mas os gestores não mudaram a estratégia do banco. Em 2010, um alto executivo do BNDES escreveu sobre as metas: "Não cumpri-las não significa necessariamente um insucesso, mas impõe novos esforços de avaliação e planejamento". Para ele, "a política deve ter um norte, mas ser flexível e adaptável às circunstâncias".[58]

A expansão descontrolada do BNDES levou a um forte aumento da dívida pública e, juntamente a outras políticas fracassadas, causou uma grave crise fiscal no país. Após muita discussão, em 2017 uma nova lei foi aprovada pelo Congresso, reduzindo os subsídios associados às linhas de crédito do banco. Posteriormente, o BNDES desenvolveu uma unidade interna de monitoramento e avaliação do impacto social de seus programas. O banco também reorientou e reduziu suas operações.

Alice Amsden escreveu certa vez que "o ponto mais fraco dos bancos de desenvolvimento [...] não é gastar com as indústrias erradas, mas gastar *demais*" (grifo do original).[59] A história recente do BNDES e de outras organizações públicas de fomento reforça essa preocupação. O apoio público pode ser uma ferramenta poderosa para estimular as competências privadas, mas para isso os governos precisarão conhecer seus próprios limites. Quando o assunto é política industrial, menos pode significar mais.

8
Um roteiro para a privatização (e suas alternativas)

NA DÉCADA DE 1990, inspirados por experimentos de liberalização econômica, e após o colapso de diversas economias centralizadas, os formuladores de políticas começaram a pregar disciplina fiscal, mercados abertos e redução do Estado. O economista John Williamson (1937-2021) chamou essas políticas de "Consenso de Washington" — aludindo aos vários institutos e organizações multilaterais localizados na capital dos Estados Unidos e defendendo reformas orientadas para os mercados.[1]

Décadas depois, após numerosos estudos analisarem o desempenho dos programas de privatização, o quadro que se apresenta é variado e matizado. Algumas reformas ficaram incompletas ou até mesmo foram revertidas. O Estado manteve a presença em diversos setores e, em alguns casos, empresas privatizadas foram nacionalizadas. William Megginson descobriu que "no período de 2001 a 2012, os governos *adquiriram* mais ativos por meio de compras de ações (1,52 trilhão de dólares) do que venderam por meio de privatizações por emissão de ações e vendas diretas (1,48 trilhão de dólares)" (grifo no original).[2]

Vários fatores explicam essa tendência inesperada. Em primeiro lugar, a expectativa inicial de que os programas de privatização reduziriam em grande parte a presença do Estado não era realista. A oposição doméstica a esses programas levou muitos governos a manterem participações nas empresas privatizadas e alavancar novas formas de investimento estatal por meio de diversos canais de financiamento público. Alguns até apontaram o *capitalismo de Estado* como uma nova ordem econômica em que os governos apoiam e investem em empresas com capital misto.[3]

Além disso houve diversos problemas na concepção e na implementação dos programas de privatização. Esses problemas são esmiuçados na análise aprofundada de Vivien Foster e Anshul Rana sobre as reformas do setor elétrico em economias emergentes e em desenvolvimento.[4] O estudo revela diversas *falhas de privatização* ocorridas em diferentes momentos da passagem do controle estatal para o privado: durante a implementação da privatização e também após a conclusão do processo.

Segundo Foster e Rana, a privatização da companhia de eletricidade Senelec, no Senegal do fim da década de 1990, gerou muita controvérsia na fase preparatória. Um ponto-chave foi a proposta de redução de custos operacionais com a demissão de 15% do quadro de funcionários. Após dias de conflito com os sindicatos, o governo recuou da proposta inicial de privatizar o controle majoritário da empresa e decidiu vender apenas uma participação minoritária.

Assim, nas fases preparatórias, as privatizações podem fracassar devido a análises mal feitas e à falta de amplas discussões sobre o assunto, debatendo apenas de forma superficial ou não deixando claro quais os possíveis ganhos de eficácia e inclusão do processo. Os críticos da intervenção estatal muitas vezes presumem que esses ganhos estão garantidos, ignorando a teoria e as evidências de que a privatização tem benefícios, mas também custos, e que os dois são distribuídos de forma assimétrica entre os stakeholders.

Como resultado, as propostas de privatização de atividades públicas e estatais tendem a ser apressadas e carentes de informação. Não há discussões suficientes sobre como as privatizações podem beneficiar a sociedade. A falta de mecanismos institucionalizados e de legislação aumenta ainda mais o receio de que as privatizações sirvam apenas para beneficiar empresas privadas selecionadas e os funcionários públicos encarregados do processo de privatização em si.

Essas percepções são mais fortes quando não se dá atenção suficiente à fase de implementação. Na Tanzânia, estatais assinaram vários acordos para a compra de energia de produtores independentes, escolhidos por meio de negociações diretas, em vez de licitações competitivas. Houve acusações de compadrio e corrupção, com diversos casos de contestação e arbitragem que acabaram levando à exoneração de importantes funcionários públicos.

Assim, é possível que as privatizações fracassem na fase de implementação devido à falta de critérios e mecanismos transparentes para selecionar empresas privadas, o que pode levar a conflitos e batalhas judiciais. Esses problemas também podem resultar de um projeto mal concebido na fase preparatória e da falta de processos bem estabelecidos para regular a passagem da propriedade estatal para a propriedade privada.

Foster e Rana também mostram que os problemas persistem na fase pós-privatização. No Senegal, a privatização parcial da Senelec envolveu um consórcio liderado pela canadense Hydro-Quebec International e pela francesa Elyo. Criticadas pela falta de investimento na infraestrutura de serviços públicos, as empresas argumentaram que precisariam aumentar as tarifas de serviço para garantir uma taxa mínima de retorno. Na virada do século, com um novo governo, a Senelec acabou sendo renacionalizada.

Esse não foi um caso isolado — reversões de privatização no setor de energia foram observadas em quarenta transações de vinte países. Na Bolívia, por exemplo, quatro empresas envolvidas na geração e distribuição de eletricidade foram estatizadas em 2010. Reestatizações também foram observadas em outros setores. Na Bolívia, contratos com empresas privadas de fornecimento de água foram cancelados após alegações de que as operadoras cobravam preços excessivos e não cumpriam as metas de acesso à rede de fornecimento.[5]

De modo geral, o fracasso pós-privatização pode acontecer devido ao mau desempenho na prestação do serviço em termos de eficácia e inclusão. Nos monopólios naturais, uma regulamentação tarifária defeituosa pode fazer com que os preços estabelecidos sejam muito altos, o que por sua vez pode provocar divergências públicas. Por outro lado, quando o governo tenta manter os preços artificialmente baixos, o investimento privado pode ser insuficiente.

O processo também pode falhar se os governos se desviarem dos objetivos iniciais de atrair capital privado e melhorar a prestação de serviços. Mesmo que empresas ou atividades sejam privatizadas, os governos podem se manter influentes como provedores de capital, e seus representantes podem se tornar membros dos conselhos de administração. É possível influenciar estratégias das empresas já privatizadas para atingir objetivos políticos pessoais. Conforme colocado por Andrei Shleifer e Robert Vishny, "não existe uma linha mágica que separe as empresas dos políticos após serem privatizadas".[6]

Como evitar essas falhas? E o que os governos podem fazer quando encontrarem fortes barreiras à privatização de serviços essenciais, mesmo quando são mal executados e geridos pelo Estado?

8.1. Um processo de privatização

A Figura 8.1 mostra uma sequência de passos sugeridos para evitar as falhas de privatização que discutimos. Ela apresenta as fases gerais de cada etapa da privatização, além de algumas medidas mais específicas, dependendo do tipo de privatização.

O processo distingue privatizações por delegação, nas quais os governos terceirizam a gestão de ativos públicos para operadores privados por um período determinado — arranjo que nos capítulos anteriores foi denominado colaboração público-privada — e privatizações por alienação, quando a estatal é vendida total ou parcialmente a investidores privados.[7]

FASE PREPARATÓRIA

Embora muitos programas de privatização em larga escala tenham surgido pela necessidade de reduzir a dívida pública e os déficits fiscais usando receitas de concessões ou desinvestimentos privados,[8] o

	Fase preparatória	*Fase de implementação*	*Fase pós-privatização*
Possíveis fontes de falha	▪ Ganhos incertos em eficácia e inclusão. ▪ Falta de engajamento e discussão com os principais stakeholders. ▪ Falta de mecanismos institucionalizados e leis para disciplinar os programas de privatização.	▪ Falta de critérios e mecanismos transparentes para selecionar as empresas privadas. ▪ Decisões contestadas por tribunais de contas e reguladores.	▪ Baixo desempenho em eficácia e inclusão. ▪ Má regulamentação de tarifas em monopólios naturais. ▪ Reversões e renacionalizações. ▪ Interferências discricionárias do Estado.
Ações necessárias para mitigar possíveis falhas	▪ Análise dos argumentos: ganhos e custos sociais esperados da privatização. ▪ Consulta pública e envolvimento dos principais stakeholders. ▪ Arranjos de governança para promover a eficácia e a inclusão. ▪ Melhorias nas leis e regulamentações de autorização. ▪ Definição da unidade pública responsável pela condução do processo de privatização.	▪ Elaboração de licitações competitivas com informações e critérios transparentes de seleção. ▪ Auditoria externa e independente. ▪ Comitês de monitoramento organizados pela unidade pública condutora do processo de privatização.	▪ Monitoramento do desempenho e das metas contratuais. ▪ Monitoramento de preços e práticas competitivas. ▪ Compromisso com regras preestabelecidas, caso seja preciso fazer ajustes em termos contratuais.
Etapas adicionais, dependendo do tipo de privatização	Por delegação: ▪ Criação de unidades de colaboração público-privadas, especialmente em países com baixo desenvolvimento institucional. Por alienação: ▪ Fazer *due diligence* e aprimorar a governança das empresas. ▪ Definição da forma de venda. ▪ Medidas compensatórias (por exemplo, no caso de demissões).	Por delegação: ▪ Critérios para a alocação de recursos públicos a compradores em potencial, se necessário. ▪ Garantias governamentais em caso de projetos patrocinados de longo prazo. Por alienação: ▪ Arranjos antitruste, especialmente se os compradores em potencial forem líderes do setor.	Por delegação: ▪ Estudos detalhados de impacto do serviço. Por alienação: ▪ Mecanismos de governança e legais para proteger os acionistas privados da interferência estatal remanescente.

Figura 8.1. O processo de privatização: possíveis fontes de falha e passos fundamentais para evitá-las

principal argumento em defesa da privatização é a possibilidade de aumentar a eficácia e a inclusão dos serviços, considerando as restrições impostas pelas percepções de legitimidade.

Portanto, os defensores da privatização devem articular de forma clara os benefícios e custos esperados na passagem da gestão estatal para a privada. Conforme discutido no Capítulo 3, essa avaliação pode envolver cálculos diretos de ganhos sociais líquidos (por exemplo, análise de custo-benefício) ou critérios baseados em regras (heurísticas) e fundamentados nos atributos das atividades que podem criar oportunidades e riscos para o envolvimento de empresas privadas em atividades públicas.

Essa análise também deve fornecer uma imagem mais clara dos principais objetivos dos programas de privatização e seus resultados desejados — o primeiro passo necessário para definir as metas de operadores privados e indicadores de monitoramento. Demandas que emanam de um contrato social existente — como disposições constitucionais formais — também podem levar a priorizar alternativas que foquem nos desfavorecidos e promovam a inclusão (ver Capítulo 2, seção 2.4).

Essa fase inicial deve gerar uma proposta preliminar de privatização que possa ser submetida à consulta pública, com ampla participação dos principais stakeholders — membros das organizações públicas afetadas, legisladores, empresas privadas e representantes de beneficiários.

Esse passo é essencial para superar as barreiras processuais e estruturais à legitimidade (ver Capítulo 3, seção 3.4). Do ponto de vista processual, a consulta pública permite que os formuladores de políticas recebam insumos das partes interessadas e amenizem seus receios de que a privatização vá prejudicar a eficácia e/ou a inclusão. A consulta e o envolvimento públicos também devem ajudar a reduzir as barreiras estruturais à legitimidade, trazendo múltiplas vozes e perspectivas à mesa, evitando, assim, que o processo como um todo seja capturado por interesses privados ou bloqueado unilateralmente por grupos de oposição.

O envolvimento de diversos atores é importante sobretudo no caso de atividades essenciais que normalmente são vistas como "públicas" e de responsabilidade exclusiva do Estado — como segurança, educação ou serviços básicos de saúde.[9] Grupos de oposição — como sindicatos de estatais e grupos de interesse que defendem uma atuação forte do Estado —, geralmente alegam que as empresas privadas envolvidas maximizam os lucros, tendem a negligenciar os objetivos sociais e não demonstram probidade.

Muitas vezes essas preocupações se justificam e devem ser resolvidas pelos remédios de governança apropriados (detalhados no Capítulo 3). Por exemplo, as atividades privatizadas podem ficar sujeitas a metas claras de qualidade e acesso, as quais podem ser supervisionadas diretamente e/ou sujeitas a pagamentos por resultado. Se esses arranjos forem inviáveis ou impraticáveis, a opção de privatização pode até ser descartada.

A legitimidade também pode se beneficiar de melhorias em leis e regulamentos, com leis gerais que aprovem a venda de ativos estatais (no caso de privatização por alienação) ou leis que especifiquem mecanismos de terceirização de atividades para empresas privadas (no caso de privatização por delegação). Nesse ponto, as agências antitruste também podem ser envolvidas, para coibir o comportamento anticompetitivo durante e após a transferência da propriedade do Estado para empresas privadas.

A criação ou o reforço de agências reguladoras também deve aumentar a confiança de que as atividades da empresa, já sob propriedade privada, serão fiscalizadas e monitoradas, o que tende a aumentar o apoio público aos programas de privatização (conforme mostrado no Capítulo 3, seção 3.4, e também no Anexo 3). Além disso, o próprio processo da discussão e deliberação sobre esses mecanismos é uma maneira de dar espaço a múltiplas vozes e abordar as principais preocupações.[10]

Como preparação para a fase seguinte — implementação —, também é importante definir qual unidade pública comandará a concepção e a execução do processo. Alguns países criam agências ou comitês especializados em privatização, enquanto outros utilizam unidades públicas já existentes (como agências de desenvolvimento).[11] Seja qual for o agente de privatização escolhido, ele deve ter um mandato claro e recursos estatais suficientes para mobilizar, executar e se comprometer com as metas políticas especificadas.

Conforme mostra a Figura 8.1, também existem alguns passos específicos que dependem do tipo de privatização. Quando as atividades públicas são delegadas a gestores privados e envolvem a supervisão estatal, podem se beneficiar da presença de unidades especializadas e capazes de elaborar e monitorar contratos entre empresas públicas e privadas. E conforme discutido no Capítulo 4, seção 4.3, essas unidades serão fundamentais em países com instituições nacionais mais frágeis e em projetos com grande escopo privado, exigindo investimentos especializados grandes e de longo prazo.

Nas privatizações por alienação, os governos vão querer maximizar as receitas que recebem com a venda de seus ativos e, portanto, se esforçarão para aumentar a confiança dos possíveis compradores no que pretendem vender. Portanto, as estatais a serem privatizadas devem ser submetidas a um exame criterioso dos seus resultados, ativos e processos (*due diligence*), e suas práticas de governança devem ser aprimoradas — com prestação de contas, escolha de gestores de acordo com critérios técnicos e conselhos deliberativos institucionalizados.

Uma decisão importante e que tem sido alvo de vários estudos é a forma de venda. Os governos podem vender diretamente o controle das estatais para empresas privadas ou investidores. Embora menos dispendioso e demorado do que um leilão, esse processo tem mais chance de ser contestado, sob a suspeita de que pode não ter havido seleção aberta e competitiva de possíveis compradores. Os governos também podem vender as ações das estatais por meio de leilões públicos, tarefa facilitada quando elas já forem negociadas em bolsas de valores. Embora mais transparente e competitivo, esse mecanismo requer a presença de mercados de capitais bem desenvolvidos — bolsas de valores bem organizadas, leis específicas e um volume razoável de compradores em potencial.[12]

Alguns países também passam por "privatizações em massa" — , nas quais os cidadãos recebem vales para comprar pequenas partes de estatais. Esse método foi implementado em economias em transição, saindo da economia planificada, como os países do antigo bloco soviético. À primeira vista, a ideia de vender estatais aos cidadãos parece atraente, devido à possibilidade de obter amplo apoio à privatização. Na prática, porém, resultou em distorções ao longo da cadeia. Por exemplo, em alguns casos, as ações das estatais foram vendidas para seus próprios gestores. Embora ter gestores como proprietários em teoria atenue o problema do principal-agente, as ações que estes gestores detinham individualmente eram poucas e dispersas. Os gestores tinham poucos incentivos para melhorar o desempenho das empresas privatizadas.[13]

Como um esforço para reduzir o efeito assimétrico das privatizações sobre determinados stakeholders, os governos também podem propor medidas compensatórias. É de se esperar que uma empresa privada que queira comprar uma estatal tente cortar custos e agilizar as operações. No entanto, esse esforço pode desencadear grandes ondas de demissão. Conforme visto no exemplo da Senelec, haverá forte oposição de sindicatos e de representantes dos servidores das estatais. Portanto, a privatização por alienação pode ser acompanhada de políticas públicas que ofereçam apoio temporário à força de trabalho desempregada e intervenções sociais complementares para ajudá-la a encontrar outros empregos.[14]

FASE DE IMPLEMENTAÇÃO

Após a fase preparatória, os governos precisarão definir procedimentos para implementar a transição da gestão estatal para a gestão privada. Na maioria dos casos, para garantir transparência e reduzir alegações de parcialidade, os governos elaboram processos de licitação pública por meio de leilões abertos e competitivos.[15] Se houver participação de diversas empresas privadas, os leilões aumentam as receitas dos governos com a venda das estatais ou com pagamentos que empresas privadas farão pelo direito de operar as concessões públicas.

Para aumentar a transparência e a prestação de contas, é preciso que haja supervisão, feita por atores externos e societários (ver Capítulo 4, seção 4.2). Tribunais de contas devem ser acionados com o objetivo de aconselhar sobre os procedimentos legais e supervisionar a seleção das empresas participantes. Também é possível criar comissões de monitoramento — com representantes de diversos grupos de stakeholders —, para receber informações detalhadas sobre os leilões, as empresas participantes e os critérios adotados para escolher os vencedores.

Conforme mencionado, dependendo do tipo de privatização algumas etapas adicionais serão necessárias. Na privatização por delegação, talvez o patrocínio estatal seja necessário — como no caso de políticas de subsídio a populações vulneráveis ou de incentivo a intervenções sociais complementares. Uma possibilidade é vincular os pagamentos públicos a métricas de resultados bem definidas, conforme discutido no Capítulo 5. Para evitar o *crowding out* de fontes privadas de capital, o financiamento público deve se concentrar no apoio a atividades ou segmentos em que há pouco interesse de empresas privadas.

Algumas colaborações público-privadas são parcialmente ou até totalmente financiadas pelos governos — como presídios com contratos de terceirização privada ou escolas charter voltadas para alunos de baixa renda. No entanto, os governos podem não honrar os pagamentos prometidos e tentar renegociar as cláusulas contratuais. A percepção de risco aumenta quando o contrato com a empresa privada envolve um escopo maior. Por exemplo, o operador de um presídio também pode ter que investir na infraestrutura da prisão. Nesses casos, os governos também terão que oferecer garantias de pagamento. Podem criar fundos públicos especializados com ativos públicos líquidos que podem ser acessados automaticamente por operadores privados em caso de quebra de contrato.

Nas privatizações por alienação, pode ser preocupante definir quem vai comprar a estatal, pois os operadores do setor podem usar as privatizações para reduzir o número de empresas concorrentes.[16] Com menos competidores, eles terão menos incentivos para aumentar a produtividade e a qualidade, reduzindo a eficácia. A concentração também prejudica a inclusão, se as empresas restringirem a sua oferta e cobrarem preços excessivamente altos.

Dependendo da legislação do país, impedir a participação de operadores do setor em leilões públicos pode ser ilegal ou, pelo menos, passível de disputa judicial. No entanto, as agências antitruste podem condicionar a aprovação de compras à análise da concorrência pós-privatização. Também podem impor medidas compensatórias — por exemplo, exigir que grandes compradores vendam parte de suas operações existentes para evitar o acúmulo de um poder excessivo de mercado.

FASE PÓS-PRIVATIZAÇÃO

O monitoramento do desempenho após a privatização garante que os gestores privados permaneçam alinhados com os objetivos de eficácia e inclusão estabelecidos na fase preparatória. A falta de monitoramento pode gerar resultados ruins e levar os governos a reverterem ou diminuírem as iniciativas de privatização.[17]

Uma possibilidade é fazer com que as agências reguladoras monitorem um painel de indicadores que reflita a qualidade e o acesso ao serviço. Como os operadores privados muitas vezes são empresas com atuação em diversas áreas e atividades, é possível que em algum momento fiquem sob o escrutínio de diversas agências públicas.

Por outro lado, a privatização por delegação pode envolver acordos mais focados, cujo desempenho pode ser analisado em detalhes com estudos de avaliação de impacto (por exemplo, avaliações da aprendizagem dos alunos em escolas charter ou indicadores de reincidência em presídios terceirizados). Essas avaliações serão obrigatórias se contratos de pagamento por impacto estiverem em vigor.

Além disso, mesmo que haja concorrência na fase de implementação, em algum momento um único operador ou poucos operadores serão selecionados para executar as atividades. Conflitos tendem a surgir sobretudo no caso de monopólios naturais, em que as tarifas e áreas de serviço são reguladas, e em contextos onde os operadores são obrigadas a fazer grandes investimentos especializados. É o caso de serviços públicos como eletricidade, água, saneamento básico e telecomunicações.

Nesses cenários, os reguladores vão ter de lidar com dilemas fundamentais. É possível que, após eventos inesperados (por exemplo, crises econômicas ou aumentos repentinos nos custos de insumos), os operadores privados solicitem alterações nas tarifas reguladas ou nos pagamentos do governo, para ajustar sua taxa de retorno. No entanto, renegociações frequentes podem abrir canais de influência inadequada e corrupção. Na fase preparatória, operadores bem relacionados podem tentar fazer lobby junto aos reguladores e aumentar seus lucros além do que seria esperado na fase preparatória.

Existem discussões especializadas sobre os prós e contras de práticas alternativas de regulação tarifária, mas elas estão fora do escopo deste livro.[18] Uma recomendação geral, com base na discussão sobre o compromisso regulatório no Capítulo 4 (seção 4.2), é definir e seguir regras transparentes, incluindo normas sobre reajuste de tarifas. O estudo de Foster e Rana sobre o setor elétrico constatou que a maioria dos países adota reajustes automáticos nas tarifas com base em variáveis externas que influenciam sobremaneira os custos dos serviços (como preços do petróleo ou taxas de câmbio).[19]

Nas privatizações por alienação, os governos podem decidir manter participações acionárias nas estatais privatizadas ou usar a autoridade política para exercer influência na indicação de executivos e membros do conselho. Com canais diretos de influência, os governos podem contornar os fóruns de governança e impor sua agenda política.[20] Por exemplo, um governo pode pedir aos gestores de uma empresa que mantenham os preços baixos ou invistam em áreas pouco lucrativas para agradar seus eleitores.

Para evitar intervenções discricionárias desse tipo, é possível utilizar uma série de mecanismos complementares. As agências reguladoras independentes devem fazer cumprir as regras aplicáveis a todos os atores, sejam eles governamentais ou não. Se os gestores públicos quiserem mudar as regras, devem compensar os compradores privados pelas perdas que podem sofrer se forem solicitados a se desviar dos acordos originais. A legislação local que protege os interesses dos acionistas privados também pode exigir que as estratégias corporativas sejam discutidas e aprovadas por conselhos deliberativos compostos por membros independentes e qualificados.

8.2. Privatização nacionalista

A privatização é criticada não apenas só por permitir que empresas privadas assumam atividades públicas. Como os participantes privados em grandes programas de privatização podem ser investidores estrangeiros, também existe a preocupação sobre a exploração de recursos valiosos (como minas ou campos de petróleo) e a administração de serviços essenciais que tradicionalmente são geridos por atores locais.

Essas preocupações ganham força a partir da argumentação de que países em desenvolvimento podem se tornar "dependentes" das economias industrializadas, cujas empresas querem apenas importar produtos básicos e exportar suas tecnologias avançadas. Sem recursos sofisticados de produção, os países em desenvolvimento podem se ver incapacitados de abordar e resolver seus problemas locais.[21] Pense, por exemplo, na capacidade das empresas farmacêuticas locais de tratar doenças que só afetam países pobres, ou insumos agrícolas que precisam ser adaptados a condições climáticas geograficamente específicas.

Portanto, ao vender estatais, formular colaborações público-privadas ou estruturar programas de compras públicas, os governos podem se sentir pressionados a dar preferência a atores domésticos. Por exemplo, as empresas estrangeiras que queiram comprar estatais podem ser obrigadas a formar consórcios com proprietários locais. Os governos também podem dar preferência explícita a empresas locais em licitações públicas — por exemplo, quando o governo vai comprar insumos ou contratar serviços. Assim, os participantes nacionais podem ganhar uma licitação mesmo que ofereçam alguns pontos percentuais mais caros que a oferta mais baixa de um licitante estrangeiro.

Esse tipo de preferência não é necessariamente ruim. Os teóricos de leilões demonstraram que dar preferência a certos atores "desfavorecidos" pode, surpreendentemente, melhorar os resultados de uma licitação.[22]

Imagine, por exemplo, que os atores nacionais sejam menos produtivos e tenham custos mais elevados do que os concorrentes estrangeiros. Talvez as empresas estrangeiras não queiram fazer lances muito agressivos porque reconhecem sua vantagem natural. Assim, esse mecanismo de preferência por empresas nacionais pode instigar as estrangeiras a reduzirem seus lances na licitação, o que por sua vez reduz o montante que o governo terá que pagar pelos itens adquiridos.

Mas existe um efeito colateral: essas preferências podem afugentar possíveis participantes.[23] Com menos concorrentes, as licitações podem acabar sendo preenchidas por um punhado de licitantes que se conhecem e podem até entrar em conluio. O governo acabaria pagando a mais e tendo uma redução nos ganhos da implementação de leilões públicos.

Também não está claro se os atores estrangeiros sempre terão vantagem. Pesquisas sobre negócios internacionais têm mostrado que as empresas ingressantes em mercados estrangeiros enfrentam uma *desvantagem por serem estrangeiras*. Comparando-os com grupos e investidores domésticos, é provável que tenham conhecimento limitado da política local e dos procedimentos regulatórios, que podem ser bastante labirínticos e voláteis.

Para superar essa desvantagem, as empresas estrangeiras podem tentar se aliar a atores locais. No entanto, estes provavelmente vão explorar o poder de barganha por terem maior conhecimento das leis do país. Atores locais com boas conexões políticas também podem influenciar seus governos e aumentar os benefícios de tê-los como parceiros valiosos. Assim, a dependência pode ter a ordem inversa: a empresa estrangeira pode precisar confiar de olhos fechados em parceiros domésticos e suas conexões.[24]

Além disso, vários estudos confirmaram que empresas estrangeiras com tecnologias e processos avançados geram *respingos de aprendizagem* para os atores locais. É verdade que as multinacionais estabelecidas podem superar as empresas nacionais que não tenham seu conhecimento e sua experiência na área tecnológica. No entanto, as multinacionais geralmente precisam contratar fornecedores ou distribuidores locais. Também fazem parcerias com consultores e institutos de pesquisa para adaptar seus produtos e serviços. Nesse processo, os atores nacionais podem aprender com os parceiros estrangeiros e melhorar as próprias habilidades.

Mas, para se beneficiar de respingos de aprendizagem, os atores locais também precisam de certo grau de expertise que lhes permita entender e atender às demandas dos parceiros estrangeiros. As empresas que provavelmente aprenderão com parcerias externas são as que tiverem a oportunidade de melhorar suas operações e aumentar sua produtividade, além de já possuírem alguma capacidade de assimilar conhecimentos e desenvolver habilidades.[25]

Assim, temos outro papel para políticas industriais bem elaboradas, tema do capítulo anterior. Programas de treinamento, pesquisas em universidades locais e incentivos à inovação empresarial podem ajudar a preparar os atores locais para receber e incorporar as melhores práticas e tecnologias de empresas estrangeiras. Com essas políticas em vigor, quem quiser privatizar uma empresa estatal ou participar de contratos públicos estará mais propenso a se envolver e se conectar com empresas nacionais que gerenciam atividades e serviços complementares. Com isso, espera-se que não só a produtividade e a qualidade do serviço aumentem, mas também a legitimidade de todo o processo, pois a privatização pode renovar as indústrias locais com uma ampla gama de participantes dentro e fora do país.

8.3. Quando o público ganha cara de privado

Em muitos casos, mesmo com um forte argumento a favor da privatização, os governos não conseguem passar pelas etapas discutidas na seção 8.1 devido à oposição ferrenha de sindicatos, grupos de interesse e políticos que querem manter o controle do orçamento canalizado para as instituições públicas já existentes. Assim, os países têm explorado um caminho alternativo: em vez de privatizar, tentaram reformar o sistema estatal, essencialmente fazendo com que as organizações públicas passem a agir mais como empresas privadas.

Um primeiro passo é transformar as instituições públicas em corporações independentes, controladas pelo Estado, com gestão mais autônoma e uma contabilidade própria. Ao se tornarem corporações, elas também passam a estar sujeitas a regulamentações trabalhistas diferentes, reduzindo a desvantagem de depender de burocratas públicos com estabilidade no cargo, que não podem ser demitidos mesmo que apresentem um desempenho consistentemente baixo. Com um orçamento e uma contabilidade específicos, melhoram também a prestação de contas e a auditoria.

No entanto, as corporações totalmente controladas pelo Estado ainda enfrentarão vários desafios. Veja o caso da Pemex, petrolífera nacional do México. Embora tenha seguido esse caminho, na prática a Pemex atua como um departamento público, cujo orçamento recebe forte influência de funcionários públicos e cujos lucros são, em grande parte, canalizados para o Estado. Como resultado, a capacidade para investir e financiar grandes projetos é limitada, o que ajuda a explicar por que a Pemex foi reduzindo consistentemente sua produção de petróleo ao longo dos anos.[26]

As estatais podem dar um passo adiante e atrair investidores privados externos na forma de novos proprietários ou de supridor de crédito. Geralmente, esse movimento envolve a abertura de capital, quando investidores e fundos podem comprar ações e se tornar proprietários minoritários de uma estatal. Mas ainda assim o governo mantém o controle da empresa. Aldo Musacchio e eu nomeamos esse modelo de "Leviatã como investidor majoritário".[27]

Existem muitos exemplos de estatais com capital parcial de investidores privados em todo o mundo, incluindo a Telenor da Noruega (telecomunicações), a Rosneft da Rússia (petróleo e gás) e o Banco Industrial da Coreia. Diversos setores industriais da China abundam em estatais controladas pelo governo, dono da maioria das ações das empresas. São os casos da China Petroleum & Chemical Corporation, da China Power International Development e da China Telecommunications Corporation. Essas estatais chinesas são controladas por uma estatal centralizada, a Comissão de Supervisão e Administração de Ativos Estatais (SASAC).

Em geral, quando uma empresa pública atende aos rigorosos requisitos de transparência dos mercados de ações e atrai investidores especializados, como gestores de grandes fundos de investimento, ela é comprometida com as melhores práticas de governança, apresenta relatórios detalhados e tem diversos comitês de gestão e auditoria. Também pode contratar executivos profissionais e oferecer salários por desempenho, o que ajuda a mitigar o problema do principal-agente.

Alguns estudos descobriram ganhos na transição do controle estatal total para o controle parcial — também chamado de *privatização parcial*. Sharon Poczter, por exemplo, comparou estatais parcialmente privatizadas na Indonésia com empresas que permaneceram sob propriedade total do Estado. Como ambos os grupos ainda eram controlados pelos governos, o estudo pôde identificar o efeito dos investidores externos enquanto proprietários minoritários pressionando por mais transparência e governança. Poczter concluiu que a produtividade das estatais parcialmente privatizadas aumentou entre 9% e 13%.[28]

Voltando à discussão na seção anterior, as privatizações parciais também podem atrair investidores estrangeiros e, portanto, ajudar as estatais a internacionalizarem suas operações. Quando se tornam multinacionais estatais, elas podem competir em mercados globais agressivos. O aumento da concorrência estimula os gestores a serem produtivos e pode reduzir a tentação dos governos de intervir politicamente nas estatais — o que pode ser letal para a capacidade da empresa de investir e se expandir.[29]

Mas às vezes os governos não conseguem conter a tentação de intervir, mesmo em estatais com ações na Bolsa. Eles mantêm o controle majoritário das estatais e, portanto, têm o poder de indicar gestores e de determinar objetivos estratégicos da empresa. Mesmo que essas metas incluam objetivos sociais — afinal, a empresa é estatal —, o problema surge quando os governos mudam suas políticas a todo momento e pressionam os gestores a implementar estratégias populistas.

Por outro lado, os governos podem privatizar o controle da empresa, mas manter participações minoritárias — é o modelo "Leviatã como investidor minoritário". O controle privado implica que os investidores terão autonomia na gestão da empresa e na escolha de executivos. Com isso, em tese, os servidores públicos têm menos influência direta nas estratégias corporativas.[30]

Como os governos vão manter uma participação nessas empresas — elas ainda serão estatais, embora com capital estatal minoritário —, o modelo do Leviatã como investidor minoritário pode enfrentar menos oposição do que aconteceria no caso de desinvestimentos completos, em que a propriedade estatal é totalmente vendida a atores privados.

Na década de 1990, grande parte das privatizações envolveu a venda de ações majoritárias para investidores privados, com o Estado mantendo parcelas minoritárias.[31] Os governos usaram diversos veículos de investimento estatais, como fundos de pensão, bancos de desenvolvimento e fundos soberanos.

A Temasek, grande fundo estatal de Singapura, ilustra ambos os modelos, majoritário e minoritário. Com um portfólio total de cerca de 227 bilhões de dólares em 2020, a Temasek detém participações minoritárias em uma ampla gama de empresas ao redor do mundo e também é acionista majoritária de empresas como a Singapore Airlines e a Singapore Power. O fundo também se tornou um investidor de impacto (ver Capítulo 6). Em 2021, a Temasek apoiou a Leapfrog Investments, fundo voltado para serviços de finanças e saúde em países emergentes e em desenvolvimento. Também investiu na BioNTech, empresa alemã de biotecnologia cuja vacina de mRNA da covid-19 foi fabricada e distribuída em colaboração com a Pfizer.[32]

A pesquisa mostrou que, mesmo não garantindo influência direta do Estado nas estratégias da empresa privatizada, em certos casos essas participações minoritárias do governo podem aumentar a capacidade da empresa de garantir capital a longo prazo e investir em projetos nos quais, a princípio, não investiriam.[33]

A primeira condição para essa melhoria é que a empresa em que o governo tem participação minoritária seja administrada de forma profissional, evitando a alocação de capital em empresas improdutivas. A segunda condição é que o capital estatal busque projetos para os quais as fontes privadas de capital sejam escassas. O foco em empresas com restrições de crédito evita o *crowding out* de investimentos privados, tema discutido no Capítulo 7, seção 7.5.

Mas é possível que a influência do Estado não desapareça totalmente, mesmo nos países mais desenvolvidos. Em 2010, o então presidente francês Nicolas Sarkozy se opôs à decisão da Renault, da qual o governo tinha participação minoritária, de investir numa nova fábrica no exterior. Talvez haja canais residuais de influência que os governos possam ativar quando as estatais em que têm participação minoritária apresentam estratégias que conflitem com seus objetivos políticos. Impedimentos legais e de governança devem arrefecer a tentação de funcionários públicos de intervir em benefício próprio (conforme discutido no fim da seção 8.1).[34]

8.4. O desafio de construir competências governamentais

Quer consigam implementar programas de privatização ou decidam manter e reformar as operações estatais existentes, os governos precisam construir melhores competências governamentais. Como se vê, é uma tarefa hercúlea, pois depende da interação de parâmetros institucionais em nível macro (país) e de mudanças em nível micro nas instituições públicas.

Há muitas discussões, ainda inconclusivas, sobre como os países podem realizar grandes mudanças em suas instituições.[35] É um problema muito complexo e difícil de se resolver — isso sem falar na dificuldade de descobrir quem deve desencadear as mudanças necessárias e como executá-las. Embora acadêmicos, consultores de políticas públicas e institutos de pesquisa se sintam sempre tentados a delinear receitas para o desenvolvimento institucional, o processo como um todo é dependente de inúmeras interações sociais, forças políticas e eventos fortuitos.

Um caso famoso de transformação institucional é o dos Estados Unidos durante a chamada Era Progressista de 1890 a 1920.[36] Pouco antes desse período, a economia estadunidense era parecida com a de vários países emergentes na atualidade. Os magnatas industriais dominaram vários setores e utilizavam práticas anticompetitivas. Várias cidades estavam tomadas pela corrupção, com contratos públicos concedidos na base de subornos e conexões pessoais. As burocracias públicas estavam lotadas de políticos e não tinham qualquer responsabilidade pelo próprio desempenho.

Mas uma série de eventos de autorreforço mudou esse quadro. A população começou a protestar contra o aumento dos preços e a precariedade dos serviços. A opinião pública negativa era alimentada por uma mídia cada vez mais influente, que se beneficiava da redução nos custos de impressão.[37] Revistas e jornais populares inundavam as cidades com histórias e artigos denunciando casos de corrupção e maus comportamentos de empresas.

Por todo o país surgiram novos líderes políticos com fama de combater a corrupção, e eles foram eleitos para cargos públicos fundamentais — como Theodore Roosevelt, que ajudou na reforma do Departamento de Polícia da cidade de Nova York, depois foi eleito governador do estado de Nova York e, por fim, presidente dos Estados Unidos. Novas leis foram promulgadas com o objetivo de conter monopólios industriais (a mais famosa delas, a Lei Sherman, de 1890) e doações de empresas a políticos (a Lei Tillman, de 1907).

Acompanhando essas mudanças, houve uma reforma nas burocracias públicas com o objetivo de atrair gestores profissionais, concedendo a eles mais autonomia e proteção contra políticos.[38] Foi o caso do Sistema de Reserva Federal em 1913, que ao longo dos anos foi se ajustando para ter um mandato claro, executado por um corpo técnico estável que operava de maneira independente em relação ao governo eleito. As burocracias passaram a se comprometer com as regras, protegendo-se das preferências voláteis (e muitas vezes populistas) dos políticos (ver discussão no Capítulo 4, seção 4.4).

Mas o fato é que transformações em grande escala são eventos únicos e difíceis de replicar. Envolvem mudanças simultâneas e sequenciais que podem ser desencadeadas por acontecimentos imprevisíveis e são moldadas pelo contexto local. Tentativas radicais de reformar instituições podem dar errado se não tiverem apoio público e não forem acompanhadas por mudanças no sistema político.

Por exemplo, a "Operação Mãos Limpas" (*Mani pulite*) na Itália foi um esforço imenso no início dos anos 1990 para investigar e prender políticos e executivos corruptos. De início, a operação tinha forte popularidade, o que provocou a eleição de novos políticos e prejudicou a reputação de partidos tradicionais. No entanto, os legisladores recém-eleitos aprovaram mudanças que enfraqueceram o alcance e o efeito da investigação. Além disso, vários políticos acabaram trabalhando em grandes empresas privadas e em indústrias regulamentadas, onde puderam ajudar as empresas a ter acesso aos formuladores de políticas e a lidar com as regras de cada setor.[39]

Felizmente, embora influenciadas por forças macro (institucionais), as competências governamentais podem ser desenvolvidas num nível mais micro. Relembrando o que foi discutido no Capítulo 4, ilhas de qualidade burocrática podem progredir mesmo em países com instituições menos desenvolvidas. Os governos não precisam esperar décadas ou até séculos para oferecer políticas eficazes e inclusivas.

Por exemplo, nos moldes do Sistema de Reserva Federal dos Estados Unidos, diversos países desenvolveram bancos centrais independentes compostos por servidores com alta competência técnica, autonomia e orientados por mandato. Embora os bancos centrais tenham sido criticados como um mecanismo que tira dos governos eleitos a prerrogativa de definir a própria política monetária, a alternativa aos bancos centrais independentes é deixar as principais decisões macroeconômicas nas mãos de políticos que priorizam seus objetivos eleitorais.

Além disso, vale lembrar que delegar a execução de políticas a burocratas independentes não significa que os mecanismos democráticos não se farão presentes. Os legisladores eleitos podem ser fundamentais para definir e monitorar os objetivos de política. E, com o aumento no número de unidades governamentais capazes, qualquer país pode gerar um círculo virtuoso em que exemplos de sucesso justificam a criação ou o aprimoramento das leis, o que, por sua vez, pode desencadear mais reformas burocráticas e novos experimentos para estimular outras unidades capazes.[40]

Da mesma maneira, as burocracias públicas podem se tornar mais responsáveis pelos resultados que apresentam. A ideia não é copiar políticas agressivas de promoção e remuneração do setor privado. As burocracias públicas permanecem públicas, em grande parte, porque devem buscar objetivos múltiplos e difíceis de medir, que podem ser difíceis de traduzir em simples metas. Além disso, a estabilidade dos burocratas é uma forma de protegê-los da pressão de políticos interesseiros.

Mas isso não significa que os burocratas possam se manter indiferentes ao desempenho de suas unidades. Eles devem divulgar seus dados ao público e a avaliadores externos — auditorias, mídia, pesquisadores e representantes dos beneficiários do serviço em questão. Essa transparência pode não só coibir irregularidades, mas também revelar e divulgar de forma positiva um trabalho exemplar.[41]

A busca por transparência e prestação de contas também é complementar às políticas que buscam atrair talentos para o setor público. Alguns argumentam que os governos deveriam recrutar pessoas qualificadas e pagá-las bem — por vezes acima do que receberiam em atividades semelhantes no setor privado. No entanto, a estratégia de pagar salários mais elevados sem a devida prestação de contas pode dar errado, tendo em vista que os gestores públicos sabem que vão manter seus salários mesmo que exerçam mal sua função.

Joppe de Ree, Karthik Muralidharan, Menno Pradhan e Halsey Rogers, por exemplo, conceberam um experimento em que dobraram o salário de professores na Indonésia.[42] Como já era de se esperar, os professores com salários mais altos ficaram felizes e satisfeitos com seus empregos. Mas o estudo não detectou qualquer efeito sobre o desempenho da escola em termos de aprendizagem dos alunos. Assim, as escolas incorreram num aumento de custos sem qualquer ganho em qualidade de ensino em contrapartida.

Lembre-se da discussão sobre salário de eficiência no Capítulo 1, seção 1.2: salários mais altos até podem incentivar um esforço maior, mas os indivíduos devem ter em mente que podem perder essa renda extra se seu desempenho não melhorar. Portanto, um cargo com estabilidade de longo prazo no setor público não deve ser um direito absoluto. Servidores públicos têm a obrigação de mostrar que estão promovendo ganhos para a população-alvo e explicar as falhas sistemáticas e persistentes.

É claro que os gestores públicos podem alegar que seu desempenho está insatisfatório por conta de um orçamento limitado ou porque precisam de mais funcionários. No entanto, em contextos com várias unidades (como secretarias de educação, que comandam várias escolas), o desempenho será heterogêneo. Haverá unidades com condições e financiamento semelhantes, mas com resultados superiores a outras — talvez elas contem com gestores motivados, práticas aprimoradas e procedimentos para monitorar e agir com base em resultados anteriores. Os governos podem estimular o diálogo interno para promover a compreensão dos motivos desses resultados heterogêneos e atuar nas unidades que apresentem um desempenho consistentemente insatisfatório.

Além disso, os governos podem identificar casos em que os resultados ruins são causados por desvios flagrantes — como altos índices de absentismo ou comportamentos inadequados no local de trabalho. Se os funcionários que apresentam esses comportamentos forem mantidos no cargo, o governo está permitindo o envio de sinais muito negativos, que podem gerar perda da motivação, sobretudo para os que querem fazer um bom trabalho.[43]

Fazendo um elo com a seção anterior, os governos também podem monitorar e melhorar a governança de suas estatais. Antes da onda de privatizações da década de 1990, o Banco Mundial tentou incentivar a criação de painéis de indicadores para acompanhar o desempenho das empresas públicas.[44] Mas essa iniciativa fracassou porque, em última análise, os governos não estavam preparados nem tinham incentivos para lidar com sistemas de monitoramento complicados e impostos de fora para dentro.

Na virada para o século XXI, porém, alguns governos acreditaram que poderiam colher dividendos — monetários e políticos — ao aumentar a produtividade e lucratividade das estatais. Alguns governos criaram unidades especializadas para monitorar suas empresas, e outros utilizaram estruturas existentes. Na Coreia do Sul, por exemplo, o Ministério de Estratégia e Finanças desenvolveu um painel de indicadores operacionais das estatais, que também são comparados a empresas similares no exterior. Para avaliar a qualidade dos serviços públicos, o governo utiliza indicadores de satisfação do cliente.[45]

Os governos podem incentivar essas ilhas de alto desempenho a interagirem com outras unidades, compartilhar suas experiências e descobrir caminhos para a melhoria. Também é possível que haja a oportunidade de institucionalizar suas práticas, na forma de leis ou até mesmo de disposições constitucionais, no sentido de impor um alto padrão de prestação de serviço no setor público. Torcemos para que as sociedades se mantenham persistentes e, com isso, inúmeros casos de sucesso local inspirem transformações duradouras em nível nacional.

8.5. Lançando ideias de privatização

Os programas de privatização geralmente enfrentam forte oposição porque percebe-se neles o risco de que as empresas privadas não estarão suficientemente atentas à qualidade e à inclusão no serviço prestado. E não é fácil deixar essas preocupações de lado. Elas têm suporte teórico (por exemplo, o dilema custo-qualidade), e, conforme discutido, as empresas privadas podem participar de leilões de privatização com o único intuito de concentrar o mercado e usar conexões políticas para construir e manter seus negócios privilegiados.

Achille Mbembe cunhou o termo *governo privado indireto* para denotar uma situação em que as empresas privadas não só assumem funções mal administradas pelos governos, como podem criar operações com o único objetivo de obter rendas privadas.[46] Os capitalistas podem enxergar a privatização como uma oportunidade de comandar operações lucrativas que também podem ser usadas para subornar agentes públicos e seus comparsas. Desse modo, a expansão e regulação dos serviços públicos servirá à lógica dessas empresas privadas, e não aos objetivos sociais de qualidade e acesso.

Não precisa ser assim. A privatização não necessariamente resultará numa atividade privada disfuncional. A verdadeira causa desse problema é a falta de processos bem abalizados, concebidos e executados para privatizar. Se não fizerem bem o trabalho de preparação, implementação e monitoramento dos programas de privatização, os políticos e seus governos devem assumir sua parcela de culpa.

No entanto, as empresas privadas que participam desses programas com o único objetivo de aumentar os ganhos injustificados agravam o problema e reforçam essas visões negativas da privatização. Em certo sentido, talvez também estejam sendo míopes, porque podem estar fechando as portas para oportunidades futuras que surgiriam se todo o processo fosse elaborado e gerido de forma adequada.

Além disso, empresas que mantêm laços estreitos com políticos para garantir participação em privatizações lucrativas ignoram o fato de que, mais cedo ou mais tarde, os regimes mudam. Governos centralizados sem freios e contrapesos institucionais podem não cumprir seus compromissos contratuais, e, quando substituídos, os vínculos com o regime anterior podem se tornar fonte de desvantagens.[47]

Portanto, seria ótimo se empresas privadas participassem de projetos de privatização com uma perspectiva de maior criação de valor. Elas podem identificar inadequações e brechas que representem uma ameaça à integridade do processo como um todo e coloquem em risco sua reputação. Também podem apontar maneiras de oferecer serviços superiores, seja diminuindo os custos (sem comprometer a qualidade) e/ou criando projetos inovadores.

Além disso, as empresas privadas não precisam esperar que o Estado proponha novas ideias para poderem atuar. Muitos países aprovaram leis que permitem propostas não solicitadas de colaboração público-privada.[48] Em outras palavras, uma empresa pode entrar em contato com o governo e apresentar um projeto detalhado para terceirizar um serviço existente ou investir em novas atividades executadas por empresas privadas. O governo pode, então, passar pelas fases de preparação e implementação, criando leilões competitivos para escolher o fornecedor do serviço — que não precisa ser a empresa que originalmente lançou a ideia.

Alguns temem que este processo dê uma vantagem para aqueles que originalmente apresentaram as propostas não solicitadas, pois o projeto pode ser fundamentado ou adequado a seus processos e atividades. No entanto, outras empresas se beneficiarão de todo o esforço anterior de pesquisa e planejamento envolvido na proposta.[49] Se o leilão for aberto e competitivo o suficiente, os governos provavelmente atrairão possíveis fornecedores com capacidade de executar o projeto.

Os formuladores de políticas também podem inverter a lógica normal das colaborações público-privadas. Em vez de tentar resolver um problema social complexo e depois convidar empresas a implementarem a solução, o Estado pode apresentar o problema detalhadamente e depois encontrar quem ofereça as melhores soluções.

Essa nova lógica é exemplificada por iniciativas de *compras governamentais para solucionar um problema social* em cidades. Em 2013, por exemplo, com o apoio da Bloomberg Philanthropies a cidade de Filadélfia implementou uma iniciativa chamada FastFWD, por meio da qual convidou empreendedores a fazer parceria com oito secretarias municipais e apresentar soluções para "tornar a cidade mais segura". Uma das empresas selecionadas foi a Edovo (anteriormente conhecida como Jail Education Solutions), que oferece aos presidiários programas de treinamento e profissionais para promover sua reintegração à sociedade.[50]

Respondendo aos críticos da privatização, as empresas privadas deixarão de ser parte do problema e passarão a fazer parte da solução caso também comecem a pensar e agir como formuladoras de políticas públicas.

8.6. O consenso plural

Embora os críticos o considerem um conjunto de políticas neoliberais com uma proposta unilateral de redução drástica do Estado, o Consenso de Washington foi, na prática, menos um consenso e mais um conjunto variado de experimentos locais de reformas com foco no mercado — e grande parte desses experimentos foi seletivo e parcial.

A privatização, em particular, não foi uma bala de prata para substituir governos ineficazes. Em seu conhecido artigo em que relata os principais elementos do Consenso de Washington, John Williamson escreveu: "Entendo que a privatização pode ser muito construtiva quando resulta em aumento da concorrência, e útil para aliviar as pressões fiscais, mas não estou convencido de que o serviço público seja sempre inferior à avidez privada como força motriz".[51]

Hoje em dia existe um consenso cada vez maior de que as recomendações para utilizar operadores privados em serviços públicos ou alienar estatais devem ser adaptadas às condições institucionais de cada região e devem até admitir múltiplas trajetórias de melhoria.

Num estudo sobre reformas do setor energético, Viven Foster e Anshul Rana concluem que "os países encontraram caminhos institucionais alternativos para alcançar bons resultados no setor energético". Em consonância com a discussão sobre como "muitos caminhos levam a Roma", no Capítulo 4, os autores discutiram casos bem-sucedidos de reformas orientadas para mercado *e também* operações estatais bem administradas, com objetivos claros. E concluem que "essas evidências justificam um maior *pluralismo* de abordagens daqui em diante" (grifo nosso).[52]

A abertura a soluções plurais é fundamental para legitimar o processo de privatização. Os governos terão que debater e apresentar quais ganhos a sociedade pode receber com as soluções propostas. Nesse contexto, as tarefas de preparar, implementar e monitorar as privatizações se tornam muito mais complicadas. No entanto, os governos podem se tornar mais responsivos às demandas públicas, e também mais responsáveis. Esse processo os encoraja a aprender e a melhorar suas competências.

Por outro lado, as sociedades que têm governos despreparados se verão num dilema insolúvel. Terão serviços públicos precários que não podem ser melhorados porque os governos não têm as competências necessárias para isso. E terão dificuldade em propor a privatização porque a sociedade não vai confiar que o processo como um todo será bem concebido e monitorado. Assim, as alterações, se houver, só ocorrerão à beira do colapso.

Esse dilema explica por que os países costumam oscilar entre momentos de ativismo estatal e reformas orientadas para o mercado. Uma expansão excessiva do Estado pode levar a uma prestação ineficaz de serviços públicos e ao aumento das despesas públicas. Com isso, é provável que surjam propostas para privatizar serviços e reduzir o Estado. Diante de um colapso fiscal iminente, os governos podem se ver forçados a diminuir drasticamente o seu tamanho e escopo.

Por outro lado, privatizações precipitadas e mal monitoradas podem gerar reclamações de falta de qualidade e de inclusão. As empresas privadas podem ser acusadas de concorrência desleal e abuso de privilégios decorrentes de suas conexões políticas. Governos contrários às reformas de mercado podem chegar ao poder e reverter privatizações, dando início a um novo ciclo de expansão pública.

Existem teorias de gestão que dizem que oscilar entre alternativas opostas pode melhorar o desempenho, uma forma de se beneficiar temporariamente das vantagens das alternativas opostas (e incompatíveis).[53] Numa escala nacional, porém, alternar entre momentos de reforma de mercado e expansão do Estado é uma escolha cara e que prejudica os caminhos de aprendizagem. Talvez uma rota melhor seja acolher e conviver com diversas opções simultâneas.

A abordagem plural também permite soluções que acomodam e até se beneficiam das circunstâncias locais. Imagine, por exemplo, dois países nos quais se poderia defender a privatização de um serviço público. No País A, existe uma estatal com servidores tecnicamente competentes e longa experiência na área. No País B, as estatais são completamente improdutivas, mas o governo conseguiu criar uma agência reguladora independente e bem gerida para lidar com serviços de infraestrutura.

No País A, talvez uma possibilidade seja abrir o setor para novos concorrentes privados, mantendo a estatal como um ator com foco nos segmentos populacionais mais vulneráveis. No País B, o governo poderia alienar as estatais e contar com operadores privados que tenham padrões claros de qualidade e acesso, aplicados pela agência reguladora independente.

Sendo plural, o processo de privatização deve ser mais gradual e mais abalizado pela discussão pública. Alguns países conseguiram acelerar grandes programas de privatização após fortes crises econômicas (por exemplo, no rescaldo da dissolução da União Soviética) ou durante regimes ditatoriais centralizados (como no Chile na década de 1970). Outros, como a China atualmente, decidiram manter o sistema de estatais, mas implementaram reformas para monitorar as operações e estimular uma melhoria no desempenho.

Nas democracias, os formuladores de políticas precisarão acomodar visões e interesses dos mais diversos, com propostas que terão de ser discutidas e negociadas.[54] Os elementos desse consenso novo e plural devem envolver permeabilidade e tolerância a pontos de vista distintos e divergentes; ênfase nos principais problemas sociais e suas múltiplas possíveis soluções; avaliação contínua do desempenho e das causas de insucesso; e melhorias graduais, em vez de tentativas radicais de mudar drasticamente as estruturas e políticas existentes.

Abraçar a pluralidade definitivamente requer mais tempo e mais esforço do que propor soluções simples baseadas em visões antitéticas de estados e mercados. No entanto, permite escolhas que não apenas são viáveis, como também estáveis, pois são sensíveis aos valores públicos e restrições sociais. A pluralidade é, assim, um compromisso para percorrer um caminho consistente e incontestável de melhoria da vida das pessoas — que, em última análise, é o que importa quando se fala de boas políticas públicas.

AGRADECIMENTOS

COM *A PRIVATIZAÇÃO CERTA* COMPLETO UMA TRILOGIA DE LIVROS com foco na natureza e nas implicações das interações na fronteira entre o público e o privado. Começou com *Capitalismo de laços* (2011), que discute como as privatizações ocorridas na década de 1990 surpreendentemente reforçaram a presença do governo brasileiro em várias corporações e indústrias. O livro seguinte, *Reinventando o capitalismo de Estado* (2014), foi escrito em coautoria com Aldo Musacchio. Nele, analisamos empresas estatais com diversos mecanismos que misturavam patrocínio público e capital privado.

Em sua essência, esses livros transmitem a ideia de que, em todo o mundo, as reformas de liberalização e privatização não reduziram a importância dos governos e, ao contrário das expectativas iniciais, criaram canais de influência estatal nas empresas e até em setores inteiros.

Durante minhas apresentações e discussões sobre esses livros (e também nas pesquisas relacionadas a eles), uma pergunta que surgia com frequência era a seguinte: se o governo está de volta aos negócios — ou talvez nunca tenha perdido seu papel central na economia —, isso é bom ou ruim? Essas formas de influência estatal têm sido benéficas ou prejudiciais às empresas e indústrias? Podemos vislumbrar novas propostas de reforma no sentido contrário, ou seja, com maior participação privada?

Essas questões já estavam presentes em muitos dos meus projetos de pesquisa, mas senti que era hora de organizar tudo o que sabemos sobre o tema e promover uma discussão equilibrada, evitando respostas simplistas e polarizadas. Este livro trata essencialmente de opções: maneiras distintas de participação pública e participação privada, com seus méritos e deméritos, e as condições que as fazem funcionar.

Para encorajar um amplo debate, eu me esforcei ao máximo para escrever este livro numa linguagem acessível — a maioria das citações e dos detalhes técnicos está nas notas finais e nos apêndices.

Durante a pesquisa para a escrita, eu me baseei numa vasta literatura a respeito da fronteira entre o público e o privado, envolvendo, em parte, meus próprios trabalhos com diversos coautores. Conforme indiquei na dedicatória, grande parte das ideias que apresento aqui surgiram em trabalhos com amigos e parceiros de pesquisa com quem tive o privilégio de colaborar em diversos projetos.

Com Sandro Cabral e Paulo Furquim de Azevedo, tive a oportunidade de desenvolver um trabalho empírico sobre prisões terceirizadas e me aprofundar nos mecanismos de arranjos contratuais híbridos (público-privados). A longa colaboração com Nobuiuki Ito, Felippe Medeiros, Armen Ovanessoff e Leandro Pongeluppe foi fundamental para o ponto de vista plural que apresento neste livro, em especial sobre a importância de governos capazes. Outro trabalho igualmente importante foi o que realizei com Aldo Musacchio e outros coautores sobre empresas estatais e veículos de investimento público. Entre os coautores estão Ruth Aguilera, Rodrigo Bandeira de Mello, Carlos Inoue, Pedro Makhoul, Rosilene Marcon, Luiz Mesquita, Felipe Monteiro, Mariana Pargendler e Emilly Simmons. Sandro Cabral, Aldo Musacchio e Armen Ovanessoff gentilmente leram os rascunhos deste livro e fizeram comentários minuciosos.

Sobre as colaborações público-privadas e as estratégias privadas orientadas para impacto, formei parcerias e aprendi muito com Dirk Boehe, Michael Cook, José Heleno Faro, Luciana Ferreira, Sergio Firpo, Ilze Kivleniece, Anita McGahan, Jackson Nickerson, Bertrand Quelin, Angélica Rotondaro, Rogério Thamer e Todd Zenger. Com Marcos Lisboa e Klênio Barbosa, tive discussões aplicadas sobre como avaliar os custos e os benefícios da privatização. Em muitos desses projetos tive o prazer de interagir com diversos doutorandos brilhantes, entre os quais Fernando Deodato Domingos, Vítor Freire, Leandro Nardi e Thomaz Teodorovicz.

Naturalmente, também me beneficiei dos insights de outros parceiros de pesquisa com quem trabalhei e aprendi ao longo dos anos, mas cujo trabalho não está diretamente ligado aos temas abordados neste livro. Todos têm minha admiração e gratidão.

Além disso, fiz várias entrevistas e tive conversas esclarecedoras com profissionais e acadêmicos que lidam com políticas públicas, administração pública, estratégias corporativas e investimentos de impacto. Entre eles estão Henrique Martins de Araújo, Eduardo Azevedo, Claudio Barahona, Ricardo Paes de Barros, Jay Barney, Karla Bertocco, Emily Bolton, João Marcelo Borges, André Antunes de Camargo, Mirela Carvalho, Caroline Cavallari, Isadora Cohen, Bill Crim, Paola Criscuolo, Toby Eccles, Amanda Feldman, Eduardo Gaban, Marta Garcia, Raf Goovaerts, Danilo Gregório, Claudio Haddad, Fernando Haddad, Alisa Helbitz, Mark Innocenti, Daniel Izzo, Dominic Llewellyn, Joseph Mahoney, Frederic de Mariz, Carlos Melo, Naercio Menezes, Vera Monteiro, Jane Newman, Alex Nicholls, Jeremy Nicholls, Isabel Opice, Marcela Ruiz-Tagle Ortiz, Andrew Park, Affonso Celso Pastore, Carolina Pedrosa, Markus Perkman, Samuel Pessoa, Subramanian Rangan, Gilberto Ribeiro, Angélica Rotondaro, Bruno Salama, Erica Salvaj, Fernando Schuler, Milton Seligman, Geraldo Setter, Felipe Silva, Daniela Barone Soares, Sara Guerreiro de Souza, Brian Trelstad, Joseph Wong e Kleber Zanchim.

Também agradeço o excelente trabalho dos assistentes de pesquisa, muitos dos quais trabalhando no Insper Metricis: Felippe Bispo, Fernando Cesar Furtado Ballesteros Fincatti, Vinícius Kronfly da Mata, Amanda Rufino Matricciani e Lais Nascimento da Silva. Anitha Stephen também me ajudou muito na indexação do original. Weberson Santiago gentilmente cedeu a arte evocativa da capa original do livro (em inglês), que ilustra muito bem a discussão do Capítulo 1, seção 1.1.

Agradeço também a Lucy Metzger pelo excelente trabalho de edição do texto em inglês.

Por fim, agradeço ao Insper e à Fundação Haddad pela honra de estar associado à Cátedra Chafi Haddad e pelo apoio financeiro a este projeto. Agradeço também o apoio do CNPq (bolsa 302000/2019-4) e da Fapesp, que financiaram minhas idas ao Imperial College London em 2016-17 e à Universidade de Utah em 2019 (bolsas 2016/03818-2 e 2018/14786-0), períodos nos quais realizei diversas entrevistas e tive muitas conversas que ajudaram a desenvolver o argumento e as análises deste livro. Este projeto não teria acontecido sem o apoio editorial e o incentivo de Valerie Appleby, da Cambridge University Press. Nem preciso dizer que a culpa por todos os eventuais erros e todas as eventuais omissões é somente minha.

NOTAS

1. O incidente no presídio do Mississippi é relatado em J. Williams, "Inside a Private Prison: Blood, Suicide and Poorly Paid Guards". In: *New York Times*, 3 abr. 2018. A citação do criminologista aparece em I. Ojeda, "Why Privatization Simply Aggravates the Crisis in Brazilian Prisons". In: *Public Services International*, 2017. Para discussões mais gerais sobre os riscos da privatização de presídios, ver S. Bauer, *American Prison: A Reporter's Undercover Journey into the Business of Punishment*. Londres: Penguin, 2019, e A. Coyle et al. (Orgs.), *Capitalist Punishment: Prison Privatization & Human Rights*. Gardena: SCB Distributors. Também conduzi estudos sobre o caso do Paraná: S. Cabral et al., "Private Operation with Public Supervision: Evidence of Hybrid Modes of Governance in Prisons". In: *Public Choice*, v. 145, n. 1-2, 2010, e "Private Entrepreneurs in Public Services: A Longitudinal Study of Outsourcing and Statization in Prisons". In: *Strategic Entrepreneurship Journal*, v. 7, n. 1, pp. 6-25, 2013.
2. O. D. Hart et al., "The Proper Scope of Government: Theory and an Application to Prisons". In: *Quarterly Journal of Economics*, v. 112, n. 4, 1997, p. 1154.
3. J. D. Donahue, *The Privatization Decision: Public Ends, Private Means*. Nova York: Basic Books, 1989, p. 7. Da mesma forma, M. Likosky ("The Privatization of Violence". In: *Private Security, Public Order: The Outsourcing of Public Services and Its Limits*, S. Chesterman e A. Fisher (Orgs.). Oxford: Oxford University Press, 2009, p. 18) escreve que "mesmo mantendo o termo 'privatização', devemos enxergar a própria privatização como criada por parcerias público-privadas, em vez de um movimento de atividades que vão do domínio 'público' para o 'privado'".
4. Ver, por exemplo, D. Roodman, *Due Diligence: An Impertinent Inquiry into Mi-*

crofinance. Washington, DC: Center for Global Development, 2012, e sua análise detalhada da indústria de microcrédito.

5. I. Berlin, *Four Essays on Liberty*. Oxford: Oxford University Press, 1969.

1. PÚBLICO OU PRIVADO? FUNDAMENTOS CONCEITUAIS [pp. 19-47]

1. P. A. Samuelson, "The Pure Theory of Public Expenditure". In: *Review of Economics and Statistics*, v. 36, n. 4, 1954, p. 387. Para E. Ostrom, "Beyond Markets and States: Polycentric Governance of Complex Economic Systems". In: *American Economic Review*, v. 100, n. 3, 2010, p. 642, "bens privados puros são tanto excludentes (o indivíduo A pode ser excluído do consumo de bens privados a menos que sejam pagos) quanto rivais (o que o indivíduo A consumir ninguém mais pode consumir). Já os bens públicos são não excludentes (é impossível impedir que aqueles que não pagaram por ele o consumam) e não rivais (o indivíduo A consome o bem, mas, qualquer que seja seu nível de consumo, isso não limita o consumo de outros indivíduos)".
2. R. H. Coase, "The Lighthouse in Economics". In: *Journal of Law and Economics*, v. 17, n. 2, 1974.
3. Disponível em: <www.independent.org/aboutus/lighthouse.asp>. Acesso em: 1º fev. 2019.
4. Ver o debate em D. E. Van Zandt, "The Lessons of the Lighthouse: 'Government' or 'Private' Provision of Goods". In: *Journal of Legal Studies*, v. 22, n. 1, 1993, E. Bertrand, "The Coasean Analysis of Lighthouse financing: Myths and Realities". In: *Cambridge Journal of Economics*, v. 30, n. 3, 2006, e W. Barnett e W. Block, "Coase and Van Zandt on Lighthouses". In: *Public Finance Review*, v. 35, n. 6, 2007. Samuelson (numa edição revisada de seu livro com William Nordhaus) reconheceu que houve casos de faróis de gestão privada, mas acrescentou que "só porque o fornecimento é privado não significa que seja eficiente ou que um mecanismo de mercado possa pagar pelo farol" (Samuelson e Nordhaus, *Economics*. Nova York: McGraw-Hill International, 2009, p. 37).
5. R. H. Coase, op. cit., 1974, p. 375.
6. Essa perspectiva comparativa toma corpo a partir do artigo seminal de Coase sobre organização em nível de empresa ("The Nature of the Firm". In: *Economica N.S*, v. 4, 1937) e deu origem a uma vasta literatura sobre a análise econômica de integração vertical e estratégia corporativa (para uma revisão, ver T. R. Zenger et al., "Theories of the Firm-Market Boundary". In: *Academy of Management Annals*, v. 5, n. 1, 2011).
7. O. D. Hart et al., "The Proper Scope of Government: Theory and an Application to Prisons". In: *Quarterly Journal of Economics*, v. 112, n. 4, 1997. Ver também A. Shleifer e R. W. Vishny, "Politicians and Firms". In: *Quarterly Journal of Economics*, v. 109, 1994, sobre um modelo inicial que descreve o comportamento das estatais e, em particular, as interações entre políticos e gestores.

8. Como outro exemplo no campo da educação, T. Besley e M. Ghatak ("Government versus Private Ownership of Public Goods". In: *Quarterly Journal of Economics*, v. 116, n. 4, 2001, p. 1359) consideram que "a qualidade da escola é um bem público". Por exemplo, um bom ensino pode não só beneficiar os alunos e suas famílias, mas também gerar uma série de externalidades positivas, como maior oferta de capital humano, mais igualdade de oportunidades e assim por diante. P. A. Samuelson e W. D. Nordhaus afirmam que "o caso polar de uma externalidade positiva é um bem público" (*Samuelson e Nordhaus*, 2009, p. 36).
9. A. C. Aman Jr., "Private Prisons and the Democratic Deficit". In: *Private Security, Public Order: The Outsourcing of Public Services and Its Limits*, S. Chesterman e A. Fisher (Orgs.). Oxford: Oxford University Press, 2009, p. 88, por exemplo, considera que "com poucas exceções, os estados americanos não especificam bem o que desejam (além do baixo custo) obter no acordo para utilizar uma empresa privada de gestão de presídio. [O estado do] Colorado exige que fornecedores privados garantam serviços de educação (e outros serviços, como programas odontológicos, médicos, psicológicos, alimentares e profissionais) de qualidade pelo menos tão alta quanto a dos presídios públicos. O problema com o fornecimento desses serviços no Colorado é que ele não determina nenhum padrão específico e concreto que permita comparar a qualidade".
10. Um termo mais técnico é direitos *residuais* de controle, considerando-se que o gestor privado pode ser limitado por alguns requisitos contratáveis, mas tem poder de decisão sobre coisas que não estão claramente especificadas em contrato.
11. Isso não significa obrigatoriamente que os agentes privados não terão incentivos para investir em qualidade ou que a qualidade será necessariamente maior na gestão pública. No modelo HSV, depois que escolhem para onde vão direcionar os esforços no intuito de melhorar a qualidade e os custos, os gestores podem *renegociar* os ganhos da troca, o que significa que os atores privados podem gerar inovações baseadas em qualidade e colher alguns desses ganhos na fase de renegociação. No entanto, embora capturem apenas *alguns* desses ganhos baseados em qualidade, os gestores privados internalizam *todos* os ganhos da redução de custos. Outros estudos teóricos também expandiram o modelo HSV usando uma estrutura de contratação incompleta semelhante (D. Acemoglu et al., "Incentives in Markets, Firms and Governments". In: *Journal of Law, Economics and Organization*, v. 24, n. 2, 2008; T. Besley e M. Ghatak, "Government versus Private Ownership of Public Goods". In: *Quarterly Journal of Economics*, v. 116, n. 4, 2001; O. D. Hart et al., "The Proper Scope of Government: Theory and an Application to Prisons". In: *Quarterly Journal of Economics*, v. 112, n. 4, 1997; E. I. Hoppe e P. W. Schmitz, "Public versus Private Ownership: Quantity Contracts and the Allocation of Investment Tasks". In: *Journal of Public Economics*, v. 94, 2010. Também vale notar que, embora o modelo HSV fornecesse uma explicação formal para o problema da incompletude dos contratos no âmbito público, as questões subjacentes já haviam aparecido em trabalhos anteriores. Por exemplo, escrevendo sobre contratos de defesa, J. D. Donahue, *The Privatization*

Decision: Public Ends, Private Means. Nova York: Basic Books, 1989, p. 104, argumentou que "quando não há certeza sobre a missão que uma arma deve cumprir, ou sobre a tecnologia envolvida, o governo celebra contratos que são incompletos em suas especificações e sujeitos a revisão".

12. Uso o termo "eficaz" em vez de "eficiente" porque este pressupõe uma análise mais ampla do bem-estar das opções públicas. Por exemplo, um agente público ou privado pode gerar ganhos líquidos para suas populações-alvo (ou seja, onde os benefícios da prestação do serviço superam os custos diretos da prestação), mas os mesmos recursos podem ser aplicados em outros lugares, em outros domínios públicos ou visando outros grupos, com benefícios líquidos ainda maiores. Assim, esse processo não seria eficiente num sentido mais amplo, considerando o bem-estar da população em geral. É claro que os custos totais também podem incluir os custos de oportunidade de alocar recursos em outros lugares, mas isso complicaria muito a análise. Além disso, a operacionalização da eficácia aqui considerada está relacionada à razão custo-eficácia discutida na análise de políticas (embora conceitualmente seja distinta dela), que avalia mudanças *incrementais* na medida de eficácia e em seus custos associados quando há uma mudança na política; ver, por exemplo, A. E. Boardman et al., *Cost-Benefit Analysis: Concepts and Practice*. Cambridge: Cambridge University Press, 2017.
13. Ver, por exemplo, T. L. Brown e M. Potoski, "Transaction Costs and Institutional Explanations for Government Service Production Decisions". In: *Journal of Public Administration Research and Theory*, v. 13, n. 4, 2003; J. Levin e S. Tadelis "Contracting for Government Services: Theory and Evidence from U.S. Cities". In: *Journal of Industrial Economics*, v. 58, n. 3, 2010; A. Hefetz e M. E. Warner, "Privatization and Its Reverse: Explaining the Dynamics of the Government Contracting Process". In: *Journal of Public Administration Research and Theory*, v. 14, n. 2, 2012; J. M. Alonso e R. Andrews, "How Privatization Affects Public Service Quality: An Empirical Analysis of Prisons in England and Wales, 1998-2012". In: *International Public Management Journal*, v. 19, n. 2, 2016; e o levantamento de estudos empíricos de Andersson et al., "Outsourcing Public Services: Contractibility, Cost, and Quality". In: *CESifo Economic Studies*, v. 65, n. 4, 2019.
14. Ver S. Cabral et al., op. cit., 2010, e op. cit., 2013.
15. Ver, por exemplo, P. Milgrom e J. Roberts, "Complementarities, Momentum, and the Evolution of Modern Manufacturing". In: *American Economic Review*, v. 81, n. 2, 1992.
16. E. Yegen, *Do Institutional Investors Mitigate Social Costs of Privatization? Evidence from Prisons*. Working paper, University of Toronto, 2020.
17. J. D. Anders e R. Dorsett, *HMP Peterborough Social Impact Bond — Cohort 2 and final Cohort Impact Evaluation*. Londres: Ministério da Justiça, 2017. No Capítulo 5, discuto esse projeto em mais detalhes e apresento outros exemplos de contratos por resultado.
18. T. Hobbes, *Leviathan*. Peterborough, Canadá: Broadview Literary Texts, 2002 [1651]. Nesta edição, as citações estão nas pp. 104 e 125.

19. E. Ostrom et al., "Covenants with and without a Sword: Self-governance Is Possible". In: *American Political Science Review*, v. 86, n. 2, 1992.
20. G. Hardin, "The Tragedy of the Commons". In: *Science*, v. 162, 1968.
21. Para uma discussão mais detalhada e formalizada, ver E. Ostrom, *Governing the Commons: The Evolution of Institutions for Collective Action*. Cambridge: Cambridge University Press, 1990 e "Beyond Markets and States: Polycentric Governance of Complex Economic Systems". In: *American Economic Review*, v. 100, n. 3, 2010. A autora se refere a esses sistemas localizados de regras como sendo *policêntricos*. Dei o exemplo de uma cooperativa ou associação, mas também é possível que sistemas policêntricos sejam administrados por empresas que operam uma teia de relacionamentos com atores que trabalham com recursos comuns. O Capítulo 6, seção 6.6, apresenta uma discussão mais elaborada.
22. R. Gibbons e R. Henderson, "Relational Contracts and Organizational Capabilities". In: *Organization Science*, v. 23, n. 5, 2012, apresentam uma discussão acessível sobre os mecanismos subjacentes da governança relacional. A sombra do futuro foi discutida em R. Axelrod, *The Evolution of Cooperation*. Nova York: Basic Books, 1984, e formalizada em trabalhos posteriores sobre a teoria dos jogos (por exemplo, D. Abreu, "On the Theory of Infinitely Repeated Games with Discounting". In: *Econometrica*, v. 56, n. 2, 1988; G. Baker et al., "Subjective Performance Measures in Optimal Incentive Contracts". In: *Quarterly Journal of Economics*, v. 109, n. 4, 1994. O efeito da evolução das normas sociais baseadas em interações passadas está relacionado ao conceito de M. Granovetter, "Economic Action and Social Structure: The Problem of Embeddedness". In: *American Journal of Sociology*, v. 91, 1985, de "enraizamento social" (*social embeddedness*). No exemplo da cooperativa, é provável que, na prática, as interações entre os participantes também sejam, em parte, regidas por contratos formais especificando deveres e obrigações. No entanto, a pesquisa mostrou que a governança relacional pode complementar esses contratos e ajudar a criar acordos aprimorados em interações recorrentes (S. G. Lazzarini, G. J. Miller e T. R. Zenger, "Order with Some Law: Complementarity vs. Substitution of Formal and Informal Arrangements". In: *Journal of Law, Economics and Organization*, v. 20, n. 2, 2004).
23. R. M. Gil e J. Marion, "Self-Enforcing Agreements and Relational Contracting: Evidence from California Highway Procurement". In: *Journal of Law, Economics, and Organization*, v. 29, n. 2, 2013. Para uma discussão mais geral sobre como a governança relacional pode ser aplicada à gestão pública, ver A. Bertelli e C. R. Smith, "Relational Contracting and Network Management". In: *Journal of Public Administration Research and Theory*, v. 20, n. 1, 2010. Observe também que o efeito da supervisão pública na atenuação do dilema custo-qualidade, discutido anteriormente, depende de um mecanismo relacional: os supervisores públicos não vão aceitar subornos (o que levaria à deterioração da qualidade) se houver a possibilidade de eles perderem rendas adicionais (salários mais altos) em interações recorrentes (ver Apêndice 1). O argumento de que a governança relacional favorece múltiplas

formas organizacionais — neste caso, não só acordos voluntários que não envolvem o governo, mas também transações com o governo — está alinhado com trabalhos anteriores que analisam como os relacionamentos podem influenciar positivamente os mercados e as transações hierárquicas dentro das empresas (O. Hart, "Norms and the Theory of the Firm". In: *University of Pennsylvania Law Review*, v. 149, 2001).

24. "Todas as soluções têm custos, e não existe razão para supor que a regulação governamental seja necessária simplesmente porque o mercado ou a empresa não lida bem com o problema" (R. H. Coase, "The Problem of Social Cost". In: *Journal of Law and Economics*, v. 3, n. 1, 1960, p. 18). Ver também A. O. Krueger, "Government Failures in Development". In: *Journal of Economic Perspectives*, v. 4, n. 3, 1990.

25. Para uma discussão mais aprofundada, ver, por exemplo, A. Dixit, "Incentives and Organizations in the Public Sector: An Interpretative Review". In: *Journal of Human Resources*, v. 37, n. 4, 2002, e T. M. Moe, "The New Economics of Organization". In: *American Journal of Political Science*, v. 28, n. 4, 1984. A. Shleifer e R. W. Vishny (op. cit., 1994 e *The Grabbing Hand: Government Pathologies and Their Cures*. Cambridge, MA: Harvard University Press, 1998) discutem a influência política nas empresas estatais. Sobre os fatores determinantes dentro da agência para a falha de governo, ver Dharwadkar et al., "Privatization in Emerging Economies: An Agency Theory Perspective". In: *Academy of Management Review*, v. 25, n. 3, 2000.

26. W. L. Megginson, *Privatization, State Capitalism, and State Ownership of Business in the 21st Century*. Hanover, MA: Now Publishers, 2017, p. 2; para mais pesquisas com foco em economias emergentes, ver S. Estrin et al., "The Effects of Privatization and Ownership in Transition Economies". In: *Journal of Economic Literature*, v. 47, n. 3, 2009; S. Estrin e A. Pelletier, "Privatization in Developing Countries: What Are the Lessons of Recent Experience?". In: *World Bank Research Observer*, v. 33, n. 1, 2018; e A. Chong e F. Lopez-de-Silanes (Orgs.). *Privatization in Latin America: Myths and Reality*. Washington, DC: Banco Mundial e Palo Alto; CA: Stanford University Press, 2005. M. Radić et al. ("Privatization: Implications of a Shift from State to Private Ownership". In: *Journal of Management*, 2021. Disponível em: <https://doi.org/10.1177/0149206320988356>) fornecem uma revisão mais pormenorizada de estudos anteriores, mostrando que o efeito da privatização no desempenho financeiro depende de uma série de fatores simultâneos, entre os quais a qualidade da regulamentação local. Os efeitos positivos parecem ser mais claros em setores que tendem a ser mais competitivos, como fábricas, bancos e companhias aéreas.

27. W. A. Niskanen, *Bureaucracy in Representative Government*. Nova York: Aldine-Atherton, 1971 e P. G. Klein et al., "Capabilities and Strategic Entrepreneurship in Public Organizations". In: *Strategic Entrepreneurship Journal*, v. 7, 2013. O discurso de Ronald Reagan pode ser visto em: <www.reaganfoundation.org/ronald-reagan/reagan-quotes-speeches/inaugural-address-2/>. Acesso em: 14 set. 2020.

28. Texto extraído da edição revisada. J. Rawls, *A Theory of Justice*. Cambridge, MA: Harvard University Press, 1999.

29. A. Sen, *The Idea of Justice*. Cambridge, MA: Belknap Press of Harvard University Press, 2009.

30. J. Rawls, *Uma teoria da justiça*. São Paulo: Martins Fontes, 2009, pp. 243 e 248, respectivamente.
31. A crítica contemporânea também aponta que as políticas voltadas aos mais pobres podem acabar beneficiando aqueles que detêm o poder de implementar essas ações. Condizente com a ideia de males públicos, governos incompetentes podem taxar os ricos e criar estruturas públicas inchadas para benefício próprio, em vez de beneficiar aqueles que realmente precisam de ajuda. Ver, por exemplo, R. K. Agarwal e R. M. Holmes Jr., "Let's Not Focus on Income Inequality". In: *Academy of Management Review*, v. 44, n. 2, 2019.
32. Curiosamente, a lógica marxista propõe que um conflito incontornável entre capital e trabalho levaria a classe trabalhadora a obter a propriedade comum dos bens produtivos. Por outro lado, Rawls considera uma gama mais ampla de opções de organização para a justiça. M. Kanatli, "Rawlsian Theory of Justice as Fairness: A Marxist Critique". In: *Hitit Üniversitesi Sosyal Bilimler Enstitüsü Dergisi*, v. 8, n. 1, 2015, p. 316, explica por que os marxistas se opõem à perspectiva rawlsiana: segundo ele, a ênfase de Rawls nos desfavorecidos "não funciona como um suborno para evitar que os marxistas gritem o slogan: 'Não queremos uma parte maior do bolo: queremos a padaria inteira!'".
33. C. K. Prahalad e A. Hammond, "Serving the World's Poor, Profitably". In: *Harvard Business Review*, set. 2002, p. 8. Ver também C. K. Prahalad, *The Fortune at the Bottom of the Pyramid*. Upper Saddle River, NJ: Pearson, 2004 e T. London e S. L. Hart, "Reinventing Strategies for Emerging Markets: Beyond the Transnational Model". In: *Journal of International Business Studies*, v. 35, n. 5, 2004.
34. Ver, por exemplo, S. I. Donaldson e C. A. Preston (Orgs.), "The Stakeholder Theory of the Corporation: Concepts, Evidence, and Implications". In: *Academy of Management Review*, v. 20, n. 1, 1995; T. M. Jones et al., "How Applying Instrumental Stakeholder Theory Can Provide Sustainable Competitive Advantage". In: *Academy of Management Review*, v. 43, n. 3, 2018.
35. N. O'Donohoe et al., *Impact Investments: An Emerging Asset Class*. Nova York: J. P. Morgan, Rockefeller Foundation e GIIN, 2010.
36. O. Hart e L. Zingales, "Companies Should Maximize Shareholder Welfare Not Market Value". In: *Journal of Law, Finance and Accounting*, v. 2, 2017, pp. 247-74; J. Morgan e J. Tumlinson, "Corporate Provision of Public Goods". In: *Management Science*, v. 65, n. 10, 2019, discutem casos em que os investidores se preocupam com o fornecimento de bens públicos, além dos lucros. Nessa discussão, já havia se tornado clichê criticar M. Friedman, *Capitalism and Freedom*. Chicago: University of Chicago Press, 1962, que, mais de uma década antes do debate entre Rawls e Nozick, defendia uma intervenção mínima do governo na economia e estimulava os gestores a buscarem um único objetivo: aumentar a riqueza dos acionistas. T. Besley e M. Ghatak, "Profit with Purpose? A Theory of Social Enterprise". In: *American Economic Journal: Economic Policy*, v. 9, n. 3, 2017, também abordam o caso de empreendimentos sociais em que os *gestores* têm motivações sociais.

37. Assim, no Chile, os subsídios centrados na demanda funcionam como vouchers — que foram defendidos por M. Friedman, *Capitalism and Freedom*. Chicago: University of Chicago Press, 1962, como forma de incluir populações vulneráveis sem a necessidade da presença de empresas estatais. Sobre o caso chileno, ver Micco et al., *Housing Finance in Chile: Instruments, Actors, and Policies*. Documento de trabalho IDB-WP-312, Banco Interamericano de Desenvolvimento, 2012; nos últimos anos, o BancoEstado tem ajudado a aumentar o acesso ao crédito imobiliário para "famílias emergentes" de rendas média e baixa que estão excluídas das fontes bancárias formais (Marcela Ruiz-Tagle Ortiz, comunicação pessoal).
38. M. Weber, *The Vocation Lectures*. Indianapolis: Hackett, 2004, p. 33.
39. Sobre valores públicos, ver B. Bozeman, *Public Values and Public Interest: Counterbalancing Economic Individualism*. Washington, DC: Georgetown University Press, 2007; J. M. Bryson et al., "Discerning and Assessing Public Value: Major Issues and New Directions". In: *Public Value and Public Administration*, J. M. Bryson, B. C. Crosby e L. Bloomberg (Orgs.). Washington, DC: Georgetown University Press, 2015. A estrutura de valor público de M. H. Moore, *Creating Public Value: Strategic Management in Government*. Cambridge, MA: Harvard University Press, 1995, p. 71, e sua proposta de "triângulo estratégico" também sugerem que, além dos resultados gerados a partir da concepção e operacionalização das políticas públicas, a legitimidade exige que "a empresa seja capaz de atrair continuamente tanto autoridade quanto dinheiro do ambiente político autorizador, ao qual, em última análise, ela deve se reportar". S. Cabral e C. Ménard, "Managing Critical Services Through Hybrid Arrangements". In: *RAUSP Management Journal*, v. 54, n. 3, 2019, consideram que as preocupações com a legitimidade são um elemento-chave dos "serviços críticos".
40. O. E. Williamson, "Public and Private Bureaucracies: A Transaction Cost Economics Perspective". In: *Journal of Law, Economics and Organization*, v. 15, n. 1, 1999, pp. 322-3.
41. O. E. Williamson, ibid., p. 332. A prescrição de ter gestores públicos especializados seguindo diretrizes públicas e com incentivos fracos também está ligada à conhecida definição de burocracias públicas de M. Weber, *Economy and Society: An Outline of Interpretative Sociology (Vol. 1)*. New York: Bedminster Press, 1968.
42. O. E. Williamson, ibid., p. 339. No entanto, diferentemente do modelo HSV, Williamson foca em problemas de adaptação que podem surgir à medida que as partes interagem e exigem ajustes nos acordos originais. Mas existe um problema no argumento de Williamson sobre a probidade: o que garante que os servidores públicos vão se manter fiéis à missão do Estado em vez de tentar alcançar seus próprios objetivos de carreira e defender suas posições ideológicas particulares? Um certo grau de falha de governo pode ser aceitável, de modo a manter afastados os incentivos econômicos disfuncionais, mas é demais supor que a probidade decorre automaticamente da decisão de manter determinada atividade na esfera pública. O. E. Williamson, ibid., p. 338, admite que "a probidade também confunde em outro aspecto: o conceito é vago. Quais são os atributos-chave em relação aos quais há diferença na importância da probidade?".

43. Ver, por exemplo, D. Stark, "Recombinant Property in East European Capitalism". In: *American Journal of Sociology*, v. 101, n. 4, 1996; A. Musacchio e S. G. Lazzarini, *Reinventing State Capitalism: Leviathan in Business, Brazil and Beyond*. Cambridge, MA: Harvard University Press, 2014, e minha discussão no Capítulo 8, seção 8.3, deste livro. Sobre possíveis reações negativas à privatização com base em preocupações com a legitimidade, ver M. A. Crenson e B. Ginsberg, *Downsizing Democracy: How America Sidelined Its Citizens and Privatized Its Public*. Baltimore: Johns Hopkins University Press, 2004; A. Dahl e J. Soss, "Neoliberalism for the Common Good? Public Value Governance and the Downsizing of Democracy". In: *Public Administration Review*, v. 74, n. 4, 2014. N. Birdsall e J. Nellis, "Winners and Losers: Assessing the Distributional Impact of Privatization". In: *World Development*, v. 31, n. 10, 2003, discutem o impacto distributivo da privatização.
44. Para uma discussão sobre como organizações sem fins lucrativos podem participar de contratos públicos, ver B. Gazley e J. L. Brudney, "The Purpose (and Perils) of Government-Nonprofit Partnership". In: *Nonprofit and Voluntary Sector Quarterly*, v. 36, n. 3, 2007; E. Witesman e S. Fernandez, "Government Contracts with Private Organizations: Are There Differences between Nonprofits and For-Profits?". In: *Nonprofit and Voluntary Sector Quarterly*, v. 42, n. 4, 2013. J. Bennett e E. Iossa, "Building and Managing Facilities for Public Services". In: *Journal of Public Economics*, v. 90, 2009, desenvolvem um modelo de contratação incompleta para comparar empresas sem fins lucrativos e empresas com fins lucrativos em contratos com governos.

2. A BUSCA DE EFICÁCIA E INCLUSÃO [pp. 49-64]

1. Disponível em: <https://data.unicef.org/topic/water-and-sanitation/sanitation/>. Acesso em: 5 out. 2020.
2. Disponível em: <www.gatesnotes.com/Development/Reflections-on-the-Reinvent the-Toilet-Challenge>. Acesso em: 5 out. 2020.
3. Ver C. M. Welling et al., "Field Testing of a Household-Scale Onsite Blackwater Treatment System in Coimbatore, India". *Science of the Total Environment*, v. 713, pp. 1-9, 2020. Para o relatório dos testes na Índia; resultados preliminares relatados por Bill Gates em: <www.gatesnotes.com/development/sanitation-showroom>. Acesso em: 5 out. 2020.
4. G. Hutton, "Global Costs and Benefits of Reaching Universal Coverage of Sanitation and Drinking-Water Supply". In: *Journal of Water and Health*, v. 11, n. 1, pp. 1-12, 2013. Para uma discussão mais geral sobre as análises de eficácia e custo-benefício, ver A. E. Boardman et al., *Cost-Benefit Analysis: Concepts and Practice*. Cambridge: Cambridge University Press, 2017.
5. O problema de focar em atributos fáceis de medir é especialmente grave quando os indivíduos são recompensados de acordo com tais medidas; ver a discussão seminal

em S. Kerr, "On the Folly of Rewarding A, While Hoping for B". In: *Academy of Management Journal*, v. 18, n. 4, 1975, e a formalização posterior desse problema multitarefa por B. Holmstrom e P. Milgrom, "Multitask Principal-Agent Analyses: Incentive Contracts, Asset Ownership, and Job Design". In: *Journal of Law, Economics and Organization*, v. 7, 1991. Ver também S. A. Imberman e M. F. Lovenheim, "Incentive Strength and Teacher Productivity: Evidence from a Group-Based Teacher Incentive Pay System". In: *Review of Economics and Statistics*, v. 97, 2015, para um exemplo de evidência de "ensinar apenas a passar na prova" em programas de incentivo a professores.

6. A literatura relata casos de falha de acesso em projetos de abastecimento de água (por exemplo, K. Bakker et al., "Governance Failure: Rethinking the Institutional Dimensions of Urban Water Supply to Poor Households". In: *World Development*, v. 36, n. 10, 2008; D. Hailu et al., "Privatization and Renationalization: What Went Wrong in Bolivia's Water Sector?". In: *World Development*, v. 40, n. 12, 2012; C. Lee, "Privatization, Water Access and Affordability: Evidence from Malaysian Household Expenditure Data". In: *Economic Modelling*, v. 28, n. 5, 2011). Por outro lado, alguns estudos estimam ganhos de eficácia em serviços privatizados, sobretudo em termos de saúde (por exemplo, Galiani et al., "Water for Life: The Impact of the Privatization of Water Services on Child Mortality". In: *Journal of Political Economy*, v. 113, n. 1, 2005; C. Saiani e P. F. Azevedo, "Is Privatization of Sanitation Services Good for Health?". In: *Utilities Policy*, v. 52, 2018); e, coerente com a visão de falhas de governo, os incentivos políticos podem prejudicar o desempenho do fornecimento público (C. F. Inoue, "Election Cycles and Organizations: How Politics Shapes the Performance of State-Owned Enterprises Over Time". In: *Administrative Science Quarterly*, v. 65, n. 3, 2020). Sobre a importância da fiscalização do governo para promover a inclusão, ver, por exemplo, F. Barrera-Osorio et al., "Does Society Win or Lose as a Result of Privatization? The Case of Water Sector Privatization in Colombia". In: *Economica*, v. 76, 2009; J. Budds e G. McGranahan, "Are the Debates on Water Privatization Missing the Point? Experiences from Africa, Asia and Latin America". In: *Environment & Urbanization*, v. 15, n. 2, 2003.
7. Essa visão ampliada e precisa dos desfavorecidos vai ao encontro do argumento de Amartya Sem, de que para alcançar a justiça é preciso ajudar os indivíduos a desenvolver capacidades para fazer diversas coisas que podem melhorar suas próprias vidas. Ver A. Sen, *The Idea of Justice*. Cambridge, MA: Belknap Press of Harvard University Press, 2009, pp. 235-7.
8. J. McLaughlin e G. Jordan, "Using Logic Models". In: *Handbook of Practical Program Evaluation*, J. Wholey, H. Hatry e K. Newcomer (Orgs.). San Francisco: Jossey-Bass, 2010; Insper Metricis, *Guia de avaliação de impacto socioambiental para utilização em projetos e investimentos de impacto*. São Paulo: Insper, 2020.
9. K. Crenshaw, "Demarginalizing the Intersection of Race and Sex: A Black Feminist Critique of Antidiscrimination Doctrine, Feminist Theory and Antiracist Politics". In: *University of Chicago Legal Forum*, v. 140, 1989. Ver A. Jadhav et al., "Household

Sanitation Facilities and Women's Risk of Non-Partner Sexual Violence in India". In: *BMC Public Health*, v. 16, n. 1, 2016, para evidências de violência sexual contra mulheres em áreas de defecação a céu aberto, e R. Mohanty e A. Dwivedi, "Culture and Sanitation in Small Towns". In: *Economic and Political Weekly*, v. 54, n. 41, 2019, para o papel das castas nas práticas de saneamento na Índia.

10. K. Crenshaw, op. cit., p. 167.
11. Conforme apontado por H. Sidgwick, *The Methods of Ethics*. Londres: Macmillan, 1874, p. 212, o utilitarismo considera "a felicidade de qualquer indivíduo tão importante quanto a felicidade igual de qualquer outro, como um elemento desse total".
12. Na administração pública existe até uma vertente recente chamada *Gestão do Valor Público*, que enfatiza a criação de valor público com base em resultados valorizados pelas populações-alvo (por exemplo, J. Alford e J. O'Flynn, "Making Sense of Public Value: Concepts, Critiques and Emergent Meanings". In: *International Journal of Public Administration*, v. 32, 2009; J. M. Bryson et al., "Discerning and Assessing Public Value: Major Issues and New Directions". In: *Public Value and Public Administration*, J. M. Bryson, B. C. Crosby e L. Bloomberg (Orgs.). Washington, DC: Georgetown University Press, 2015; M. H. Moore, *Creating Public Value: Strategic Management in Government*. Cambridge, MA: Harvard University Press, 1995). Para um tratamento operacional do valor público, ver G. Kelly et al., *Creating Public Value: An Analytical Framework for Public Service Reform*. Londres: Strategy Unit, Gabinete do Reino Unido, 2002. No campo da estratégia de negócios, M. E. Porter e M. R. Kramer, "Creating Shared Value". In: *Harvard Business Review*, jan.-fev. 2011, utilizaram o termo *valor compartilhado* para descrever como as empresas podem gerar um impacto socioambiental positivo com base em seus negócios existentes. Uma literatura de gestão cada vez maior também analisou as bases da criação de valor compartilhado ou social (por exemplo, H. W. Buffett e W. B. Eimicke, *Social Value Investing: A Management Framework for Effective Partnerships*. Nova York: Columbia University Press, 2018; S. Cabral et al., "Value Creation and Value Appropriation in Public and Nonprofit Organizations". In: *Strategic Management Journal*, v. 40, n. 4, 2019; S. G. Lazzarini, "The Nature of the Social Firm: Alternative Organizational Arrangements for Social Value Creation and Appropriation". In: *Academy of Management Review*, v. 455, n. 3, 2020b; J. T. Mahoney et al., "The Interdependence of Private and Public Interests". In: *Organization Science*, v. 20, n. 6, 2009; B. V. Quelin et al., "Public-Private Collaboration, Hybridity and Social Value: Towards New Theoretical Perspectives". In: *Journal of Management Studies*, v. 54, 2017). Entre os profissionais da área, a melhoria nos resultados causada por uma atividade social costuma ser denominada *impactos* sociais (B. P. Brest e K. Born, "When Can Impact Investing Create Real Impact?". In: *Stanford Social Innovation Review*, outono, disponível em: <https://ssir.org/up_for_debate/article/impact_investing>, 2013; Insper Metricis, op. cit.); subtraindo todos os custos e investimentos necessários, chegamos ao *retorno social do investimento* (J. Nicholls et al., *A Guide to Social Return on Investment*. Londres: Office of the Third Sector, Gabinete do Reino Unido, 2009).

13. Assim, embora a abordagem utilitarista seja *consequencialista*, a perspectiva do contrato social assume uma postura mais *deontológica* — ou seja, uma política deve ser julgada de acordo com sua moralidade subjacente (neste caso, a ênfase nas necessidades dos desfavorecidos). Embora Rawls se refira a seus princípios de ordenamento *lexicográfico*, uma formulação mais geral poderia considerar que eles envolvem basicamente uma cascata de critérios de decisão sequenciais (como em P. Manzini e M. Mariotti, "Sequentially Rationalizable Choice". In: *American Economic Review*, v. 97, n. 5, 2007).
14. L. Smith e S. Hanson, "Access to Water for the Urban Poor in Cape Town: Where Equity Meets Cost Recovery". In: *Urban Studies*, v. 40, n. 8, 2003.
15. Em cenários de muita incerteza, os analistas de políticas podem fazer avaliações subjetivas da probabilidade de determinado evento ocorrer. No entanto, os tomadores de decisão provavelmente vão discordar e podem nem perceber a real possibilidade de eventos que raramente ocorrem ou nunca aconteceram antes. I. Gilboa et al., "Objective and Subjective Rationality in a Multiple Prior Model". In: *Econometrica*, v. 78, n. 2, 2010, mostraram que, em contextos envolvendo possíveis discordâncias sobre a probabilidade de eventos importantes, os tomadores de decisão podem convergir para opções mais precavidas, que aumentam os ganhos nos piores cenários — o que, segundo os princípios propostos por Rawls (J. A. Rawls, *A Theory of Justice*. Cambridge, MA: Harvard University Press, 1999, pp. 132-3), pode beneficiar aqueles que estão em pior situação.
16. J. C. Harsanyi, "Can the Maximin Principle Serve as a Basis for Morality? A Critique of John Rawls's Theory". In: *American Political Science Review*, v. 69, n. 2, 1975, pp. 596-7. Alguns estudiosos propuseram que os princípios rawlsianos podem exigir, de início, o provimento de direitos *básicos*, e então uma análise utilitária posterior pode fundamentar a escolha de opções que atendam a essas condições básicas (por exemplo, R. D. Cooter, "Rawls's Lexical Orderings Are Good Economics". In: *Economics & Philosophy*, v. 5, n. 1, 1989; J. H. Moldau, "On the Lexical Ordering of Social States According to Rawls' Principles of Justice". In: *Economics & Philosophy*, v. 8, n. 1, 1992).
17. Ver, por exemplo, D. C. Mueller, *Public Choice III*. Cambridge: Cambridge University Press, 2003, p. 609.

3. PÚBLICO, PRIVADO E SUAS VARIAÇÕES: UMA ANÁLISE COMPARATIVA [pp. 65-99]

1. Disponível em: <www.hiv.gov/hiv-basics/overview/data-and-trends/global-statistics>. Acesso em: 23 nov. 2020.
2. B. E. Nichols et al., "Monitoring Viral Load for the Last Mile: What Will It Cost?". In: *Journal of the International AIDS Society*, v. 22, e25337, 2019. Na Tabela 3.1, a distinção proposta entre fornecimento privado e público é hipotética. Nichols et al. (Ibid., p. 1) mencionam que "amostras de sangue/plasma de pacientes nessas

instalações são coletadas por uma rede ad hoc formada por governo, organizações não governamentais e empresas contratadas para transporte privado".

3. Sobre o papel dos custos marginais, ver J. Wong e K. Skead, "Costing Universal Health Coverage". In: *Bulletin of the World Health Organization*, v. 97, n. 12, 2019. L. Kumaranayake, "The Economics of Scaling Up: Cost Estimation for HIV/AIDS Interventions". In: *AIDS*, v. 22, 2008, discute possíveis saltos na estrutura de custos para garantir a plena inclusão.
4. M. Amaral et al., "Comparative Performances of Delivery Options: Empirical Lessons". In: *The Economics of Public-Private Partnerships: Theoretical and Empirical Developments*, S. Saussier e J. de Brux (Orgs.). Cham: Springer International, 2015, p. 197.
5. Em outras palavras, as colaborações público-privadas podem ser híbridas de duas maneiras: além da combinação de gestão privada e supervisão pública, elas também podem ser financiadas por investidores cujos objetivos diferem de seus patrocinadores e supervisores públicos. Existe certa confusão na literatura sobre o uso do termo "híbrido". A natureza das colaborações público-privadas com uma combinação de gestão privada e supervisão pública indica hibridismo no sentido de *governança*. Alguns autores (por exemplo, J. Battilana e S. Dorado, "Building Sustainable Hybrid Organizations: The Case of Commercial Microfinance Organizations". In: *Academy of Management Journal*, v. 53, n. 6, 2010) se referem às organizações híbridas como organizações que podem ser financiadas de forma privada, mas com *lógicas* distintas criando objetivos potencialmente conflitantes (por exemplo, sociais e comerciais). Para uma discussão mais detalhada, ver B. V. Quelin et al., op. cit., 2017. Uso o termo *colaborações* público-privadas em vez de *parcerias* público-privadas (PPPs) porque, em certos países, estas normalmente são associadas a uma legislação específica que define o papel do governo, a duração prevista do contrato e assim por diante.
6. M. Friedman, *Capitalism and Freedom*. Chicago: University of Chicago Press, 1962.
7. E. L. Glaeser, *The Governance of Not-for-Profit Organizations*. Chicago: University of Chicago Press, 2007. Para uma discussão mais embasada sobre diferentes formas de propriedade, ver E. Fama e M. C. Jensen, "Separation of Ownership and Control". In: *Journal of Law and Economics*, v. 26, 1983.
8. J. Alford e J. O'Flynn, *Rethinking Public Service Delivery: Managing with External Providers*. Londres: Palgrave Macmillan, 2012. Ver também B. Bozeman, *Public Values and Public Interest: Counterbalancing Economic Individualism*. Washington, DC: Georgetown University Press, 2007; J. Luo e A. Kaul, "Private Action in Public Interest: The Comparative Governance of Social Issues". In: *Strategic Management Journal*, v. 40, n. 4, 2019, para uma discussão sobre a ampla gama de formas organizacionais de gestão de iniciativas públicas.
9. Outra possibilidade é ter colaborações público-privadas com *execução* pública e *supervisão* privada — por exemplo, quando empresas privadas subcontratam laboratórios públicos para fazer pesquisa e desenvolvimento especializado. No entanto, essa opção é menos frequente e na prática funciona como uma empresa privada terceirizando parte de suas atividades. Se a empresa privada mantém os direitos de

controle, pode acabar pressionando o parceiro estatal a ir em busca de seus próprios objetivos privados.

10. É cada vez maior a literatura analisando como as empresas estatais vêm crescentemente se misturando com o capital privado e vice-versa (R. V. Aguilera et al., "Sovereign Wealth Funds: A Strategic Governance View". In: *Academy of Management Perspectives*, v. 30, n. 1, 2016; G. D. Bruton et al., "State-owned Enterprises Around the World as Hybrid Organizations". In: *Academy of Management Perspectives*, v. 29, n. 1, 2015; A. Musacchio e S. G. Lazzarini, *Reinventing State Capitalism: Leviathan in Business, Brazil and Beyond*. Cambridge, MA: Harvard University Press, 2014). Ver também Capítulo 8, seção 8.3.
11. J. Beuve et al., "An Economic Analysis of Public-Private Partnerships". In: *The Economics of Public-Private Partnerships: Theoretical and Empirical Developments*, S. Saussier e J. de Brux (Orgs.). Cham: Springer International, 2015.
12. Esses casos de alto escopo também são chamados de "pacotes de serviços"; ver J. Bennett e E. Iossa, "Building and Managing Facilities for Public Services". In: *Journal of Public Economics*, v. 90, 2006; O. Hart, "Incomplete Contracts and Public Ownership: Remarks, and an Application to Public-Private Partnerships". In: *Economic Journal*, v. 113, 2003. Para uma análise empírica dos determinantes do escopo privado, ver B. V. Quelin et al., "The Private Scope in Public-Private Collaborations: An Institutional and Capability-Based Perspective". In: *Organization Science*, v. 30, n. 4, 2019. A ideia de escopo privado tem a ver com a classificação convencional das colaborações público-privadas como, por exemplo, *build-lease-transfer* (também conhecido como BLT, ou construir-arrendar-transferir), quando o escopo é baixo, ou *design-build-finance-operate* (também conhecido como DBFO, ou projetar-construir-financiar-operar), quando o escopo é alto.
13. De um obituário de Margaret Thatcher: "A mulher que mudou o mundo", *Economist*, 8 abr. 2013. C. Greve e G. Hodge, "Public-Private Partnerships and Public Governance Challenges". In: *The New Public Governance? Emerging Perspectives on the Theory and Practice of Public Governance*, S. P. Osborne (Org.). Londres: Routledge, 2010, p. 151, explicam a tendência do Partido Trabalhista de se ater à PFI:

    > Em primeiro lugar, o Novo Partido Trabalhista precisava do financiamento privado para ajudar a financiar os serviços de bem-estar que havia prometido como parte de sua agenda mais ampla de modernização. Como havia se comprometido a não aumentar impostos, o Novo Partido Trabalhista precisava de uma forma de financiar essa agenda de modernização. Em segundo lugar, o Novo Partido Trabalhista poderia explorar o tema da PPPS para sinalizar ao setor privado que não era contra os empresários e que em nada se parecia com o antigo Partido Trabalhista.

14. Ver, por exemplo, D. Morallos e A. Amekudzi, "The State of the Practice of Value for Money Analysis in Comparing Public Private Partnerships to Traditional Procurements". In: *Public Works Management & Policy*, v. 13, n. 2, 2008.
15. Escritório Nacional de Auditoria, *PFI and PF2*, "Report by the Comptroller and Auditor General", Escritório Nacional de Auditoria, 2018, p. 4. Os custos de capital mais

elevados em que incorrem os investidores privados podem reduzir o custo-benefício das propostas para atrair capital privado para colaborações público-privadas. Assim, a vantagem dessas colaborações vem sobretudo de ganhos operacionais trazidos por operadores privados, e não de seu potencial para atrair dinheiro privado (E. Engel, R. D. Fischer e A. Galetovic, *The Economics of Public-Private Partnerships: A Basic Guide*. Cambridge: Cambridge University Press, 2014).

16. Conforme o relatório de 2018 do Escritório Nacional de Auditoria (op. cit., p. 18), "não conseguimos identificar uma avaliação robusta do desempenho real das finanças privadas em nível de projeto ou de programa".
17. H. A. Simon, *Models of Man*. Nova York: Wiley, 1957.
18. J. G. March, "Decision Processes and Value Endogeneity". In: *Capitalism Beyond Mutuality? Perspectives Integrating Philosophy and Social Science*, S. Rangan (Org.). Oxford: Oxford University Press, 2018, p. 87, outro importante teórico da decisão, afirma que "é evidente que os humanos fazem certas escolhas considerando valores sequencialmente, e não simultaneamente". O uso de heurísticas e escolhas sequenciais também é muito difundido nos modelos de organização econômica comparativa de O. E. Williamson, (*The Economic Institutions of Capitalism*. Nova York: Free Press, 1985; "Comparative Economic Organization: The Analysis of Discrete Structural Alternatives". In: *Administrative Science Quarterly*, v. 36, 1991; "Public and Private Bureaucracies: A Transaction Cost Economics Perspective". In: *Journal of Law, Economics and Organization*, v. 15, n. 1, 1999) que também partem do pressuposto da racionalidade limitada.
19. Ver, no contexto dos mercados de energia elétrica, R. Burgess et al.,"The Consequences of Treating Electricity as a Right". In: *Journal of Economic Perspectives*, v. 34, n. 1, 2020.
20. M. D. Bernstein, "Whose Choice Are We Talking About? The Exclusion of Students with Disabilities from For-Profit Online Charter Schools". *Richmond Journal of Law and Public Interest*, v. 16, 2013; P. Bergman e I. McFarlin Jr., *Education for All? A Nationwide Audit Study of School Choice*. Documento de trabalho 25396, National Bureau of Economic Research, 2018. De maneira mais geral, S. G. Lazzarini, "The Nature of the Social Firm: Alternative Organizational Arrangements for Social Value Creation and Appropriation". In: *Academy of Management Review*, v. 455, n. 3, 2020b, analisou como as assimetrias de custo influenciam o desempenho de formas alternativas de entrega.
21. A. Mukherjee, "Impacts of Private Prison Contracting on Inmate Time Served and Recidivism". In: *American Economic Journal: Economic Policy*, v. 13, n. 2, 2021, relata um efeito positivo dos presídios privados no tempo de detenção dos presos, embora não tenha havido efeito significativo no que diz respeito à reincidência. Sobre o caso dos juízes condenados, ver P. J. D'Annunzio, "Court Upholds 28-year Sentence for 'Kids-for-Cash' Judge Ciavarella". In: *Legal Intelligencer*, 27 ago. 2020.
22. Para uma análise mais detalhada desse mecanismo, ver S. G. Lazzarini, "The Nature of the Social Firm: Alternative Organizational Arrangements for Social Value

Creation and Appropriation". In: *Academy of Management Review*, v. 455, n. 3, 2020b. A possibilidade de descontinuar transações em caso de perda de qualidade tem relação com o conceito de *saída* de A. O. Hirschman, *Exit, Voice, and Loyalty*. Cambridge, MA: Harvard University Press, 1970, como um dispositivo disciplinador, e também está relacionada a teorias anteriores sobre como os clientes podem impor a si mesmos a qualidade do serviço (B. Klein e K. B. Leffler, "The Role of Market Forces in Assuring Contractual Performance". In: *Journal of Political Economy*, v. 89, n. 4, 1981).

23. J. Luo e A. Kaul, "Private Action in Public Interest: The Comparative Governance of Social Issues". In: *Strategic Management Journal*, v. 40, n. 4, 2019, exemplificam o caso de serviços que se assemelham a *bens de crença*, serviços cuja qualidade é difícil ou onerosa de avaliar por clientes individuais (M. R. Darby e E. Karni, "Free Competition and the Optimal Amount of Fraud". In: *Journal of Law & Economics*, v. 16, n. 1, 1973).
24. Assim, segundo A. O. Hirschman, *Exit, Voice, and Loyalty*. Cambridge, MA: Harvard University Press, 1970, "alguém que tinha um excedente de consumidor muito alto antes da deterioração justamente por ser um conhecedor e estaria disposto a pagar, digamos, o dobro do preço real do artigo em sua qualidade original pode desistir assim que a qualidade cair" (p. 49).
25. Agradeço a Joe Mahoney por este argumento sobre a dificuldade de saída e voz no contexto dos presídios.
26. A. Bertaud, *Order Without Design: How Markets Shape Cities*. Cambridge, MA: MIT Press, 2018, p. 263.
27. Nesse cenário, uma fonte de especificidades especialmente relevante é o que O. E. Williamson, "Comparative Economic Organization: The Analysis of Discrete Structural Alternatives". In: *Administrative Science Quarterly*, v. 36, 1991, chama de características *exclusivas* do ativo.
28. Este é o modelo de *leilão de franquias* proposto por H. Demsetz, "Why Regulate Utilities?". In: *Journal of Law and Economics*, v. 11, n. 1, 1968.
29. O. E. Williamson, "Franchising Bidding for Natural Monopolies — in General and with Respect to CATV". In: *Bell Journal of Economics*, v. 7, primavera 1976; e, para uma comparação mais detalhada de outros mecanismos regulatórios para lidar com esse problema, W. K. Viscusi et al., *Economics of Regulation and Antitrust*. Cambridge: MIT Press, 2005.
30. B. Klein et al., "Vertical Integration, Appropriable Rents, and the Competitive Contracting Process". In: *Journal of Law and Economics*, v. 21, 1978. Para uma discussão mais específica sobre renegociações adversas que podem acontecer nas colaborações público-privadas, ver, por exemplo, J. L. Guasch et al., "Renegotiation of Concession Contracts in Latin America: Evidence from the Water and Transport Sectors". In: *International Journal of Industrial Organization*, v. 26, 2008; e I. Kivleniece e B. V. Quelin, "Creating and Capturing Value in Public-Private Ties: A Private Actor's Perspective". In: *Academy of Management Review*, v. 37, n. 2, 2012.

31. S. G. Lazzarini, "The Nature of the Social Firm: Alternative Organizational Arrangements for Social Value Creation and Appropriation". In: *Academy of Management Review*, v. 455, n. 3, 2020b.
32. Sobre a experiência chilena de vouchers escolares, ver C. T. Hsieh e M. Urquiola, "The Effects of Generalized School Choice on Achievement and Stratification: Evidence from Chile's Voucher Program". In: *Journal of Public Economics*, v. 90, 2006; R. J. Murnane et al., *The Consequences of Educational Voucher Reform in Chile*. Documento de trabalho 23550, National Bureau of Economic Research, 2017; J. P. Valenzuela et al., "Socioeconomic School Segregation in a Market-Oriented Educational System: The Case of Chile". In: *Journal of Education Policy*, v. 29, n. 2, 2013. Nos Estados Unidos, A. Abdulkadiroglu et al., "Free to choose: Can School Choice Reduce Student Achievement?". In: *American Economic Journal: Applied Economics*, v. 10, n. 1, 2018, também relatam efeitos negativos dos vouchers e apontam o potencial do programa para atrair escolas de baixa qualidade.
33. S. Cabral et al., op. cit., 2013; C. Ferraz e F. Finan, "Electoral Accountability and Corruption: Evidence from the Audits of Local Governments". In: *American Economic Review*, v. 101, n. 4, 2011.
34. J. Bennett e E. Iossa, "Building and Managing Facilities for Public Services". In: *Journal of Public Economics*, v. 90, 2006; para um modelo mais simples, O. Hart, "Incomplete Contracts and Public Ownership: Remarks, and an Application to Public-Private Partnerships". In: *Economic Journal*, v. 113, 2003.
35. L. W. Foderaro, "A $100 Million Thank-You for a Lifetime's Central Park Memories". In: *New York Times*, 23 out. 2012. Ver também H. W. Buffett e W. B. Eimicke, *Social Value Investing: A Management Framework for Effective Partnerships*. Nova York: Columbia University Press, 2018.
36. S. G. Lazzarini et al., "Caixa Econômica Federal: Alternativas privadas para a gestão de suas atividades financeiras e sociais". In: *Como escapar da armadilha do baixo crescimento*, A. C. Pastore (Org.). São Paulo: CDPP, 2019.
37. L. I. Berge et al., "Human and Financial Capital for Microenterprise Development: Evidence from a Field and Lab Experiment". In: *Management Science*, v. 61, n. 4, 2015, demonstram a importância dos serviços complementares de formação em microcrédito. E. L. Yeyati et al. (*Should the Government Be in the Banking Business? The Role of State-Owned and Development Banks*. Documento de trabalho 4379, Research Department RES do Banco Interamericano de Desenvolvimento, 2004) aplicam o argumento da contratação incompleta para estudar o papel dos bancos públicos.
38. I. S. Dinç, "Politicians and Banks: Political Influences on Government-Owned Banks in Emerging Markets". In: *Journal of Financial Economics*, v. 77, 2005; P. Sapienza, "The Effects of Government Ownership on Bank Lending". In: *Journal of Financial Economics*, v. 72, n. 2, 2004; e, para uma discussão mais geral sobre as implicações dos bancos governamentais, R. La Porta et al., "Government Ownership of Banks". In: *Journal of Finance*, v. 57, n. 1, 2002.

39. Essa ideia é o que O. E. Williamson, *The Mechanisms of Governance*. Nova York: Oxford University Press, 1996, chama de critério de *remediabilidade*. Certo nível de "ineficiência" pode ser aceito se não houver outra opção viável.
40. Em contextos organizacionais, a legitimidade pode ser definida como "uma percepção generalizada ou a suposição de que as ações de uma entidade são desejáveis, adequadas ou apropriadas dentro de um sistema socialmente construído de normas, valores, crenças e definições" (M. C. Suchman, "Managing Legitimacy: Strategic and Institutional Approaches". In: *Academy of Management Review*, v. 20, n. 3, 1995, p. 574).
41. J. Moore, "British Privatization: Taking Capitalism to the People". In: *Harvard Business Review*, jan.-fev. 1992. No entanto, na prática, o efeito dos programas de "privatização em massa" que buscam dispersar a propriedade não foi tão positivo quanto se pensava de início, possivelmente porque criou seus próprios problemas (de agência) devido ao mau monitoramento das empresas privatizadas (W. L. Megginson, *The Financial Economics of Privatization*. Nova York: Oxford University Press, 2005).
42. Sobre o efeito do emprego no setor público, ver também R. F. Durant e J. S. Legge Jr., "Politics, Public Opinion, and Privatization in France: Assessing the Calculus of Consent for Market Reforms". In: *Public Administration Review*, v. 62, n. 3, 2002; e S. Fredriksson et al., "The Politics of Competitive Tendering: Political Orientation and Attitudes Towards Contracting out Among Finnish Local Politicians". In: *Local Government Studies*, v. 36, n. 5, 2010.
43. Ver, por exemplo, Durant e Legge Jr., ibid.; M. Guo e S. Willner, "Swedish Politicians' Preferences Regarding the Privatisation of Elderly Care". In: *Local Government Studies*, v. 43, n. 1, 2017; A. Lindh e I. J. Seva, "Political Partisanship and Welfare Service Privatization: Ideological Attitudes Among Local Politicians in Sweden". In: *Scandinavian Political Studies*, v. 41, n. 1, 2018.
44. J. M. Alonso e R. Andrews, "How Privatization Affects Public Service Quality: An Empirical Analysis of Prisons in England and Wales, 1998-2012". In: *International Public Management Journal*, v. 19, n. 2, 2020.
45. O efeito da ideologia política também pode ser duradouro. J. Beuve e Z. Le Squeren, *When Does Ideology Matter? An Empirical Analysis of French Municipalities' Make-or-Buy Choices*. Documento de trabalho, Université Panthéon-Sorbonne, 2017, analisaram decisões de terceirizar serviços públicos em municípios franceses e descobriram que o número de prefeitos de esquerda eleitos no passado (1989-2014) aumentava a probabilidade de haver oferta estatal de uma ampla gama de serviços (como assistência social, estacionamentos e rede de tratamento de água). R. Ramamurti, "A Multilevel Model of Privatization in Emerging Economies". In: *Academy of Management Review*, v. 25, n. 3, 2000, considera a ideologia um antecedente local da privatização.
46. Pesquisas parecem sugerir que as escolas charter podem gerar resultados positivos (J. D. Angrist et al., "Explaining Charter School Effectiveness". *American Economic*

Journal: Applied Economics, v. 5, n. 4, 2013; W. Dobbie e R. G. Fryer Jr., "The Medium-term Impacts of High-achieving Charter Schools". *Journal of Political Economy*, v. 23, n. 5, 2015; M. Romero et al., "Outsourcing Education: Experimental Evidence from Liberia". In: *American Economic Review*, v. 110, n. 2, 2020), embora alguns estudos relatem que as escolas charter podem dar preferência a alunos melhores ou sem necessidades especiais críticas (por exemplo, P. Bergman e I. McFarlin Jr., *Education for All? A Nationwide Audit Study of School Choice*. Documento de trabalho 25396, National Bureau of Economic Research, 2018). Sobre a importância dos arranjos de governança para monitorar e supervisionar as escolas charter e evitar a exclusão de alunos vulneráveis, ver a experiência relatada em J. Bonilla, *Contracting Out Public Schools for Academic Achievement: Evidence from Colombia*. Documento de trabalho, Universidade de São Paulo, 2011. Uma situação grave relatada no estudo de Romero et al., op. cit., é que na Libéria alguns prestadores privados se envolveram em casos de abuso sexual nas escolas que geriam. Embora não esteja claro se esses casos ocorreram apenas em escolas particulares, violações tão chocantes de direitos básicos podem destruir a percepção de legitimidade da entrega privada.

47. D. Ravitch, *Reign of Error: The Hoax of the Privatization Movement and the Danger to America's Public Schools*. Nova York: Vintage, 2013, p. 35.
48. E. Engel et al., op. cit., discutem o papel das economias de escala no contexto das *parcerias* público-privadas; J. Luo e A. Kaul, "Private Action in Public Interest: The Comparative Governance of Social Issues". In: *Strategic Management Journal*, v. 40, n. 4, 2019, mostram como as economias de produção influenciam a escolha comparativa de várias formas organizacionais.
49. A. P. Bartel e A. E. Harrison, "Ownership versus Environment: Disentangling the Sources of Public-Sector Inefficiency". In: *Review of Economics and Statistics*, v. 87, n. 1, 2005, estudam como os efeitos da concorrência afetam o desempenho comparativo de empresas manufatureiras públicas e privadas na Indonésia. A. Thapa, "Does Private School Competition Improve Public School Performance? The Case of Nepal". In: *International Journal of Educational Development*, v. 33, n. 4, 2013, apresenta evidências de que a competição das escolas particulares aumenta o desempenho das escolas públicas no Nepal, enquanto N. Bloom et al., "Does Management Matter in Schools?". In: *Economic Journal*, v. 125, 2015, demonstram a importância das práticas de gestão para explicar resultados heterogêneos entre escolas de oito países (Brasil, Canadá, Índia, Itália, Alemanha, Suécia, Reino Unido e Estados Unidos). Por outro lado, B. C. Burkhardt, "Does the Public Sector Respond to Private Competition? An Analysis of Privatization and Prison Performance". In: *Journal of Crime and Justice*, v. 42, n. 2, 2018, não consegue encontrar efeitos competitivos semelhantes no contexto das prisões norte-americanas e oferece várias explicações para o resultado. Por exemplo, os operadores das prisões podem ser legalmente obrigados a implementar grandes mudanças; a presença de empresas privadas pode não representar uma ameaça crível para organizações públicas que detêm a maior

parte da prestação de serviços, e estas podem não enxergar as empresas privadas como concorrentes diretas.

50. W. K. Viscusi et al., op. cit.; A. Musacchio e S. G. Lazzarini, *Reinventing State Capitalism: Leviathan in Business, Brazil and Beyond*. Cambridge, MA: Harvard University Press, 2014.
51. S. Porcher, "Neither Market nor Hierarchy: Concurrent Sourcing in Water Public Services". In: *Journal of Public Administration Research and Theory*, v. 26, n. 4, 2016.
52. D. Ravitch, *Reign of Error: The Hoax of the Privatization Movement and the Danger to America's Public Schools*. Nova York: Vintage, 2013, p. 251.

4. A PRIVATIZAÇÃO PRECISA DE GOVERNOS CAPAZES [pp. 101-31]

1. Ver, por exemplo, as reportagens em: <www.tribunapr.com.br/blogs/dante-mendonca/go-home-coppola> e <www.omelete.com.br/filmes/francis-ford-coppola-no-brasil>. Acesso em: 9 dez. 2020.
2. Disponível em: <www.pmi.org/learning/library/top-50-projects-curitibabrt-11763>. Acesso em: 9 dez. 2020. Sobre a adoção e a disseminação do BRT, ver L. A. Lindau et al., "Curitiba, the Cradle of Bus Rapid Transit". In: *Built Environment*, v. 36, n. 3, 2010.
3. S. G. Lazzarini et al., op. cit., 2020b; mais informações sobre os casos e os procedimentos de codificação utilizados na análise estão disponíveis no apêndice deste artigo. Accenture, *Learning from Best Practice Traps in Public Service*. Londres: Accenture, 2017, apresenta um relato detalhado dos casos.
4. J. N. Drobak, "A Cognitive Science Perspective on Legal Incentives". In: *Institutions, Contracts and Organizations: Perspectives from New Institutional Economics*, C. Ménard (Org.). Cheltenham: Elgar, 2000, p. 279. D. C. North, *Institutions, Institutional Change and Economic Performance*. Cambridge: Cambridge University Press, 1990, analisou não só características institucionais formais — como leis e regulamentos —, como também regras informais apoiadas por normas sociais e códigos de conduta. D. Acemoglu et al. ("The Colonial Origins of Comparative Development: An Empirical Investigation". In: *American Economic Review*, v. 91, n. 5, 2001; "Reversal of Fortune: Geography and Institutions in the Making of the Modern World Income Distribution". In: *Quarterly Journal of Economics*, v. 117, n. 4, 2002) apresentaram evidências quantitativas sobre o papel das instituições no desenvolvimento econômico de longo prazo, e o livro seguinte de D. Acemoglu e J. Robinson, *Why Nations Fail*. Nova York: Crown, 2012, ajudou a popularizar o argumento.
5. R. La Porta et al., "Harvard Institute of Economic Research. 1998. The Quality of Government". In: *Journal of Law, Economics, and Organization*, v. 15, n. 1, 1998, analisam fatores institucionais correlacionados ao desempenho do governo, incluindo a origem legal do país (uma variável institucional formal geralmente considerada relevante em suas várias comparações entre países) e a religião (um traço institucio-

nal mais informal). Também existem fortes evidências de que instituições aprimoradas promovem uma participação privada produtiva. Por exemplo, usando o banco de dados Participação Privada em Infraestrutura (PPI) do Banco Mundial, S. G. Banerjee et al., "Private Provision of Infrastructure in Emerging Markets: Do Institutions Matter?". In: *Development Policy Review*, v. 24, n. 2, 2006, constataram que o investimento privado aumenta quanto melhores são o estado de direito e a burocracia. D. Albalate et al., "Do Public-Private-Partnership-Enabling Laws Increase Private Investment in Transportation Infrastructure?". In: *Journal of Law and Economics*, v. 63, n. 1, 2020, analisaram o efeito das novas leis americanas que permitiram a existência de parcerias público-privadas. Eles criaram um índice da qualidade da nova legislação (com foco na promoção do investimento privado) e encontraram um efeito positivo nos índices de participação de parcerias público-privadas em investimentos estaduais em infraestrutura. De fato, há cada vez mais evidências de que a privatização *exige* condições institucionais melhores. Em sua pesquisa sobre estudos de privatização, S. Estrin e A. Pelletier, "Privatization in Developing Countries: What Are the Lessons of Recent Experience?". In: *World Bank Research Observer*, v. 33, n. 1, 2018, p. 66, consideram que "os governos devem, primeiro, fornecer uma melhor estrutura regulatória e institucional, incluindo um mercado de capitais que funcione bem e a proteção dos direitos do consumidor e dos funcionários".

6. F. Fukuyama, *State-building: Governance and World Order in the 21st Century*. Ithaca: Cornell University Press, 2004, p. 26. Para uma discussão inicial sobre a capacidade estatal, B. Geddes, *Politician's Dilemma: Building State Capacity in Latin America*. Berkeley: University of California Press, 1994.
7. Considere, por exemplo, o banco de dados World Governance Indicators, que mede a capacidade estatal com base em seis indicadores amplos: voz e prestação de contas, estabilidade política e ausência de violência, eficácia do governo, qualidade regulatória, estado de direito e controle da corrupção (D. Kaufmann et al., "The Worldwide Governance Indicators: Methodology and Analytical Issues". In: *Hague Journal on the Rule of Law*, v. 3, n. 2, 2011). Entre um total de 202 países com dados sobre essas seis dimensões em 2019, Brasil, Índia e África do Sul ficaram em 110º, 101º e 82º, respectivamente.
8. D. Kapur, "Why Does the Indian State Both Fail and Succeed?". In: *Journal of Economic Perspectives*, v. 34, n. 1, 2020, detalha a presença simultânea de alguns poucos projetos bem executados na Índia e vestígios de instituições defeituosas. T. Khanna, *Trust: Creating the Foundation for Entrepreneurship in Developing Countries*. San Francisco: Berrett-Koehler Publishers, 2018, também apresenta diversos exemplos em mercados emergentes. Um exemplo é o Aadhaar, programa de identificação biométrica em grande escala na Índia. Embora o projeto tenha se beneficiado do envolvimento de empreendedores privados, como Nandan Nilekani — cofundador da Infosys —, a implementação envolveu liderança e muito esforço do Estado.
9. Tomo emprestada a descrição de "arquipélago" da análise de K. Bersch et al., "Bureaucratic Capacity and Political Autonomy Within National States: Mapping the

Archipelago of Excellence in Brazil". In: *States in the Developing World*, M. A. Centeno, A. Kohli, D. J. Yashar e D. Mistree (Orgs.). Cambridge: Cambridge University Press, 2017, sobre "ilhas de excelência" na burocracia pública brasileira. P. Evans, *Embedded Autonomy: States and Industrial Transformation*. Princeton: Princeton University Press, 1995, refere-se a essas instituições competentes como "bolsões de eficiência". B. R. Schneider, *Politics Within the State: Elite Bureaucrats and Industrial Policy in Authoritarian Brazil*. Pittsburgh: University of Pittsburgh Press, 1991, p. 8, argumenta que os arquipélagos podem surgir da presença de servidores técnicos (nos moldes de uma burocracia weberiana), mas essa distinção pode não ser clara: alguns desses atores técnicos também podem ser políticos que equilibram economia e interesses políticos. J. Tendler, *Good Government in the Tropics*. Baltimore: Johns Hopkins University Press, 1997, fornece um estudo de caso detalhado do governo do estado do Ceará, que desenvolveu competências governamentais superiores devido à ação sinérgica de atores políticos e técnicos interagindo com as comunidades locais. Um dos casos no estudo comparativo do Insper sobre iniciativas públicas bem-sucedidas é o município cearense de Sobral, que superou outras cidades brasileiras em aprendizagem dos alunos e outros indicadores relevantes (R. H. Rocha et al., *Sobral: Um caso de sucesso na educação básica brasileira*. Estudo de caso não publicado, Insper, 2015).

10. F. Decarolis et al., "Bureaucratic Competence and Procurement Outcomes". In: *Journal of Law, Economics, and Organization*, v. 36, n. 3, 2020; S. Fernández et al., "Exploring the Link Between Integrated Leadership and Public Sector Performance". In: *Leadership Quarterly*, v. 21, n. 2, pp. 308-23, 2010. Segundo a análise de M. Andrews et al., *Building State Capability: Evidence, Analysis, Action*. Oxford: Oxford University Press, 2017, p. 17, a respeito das diferenças na capacidade estatal, "pode haver enormes diferenças de capacidade entre organizações do setor público no mesmo país". Para os autores, "organizações com baixa capacidade de implementação de políticas são as que não conseguem equipar seus agentes com capacidades, recursos e motivações para executar ações que promovam os objetivos declarados da organização" (p. 83).
11. Para identificar o efeito causal da competência no desempenho, F. Decarolis et al., "Bureaucratic Competence and Procurement Outcomes". In: *Journal of Law, Economics, and Organization*, v. 36, n. 3, 2020, utilizam como variável exógena uma variável instrumental que codifica a ocorrência de óbitos de funcionários produtivos, o que deve afetar a capacidade da organização de executar suas tarefas com competência. S. Cabral, "Reconciling Conflicting Policy Objectives in Public Contracting: The Enabling Role of Capabilities". In: *Journal of Management Studies*, v. 54, n. 6, 2017, também estuda o papel das capacidades no contexto da contratação pública.
12. Fazendo uma conexão com a estrutura de criação de valor público de M. H. Moore, *Creating Public Value: Strategic Management in Government*. Cambridge, MA: Harvard University Press, 1995; S. G. Lazzarini et al., op. cit., 2020b, se referiram a essas três dimensões como capacidade pública *operacional*.

13. A capacidade de formulação de políticas está relacionada às dimensões iniciais da definição de B. W. A. Honadle, "Capacity-Building Framework: A Search for Concept and Purpose". In: *Public Administration Review*, v. 41, 1981, p. 577, de capacidade pública como um conjunto de habilidades "para antecipar e influenciar mudanças; tomar decisões abalizadas e inteligentes sobre políticas; desenvolver programas de implementação de políticas; atrair e absorver recursos; gerir recursos; e avaliar as atividades atuais para orientar ações futuras". A armadilha de focar no problema errado é chamada de *erro do tipo III* (R. H. Kilmann e I. I. Mitroff, "Problem Defining and the Consulting/Intervention Process". In: *California Management Review*, v. 21, n. 3, 1979).
14. De forma mais geral, M. Andrews et al., op. cit., 2017, p. 83, defendem que instituições públicas capazes "descobrem um modelo causal correto viável e agem de acordo com ele para alcançar os objetivos normativos da política".
15. D. M. Levy e S. J. Peart, *Ronald Coase and the Fabian Society: Competitive Discussion in Liberal Ideology*. Documento de trabalho 14-29, Departamento de Economia, George Mason University, 2014.
16. M. Considine et al., *Networks, Innovation and Public Policy: Politicians, Bureaucrats and the Pathways to Change Inside Government*. Nova York: Springer, 2009; J. T. Hennessey Jr., "'Reinventing' Government: Does Leadership Make the Difference?". In: *Public Administration Review*, v. 58, n. 6, 1998.
17. J. B. Carson et al., "Shared Leadership in Teams: An Investigation of Antecedent Conditions and Performance". In: *Academy of Management Journal*, v. 50, n. 5, 2007, fazem uma análise empírica do papel da liderança compartilhada em equipes de consultoria. No contexto da administração pública, J. Murphy et al., "Managing the Entanglement: Complexity Leadership in Public Sector Systems". In: *Public Administration Review*, v. 77, n. 5, 2017, discutem novas tendências envolvendo formas adaptativas e distribuídas de liderança fora dos requisitos formais da hierarquia pública. Voltando ao argumento anterior de que as competências governamentais são amplamente heterogêneas, esses novos padrões de liderança também variam muito dentro do mesmo governo. S. Fernández et al., op. cit., 2010, utilizaram o banco de dados de funcionários federais dos Estados Unidos para medir até que ponto os gestores percebem que as decisões dentro da unidade organizacional são distribuídas entre os membros, em vez de centralizadas num único líder. Os autores acreditam que esses padrões variam entre as agências e também entre os departamentos delas.
18. H. Mintzberg, *Power in and around Organizations*. Englewood Cliffs, NJ: Prentice-Hall, 1983.
19. J. Das et al., "Quality and Accountability in Health Care Delivery: Audit-study Evidence from Primary Care in India". In: *American Economic Review*, v. 106, n. 12, 2016. Ver também a discussão em M. Andrews et al., op. cit., 2017, p. 87.
20. Um dos casos que comparamos na Figura 4.1 (caso *e*) envolve incentivos: uma iniciativa de remuneração atrelada ao desempenho para professores em Andhra Pra-

desh, estado da Índia (K. Muralidharan e V. Sundararaman, "Teacher Performance Pay: Experimental Evidence from India". In: *Journal of Political Economy*, v. 119, n. 1, 2011), que demonstrou aumentar a aprendizagem dos alunos. Por se tratar de um programa de incentivo, é possível argumentar que está correlacionado às competências governamentais por construção. Perceba, porém, que as competências governamentais são medidas no nível da unidade que implementou o projeto, e não na unidade que recebeu a intervenção. Outros estudos também encontraram os efeitos positivos dos incentivos aos professores na eficácia educacional (E. Duflo et al., "Incentives Work: Getting Teachers to Come to School". In: *American Economic Review*, v. 102, n. 4, 2012; R. G. Fryer et al., *Enhancing the Efficacy of Teacher Incentives Through Loss Aversion: A Field Experiment*. Documento de trabalho w18237, National Bureau of Economic Research, 2012; S. A. Imberman e M. F. Lovenheim, op. cit.). R. Camelo e V. Ponczek, "Teacher Turnover and Financial Incentives in Underprivileged Schools: Evidence from a Compensation Policy in a Developing Country". In: *Economics of Education Review*, v. 80, 102067, 2021, mostram que os incentivos gerenciais também podem ser projetados para promover a inclusão.

21. N. Ashraf et al., "No Margin, No Mission? A Field Experiment on Incentives for Public Service Delivery". In: *Journal of Public Economics*, v. 120, 2014.
22. O modelo teórico de Baker et al., op. cit., compara mecanismos de incentivo baseados em indicadores subjetivos *versus* objetivos (mensuráveis). Na análise, uma possibilidade é que os dois são complementares: o supervisor de um trabalhador com poder de definir recompensas com base em indicadores subjetivos pode ser menos propenso a negar um acordo relacional com o trabalhador se houver um sistema de incentivos explícito (definido a partir de critérios objetivos).
23. P. Maas, *Serpico*. Nova York: Viking Press, 1973.
24. Platão, *Republic*. Indianapolis: Hackett, 2004, p. 9. Para outras duas discussões sobre o tema, ver L. Hurwicz, "But Who Will Guard the Guardians?". In: *American Economic Review*, v. 98, n. 3, 2008; e A. Alchian e H. Demsetz, "Production, Information Costs, and Economic Organization". *American Economic Review*, v. 62, 1972.
25. Analisando os dados da corregedoria de uma delegacia de polícia brasileira, S. Cabral e S. G. Lazzarini, "The 'Guarding the Guardians' Problem: An Empirical Analysis of Investigations in the Internal Affairs Division of a Police Organization". In: *Journal of Public Administration Research and Theory*, v. 25, n. 3, 2015, concluem que as investigações são executadas mais rapidamente quando conduzidas por agentes públicos que dividem seu tempo entre atividades cotidianas no órgão e investigações sobre as condutas de outros colegas.
26. C. Stone, "Tracing Police Accountability in Theory and Practice: From Philadelphia to Abuja and São Paulo". In: *Theoretical Criminology*, v. 11, n. 2, 2007.
27. C. Ferraz e F. Finan, "Exposing Corrupt Politicians: The Effects of Brazil's Publicly Released Audits on Electoral Outcomes". In: *Quarterly Journal of Economics*, v. 123, n. 2, 2008, por exemplo, estudam o efeito de auditorias aleatórias implementadas por órgãos fiscalizadores brasileiros para avaliar o uso de transferências

federais para os municípios. Os autores concluem que as auditorias afetam significativamente o desempenho eleitoral dos políticos em exercício e que seu efeito foi ampliado pela presença de estações de rádio locais.

28. G. J. Miller e A. B. Whitford, *Above Politics: Bureaucratic Discretion and Credible Commitment*. Nova York: Cambridge University Press, 2016. B. Levy e P. T. Spiller, "The Institutional Foundations of Regulatory Commitment: A Comparative Analysis of Telecommunications Regulation". *Journal of Law, Economics, and Organization*, v. 10, n. 2, 1994, discutem a importância do compromisso regulatório na infraestrutura.
29. G. J. Miller e A. B. Whitford, ibid., p. 237.
30. C. R. Sunstein e A. Vermeule, *Law and Leviathan: Redeeming the Administrative State*. Cambridge, MA: Belknap Press of Harvard University Press, 2020, p. 9.
31. W. J. Henisz, "The Institutional Environment for Infrastructure Investment". In: *Industrial and Corporate Change*, v. 11, n. 2, 2002, usa dados históricos para mostrar como as configurações institucionais que limitam as possibilidades de mudanças políticas discricionárias afetaram positivamente os investimentos em infraestrutura.
32. L. Hurley, "U.S. Court Rules Amtrack Has Too Much Power Over Freight Carriers". In: *Reuters*, 29 abr. 2016; J. Marsh, "U.S. Supreme Court Ruling Paves Way for Performance Metrics for Rail". In: *Freight Waves*, 4 jun. 2019; C. R. Sunstein e A. Vermeule, op. cit., p. 87.
33. D. M. Levy e S. J. Peart, *Escape from Democracy: The Role of Experts and the Public in Economic Policy*. Cambridge: Cambridge University Press, 2017, p. 20.
34. J. Boston, "The Problems of Policy Coordination: The New Zealand Experience". In: *Governance*, v. 5, n. 1, 1992; B. G. Peter, "Managing Horizontal Government: The Politics of Co-Ordination". In: *Public Administration*, v. 76, n. 2, 1998.
35. S. Cabral e D. Krane, "Civic Festivals and Collaborative Governance". In: *International Review of Administrative Sciences*, v. 84, n. 1, 2018, estudam colaborações verticais e horizontais usadas para realizar festivais públicos. Para uma análise mais aprofundada dos laços público-públicos e de outras formas de colaboração, ver R. Andrews e T. Entwistle, "Does Cross-Sectoral Partnership Deliver? An Empirical Exploration of Public Service Effectiveness, Efficiency, and Equity". In: *Journal of Public Administration Research and Theory*, v. 20, n. 3, 2010; e S. G. Lazzarini et al., op. cit., 2020b.
36. J. L. Guasch et al., "Renegotiation of Concession Contracts in Latin America: Evidence from the Water and Transport Sectors". In: *International Journal of Industrial Organization*, v. 26, 2008, usaram uma base de dados de concessões privadas na América Latina e constataram que a existência de um órgão regulador diminui a incidência de renegociações contratuais. S. J. Wallsten, "An Econometric Analysis of Telecom Competition, Privatization, and Regulation in Africa and Latin America". In: *Journal of Industrial Economics*, v. 49, n. 1, 2001, estudou casos de privatização nos setores de telecomunicações e verificou uma associação positiva entre regulação e penetração dos serviços (capacidade de rede). No entanto, a revisão de

J. Eberhard, *Infrastructure Regulation in Developing Countries: An Exploration of Hybrid and Transitional Models*. Public-Private Infrastructure Advisory Faculty (PPIAF), Documento de trabalho n. 4, Banco Mundial, 2007, também indica que o modelo do regulador independente é mais cheio de pormenores do que se pensava inicialmente e depende de adaptações locais às condições institucionais, sobretudo para minimizar as pressões políticas que podem prejudicar a autonomia da agência.

37. P. Evans, op.cit., 1995, usa o termo *autonomia enraizada* para descrever essa combinação de isolamento e conectividade com interesses externos (ver Capítulo 7, seção 7.1). E. Engel et al., op. cit., propõem um mecanismo sólido de governança para unidades públicas que administram parcerias público-privadas (PPPs), que espelha nossa discussão anterior sobre como combinar prestação de contas e compromisso: "(i) a unidade de PPP deve ser restrita ao planejamento, à concepção e à entrega; (ii) os projetos devem ser submetidos à avaliação custo-benefício social por uma unidade independente da autoridade encarregada de obras públicas e, em seguida, revisados e aprovados por um conselho independente da PPP; (iii) uma superintendência de PPP independente deve supervisionar o cumprimento do contrato de PPP; e (iv) um painel de especialistas independentes deve revisar as renegociações e arbitrar conflitos" (p. 136). Para uma discussão sobre uma "função aliança" semelhante em empresas privadas, ver P. Kale et al., "Alliance Capability, Stock Market Response and Long-Term Alliance Success: The Case of Alliance Function". In: *Strategic Management Journal*, v. 23, n. 8, 2002.
38. B. V. Quelin et al., op. cit., 2019. Para comparar as instituições, usamos dados do World Competitiveness Yearbook do Institute for Management Development (IMD), disponível em: <www.imd.org/wcc/products/eshop-products-overview>. Acesso em: 8 jan. 2021. Em outro estudo, R. Thamer e S. G. Lazzarini, "Projetos de parceria público-privada: Fatores que influenciam o avanço dessas iniciativas". In: *Revista de Administração Pública*, v. 49, n. 4, 2015, analisaram como as colaborações público-privadas aceleram a aprovação de projetos de infraestrutura.
39. Agradeço a Joseph Wong por chamar a minha atenção para o conceito de capacidade de resposta rápida e por relacionar esse argumento a recursos ociosos. O conceito é explicado por A. Kaji et al., "Surge Capacity for Healthcare Systems: A Conceptual Framework". In: *Academic Emergency Medicine*, v. 13, n. 11, 2006.
40. C. M. Bosancianu et al., *Political and Social Correlates of COVID-19 Mortality*. Documento de trabalho, WZB Berlin, DOI:10.31235/osf.io/ub3zd, 2020.
41. Em dezembro de 2020, numa declaração apoiada pelo primeiro-ministro Stefan Lofven, o rei Carlos XVI Gustavo reconheceu publicamente o fracasso do país em lidar com a emergência: "É claro que o fato de tantas pessoas terem morrido não pode ser considerado outra coisa senão um fracasso". Disponível em: <www.bbc.com/news/world-europe-55347021>. Acesso em: 8 jan. 2021.
42. M. Lokshin et al., *Scarred but Wiser: World War 2's COVID Legacy*. Documento de trabalho w28291, National Bureau of Economic Research, 2020.
43. S. Fink, "As Virus Resurges in Africa, Doctors Fear the Worst is Yet to Come". In: *New York Times*, 26 dez. 2020.

44. B. Harris et al., "Coronavirus Corruption Cases Spread Across Latin America". In: *Financial Times*, 7 jul. 2020.
45. G. Capano et al., "Mobilizing Policy (In)Capacity to Fight COVID-19: Understanding Variations in State Responses". *Policy and Society*, v. 39, n. 3, 2020; e S. G. Lazzarini e A. Musacchio, "Leviathan as a Partial Cure? Opportunities and Pitfalls of Using the State-Owned Apparatus to Respond to the COVID-19 Crisis". In: *Revista de Administração Pública*, v. 54, n. 4, 2020, analisam diversos casos e mecanismos de políticas adotados durante a crise de covid-19, com diversas formas de esforço público e privado.
46. D. Autor et al., *An Evaluation of the Paycheck Protection Program Using Administrative Payroll Microdata*. Documento de trabalho, MIT, 2020, relatam um impacto positivo do Paycheck Protection Program no nível de emprego. B. R. Craig et al., "Credit Market Failure Intervention: Do Government Sponsored Small Business Credit Programs Enrich Poorer Areas?". In: *Small Business Economics*, v. 30, 2008, apresentam evidências anteriores do impacto dos programas da SBA em áreas carentes.
47. K. Hallman et al., *Siyakha Nentsha: A Randomized Experiment to Enhance the Health, Social and Financial Capabilities of Girls and Boys in KZN, South Africa*. Apresentação no Annual Meeting Program da Population Association of America, San Francisco, 2-5 maio 2012.
48. Uma literatura cada vez maior vem analisando processos de governança orientados para o cidadão no setor público (por exemplo, T. L. Cooper et al., "Citizen-centered Collaborative Public Management". In: *Public Administration Review*, v. 66, n. s1, 2006; K. Yang e S. K. Pandey, "Further Dissecting the Black Box of Citizen Participation: When Does Citizen Involvement Lead to Good Outcomes?". In: *Public Administration Review*, v. 71, n. 6, 2011).
49. O conceito de equifinalidade foi amplamente disseminado pelo trabalho seminal de L. von Bertalanffy, *General System Theory*. Nova York: George Braziller, 1968, sobre teoria dos sistemas. Na administração, a equifinalidade tem sido usada para descrever configurações de traços organizacionais complementares que alcançam desempenhos similares. Para investigar essas configurações, estudiosos têm utilizado métodos de pesquisa como a *análise comparativa qualitativa* (P. C. Fiss, "A Set-Theoretic Approach to Organizational Configurations". In: *Academy of Management Review*, v. 32, n. 4, 2007; B. Rhioux e C. Ragin (Orgs.), *Configurational Comparative Methods: Qualitative Comparative Analysis (QCA) and Related Techniques*. Thousand Oaks, CA: SAGE, 2009) — que adotamos em S. G. Lazzarini et al., op. cit., 2020b, para analisar os diversos caminhos para o alto desempenho descritos anteriormente. Na mesma linha da seção anterior, N. C. Ito e L. S. Pongeluppe, "The COVID-19 Outbreak and the Municipal Administration Responses: Resource Munificence, Social Vulnerability, and the Effectiveness of Public Actions". In: *Revista de Administração Pública*, v. 54, n. 4, 2020, usam o mesmo método para analisar diferentes caminhos adotados para reagir aos estágios iniciais da covid-19. No campo

da administração pública, a análise de múltiplos caminhos para o alto desempenho também é consistente com os apelos recentes para uma análise focada na governança de como diversos tipos de atores podem gerar resultados positivos com variadas lógicas de ação (J. M. Bryson et al., "Towards a Multi-Actor Theory of Public Value Co-Creation". In: *Public Management Review*, v. 19, n. 5, 2017; G. Stoker, "Public Value Management: A New Narrative for Networked Governance?" In: *American Review of Public Administration*, v. 36, n. 1, 2006). S. P. Osborne, "The New Public Governance?" In: *Public Management Review*, v. 8, n. 3, 2006, p. 384), por exemplo, fala sobre "um Estado *plural*, onde múltiplos atores interdependentes contribuem para a prestação de serviços públicos" (grifo no original). Na economia, a ideia de configurações também se faz presente em modelos teóricos baseados em relações complementares, em escolhas estratégicas ou de políticas (P. Milgrom e J. Roberts, "Complementarities, Momentum, and the Evolution of Modern Manufacturing". In: *American Economic Review*, v. 81, n. 2, 1991).

50. J. Micklethwait e A. Wooldridge, *The Fourth Revolution: The Global Race to Reinvent the State*. Nova York: Penguin, 2015. A tecnologia da informação também é conhecida por complementar vários tipos de política organizacional — por exemplo, o nível de descentralização ou de investimentos em capital humano (T. F. Bresnahan et al., "Information Technology, Workplace Organization, and the Demand for Skilled Labor: Firm-Level Evidence". In: *Quarterly Journal of Economics*, v. 117, n. 1, 2002).
51. Os gráficos são baseados em R. Gibbons, "Four Formal(izable) Theories of the Firm?" In: *Journal of Economic Behavior & Organization*, v. 58, n. 2, 2005, que oferece uma discussão mais geral sobre os limites da empresa.
52. Num nível mais fundamental, esse ponto vai ao encontro do argumento de R. H. Coase, op. cit., 1974, discutido no Capítulo 1 (seção 1.1), de que vários tipos de atores podem aprender a cooperar para garantir a entrega de bens públicos. D. E. Sappington e J. E. Stiglitz, "Privatization, Information and Incentives". In: *Journal of Policy Analysis and Management*, v. 6, n. 4, 1987, também argumentam que os governos podem oferecer serviços públicos, mas terceirizar com sucesso atividades para operadores privados, desde que não haja custos ou complicações contratuais. Essa também é uma reminiscência da conhecida afirmação de R. H. Coase, "The Problem of Social Cost". In: *Journal of Law and Economics*, v. 3, n. 1, 1960, de que, ignorando-se os custos de transação, as partes podem alcançar resultados eficientes independentemente de como os direitos de propriedade são distribuídos de início. Nessa mesma linha, estudiosos da capacidade estatal argumentam que a forma de entrega de serviços, seja ela privada ou pública, é secundária à construção de boas instituições, que tendem a reduzir os custos de transação. F. Fukuyama, op. cit., p. 19, cita uma entrevista com Milton Friedman em 2001: "Ele observou que, uma década antes, teria três palavras para os países que faziam a transição do socialismo: 'privatizar, privatizar, privatizar.' 'Mas eu estava errado', prosseguiu ele. 'Acontece que o domínio da lei é provavelmente mais fundamental que a privatização.'"

5. COMPLETANDO OS CONTRATOS: PAGAMENTO POR RESULTADOS SOCIAIS [pp. 133-62]

1. Disponível em: <www.economist.com/business/2010/03/23/social-financial-engineering>. Acesso em: 20 jan. 2021.
2. Callanan et al., *From Potential to Action: Bringing Social Impact Bonds to the US*. Nova York: McKinsey & Company, 2012.
3. N. Pequeneza, diretora do documentário, também escreveu um artigo expressando sua opinião sobre o tema ("The Downside of Social Impact Bonds". In: *Stanford Social Innovation Review*, 31 maio 2019). Ver também M. J. Roy et al., "A Critical Reflection on Social Impact Bonds". In: *Stanford Social Innovation Review*, 1º maio 2018.
4. B. Holmstrom, "Moral Hazard and Observability". In: *Bell Journal of Economics*, v. 10, n. 1, 1979.
5. Embora a evidência para o dilema risco-incentivo tenha sido considerada mista (por exemplo, R. Gibbons e R. Robert, "Economic Theories of Incentives in Organizations". In: *Handbook of Organizational Economics*, R. Gibbons e J. Roberts (Orgs.). Princeton: Princeton University Press, 2013, p. 61), mais recentemente B. Corgnet e R. Hernán-González,"Revisiting the Trade-Off Between Risk and Incentives: The Shocking Effect of Random Shocks?". In: *Management Science*, v. 65, n. 3, 2018, apresentaram evidências experimentais de que resultados sujeitos a efeitos aleatórios tendem a promover a adoção de pagamento fixo (embora, surpreendentemente, os agentes pareçam aumentar o esforço nessas condições de incerteza).
6. B. Holmstrom e P. Milgrom, "Multitask Principal-Agent Analyses: Incentive Contracts, Asset Ownership, and Job Design". In: *Journal of Law, Economics and Organization*, v. 7, 1991.
7. A. Del Giudice e M. Migliavacca, "Social Impact Bonds and Institutional Investors: An Empirical Analysis of a Complicated Relationship". In: *Nonprofit and Voluntary Sector Quarterly*, v. 48, n. 1, 2019; N. McHugh et al., "Social Impact Bonds: A Wolf in Sheep's Clothing?". In: *Journal of Poverty and Social Justice*, v. 21, n. 3, 2013; M. E. Warner, "Private Finance for Public Goods: Social Impact Bonds". In: *Journal of Economic Policy Reform*, v. 16, n. 4, 2013.
8. Esse arranjo é descrito em J. Lu, "The Performance of Performance-Based Contracting in Human Services: A Quasi-Experiment". In: *Journal of Public Administration Research and Theory*, v. 26, n. 2, 2016. Em outro exemplo, J. M. Alonso e R. Andrews ("How Privatization Affects Public Service Quality: An Empirical Analysis of Prisons in England and Wales, 1998-2012". In: *International Public Management Journal*, v. 19, n. 2, 2019) estudaram contratos com remuneração atrelada ao desempenho na reciclagem de lixo no Reino Unido, com metas explícitas e recompensas financeiras complementadas por supervisão do governo. Para mais exemplos de contratos por resultado anteriores aos SIBs, ver M. V. Pauly e A. Swanson, "Social Impact Bonds: New Product or New Package?". In: *Journal of Law, Economics, and Organization*, v. 33, n. 4, 2017, pp. 723-4.

9. Social Finance, *Social Impact Bonds: Rethinking Finance for Social Outcomes*. Londres: Social Finance UK, 2009; *A Technical Guide to Developing Social Impact Bonds*. Londres: Social Finance UK, 2011; E. Gustafsson-Wright et al., *The Potential and Limitations of Social Impact Bonds: Lessons from the First Five Years of Experience Worldwide*. Washington, DC: Brookings Institution, 2015.
10. "Contratos de Impacto Social transferem dos prestadores de serviços para os investidores o risco de uma intervenção alcançar uma melhoria no resultado pretendido. Essa transferência de risco deve permitir que até pequenos provedores do terceiro setor, que seriam excluídos, participem de contratos por resultado" (Social Finance, ibid., 2009, p. 6).
11. M. V. Pauly e A. Swanson, op. cit., 2017.
12. Development Impact Bond Working Group, *Investing in Social Outcomes: Development Impact Bonds*. Washington, DC: Center for Global Development and Social Finance UK, 2013.
13. Instiglio, *Educate Girls Development Impact Bond: Improving Education for 18,000 Children in Rajasthan*. Colômbia: Instiglio, 2015; e <https://qualityeducationindiadib.com>. Acesso em: 28 jan. 2021.
14. S. Bauhoff e A. Glassman, "Health Results Innovation Trust Fund at 10: What Have We Learned So Far?". Post no blog Center for Global Development, 30 jan, 2017.
15. S. G. Lazzarini et al., *Contracting for Socio-Environmental Outcomes Throughout the World: Database and Dictionary*. São Paulo: Insper Metricis, 2021c. Aqui, relato os resultados da versão do banco de dados atualizada em março de 2021.
16. J. Aglionby, "'Rhino Bond' Breaks New Ground in Conservation finance". In: *Financial Times*, 16 jul, 2019.
17. Esse é o valor total do investimento previsto no contrato, em geral. Infelizmente, há menos informações sobre o valor que *cada* investidor alocou individualmente no contrato.
18. T. Rudd et al., *Financing Promising Evidence-Based Programs: Early Lessons from the New York City Social Impact Bond*. Relatório, MDRC, 2013.
19. G. Bevan e C. Hood, "What's Measured Is What Matters: Targets and Gaming in the English Public Health Care System". In: *Public Administration*, v. 84, n. 3, 2006.
20. A. Mears, "Gaming and Targets in the English NHS". *Universal Journal of Management*, v. 2, n. 7, 2014; ver também: <www.theguardian.com/politics/2010/jun/21/nhs-waiting-time-targets-scrapped>. Acesso em: 26 jan. 2021.
21. H. Bastani et al., "Evidence of Upcoding in Pay-for-Performance Programs". In: *Management Science*, v. 65, n. 3, 2018.
22. C. D. Ittner et al., "Subjectivity and the Weighting of Performance Measures: Evidence from a Balanced Scorecard". In: *Accounting Review*, v. 78, n. 3, 2003.
23. N. Popper, "Success Metrics Questioned in School Program Funded by Goldman". In: *New York Times*, 5 nov., 2015.
24. Ver E. Duflo et al., op. cit., e, para uma discussão prática, Insper Metricis, op. cit. Medidas que indicam melhorias além do que teria acontecido com a população

sem o investimento também são chamadas de verificações de *adicionalidade* de um programa (B. P. Brest e K. Born, "When Can Impact Investing Create Real Impact?". In: *Stanford Social Innovation Review*, outono, 2013. Disponível em: <https://ssir.org/up_for_debate/article/ impact_investing>.

25. Sobre os méritos e limites dos estudos experimentais versus outros métodos, ver S. I. Donaldson et al., *Credible and Actionable Evidence: The Foundation for Rigorous and Influential Evaluations*. Los Angeles: SAGE, 2015. Sobre as dificuldades de usar outros métodos para medir os investimentos de impacto, ver H. Rawhouser et al., "Social Impact Measurement: Current Approaches and Future Directions for Social Entrepreneurship Research". *Entrepreneurship Theory and Practice*, v. 43, n. 1, 2019. C. FitzGerald et al., "Walking the Contractual Tightrope: A Transaction Cost Economics Perspective on Social Impact Bonds". *Public Money & Management*, v. 39, n. 7, 2019, discutem os dilemas associados aos maiores custos necessários para desenvolver avaliações mais robustas e complexas nos SIBS.
26. S. G. Lazzarini et al., *Why Are Counterfactual Assessment Methods Not Widespread in Outcome-Based Contracts?* Documento de trabalho, Insper, 2020c.
27. Contratos com valor modal acima de seiscentas pessoas no grupo de tratamento têm maiores chances de ter avaliações comparativas em pelo menos 29 pontos percentuais. Um aumento de magnitude semelhante a esse ocorre quando os investimentos per capita estão acima de 111 dólares por mês (S. G. Lazzarini et al., ibid.).
28. G. Bevan e C. Hood, "What's Measured Is What Matters: Targets and Gaming in the English Public Health Care System". In: *Public Administration*, v. 84, n. 3, 2006, pp. 530-1.
29. O *ratchet effect* é uma situação em que os principais podem aumentar as metas futuras se observarem que os agentes bateram facilmente as metas de desempenho anteriores. Para evitar essa escalada, os agentes reduzem o esforço se estiverem acima da meta, mesmo que com isso possam gerar grandes ganhos na qualidade do serviço. Ver M. L. Weitzman, "The 'Ratchet Principle' and Performance Incentives". *Bell Journal of Economics*, v. 1, 1980. D. H. Frank e T. O. Obloj, "Firm-specific Human Capital, Organizational Incentives, and Agency Costs: Evidence from Retail Banking". *Strategic Management Journal*, v. 35, n. 9, 2014, apresentam evidências de como maiores capacidades de gestão agravam o problema de manipulação de indicadores.
30. S. I. Donaldson et al., *Credible and Actionable Evidence: The Foundation for Rigorous and Influential Evaluations*. Los Angeles: SAGE, 2015, fornecem uma discussão completa das vantagens e limitações dos estudos experimentais (por sorteio). A título de ilustração, eu estive envolvido no projeto de um SIB voltado para escolas públicas de ensino médio em São Paulo, em colaboração com a Social Finance UK. Considerando os prós e contras de outros métodos de avaliação, após várias rodadas de discussão, o governo decidiu medir os resultados usando um desenho experimental, e várias escolas públicas se ofereceram para fazer parte do projeto. No entanto, o projeto recebeu fortes críticas do sindicato dos professores locais; um

argumento era que o contrato propunha um "experimento social" (F. L. Cássio et al., "Contratos de impacto social na rede estadual de São Paulo: Nova modalidade de parceria público-privada no Brasil". In: *Education Policy Analysis Archives*, v. 26, n. 130, DOI:10.14507/epaa.28.5148, 2018; S. G. Lazzarini, "Contratos de impacto social na rede estadual de São Paulo: Nova modalidade de parceria público--privada no Brasil — Comentário". In: *Education Policy Analysis Archives*, v. 28, 2020a). A pressão aumentou num momento em que o governador em exercício estava saindo do cargo, e o novo governo decidiu interromper o projeto. No entanto, essa iniciativa inspirou o projeto de um contrato por resultado em nível federal voltado para os desempregados, que utilizava um desenho experimental para avaliar o impacto do programa e acionar os pagamentos. O contrato foi a consulta pública em 2019 e, depois disso, lançado.

31. Disponível em: <https://golab.bsg.ox.ac.uk/knowledge-bank/indigo-data-and-visualisation/project-database/hmp-peterborough-one-service/>. Acesso: 27 jan. 2021.
32. Esses mecanismos são descritos na literatura sobre complementaridades organizacionais (P. Milgrom e J. Roberts, "Complementarities, Momentum, and the Evolution of Modern Manufacturing". In: *American Economic Review*, v. 81, n. 2, 1991; "Complementarities and Fit: Strategy, Structure, and Organizational Change in Manufacturing". In: *Journal of Accounting and Economics*, v. 19, 1995) e na concepção de sistemas complexos, que usa a analogia de terrenos acidentados para descrever a busca por melhores resultados quando diversas escolhas afetam umas às outras (S. A. Kauffman, *The Origins of Order: Self-Organization and Selection in Evolution*. Nova York: Oxford University Press, 1993; D. A. Levinthal e M. Warglien, "Landscape Design: Designing for Local Action in Complex Worlds". In: *Organization Science*, v. 10, n. 3, 1999).
33. O banco de dados de Participação Privada em Infraestrutura do Banco Mundial, por exemplo, estimou um nível médio de investimento de cerca de 173 milhões de dólares no primeiro semestre de 2020, em diversas áreas, como energia, transporte, água e saneamento básico. Disponível em: <https://ppi.worldbank.org/en/ppi>. Acesso em: 25 jan. 2020.
34. J. D. Anders e R. Dorsett, *HMP Peterborough Social Impact Bond — Cohort 2 and final Cohort Impact Evaluation*. Londres: Ministério da Justiça, 2017, pp. 3-4.
35. L. Poppo e T. R. Zenger, "Do Formal Contracts and Relational Governance Function as Substitutes or Complements?". In: *Strategic Management Journal*, v. 23, n. 8, 2002; K. J. Mayer e N. S. Argyres, "Learning to Contract: Evidence from the Personal Computer Industry". In: *Organization Science*, v. 15, n. 4, 2004. C. Dayson et al., "A Comparative Analysis of Social Impact Bond and Conventional Financing Approaches to Health Service Commissioning in England: The Case of Social Prescribing". In: *Journal of Comparative Policy Analysis: Research and Practice*, v. 22, n. 2, 2020, detalharam o potencial dos SIBs para a adoção de uma orientação mais relacional.

6. INVESTIDORES PRIVADOS COM INTERESSE PÚBLICO? [pp. 163-90]

1. Os relatórios da GIIN e do Boston Consulting Group são de D. Hand et al., *2020 Annual Impact Investor Survey*. Nova York: GIIN (Global Impact Investing Network, 2020), e L. Heredia et al., *Global Asset Management 2020: Protect, Adapt, and Innovate*. Boston: Boston Consulting Group, 2020, respectivamente.
2. Disponível em: <www.blackrock.com/corporate/investor-relations/larry-finkchairmans-letter>. Acesso em: 2 fev. 2021.
3. H. Aguinis e A. Glavas, "What We Know and Don't Know about Corporate Social Responsibility: A Review and Research Agenda". In: *Journal of Management*, v. 38, n. 4, 2012; J. Elkington, "Cannibals with Forks: The Triple Bottom Line of 21st-Century Business". In: *Environmental Quality Management*, v. 8, n. 1, 1998.
4. M. E. Porter e M. R. Kramer, "Creating Shared Value". In: *Harvard Business Review*, jan.-fev. 2011. Modelos de negócios que misturam diversos objetivos financeiros e sociais também são considerados modelos que buscam *valor econômico e social integrado* (S. A. Zahra e M. Wright, "Understanding the Social Role of Entrepreneurship". In: *Journal of Management Studies*, v. 53, n. 4, 2016).
5. C. K. Prahalad, *The Fortune at the Bottom of the Pyramid*. Upper Saddle River, NJ: Pearson, 2004.
6. L. Renneboog et al., "Socially Responsible Investments: Institutional Aspects, Performance, and Investor Behavior". In: *Journal of Banking & Finance*, v. 32, n. 9, 2008.
7. Disponível em: <https://bcorporation.net/>. Acesso em: 4 fev. 2021. Ver também C. Marquis, *Better Business: How the B Corp Movement Is Remaking Capitalism*. New Haven, CT: Yale University Press, 2020.
8. G. Serafeim e A. Yoon, *Stock Price Reactions to ESG News: The Role of ESG Ratings and Disagreement*. Documento de trabalho, Harvard Business School Accounting & Management Unit, 2021.
9. J. B. Barney, "Why Resource-Based Theory's Model of Profit Appropriation Must Incorporate a Stakeholder Perspective". In: *Strategic Management Journal*, v. 39, n. 13, 2018.
10. A. L. Riding, "Majority of ESG Funds Outperform Wider Market Over 10 Years". In: *Financial Times*, 13 jun. 2020.
11. Ver C. Flammer, "Does Corporate Social Responsibility Lead to Superior financial Performance? A Regression Discontinuity Approach". In: *Management Science*, v. 61, n. 11, 2015; ver também B. Cheng et al., "Corporate Social Responsibility and Access to Finance". In: *Strategic Management Journal*, v. 35, n. 1, 2014, sobre como a RSC facilita o acesso ao financiamento externo; e D. Hedblom et al., *Toward an Understanding of Corporate Social Responsibility: Theory and field Experimental Evidence*. Documento de trabalho 26222, National Bureau of Economic Research, 2019, sobre como a RSC ajuda a atrair funcionários qualificados. Embora a associação entre desempenho social e desempenho financeiro seja, há muito tempo, tema de pesquisa em gestão (por exemplo, J. D. Margolis et al., *Does It Pay to Be Good? A*

Meta-Analysis and Redirection of Research on the Relationship Between Corporate Social and Financial Performance. Documento de trabalho, Harvard Business School, 2007), os estudos mais recentes utilizaram técnicas mais robustas para identificar efeitos causais.

12. M. C. Jensen,. "Value Maximization, Stakeholder Theory, and the Corporate Objective Function". In: *Business Ethics Quarterly*, v. 12, n. 2, 2002.
13. V. K. Rangan e S. Appleby, *Bridges Ventures*. Case 514-001, Harvard Business School, 2013.
14. B. M. Barber et al., "Impact Investing". In: *Journal of Financial Economics*, v. 139, n. 1, 2018.
15. Exemplo inspirado em M. McCreless, "Toward the Efficient Impact Frontier". In: *Stanford Social Innovation Review*, 2017.
16. J. Battilana e S. Dorado, "Building Sustainable Hybrid Organizations: The Case of Commercial Microfinance Organizations". In: *Academy of Management Journal*, v. 53, n. 6, 2010.
17. D. Roodman, *Due Diligence: An Impertinent Inquiry into Microfinance*. Washington, DC: Center for Global Development, 2012, p. 108; M. Yunus, *Banker to the Poor: The Story of the Grameen Bank*. Nova Delhi: Penguin, 2007, p. 214.
18. J. Freireich e K. Fulton, *Investing for Social and Environmental Impact*. Washington, DC: Monitor Institute, 2009.
19. S. G. Lazzarini, op. cit., 2020b; F. Santos et al., "Making Hybrids Work: Aligning Business Models and Organizational Design for Social Enterprises". In: *California Management Review*, v. 57, n. 3, 2015.
20. J. Luo et al., "Winning Us with Trifles: Adverse Selection in the Use of Philanthropy as Insurance". In: *Strategic Management Journal*, v. 39, n. 10, 2018.
21. K. Harji e E. T. Jackson, *Accelerating Impact: Achievements, Challenges and What's Next in Building the Impact Investing Industry*. Nova York: Rockefeller Foundation, 2012.
22. J. A. List e F. Momeni, "When Corporate Social Responsibility Backfires: Evidence from a Natural Field Experiment". In: *Management Science*, v. 67, n. 1, 2021.
23. F. Berg et al., *Aggregate Confusion: The Divergence of ESG Ratings*. Documento de trabalho, MIT, 2019.
24. L. Nardi et al., *Doing Well by Doing Good, Uniquely: Materiality and the Market Value of Unique CSR Strategies*. Documento de trabalho, Insper, 2020, analisam como as empresas podem se especializar em diferentes atributos socioambientais.
25. Na mesma linha da discussão do Capítulo 5, seção 5.4, atualmente existe um debate sobre se os investidores devem adotar técnicas de medição que permitam uma avaliação mais precisa da causalidade (ou adicionalidade). Ver, por exemplo, B. P. Brest e K. Born, "When Can Impact Investing Create Real Impact?". In: *Stanford Social Innovation Review*, 2013, e o comentário à guisa de resposta de A. Rodriguez Arregui e M. Chu, que criticam abordagens dispendiosas para medir o impacto. O exemplo dos óculos foi inspirado no comentário deles: "Gastamos muito tempo e muitos recursos discutindo como medir o impacto e tentando medir os resultados.

Uma pessoa que precisa de óculos melhora de vida se tiver acesso a eles? Se você está usando um par de óculos enquanto lê este texto, então já sabe a resposta" (p. 29). No entanto, esse ponto de vista pode não ser convincente em outras atividades e serviços em que talvez não seja tão fácil avaliar tais melhorias. No contexto do microcrédito, D. Roodman, *Due Diligence: An Impertinent Inquiry into Microfinance*. Washington, DC: Center for Global Development, 2012, p. 157, escreve: "Minha própria análise da pesquisa me faz desconfiar de estudos quantitativos e não experimentais, que antes eram os que mais atenção atraíam. Considero que boas pesquisas qualitativas têm mais credibilidade, e os estudos qualitativos experimentais mais ainda, e me baseio em ambos para tirar minhas conclusões."

26. As citações de Mycoskie estão em S. Lebowitz, "On the 10th Anniversary of TOMS, Its Founder Talks Stepping Down, Bringing in Private Equity, and Why Giving Away Shoes Provides a Competitive Advantage". In: *Business Insider*, 15 jun. 2016.
27. B. Wydick et al., "Shoeing the Children: The Impact of the TOMS Shoe Donation Program in Rural El Salvador". In: *World Bank Economic Review*, v. 32, n. 3, 2018.
28. Ver, por exemplo: <www.bizjournals.com/bizwomen/news/latest-news/2019/11/toms-changes-its-buy-one-give-one-charitable-model.html?page=all>. Acesso em: 9 jan. 2021.
29. M. E. Porter et al., *Nestlé's Creating Shared Value Strategy*. Caso 716-422, Harvard Business School, 2015.
30. O press release da Nestlé pode ser lido em: <www.nestle.com/media/news/nestle-mexico-investment-new-coffee-factory-veracruz>. Os agricultores escreveram ao governo uma carta com suas reclamações, que pode ser lida em: <www.fairworld project.org/wp-content/uploads/2019/01/Declaracion-productores-firmada.pdf >. Acesso em: 28 fev. 2019. Para mais detalhes, ver A. Villalobos, "Cafeticultores vs. Nestlé: La guerra por el café en Veracruz". *El CEO*, 31 jan. 2019.
31. A. Giridharadas, *Winners Take All: The Elite Charade of Changing the World*. Nova York: Knopf, 2018, p. 12. Para uma discussão mais completa sobre as possíveis distorções das estratégias corporativas de geração de impacto social, ver S. G. Lazzarini e J. A. Nickerson, "A empresa justa". In: *Harvard Business Review Brasil*, jun. 2020; um resumo em inglês pode ser encontrado em: <https://olinblog.wustl.edu/2021/01/decision-making-model-guides-creation-of-just-corporations/>. Acesso em: 2 fev. 2021.
32. A. M. McGahan e L. S. Pongeluppe, *There Is No Planet B: Stakeholder Governance that Aligns Incentives to Preserve the Amazon Rainforest*. Documento de trabalho, University of Toronto, 2020. A seguir, uso informações de caso de trabalhos em parceria com Dirk Boehe, Leandro Pongeluppe e Michael Cook (D. M. Boehe et al., "Natura and the Development of a Sustainable Supply Chain in the Amazon Region". In: *Multinationals in Latin America*. L. Liberman, S. Garcilazo e E. Stal (Orgs.). Londres: Palgrave Macmillan, pp. 49-71, 2014; S. G. Lazzarini et al., *From Instrumental to Normative Relational Strategies: A Study of Open Buyer-Supplier Relations*. Academy of Management Best Paper Proceedings, 2020a). A estratégia da Natura também foi analisada de forma independente por A. Gatignon e

L. Capron, "The Firm as an Architect of Polycentric Governance: Building Open Institutional Infrastructure in Emerging Markets". In: *Strategic Management Journal*, DOI:10.1002/smj.3124, 2020. T. Teodorovicz et al., *How a Firm Strengthens Relationships with Uneducated Contract Workers by Investing in General Human Capital*. Documento de trabalho, 2020, analisaram estratégias corporativas semelhantes gerando externalidades positivas, mas em outro contexto: programas de treinamento geral para trabalhadores de baixa renda.

33. J. H. Dyer e K. Nobeoka, "Creating and Managing a High-Performance Knowledge-Sharing Network: The Toyota Case". In: *Strategic Management Journal*, v. 21, 2000.
34. Ver: <www.un.org/sustainabledevelopment/sustainable-development-goals>. Acesso em: 27 fev. 2019.
35. S. G. Lazzarini et al., op. cit., 2020a.
36. R. E. Freeman, "The Politics of Stakeholder Theory: Some Future Directions". *Business Ethics Quarterly*, v. 4, n. 4, 1994. A partir dessa ideia, T. M. Jones e A. C. Wicks, "Convergent Stakeholder Theory". In: *Academy of Management Review*, v. 24, n. 2, 1999, propuseram uma convergência entre os argumentos normativos e os argumentos instrumentais dos stakeholders. No entanto, ainda existe um debate sobre qual visão dos stakeholders deve ser enfatizada (por exemplo, T. M. Jones et al., "How Applying Instrumental Stakeholder Theory Can Provide Sustainable Competitive Advantage". In: *Academy of Management Review*, v. 43, n. 3, 2018; D. Weitzner e Y. Deutsch, "Why the Time Has Come to Retire Instrumental Stakeholder Theory". In: *Academy of Management Review*, v. 44, n. 3, 2019.
37. S. Kaplan, Beyond the Business Case for Social Responsibility". *Academy of Management Discoveries*, v. 6, n. 1, 2020; C. Mayer, *Prosperity: Better Business Makes the Greater Good*. Oxford: Oxford University Press, 2018. Da mesma forma, S. Rangan, "Introduction: Capitalism Beyond Mutuality?". In: *Capitalism Beyond Mutuality? Perspectives Integrating Philosophy and Social Science*. S. Rangan (Org.). Oxford: Oxford University Press, 2018, p. 17, pede "um paradigma evoluído do capitalismo no qual os atores econômicos que melhor consigam combinar desempenho e progresso tenham que ser ancorados não só na mutualidade, mas também na moralidade". J. T. Mahoney, "Towards a Stakeholder Theory of Strategic Management". In: *Towards a New Theory of the Firm: Humanizing the Firm and the Management Profession*. J. E. R. Costa e J. M. R. Marti (Orgs.). Bilbau: Fundación BBVA, 2012, p. 170, também reconhece a necessidade de uma teoria normativa dos stakeholders aplicada às decisões estratégicas: "é preciso aplicar uma teoria da justiça bem desenvolvida (J. Rawls, *A Theory of Justice*, 1971) à segunda questão fundamental da distribuição do valor econômico entre os stakeholders". S. Kaplan, *The 360° Corporation: From Stakeholder Trade-Offs to Transformation*. Palo Alto, CA: Stanford University Press, 2019, apresenta uma discussão aplicada dos dilemas que surgem quando há vários stakeholders envolvidos.
38. Entretanto, a noção de um contrato social em nível de firma não é simples. Alguns filósofos, como Rawls e Nozick, falam sobre justiça em um nível social — princípios

gerais de ação que os indivíduos e seus legisladores discutem, deliberam e legitimam. As organizações privadas não precisam necessariamente fazer parte deste processo e podem não ter nenhuma vantagem clara na implementação de ações justas. Rawls foi explícito em sua posição de que as associações privadas não fazem parte da estrutura social que define os princípios de justiça (por exemplo, S. F. Mansell, *Capitalism, Corporations and the Social Contract: A Critique of Stakeholder Theory*. Cambridge: Cambridge University Press, 2013; A. A. Singer, *The Form of the Firm: A Normative Political Theory of the Corporation*. Oxford: Oxford University Press, 2018). No entanto, guiados por pressupostos gerais e "macro", como os princípios de justiça de Rawls, gestores e proprietários poderiam elaborar regras de ação "micro" por meio de deliberação interna (M. Fia & L. Sacconi, "Justice and Corporate Governance: New Insights from Rawlsian Social Contract and Sen's Capabilities Approach". *Journal of Business Ethics*, v. 160, pp. 937-60, 2019). Estas deliberações locais podem ser interpretadas como contratos sociais em nível de firma.

39. Por exemplo, L. Stout, *The Shareholder Value Myth*. San Francisco: Berrett-Koehler, 2012, e, mais recentemente, P. Adler, *The 99 Percent Economy: How Democratic Socialism Can Overcome the Crises of Capitalism*. Oxford: Oxford University Press, 2019, e R. Henderson, *Reimagining Capitalism in a World on Fire*. Nova York: PublicAffairs, 2020.
40. Disponível em: <https://epocanegocios.globo.com/Informacao/Visao/noticia/2012/12/luiz-seabra.html> e <www2.natura.net/Web/Br/Inst/HResources/rh_crencas_valores.asp>. Acesso em: 5 jan. 2020.
41. L. Guiso et al., "The Value of Corporate Culture". In: *Journal of Financial Economics*, v. 117, n. 1, 2015.
42. S. Jäger et al., *Labor in the Boardrooms*. Documento de trabalho w26519, National Bureau of Economic Research, 2019.
43. Existem muitos casos de conflitos em grandes cooperativas com membros heterogêneos (F. R. Chaddad e M. L. Cook, "Understanding New Cooperative Models: An Ownership-Control Rights Typology". In: *Review of Agricultural Economics*, v. 26, n. 3, 2004; H. Hansmann, *The Ownership of Enterprise*. Cambridge, MA: Harvard University Press, 1996; A. A. Singer, *The Form of the Firm: A Normative Political Theory of the Corporation*. Oxford: Oxford University Press, 2018).
44. O estudo da governança dos stakeholders ainda está dando seus primeiros passos e é considerado um dos problemas mais difíceis de resolver em pesquisa e práticas de gestão; ver, por exemplo, a discussão de J. Amis et al., "From the Editors: Why We Need a Theory of Stakeholder Governance — and Why This is a Hard Problem". In: *Academy of Management Review*, v. 45, n. 3, 2020. Vários autores têm analisado os conflitos que nascem a partir das demandas heterogêneas dos stakeholders (N. J. Foss e P. G. Klein, "Stakeholders and Corporate Social Responsibility: An Ownership Perspective". In: *Advances in Strategic Management*, v. 38, 2018; V. B. Freire et al., *Just Decision Making: Models of Choice and Deliberation to Address Heterogeneous Stakeholder Demands*. Documento de trabalho, Insper, 2020; H. Hansmann, *The*

Ownership of Enterprise. Cambridge, MA: Harvard University Press, 1996; P. G. Klein et al., "Organizational Governance Adaptation: Who Is In, Who Is Out, and Who Gets What". In: *Academy of Management Review*, v. 44, n. 1, 2019). P. Adler, *The 99 Percent Economy: How Democratic Socialism Can Overcome the Crises of Capitalism*. Oxford: Oxford University Press, 2019, defende veementemente a adoção de mecanismos de governança democrática e inclusiva nas organizações. Por outro lado, G. J. Miller, *Managerial Dilemmas*. Cambridge: Cambridge University Press, 1992, esquadrinha os dilemas da adoção de tais procedimentos de governança democrática em hierarquias.

45. L. A. Bebchuk e R. Tallarita, "The Illusory Promise of Stakeholder Governance". In: *Cornell Law Review*, v. 106, 2020.

7. PROMOÇÃO PÚBLICA DE COMPETÊNCIAS PRIVADAS [pp. 191-219]

1. H. Melo, "Prosperity Through Connectedness". In: *Innovations: Technology, Governance, Globalization*, v. 7, n. 2, 2012; e, para uma história mais detalhada da Corfo e de suas políticas, A. Musacchio et al., *The Role and Impact of Development Banks: A Review of Their Founding, Focus, and Influence*. Relatório ao Banco Mundial, 2017.
2. J. Gonzalez-Uribe e M. Leatherbee, "The Effects of Business Accelerators on Venture Performance: Evidence from Start-Up Chile". In: *Review of Financial Studies*, v. 31, n. 4, 2018.
3. M. Cimoli et al., "Institutions and Policies Shaping Industrial Development: An Introductory Note". In: *Industrial Policy and Development: The Political Economy of Capabilities Accumulation*. M. Cimoli, G. Dosi e J. E. Stiglitz (Orgs.). Oxford: Oxford University Press, 2009; S. G. Lazzarini, "Strategizing by the Government: Can Industrial Policy Create Firm-level Competitive Advantage?". In: *Strategic Management Journal*, v. 36, n. 1, 2015; H. Pack e K. Saggi, "Is There a Case for Industrial Policy? A Critical Survey". In: *World Bank Research Observer*, v. 21, n. 2, 2006.
4. J. Bai et al., *Public Entrepreneurial Finance Around the Globe*. Documento de trabalho, Universidade Harvard, 2021.
5. Sobre a Coreia do Sul, ver D. Rodrik, "Getting Interventions Right: How South Korea and Taiwan Grew Rich". *Economic Policy*, v. 20, 1995, e a discussão no artigo; ver também, A. Musacchio et al., *The Korean Model of Shared Growth, s1960-1990*. Caso 712-052, Harvard Business School, 2012.
6. D. Rodrik, *Industrial Policy for the Twenty-First Century*. Documento de trabalho 4767, Centre for Economic Policy Research, 2004. O argumento da externalidade da aprendizagem é elaborado em R. Hausmann e D. Rodrik, "Economic Development as Self-Discovery". In: *Journal of Development Economics*, v. 72, 2003.
7. A ideia de coordenação deve muito à discussão de A. O. Hirschman, *The Strategy of Economic Development*. New Haven: Yale Economic Press, 1958, sobre como

promover ligações para a frente e para trás nas cadeias produtivas locais. Sabe-se também que os investimentos coordenados podem exigir um "grande empurrão" (*big push*) do governo, dada a necessidade de promover esforços simultâneos e intensivos (K. M. Murphy et al. "Industrialization and the Big Push". In: *Journal of Political Economy*, v. 97, n. 5, 1989). Caso a coordenação seja local, estará relacionada à noção de construção de clusters locais compostos por empresas com especializações complementares difundindo conhecimento entre si (A. Harrison e A. Rodríguez-Clare, "Trade, Foreign Investment, and Industrial Policy for Developing Countries". In: *Handbook of Development Economics*. D. Rodrik e M. Rosenzweig (Orgs.). Amsterdã: Elsevier, v. 5, 2010; M. E. Porter, *On Competition: Updated and Extended Edition*. Cambridge, MA: Harvard Business School Press, 2008).

8. A distinção entre políticas horizontais e verticais é lugar-comum na literatura de política industrial (por exemplo, P.-A. Buiges e K. Sekkat, *Industrial Policy in Europe, Japan and the USA: Amounts, Mechanisms and Effectiveness*. Basingstoke: Palgrave Macmillan, 2009; S. Lall e M. Teubal, "'Market Stimulating' Technology Policies in Developing Countries: A Framework with Examples from East Asia". In: *World Development*, v. 26, n. 8, 1998; W. Suzigan e A. V. Vilella, *Industrial Policy in Brazil*. Campinas: Unicamp, 1997). Alguns consideram as políticas horizontais "fracas" porque não exigem apostas em setores específicos das empresas (M. H. Khan e S. Blankenburg, "The Political Economy of Industrial Policy in Asia and Latin America". In: *Industrial Policy and Development: The Political Economy of Capabilities Accumulation*. M. Cimoli, G. Dosi e J. E. Stiglitz (Orgs.). Oxford: Oxford University Press, 2009, p. 336). Políticas verticais, por outro lado, envolvem "benefícios dados a certos setores que não são dados a todos os setores" (R. Beason e D. E. Weinstein, "Growth, Economies of Scale, and Targeting in Japan (1955-1990)". In: *Review of Economics and Statistics*, v. 78, n. 2, 1996, p. 286).
9. Uma vasta literatura tem analisado como as empresas podem ter influência distinta (e disfuncional) nas políticas estatais (A. Ades e R. Di Tella, "National Champions and Corruption: Some Unpleasant Interventionist Arithmetic". In: *Economic Journal*, v. 107, n. 443, 1997; S. Haber, "Introduction: The Political Economy of Crony Capitalism". In: *Crony Capitalism and Economic Growth in Latin America: Theory and Evidence*, S. Haber (Org.). Stanford, CA: Hoover Institution Press, 2002; S. Johnson e T. Mitton, "Cronyism and Capital Controls: Evidence from Malaysia". In: *Journal of Financial Economics*, v. 67, 2003). S. Claessens et al., "Political Connections and Preferential Access to Finance: The Role of Campaign Contributions". In: *Journal of Financial Economics*, v. 88, 2008. e S. G. Lazzarini et al., op. cit., 2015, apresentam evidências de que as doações de campanha no Brasil aumentam o acesso das empresas a crédito distinto. Na China, Y. Wang et al., "Firm Performance and State Innovation Funding: Evidence from China's Innofund Program". *Research Policy*, v. 46, n. 6, 2017, e H. Cheng et al., *Do Innovation Subsidies Make Chinese Firms More Innovative? Evidence from the China Employer-Employee Survey*. Documento de trabalho 25432, National Bureau of Economic Research, 2019, cons-

tatam que os programas de inovação são alocados preferencialmente a empresas com conexões políticas. A. O. Krueger, "Government Failures in Development". In: *Journal of Economic Perspectives*, v. 4, n. 3, 1990, p. 10, argumenta que a ênfase em determinadas metas pode levar a "falhas por omissão", em que os governos ignoram os benefícios de investir em atividades que geram amplos ganhos sociais.

10. D. Rodrik, op. cit., 2004.
11. M. Olson, *The Rise and Decline of Nations: Economic Growth, Stagflation, and Social Rigidities*. New Haven: Yale University Press, 1982, descreve como o desenvolvimento industrial desigual pode levar a poderosas associações industriais que se esforçam para defender os próprios setores e com isso inviabilizam o crescimento generalizado. A alta concentração impede o surgimento de um ambiente político em que múltiplas demandas privadas são atendidas de forma mais equilibrada (K. L. Sokoloff e S. L. Engerman, "History Lessons: Institutions, Factor Endowments, and Paths of Development in the New World". In: *Journal of Economic Perspectives*, v. 14, n. 3, 2000). Além disso, indústrias com mais influência política tendem a criar pressão contra a abertura e a concorrência (P. C. Ferreira e G. Facchini, "Trade Liberalization and Industrial Concentration: Evidence from Brazil". In: *Quarterly Review of Economics and Finance*, v. 45, 2005; G. M. Grossman e E. Helpman, "Protection for Sale". In: *American Economic Review*, v. 84, n. 4, 1994).
12. M. Mazzucato, *Mission Economy: A Moonshot Guide to Changing Capitalism*. Londres: Allen Lane - Penguin Books, 2021, p. 6. O argumento com foco na missão foi apresentado em textos anteriores (M. Mazzucato, *The Entrepreneurial State*. Londres: Demos, 2011; M. Mazzucato e C. C. Penna, "Beyond Market Failures: The Market Creating and Shaping Roles of State Investment Banks". In: *Journal of Economic Policy Reform*, v. 19, n. 4, 2016).
13. M. Mazzucato, op. cit., 2021, p. 6.
14. Conforme dizem N. Bloom et al., "A Toolkit of Policies to Promote Innovation". In: *Journal of Economic Perspectives*, v. 33, n. 3, 2019, p. 179, que enxergam as políticas orientadas para missão como *moonshots* (projetos extremamente ambiciosos e disruptivos), "muitas vezes os economistas têm um pé atrás em relação a essas políticas focadas no setor, porque a tomada de decisões políticas pode estar mais propensa a favorecer os setores ou as empresas que praticam lobby e captura do regulador, em vez das que podem gerar mais benefícios sociais. Além disso, em muitos casos pode ser difícil articular uma lógica econômica por trás dos *moonshots*. Com certeza, os recursos usados para levar o homem à Lua poderiam ter sido direcionados de forma mais eficiente se o objetivo fosse simplesmente gerar mais inovação".
15. A. H. Amsden, *Asia's Next Giant: South Korea and Late Industrialization*. Nova York: Oxford University Press, 1989, p. 84.
16. H. Pack e K. Saggi, "Is There a Case for Industrial Policy? A Critical Survey". In: *World Bank Research Observer*, v. 21, n. 2, 2006, pp. 281-3.
17. R. Wade, *Governing the Market: Economic Theory and the Role of Government in East Asian Capitalism*. Princeton: Princeton University Press, 1990, p. 225, por

exemplo, comenta o caso de Taiwan: "a formulação e a implementação de políticas industriais têm sido feitas, em grande parte, por pessoas com formação em engenharia e, nos cargos superiores, com profundo conhecimento das políticas industriais do Japão."

18. A. H. Amsden, op. cit., 1989. As metas baseadas na exportação são, porém, altamente controversas hoje em dia, pois distorcem o comércio global e estão sujeitas a sanções (P. A. Buiges e K. Sekkat, *Industrial Policy in Europe, Japan and the USA: Amounts, Mechanisms and Effectiveness*. Basingstoke: Palgrave Macmillan, 2009).
19. Frequentemente a autonomia de gestão dos burocratas públicos é mencionada em estudos sobre interações público-privadas (G. A. McDermott, *Embedded Politics: Industrial Networks & Institutional Change in Postcommunism*. Ann Arbor: University of Michigan Press, 2003). Internamente, eles também precisam evitar interferências políticas discricionárias (S. G. Lazzarini et al., "Leviathan as an Inventor: An Extended Agency Model of State-Owned vs. Private firm Invention in Emerging and Developing Economies". In: *Journal of International Business Studies*, v. 52, n. 4, 2021b).
20. P. Evans, op. cit., 1995.
21. A. Musacchio et al., *The Role and Impact of Development Banks: A Review of Their Founding, Focus, and Influence*. Relatório ao Banco Mundial, 2017.
22. Disponível em: <http://wfdfi.net/>. Acesso em: 18 fev. 2021; e, em um nível mais conceitual, ver G. George e G. N. Prabhu, "Developmental Financial Institutions as Catalysts of Entrepreneurship in Emerging Economies". In: *Academy of Management Review*, v. 25, n. 3, 2000.
23. J. de Luna-Martínez et al., *Survey of National Development Banks*. Washington, DC: Banco Mundial, 2017.
24. B. Armendáriz de Aghion, "Development banking". In: *Journal of Development Economics*, v. 58, 1999. A visão da autora, portanto, refina argumentos anteriores de que empréstimos diretos por bancos estatais devem ser usados para remediar falhas nos mercados de crédito, especialmente quando é preciso fazer grandes investimentos em infraestrutura (por exemplo, N. Bruck, "The Role of Development Banks in the Twenty-first Century". In: *Journal of Emerging Markets*, v. 3, 1998; A. Gerschenkron, *Economic Backwardness in Historical Perspective*. Cambridge, MA: Harvard University Press, 1962).
25. I. S. Dinç, "Politicians and Banks: Political Influences on Government-Owned Banks in Emerging Markets". *Journal of Financial Economics*, v. 77, 2005, constata que os bancos estatais emprestam mais do que os privados em anos eleitorais em mercados emergentes. S. Cole, "Fixing Market Failure or Fixing Elections? Agricultural Credit in India". In: *American Economic Journal: Applied Economics*, v. 1, n. 1, 2009 e P. Sapienza, "The Effects of Government Ownership on Bank Lending". In: *Journal of Financial Economics*, v. 72, n. 2, 2004, confirmam o efeito dos ciclos políticos sobre a atividade de crédito dos bancos públicos na Índia e na Itália, respectivamente.

26. S. Claessens et al., "Political Connections and Preferential Access to Finance: The Role of Campaign Contributions". In: *Journal of Financial Economics*, v. 88, 2008; W. Bailey et al., "Bank Loans with Chinese Characteristics: Some Evidence on Inside Debt in a State-Controlled Banking System". In: *Journal of Financial and Quantitative Analysis*, v. 46, n. 6, 2011; A. I. Khwaja e A. Mian. "Do Lenders Favor Politically Connected firms? Rent Provision in an Emerging Financial Market". In: *Quarterly Journal of Economics*, v. 120, n. 4, 2005.
27. Isso está relacionado ao problema conhecido como *restrição orçamentária leve* (J. Kornai, "The Soft Budget Constraint". In: *Kyklos*, v. 39, n. 1, fev. 1986.
28. E. L. Yeyati et al., *Should the Government Be in the Banking Business? The Role of State-Owned and Development Banks*. Documento de trabalho 4379, Research Department RES do Banco Interamericano de Desenvolvimento, 2004, pp. 9-10.
29. Por exemplo, J. E. Ogbuabor et al., "Quest for Industrialization in Nigeria: The Role of the Development Bank of Nigeria". In: *International Journal of Economics and Financial Issues*, v. 8, n. 3, 2018, p. 27, analisaram o caso do Banco de Desenvolvimento da Nigéria (BDN) e defenderam um aumento no escopo de suas atividades de empréstimo, indo além de pequenos empreendimentos empresariais. Segundo os autores:

> Atualmente, o conhecimento sobre setores ou áreas promissoras para investimento na Nigéria parece desconexo e confuso. A estrutura do BDN deve incluir um departamento de pesquisa [...] visando determinar os setores viáveis para investimento. Esses setores precisam ser capazes de apoiar o esforço da Nigéria em busca da industrialização e do desenvolvimento econômico geral. Assim, é dever do BDN promover ou apresentar esses setores para a comunidade global de investimentos.

30. Existe uma vasta literatura sobre o papel das garantias de crédito para pequenas empresas (por exemplo, A. L.Riding e G. Haines Jr., "Loan Guarantees: Costs of Default and Benefits to Small Firms". In: *Journal of Business Venturing*, v. 16, 2001; N. Yoshino e F. T. Hesary, *Optimal Credit Guarantee Ratio for Asia*. Documento de trabalho 586, Asian Development Bank Institute, 2016; S. Zecchini e M. Ventura, "The Impact of Public Guarantees on Credit to SMES". In: *Small Business Economics*, v. 32, 2009).
31. M. G. Schapiro, "Legalidade ou discricionariedade na governança de bancos públicos: Uma análise aplicada ao caso do BNDES". In: *Revista de Administração Pública*, v. 51, n. 1, 2017, por exemplo, discute a importância de mandatos que regem a governança dos bancos de desenvolvimento.
32. Disponível em: <www.aei.org/carpe-diem/chart-of-the-day-or-century-5/>. Acesso em: 22 fev. 2021.
33. R. R. Basu et al., "Frugal Innovation: Core Competencies to Address Global Sustainability". In: *Journal of Management for Global Sustainability*, v. 1, n. 2, 2013; M. Hossain, "Frugal Innovation: A Review and Research Agenda". In: *Journal of Cleaner Production*, v. 182, 2018.

34. Por exemplo, para cortar custos, alguns hospitais na Índia reutilizam equipamentos cirúrgicos, o que é considerado uma prática perigosa. Sobre o modelo frugal dos hospitais indianos, ver V. Govindarajan e R. Ramamurti, *Reverse Innovation in Health Care: How to Make Value-Based Delivery Work*. Boston: Harvard Business Review Press, 2018; sobre o programa de Modi e as respostas privadas estratégicas, ver A. Altstedter, "The World's Cheapest Hospital Has to Get Even Cheaper". *Bloomberg Businessweek*, 26 mar. 2019.
35. R. R. Basu et al., op. cit.; R. Kanani, "Jaipur Foot: One of the Most Technologically Advanced Social Enterprises in the World". In: *Forbes*, 8 ago. 2011.
36. Disponível em: <www.centreforpublicimpact.org/case-study/m-currency-in-kenya>. Acesso em: 20 fev. 2021. Sobre este caso, ver também P. Knorringa et al., "Frugal Innovation and Development: Aides or Adversaries?". In: *European Journal of Development Research*, v. 28, n. 2, 2016.
37. C. Shapiro e H. R. Varian, "The Art of Standard Wars". *California Management Review*, inverno, 1999. Para uma aplicação ao caso M-Pesa, ver: <www.economist.com/business/2015/07/09/a-new-east-africa-campaign>. Acesso em: 20 fev. 2021.
38. T. Suri e W. Jack, "The Long-Run Poverty and Gender Impacts of Mobile Money". In: *Science*, v. 54, n. 6317, 2016, apresentaram evidências de que o M-Pesa ajudou a aumentar o consumo e a renda das famílias. M. Bateman et al., "Is Fin-tech the New Panacea for Poverty Alleviation and Local Development? Contesting Suri and Jack's M-Pesa findings Published in *Science*". In: *Review of African Political Economy*, v. 46, n. 161, 2019, porém, levantaram uma série de questões críticas relacionadas ao estudo de Suri e Jack. Por exemplo, os autores colocam em dúvida a causalidade do efeito do serviço (2019, pp. 10-1): "Assim como outras instituições financeiras que buscam o lucro em outras partes da África, os agentes do M-Pesa são conhecidos por se proliferar em áreas urbanas mais ricas onde há mais oportunidades de alcançar clientes em maior número e com melhor situação financeira, combinação com mais probabilidade de gerar retornos financeiros maiores [...] Em outras palavras, não é o acesso aos agentes do M-Pesa que explica (causa) a criação de riqueza, mas a presença de clientes mais ricos que explica (causa) a maior concentração de agentes do M-Pesa". Sobre a questão da dependência externa, ver P. Knorringa et al., "Frugal Innovation and Development: Aides or Adversaries?". In: *European Journal of Development Research*, v. 28, n. 2, 2016, p. 147.
39. S. G. Lazzarini e M. Musacchio, "Leviathan as a Partial Cure? Opportunities and Pitfalls of Using the State-Owned Apparatus to Respond to the COVID-19 Crisis". In: *Revista de Administração Pública*, v. 54, n. 4, 2020.
40. R. Agarwal e P. Gaule, *What Drives Innovation? Lessons from COVID-19 R&D*. Documento de trabalho, IZA Institute of Labor Economics, 2021.
41. Disponível em: <www.economist.com/britain/2021/02/27/how-british-science-came-to-the-resgate>. Acesso em: 4 mar. 2021.
42. A análise dos mecanismos precisos que os governos podem usar para estimular respostas privadas ainda está em andamento. J. C. Castillo et al., "Market Design to Ac-

celerate COVID-19 Vaccine Supply". In: *Science*, 25 fev. 2021, por exemplo, computam os benefícios de iniciativas de expansão da capacidade produtiva privada via patrocínio estatal. Curiosamente, eles se mostram contra o uso de contratos com pagamento por produção:

> Os contratos devem incluir cláusulas para a instalação de nova capacidade dedicada ao comprador, em vez de apenas especificar uma quantidade de vacinas. Se não tiver uma estrutura muito bem pensada, um contrato de fornecimento de determinado número de vacinas por um preço predefinido e com pagamento antecipado pode desestimular a empresa contratada a aumentar sua velocidade de produção. A menos que haja uma data de entrega ou um compromisso explícito, os incentivos comerciais da empresa são no sentido de investir em capacidade menor para conter custos, atendendo ao pedido durante um período mais longo, mas obtendo a mesma receita especificada no contrato.

(O artigo completo está disponível em: <www.science.org/doi/full/10.1126/science.abg0889>.) A conexão com o dilema custo-qualidade é evidente (qualidade, no caso, sendo uma "resposta adequada e no tempo acordado").

43. M. Mazzucato, *Mission Economy: A Moonshot Guide to Changing Capitalism*. Londres: Allen Lane - Penguin Books, 2021, p. 34.
44. Em outro exemplo, S. T. Howell, "Financing Innovation: Evidence from R&D Grants". In: *American Economic Review*, v. 107, n. 4, 2017, avalia o desempenho dos beneficiários das bolsas concedidas pelo programa Small Business Innovation Research [Pesquisa sobre Inovação em Pequenas Empresas] dos Estados Unidos. Segundo o relato, os beneficiários são mais propensos a atrair financiamento adicional de capitalistas de risco, tendo sido observado aumento em suas receitas e na criação de patentes.
45. Num estudo conjunto que fiz com Luiz Mesquita, Felipe Monteiro e Aldo Musacchio, concluímos que, comparadas às empresas privadas, as estatais tendem a gerar mais patentes "pioneiras" que não citam patentes anteriores (S. G. Lazzarini et al., op. cit., 2021b). Defendendo mais diretamente a hipótese do *crowding in*, E. Moretti et al., *The Intellectual Spoils of War? Defense R&D, Productivity and International Spillovers*. Documento de trabalho w26483, National Bureau of Economic Research, 2019, constatam que o envolvimento público em pesquisa e desenvolvimento militar resulta em maior investimento privado em inovação. M. Mazzucato, op. cit., 2011, postula que o financiamento público de pesquisas pode desencadear uma série de tecnologias.
46. A. V. Banerjee e E. Duflo, "Do Firms Want to Borrow More? Testing Credit Constraints Using a Directed Lending Program". In: *Review of Economic Studies*, v. 81, n. 2, 2014; T. Cavalcanti e P. H. Vaz, Access to Long-term Credit and Productivity of Small and Medium Firms: A Causal Evidence". In: *Economics Letters*, v. 150, 2017; C. Inoue et al., "Leviathan as a Minority Shareholder: Firm-level Performance Implications of Equity Purchases by the Government". In: *Academy of Management Journal*, v. 56, n. 6, 2013.

47. R. J. Cull et al., "Government Connections and Financial Constraints: Evidence from a Large Representative Sample of Chinese Firms". In: *Journal of Corporate Finance*, v. 32, 2015; S. G. Lazzarini et al., "Strategizing by the Government: Can Industrial Policy Create Firm-level Competitive Advantage?". In: *Strategic Management Journal*, v. 36, n. 1, 2015.
48. Essa evidência é apresentada por M. J. Higgins et al., "Evaluating the Effects of Small Business Administration Lending on Growth". In: *Small Business Economics*, v. 16, 2020, no contexto da agência Small Business Administration (SBA) nos Estados Unidos. Eles constataram que maiores empréstimos da SBA fornecidos a empresas que atuam em nível de condado estão associados a um menor crescimento da renda tanto no condado quanto nos condados vizinhos.
49. D. J. Cumming e J. G. Macintosh, "Crowding Out Private Equity: Canadian Evidence". In: *Journal of Business Venturing*, v. 21, n. 5, 2006; J. A. Brander et al., "Government Sponsored versus Private Venture Capital: Canadian Evidence". In: *International Differences in Entrepreneurship*. J. Lerner e A. Schoar (Orgs.). Chicago: University of Chicago Press, 2010, avaliaram o impacto de programas patrocinados pelo governo no Canadá e encontraram evidências de *crowding out*. No entanto, o segundo estudo também constatou que o efeito negativo do capital público fica menos claro quando misturado com fontes privadas. Nessa linha, a análise de J. Gans e S. Stern, "When Does Funding Research by Smaller Firms Bear Fruit? Evidence from the SBIR Program". In: *Economics of Innovation and New Technology*, v. 12, n. 4, 2003, sobre o programa Small Business Innovation Research nos Estados Unidos constatou que o efeito dos subsídios públicos aumenta em indústrias com maior participação de capital de risco privado. Em geral, M. G. Colombo et al., "Governmental Venture Capital for Innovative Young Firms". In: *Journal of Technology Transfer*, v. 41, n. 1, 2016, pensam que há evidências positivas e negativas sobre os possíveis efeitos do capital de risco público. Os autores sugerem que "os efeitos médios do tratamento dos fundos de capital de risco público parecem ser relativamente mais positivos quando o capital de risco público se associa a investidores privados. Os programas de capital de risco público podem adotar uma lógica de investimento na qual atuam como fundo dos fundos" (p. 20).
50. J. Bai et al., op. cit., usaram dados do projeto Indicadores de Governança Mundial do Banco Mundial (D. Kaufmann et al., "The Worldwide Governance Indicators: Methodology and Analytical Issues". In: *Hague Journal on the Rule of Law*, v. 3, n. 2, 2011) para medir a qualidade de governos. J. R. Bruce et al., "Public Contracting for Private Innovation: Government Capabilities, Decision Rights, and Performance Outcomes". In: *Strategic Management Journal*, v. 40, n. 4, 2019, também apresentam evidências da importância das competências governamentais, tendo descoberto que é mais provável que contratos de pesquisa e desenvolvimento cooperativos com participação do governo federal dos Estados Unidos sejam cumpridos quando a unidade pública operacional conta com servidores técnicos altamente qualificados.
51. J. de Luna-Martínez et al., *Survey of National Development Banks*. Washington, DC: Banco Mundial, 2017.

52. D. Rodrik, op. cit., 2004, pp. 22-3.
53. Disponível em: <www.bndes.gov.br/wps/portal/site/home/transparencia/estatisticas-desempenho/desembolsos>. Acesso em: 24 fev. 2021.
54. L. Machado et al., *Additionality of Countercyclical Credit: Evaluating the Impact of BNDES' PSI on the Investment of Industrial Firms*. Documento de trabalho, BNDES, 2014.
55. S. G. Lazzarini et al., op. cit., 2015.
56. M. Bonomo et al., "The After Crisis Government-Driven Credit Expansion in Brazil: A Firm-Level Analysis". In: *Journal of International Money and Finance*, v. 55, 2015, obtiveram resultados semelhantes. Resumindo anos de pesquisa sobre o BNDES, R. D. Barboza et al., *O que aprendemos sobre o BNDES?* BNDES, texto para discussão 149, 2020, concluem que os efeitos mais robustos dos empréstimos ocorrem no caso de empresas menores, que, presume-se, têm mais restrições financeiras.
57. Disponível em: <www.bndes.gov.br/wps/portal/site/home/transparencia/estatisticas-desempenho/desembolsos>. Acesso em: 24 fev. 2021.
58. J. C. Ferraz, "Política industrial e inovação: Passo curto, vida longa", *Valor Econômico*, 23 nov. 2010.
59. A. H. Amsden, *The Rise of "the Rest": Challenges to the West from Late-Industrializing Economies*. Oxford: Oxford University Press, 2001, p. 135.

8. UM ROTEIRO PARA A PRIVATIZAÇÃO (E SUAS ALTERNATIVAS) [pp. 221-49]

1. J. Williamson, "What Washington Means by Policy Reform". In: *Latin American Adjustment: How Much Has Happened?*, J. Williamson (Org.). Washington, DC: Institute for International Economics, 1990.
2. W. L. Megginson, *Privatization, State Capitalism, and State Ownership of Business in the 21st Century*. Hanover, MA: Now Publishers, 2017, p. 6.
3. I. Bremmer, *The End of the Free Market: Who Wins the War Between States and Corporations?* Nova York: Portfolio-Penguin, 2010; A. Musacchio e S. G. Lazzarini, op. cit., 2014.
4. V. Foster e A. Rana, *Rethinking Power Sector Reform in the Developing World*. Washington, DC: World Bank Group, 2020.
5. Ver V. Foster et al., *Charting the Diffusion of Power Sector Reforms Across the Developing World*. Documento de trabalho 8235, World Bank Policy Research, 2017, e D. Hailu et al., "Privatization and Renationalization: What Went Wrong in Bolivia's Water Sector?". In: *World Development*, v. 40, n. 12, 2012, sobre eletricidade e água, respectivamente.
6. A. Shleifer e R. W. Vishny, op. cit., 1994, p. 998.
7. A distinção entre os tipos de privatização tem como bases E. Savas, *Privatization and Public-Private Partnerships*. Nova York: Chatham House, 2000, e M. Radic

et al., op. cit. Existem várias diretrizes sobre como formular e implementar privatizações, incluindo as da OCDE (2019), as orientações do Banco Mundial sobre políticas de privatização (disponível em: <ppp.worldbank.org/public-private-partnership/legislation-regulation/laws/privatization>. Acesso em: 15 mar. 2021) e as do IBGC, *Governança em privatizações*. São Paulo: IBGC Segmentos, 2020. O processo de três etapas proposto nesta seção se baseia fortemente em IBGC, ibid., de cujo desenvolvimento tive o privilégio de participar.

8. A. Chong e F. Lopez-de-Silanez, op. cit., 2005; R. Ramamurti, "Why Are Developing Countries Privatizing?". In: *Journal of International Business Studies*, v. 23, 1992.
9. S. Cabral e C. Ménard, op. cit.
10. B. A. Wallin, "The Need for a Privatization Process: Lessons from and Implementation". In: *Public Administration Review*, v. 57, n. 1, 1997.
11. OCDE, *A Policy Maker's Guide to Privatisation*. Paris: OCDE Publishing, 2019, p. 34.
12. W. L. Megginson e J. M. Netter, "From State to Market: A Survey of Empirical Studies of Privatization". In: *Journal of Economic Literature*, v. 39, 2001; M. Radic et al., op. cit.
13. S. Estrin et al., op. cit., 2009.
14. OCDE, op. cit., pp. 51-2.
15. Ver, por exemplo, as etapas sugeridas em: <ppp.worldbank.org/public-private-partnership/legislation-regulation/laws/privatization>. Acesso em: 15 mar. 2021.
16. Ver, por exemplo, R. Ramamurti (Org.), *Privatizing Monopolies: Lessons from the Telecommunications and Transport Sectors in Latin America*. Baltimore: Johns Hopkins University Press, 1996, no contexto das privatizações na América Latina.
17. A. Hefetz e M. Warner, "Privatization and Its Reverse: Explaining the Dynamics of the Government Contracting Process". In: *Journal of Public Administration Research and Theory*, v. 14, n. 2, 2004.
18. Por exemplo, W. K. Viscusi et al., op. cit.
19. V. Foster e A. Rana, op. cit., 2020, pp. 188-9.
20. O caso da mineradora Vale, discutido em A. Musacchio e S. G. Lazzarini, op. cit., 2014, ilustra bem esse tipo de interferência.
21. H.-J. Chang, *Kicking Away the Ladder — Development Strategy in Historical Perspective*. Londres: Anthem Press, 2002; T. Santos, "The Structure of Dependence". In: *American Economic Review*, v. 60, pp. 231-6, 1970.
22. R. P. McAfee e J. McMillan, "Government Procurement and International Trade". In: *Journal of International Economics*, v. 26, n. 3-4, 1989.
23. Esse efeito foi observado no estudo de J. Marion, "Are Bid Preferences Benign? The Effect of Small Business Subsidies in Highway Procurement Auctions". In: *Journal of Public Economics*, v. 91, n. 7-8, 2007, sobre licitações organizadas pelo Departamento de Transportes da Califórnia.
24. Sobre a desvantagem de ser estrangeiro, ver as análises empíricas de S. Zaheer, "Overcoming the Liability of Foreignness". In: *Academy of Management Journal*, v. 38, n. 2, 1995. e S. Perkins et al., "Innocents Abroad: The Hazards of International

Joint Ventures with Pyramidal Group Firms". In: *Global Strategy Journal*, v. 4, n. 4, 2014, sobre as privatizações das empresas de telecomunicação no Brasil. F. H. Cardoso e E. Faletto, *Dependência e desenvolvimento na América Latina: Ensaio de interpretação sociológica*. Rio de Janeiro: Civilização Brasileira, 2004; P. Evans, *Dependent Development: The Alliance of Multinational, State and Local Capital in Brazil*. Princeton: Princeton University Press, 1979, apresenta um ponto de vista mais refinado do desenvolvimento dependente, apontando que em geral ele envolve associações entre atores domésticos, empresas estrangeiras e governos.

25. A capacidade de incorporar fontes externas de conhecimento é conhecida como *capacidade de absorção* (W. M. Cohen e A. Levinthal, "Absorptive Capacity: A New Perspective on Learning and Innovation". In: *Administrative Science Quarterly*, v. 35, 1990). G. Blalock e D. H. Simon, "Do All Firms Benefit Equally from Downstream FDI? The Moderating Effect of Local Suppliers' Capabilities on Productivity Gains". In: *Journal of International Business Studies*, v. 40, n. 7, 2009, descobriram que os fornecedores na Indonésia eram mais propensos a se beneficiar de empresas estrangeiras quando tinham mais capacidade de absorção, indicada pela presença de mão de obra qualificada e investimentos anteriores em pesquisa e desenvolvimento. No entanto, os ganhos foram menores no caso das empresas locais com maior produtividade, talvez porque não tenham aprendido tanto quanto as empresas menos produtivas. B. Jin et al., "Inward Foreign Direct Investment and Local Firm Innovation: The Moderating Role of Technological Capabilities". In: *Journal of International Business Studies*, v. 50, n. 5, 2019, confirmam que os ganhos com a entrada de empresas estrangeiras foram maiores para atores com menor capacidade tecnológica. A meta-análise de K. E. Meyer e E. Sinani, "When and Where Does Foreign Direct Investment Generate Positive Spillovers? A Meta-Analysis". In: *Journal of International Business Studies*, v. 40, n. 7, 2009, indica que os respingos de aprendizagem são maiores em níveis baixos ou altos de desenvolvimento. Em níveis baixos, as empresas podem se beneficiar mais do conhecimento externo; em níveis altos, as empresas podem estar mais preparadas para aprender e inovar. L. Du et al., "FDI Spillovers and Industrial Policy: The Role of Tariffs and Tax Holidays". In: *World Development*, v. 64, 2014, mostram que o investimento estrangeiro tende a beneficiar especialmente as estatais na China, o que sugere que *spillovers* também podem beneficiar o setor público.
26. A. Stillman, "Pemex Misses 2020 Target as Oil Output Declines Further". In: *Bloomberg*, 26 jan. 2021. M. Pargendler et al., "In Strange Company: The Puzzle of Private Investment in State-Controlled Firms". In: *Cornell International Law Journal*, v. 46, n. 3, 2013, apresentam uma análise comparativa da governança das empresas petrolíferas nacionais, incluindo a Pemex.
27. A. Musacchio e S. G. Lazzarini, op. cit., 2014; A. Musacchio et al., "New Varieties of State Capitalism: Strategic and Governance Implications". In: *Academy of Management Perspectives*, v. 29, n. 1, 2015.
28. S. Poczter, "Can Monitoring Improve the Performance of State-Owned firms? Evidence from Privatization in a Large Emerging Market". In: *Industrial and Corporate*

Change, v. 25, n. 6, 2016. Um estudo inicial de N. Gupta, "Partial Privatization and Firm Performance" (In: *Journal of Finance*, v. 60, 2005), também descobriu que a admissão de títulos de estatais indianas na Bolsa de Valores melhorou as vendas, os lucros e a produtividade.

29. Existe uma literatura cada vez maior sobre estatais multinacionais (por exemplo, A. Cuervo-Cazurra et al., "Governments as Owners: State-Owned Multinational Companies". In: *Journal of International Business Studies*, v. 45, n. 8, 2014; S. Estrin et al., "Home Country Institutions and the Internationalization of State Owned Enterprises: A Cross-Country Analysis". In: *Journal of World Business*, v. 51, n. 2, 2016; A. Musacchio et al. (Orgs), *Fixing State-Owned Enterprises: New Policy Solutions to Old Problems*. Washington, DC: Inter-American Development Bank, 2019).

30. Estudos descobriram que as estatais que sofrem mais influência privada podem se sair melhor do que as estatais com controle estatal majoritário (A. E. Boardman e A. R. Vining, "Ownership and Performance in Competitive Environments: A Comparison of the Performance of Private, Mixed, and State-Owned Enterprise". In: *Journal of Law and Economics*, v. 32, 1989; S. K. Majumdar, "Assessing Comparative Efficiency of the State-Owned Mixed and Private Sectors in Indian Industry". In: *Public Choice*, v. 96, n. 1-2, 1998) e, em alguns casos, podem se comportar como empresas privadas (S. G. Lazzarini e A. Musacchio, "State Ownership Reinvented? Explaining Performance Differences Between State-Owned and Private Firms". In: *Corporate Governance: An International Review*, v. 26, n. 4, 2018).

31. Diversos estudos revelaram resquícios de participações governamentais em empresas privatizadas (B. Bortolotti e M. Faccio, "Government Control of Privatized firms". In: *Review of Financial Studies*, v. 22, n. 8, 2009; S. G. Lazzarini, *Capitalismo de laços: Os donos do Brasil e suas conexões*. Rio de Janeiro: Campus/Elsevier, 2011; K. Pistor e J. Turkewitz, "Coping with Hydra — State Ownership After Privatization". In: *Corporate Governance in Central Europe and Russia*. R. Frydman, C. W. Gray e A. Rapaczynski (Orgs.). Budapeste: Central European University Press, v. 2, 1996; D. Stark, op. cit. Às vezes, essas participações eram promovidas pelas próprias entidades governamentais que conduziam o processo de privatização. Num estudo sobre as reformas húngaras, D. Stark, op. cit., p. 100, observa que "ironicamente, as agências responsáveis pela privatização estão agindo como agentes da *estatização*". N. Boubakri et al., "National Culture and Privatization: The Relationship Between Collectivism and Residual State Ownership". In: *Journal of International Business Studies*, v. 47, n. 2, 2016, constatam que esses resquícios de participações estatais são mais comuns em países com traços culturais mais coletivistas. Alguns se referem a essas empresas com participações públicas e privadas como estatais "híbridas" (G. D. Bruton et al., op. cit.; A. Musacchio e S. G. Lazzarini, op. cit., 2014).

32. Disponível em: <www.temasek.com.sg/en/what-we-do/our-portfolio#sector>. Acesso em: 17 mar. 2021; C. Flood, "Temasek Commits $500m to Impact Investing Specialist LeapFrog". In: *Financial Times*, 9 mar. 2021. Ver também A. Goldstein e P. Pananond, "Singapore Inc. Goes Shopping Abroad: Profits and Pitfalls". In: *Journal of Contemporary Asia*, v. 38, n. 3, 2008.

33. Estudiosos argumentam que participações estatais minoritárias podem financiar projetos de grande escala e garantir apoio a iniciativas privadas (J. P. Doh et al., "Balancing Private and State Ownership in Emerging Markets' Telecommunications Infrastructure: Country, Industry, and Firm Influences". In: *Journal of International Business Studies*, v. 35, 2004; P. M. Vaaler e B. N. Schrage, "Residual State Ownership, Policy Stability and Financial Performance Following Strategic Decisions by Privatizing Telecoms". In: *Journal of International Business Studies*, v. 40, 2009). Estudos também revelaram as condições institucionais e de governança que potencializam o efeito dessas participações minoritárias — como as de propriedade de fundos de pensão (M. Giannetti e L. Laeven, "Pension Reform, Ownership Structure, and Corporate Governance: Evidence from a Natural Experiment". In: *Review of Financial Studies*, v. 22, n. 10, 2009) ou bancos de desenvolvimento (C. Inoue et al., "Leviathan as a Minority Shareholder: Firm-Level Performance Implications of Equity Purchases by the Government". In: *Academy of Management Journal*, v. 56, n. 6, 2013).
34. Segundo K. Pistor e J. Turkewitz, op. cit., p. 231, "a presença do Estado como proprietário dá a ele certo poder de influenciar algumas decisões, como os preços de energia ou o fechamento ou não de fábricas em regiões com altos índices de emprego". Assim, N. Boubakri et al., op. cit., relatam efeitos negativos em empresas privatizadas com algum nível de controle estatal em diversos indicadores de desempenho da empresa no contexto de sociedades coletivistas. Os governos também podem querer deter ações únicas, mas desproporcionalmente poderosas, em empresas privatizadas — as chamadas *golden shares*. Por exemplo, numa mineradora, o governo pode querer ter voz ativa nas decisões sobre o uso de minas e insumos naturais. Embora seja possível justificar esse resíduo de controle alegando que com isso o Estado pode proteger os interesses públicos (nesse caso, reduzindo o risco de que os proprietários privados explorem de forma inadequada ou excessiva os recursos naturais), as *golden shares* podem acabar funcionando como canais de intromissão nas estratégias de empresas privadas. Como alternativa a essas ações especiais, os governos podem simplesmente se valer de agências reguladoras independentes para definir parâmetros de concorrência e uso adequado de recursos locais. A vantagem é que a regulamentação independente se aplica a todos os atores do setor e os obriga a seguir objetivos transparentes e técnicos.
35. Na tradição de Douglass North e coautores (D. C. North, op. cit., 1990; D. C. North et al., *Violence and Social Orders: A Conceptual Framework for Interpreting Recorded Human History*. Cambridge: Cambridge University Press, 2009; D. C. North e Weingast, "Constitutions and Commitment: The Evolution of Institutions Governing Public Choice in Seventeenth-Century England". In: *Journal of Economic History*, v. 49, n. 4, 1989), estudiosos tentaram mapear e propor um conjunto de mudanças complementares e autorreforçadoras que poderiam desencadear mudanças institucionais permanentes (D. Acemoglu e J. Robinson, op. cit., 2012; L. J. Alston et al., *Brazil in Transition: Beliefs, Leadership, and Institutional Change*. Princeton:

Princeton University Press, 2016; A. Greif et al., "Coordination, Commitment, and Enforcement: The Case of the Merchant Guild". In: *Journal of Political Economy*, v. 102, n. 4, 1994). Esses textos ainda estão sendo construídos e contêm debates em andamento sobre a importância das forças tecnológicas, do mercado e das políticas.

36. V. P. de Santis, *The Shaping of Modern America: 1877-1920*. Wheeling, IL: Harlan Davidson, 2000; D. K. Goodwin, *The Bully Pulpit: Theodore Roosevelt, William Howard Taft, and the Golden Age of Journalism*. Nova York: Simon and Schuster, 2013.
37. E. L. Glaeser e R. E. Saks, "Corruption in America". In: *Journal of Public Economics*, v. 90, n. 6, 2006.
38. G. J. Miller e A. B. Whitford, op. cit., 2016.
39. U. Akcigit et al., *Connecting to Power: Political Connections, Innovation, And Firm Dynamics*. Documento de trabalho 25136, National Bureau of Economic Research, 2018. O Brasil tentou imitar a Operação Mãos Limpas com a Operação Lava Jato na década de 2010. Assim como na Itália, de início a operação foi bem-sucedida, levando à prisão de empresários e políticos influentes. No entanto, uma série de decisões do STF e pressões de políticos em exercício enfraqueceram as investigações e reverteram algumas das decisões. Também houve acusações de inquéritos e julgamentos com motivações políticas.
40. Por exemplo, J. E. Ogbuabor et al., "Quest for Industrialization in Nigeria: The Role of the Development Bank of Nigeria". In: *International Journal of Economics and Financial Issues*, v. 8, n. 3, 2018, p. 27, discutem estratégias para melhorar as capacidades do Banco de Desenvolvimento da Nigéria. "Uma forma de conseguir isso é garantir que haja um processo de nomeação e destituição dos funcionários do Banco que seja claro e não possa ser manipulado ou controlado por qualquer político. Fazemos essa recomendação com base na nossa experiência recente com os gestores do Banco Central da Nigéria."
41. Analisando casos de mudança institucional com o objetivo de combater a corrupção, Taylor, "Getting to Accountability: A Framework for Planning and Implementing Anticorruption Strategies". In: *Daedalus*, v. 147, n. 3, 2018, p. 77, argumenta que a prestação de contas "expande os resultados da reforma além da anticorrupção, incentivando a sociedade a executar a necessária ação coletiva de combater a corrupção de forma eficaz [...] Uma imprensa livre, por exemplo, não se limita a divulgar escândalos; também pode fornecer informações ao governo, publicar dados oficiais e divulgar as conquistas dos políticos; três contribuições das quais até o político mais avesso ao risco pode gostar".
42. J. D. Ree et al., "Double for Nothing? The Effects of Unconditional Teacher Salary Increases in Indonesia". In: *Quarterly Journal of Economics*, v. 133, n. 2, 2016.
43. G. M. Tavares et al., *Dissatisfied When my Organization Ignores Poor Performers: The Moderating Role of Public Service Motivation*. Documento de trabalho, 2019. T. S. Dee e J. Wyckoff, "Incentives, Selection, and Teacher Performance: Evidence from IMPACT". In: *Journal of Policy Analysis and Management*, v. 34, n. 2, 2015, relatam a inserção de uma nova política nas escolas públicas em Washington, DC, com

foco em professores com desempenho inferior, que tinham mais chance de serem demitidos. Os pesquisadores notaram uma melhora no desempenho dos docentes após a intervenção.

44. A. Musacchio e S. G. Lazzarini, op. cit., 2014; M. M. Shirley e J. Nellis, *Public Enterprise Reform: The Lessons of Experience*. Washington, DC: Economic Development Institute of the World Bank, 1991.
45. A. Musacchio e E. I. P. Ayerbe (Orgs.). *Fixing State-Owned Enterprises: New Policy Solutions to Old Problems*. Washington, DC: Inter-American Development Bank, 2019.
46. A. Mbembe, *On the Postcolony*. Berkeley: University of California Press, 2001.
47. J. Siegel, "Contingent Political Capital and International Alliances: Evidence from South Korea". In: *Administrative Science Quarterly*, v. 52, n. 4, 2007.
48. Disponível em: <ppp.worldbank.org/public-private-partnership/ppp-overview/ppp-procurement-bidding/unsolicited-proposals/unsolicited-proposals>. Acesso em: 19 mar. 2021.
49. A. Aziz e H. Nabavi, *Unsolicited Proposals for PPP Projects: Private Sector Perceptions in the USA*. In: Construction Research Congress, Atlanta, 2014; G. Reyes-Tagle, *Bringing PPPs into the Sunlight: Synergies Now and Pitfalls Later?* Nova York: Banco de Desenvolvimento Interamericano, 2018; I. Zapatrina, "Unsolicited Proposals for PPPs in Developing Economies". In: *European Procurement & Public Private Partnership Law Review*, v. 14, 2019.
50. S. Goldsmith, "Philadelphia's Streamlined Approach to Procurement Saw Quick Results". In: *Government Technology*, 7 abr. 2016; T. Rosenberg, "Opening City Hall's Wallets to Innovation". In: *New York Times*, 25 set. 2015. Para mais exemplos de compras governamentais para solucionar problemas sociais, ver A. Huynh, *What's in the MIX: Challenges and Opportunities for Municipal Innovation Procurement*. Toronto: Brookfield Institute, 2019.
51. J. Williamson, "What Washington Means by Policy Reform". In: *Latin American Adjustment: How Much Has Happened?*, J. Williamson (Org.). Washington, DC: Institute for International Economics, 1990, p. 16.
52. V. Foster e A. Rana, op. cit.
53. Ver J. A. Nickerson e T. R. Zenger, "Being Efficiently Fickle: A Dynamic Theory of Organizational Choice". In: *Organization Science*, v. 13, n. 5, 2002. A tendência dos países de transitar ciclicamente entre reformas de mercado e intervenção estatal é discutida em L. C. Bresser Pereira, "O caráter cíclico da intervenção estatal". In: *Revista de Economia Política*, v. 9, n. 3, 1989; P. De Grauwe, *The Limits of the Market: The Pendulum Between Government and Market*. Oxford: Oxford University Press, 2014.
54. Para A. Spicer et al., "Entrepreneurship and Privatization in Central Europe: The Tenuous Balance Between Destruction and Creation". In: *Academy of Management Review*, v. 25, n. 3, 2000, p. 646, "o gradualismo é um processo de experimentação em que não apenas a propriedade é adjudicada, mas as soluções institucionais são um sucesso ou um fracasso com base no processo de tentativa e observação".

REFERÊNCIAS BIBLIOGRÁFICAS

ABDULKADIROGLU, A.; PATHAK, P. A.; WALTERS, C. R. "Free to choose: Can School Choice Reduce Student Achievement?". *American Economic Journal: Applied Economics*, v. 10, n. 1, pp. 175-206, 2018.

ABREU, D. "On the Theory of Infinitely Repeated Games with Discounting". *Econometrica*, v. 56, n. 2, pp. 383-96, 1988.

ACCENTURE. *Learning from Best Practice Traps in Public Service*. Londres: Accenture, 2017.

ACEMOGLU, D.; JOHNSON, S.; ROBINSON, J. A. "The Colonial Origins of Comparative Development: An Empirical Investigation". *American Economic Review*, v. 91, n. 5, pp. 1369-1401, 2001.

_______. "Reversal of Fortune: Geography and Institutions in the Making of the Modern World Income Distribution". *Quarterly Journal of Economics*, v. 117, n. 4, pp. 1231-94, 2002.

ACEMOGLU, D.; KREMER, M.; MIAN, A. "Incentives in Markets, Firms and Governments". *Journal of Law, Economics and Organization*, v. 24, n. 2, pp. 273-306, 2008.

ACEMOGLU, D.; ROBINSON, J. *Why Nations Fail*. Nova York: Crown, 2012. [Ed. bras.: *Por que as nações fracassam: as origens do poder, da prosperidade e da pobreza*. Rio de Janeiro: Intrínseca, 2022.]

ADES, A.; DI TELLA, R. "National Champions and Corruption: Some Unpleasant Interventionist Arithmetic". *Economic Journal*, v. 107, n. 443, pp. 1023-42, 1997.

ADLER, P. *The 99 Percent Economy: How Democratic Socialism Can Overcome the Crises of Capitalism*. Oxford: Oxford University Press, 2019.

AGARWAL, R.; GAULE, P. *What Drives Innovation? Lessons from COVID-19 R&D*. Documento de trabalho, IZA Institute of Labor Economics, 2021.

AGARWAL, R. K.; HOLMES JR., R. M. “Let’s Not Focus on Income Inequality”. *Academy of Management Review*, v. 44, n. 2, pp. 450-60, 2019.

AGLIONBY, J. “‘Rhino Bond’ Breaks New Ground in Conservation finance”. *Financial Times*, 16 jul. 2019.

AGUILERA, R. V.; CAPAPÉ, J.; SANTISO, J. “Sovereign Wealth Funds: A Strategic Governance View”. *Academy of Management Perspectives*, v. 30, n. 1, pp. 5-23, 2016.

AGUINIS, H.; GLAVAS, A. “What We Know and Don’t Know about Corporate Social Responsibility: A Review and Research Agenda”. *Journal of Management*, v. 38, n. 4, pp. 932-68, 2012.

AKCIGIT, U.; BASLANDZE, S.; LOTTI, F. *Connecting to Power: Political Connections, Innovation, And Firm Dynamics*. Documento de trabalho 25136, National Bureau of Economic Research, 2018.

ALBALATE, D.; BEL, G.; GEDDES, R. R. “Do Public-Private-Partnership-Enabling Laws Increase Private Investment in Transportation Infrastructure?”. *Journal of Law and Economics*, v. 63, n. 1, pp. 43-70, 2020.

ALCHIAN, A.; DEMSETZ, H. “Production, Information Costs, and Economic Organization”. *American Economic Review*, v. 62, pp. 777-95, 1972.

ALFORD, J.; O’FLYNN, J. “Making Sense of Public Value: Concepts, Critiques and Emergent Meanings”. *International Journal of Public Administration*, v. 32, pp. 171-91, 2009.

_______. *Rethinking Public Service Delivery: Managing with External Providers*. Londres: Palgrave Macmillan, 2012.

ALONSO, J. M.; ANDREWS, R. “How Privatization Affects Public Service Quality: An Empirical Analysis of Prisons in England and Wales, 1998-2012”. *International Public Management Journal*, v. 19, n. 2, pp. 235-63, 2016.

_______. “Governance by Targets and the Performance of Cross-Sector Partnerships: Do Partner Diversity and Partnership Capabilities Matter?”. *Strategic Management Journal*, v. 40, n. 4, pp. 556-79, 2019.

_______. “Political Ideology and Social Services Contracting: Evidence from a Regression Discontinuity Design”. *Public Administration Review*, v. 80, n. 5, pp. 743-54, 2020.

ALSTON, L. J.; MELO, M. A.; MUELLER, B.; PEREIRA, C. *Brazil in Transition: Beliefs, Leadership, and Institutional Change*. Princeton: Princeton University Press, 2016.

ALTSTEDTER, A. “The World’s Cheapest Hospital Has to Get Even Cheaper”. *Bloomberg Businessweek*, 26 mar. 2019.

AMAN JR., A. C. “Private Prisons and the Democratic Deficit”. In: *Private Security, Public Order: The Outsourcing of Public Services and Its Limits*. Org. de S. Chesterman; A. Fisher. Oxford: Oxford University Press, pp. 86-106, 2009.

AMARAL, M.; CHONG, E.; SAUSSIER, S. "Comparative Performances of Delivery Options: Empirical Lessons". In: *The Economics of Public-Private Partnerships: Theoretical and Empirical Developments*. Org. de S. Saussier; J. de Brux. Cham: Springer International, pp. 163-202, 2015.

AMIS, J.; BARNEY, J.; MAHONEY, J. T.; WANG, H. "From the Editors: Why We Need a Theory of Stakeholder Governance — and Why This is a Hard Problem". *Academy of Management Review*, v. 45, n. 3, pp. 499-503, 2020.

AMSDEN, A. H. *Asia's Next Giant: South Korea and Late Industrialization*. Nova York: Oxford University Press, 1989.

_______. *The Rise of "the Rest": Challenges to the West from Late-Industrializing Economies*. Oxford: Oxford University Press, 2001. [Ed. bras.: *A ascensão do "resto": Os desafios do Ocidente de economias com industrialização tardia*. São Paulo: Unesp, 2009.]

ANDERS, J. D.; DORSETT, R. *HMP Peterborough Social Impact Bond — Cohort 2 and final Cohort Impact Evaluation*. Londres: Ministério da Justiça, 2017.

ANDERSSON, F.; JORDAHL, H.; JOSEPHSON, J. "Outsourcing Public Services: Contractibility, Cost, and Quality". CESifo Economic Studies, v. 65, n. 4, pp. 349-72, 2019.

ANDREWS, M.; PRITCHETT, L.; WOOLCOCK, M. *Building State Capability: Evidence, Analysis, Action*. Oxford: Oxford University Press, 2017.

ANDREWS, R.; ENTWISTLE, T. "Does Cross-Sectoral Partnership Deliver? An Empirical Exploration of Public Service Effectiveness, Efficiency, and Equity". *Journal of Public Administration Research and Theory*, v. 20, n. 3, pp. 679-701, 2010.

ANGRIST, J. D.; PATHAK, P. A.; WALTERS, C. R. "Explaining Charter School Effectiveness". *American Economic Journal: Applied Economics*, v. 5, n. 4, pp. 1-27, 2013.

ARMENDÁRIZ DE AGHION, B. "Development banking". *Journal of Development Economics*, v. 58, pp. 83-100, 1999.

ASHRAF, N.; BANDIERA, O.; JACK, B. K. "No Margin, No Mission? A Field Experiment on Incentives for Public Service Delivery". *Journal of Public Economics*, v. 120, pp. 1-17, 2014.

AUTOR, D.; CHO, D.; CRANE, L. D.; GOLDAR, M.; LUTZ, B.; MONTES, J.; PETERMAN, W. B.; RATNER, D.; VILLAR, D.; YILDIRMAZ, A. *An Evaluation of the Paycheck Protection Program Using Administrative Payroll Microdata*. Documento de trabalho, MIT, 2020.

AXELROD, R. *The Evolution of Cooperation*. Nova York: Basic Books, 1984. [Ed. bras.: *A evolução da cooperação*. São Paulo: Hemus, 2010.]

AZIZ, A.; NABAVI, H. *Unsolicited Proposals for PPP Projects: Private Sector Perceptions in the USA*. In: Construction Research Congress, Atlanta, 2014.

BAI, J.; BERNSTEIN, S.; DEV, A.; LERNER, J. *Public Entrepreneurial Finance Around the Globe*. Documento de trabalho, Universidade Harvard, 2021.

BAILEY, W.; HUANG, W.; YANG, Z. "Bank Loans with Chinese Characteristics: Some Evidence on Inside Debt in a State-Controlled Banking System". *Journal of Financial and Quantitative Analysis*, v. 46, n. 6, pp. 1795-1830, 2011.

BAKER, G.; GIBBONS, R.; MURPHY, K. J. "Subjective Performance Measures in Optimal Incentive Contracts". *Quarterly Journal of Economics*, v. 109, n. 4, pp. 1125-56, 1994.

BAKKER, K.; KOOY, M.; SHOFIANI, N. E.; MARTIJN, E. J. "Governance Failure: Rethinking the Institutional Dimensions of Urban Water Supply to Poor Households". *World Development*, v. 36, n. 10, pp. 1891-1915, 2008.

BANERJEE, A. V.; DUFLO, E. "Do Firms Want to Borrow More? Testing Credit Constraints Using a Directed Lending Program". *Review of Economic Studies*, v. 81, n. 2, pp. 572--607, 2014.

BANERJEE, S. G.; OETZEL, J. M.; RANGANATHAN, R. "Private Provision of Infrastructure in Emerging Markets: Do Institutions Matter?". *Development Policy Review*, v. 24, n. 2, pp. 175-202, 2006.

BARBER, B. M.; MORSE, A.; YASUDA, A. "Impact Investing". *Journal of Financial Economics*, v. 139, n. 1, pp. 162-85, 2018.

BARBOZA, R. D.; PESSOA, S. D.; RIBEIRO, E. P.; ROITMAN, F. B. *O que aprendemos sobre o BNDES?* BNDES, Texto para discussão 149, 2020.

BARNETT, W.; BLOCK, W. "Coase and Van Zandt on Lighthouses". *Public Finance Review*, v. 35, n. 6, pp. 710-33, 2007.

BARNEY, J. B. "Why Resource-Based Theory's Model of Profit Appropriation Must Incorporate a Stakeholder Perspective". *Strategic Management Journal*, v. 39, n. 13, pp. 3305-25, 2018.

BARRERA-OSORIO, F.; OLIVERA, M.; OSPINO, C. "Does Society Win or Lose as a Result of Privatization? The Case of Water Sector Privatization in Colombia". *Economica*, v. 76, pp. 649-74, 2009.

BARTEL, A. P.; HARRISON, A. E. "Ownership versus Environment: Disentangling the Sources of Public-Sector Inefficiency". *Review of Economics and Statistics*, v. 87, n. 1, pp. 135-47, 2005.

BASTANI, H.; GOH, J.; BAYATI, M. "Evidence of Upcoding in Pay-for-Performance Programs". *Management Science*, v. 65, n. 3, pp. 955-1453, 2018.

BASU, R. R.; BANERJEE, P. M.; SWEENY, E. G. "Frugal Innovation: Core Competencies to Address Global Sustainability". *Journal of Management for Global Sustainability*, v. 1, n. 2, pp. 63-82, 2013.

BATEMAN, M.; DUVENDACK, M.; LOUBERE, N. "Is Fin-tech the New Panacea for Poverty Alleviation and Local Development? Contesting Suri and Jack's M-Pesa findings Published in *Science*". *Review of African Political Economy*, v. 46, n. 161, pp. 480-95, 2019.

BATTILANA, J.; DORADO, S. "Building Sustainable Hybrid Organizations: The Case of Commercial Microfinance Organizations". *Academy of Management Journal*, v. 53, n. 6, pp. 1419-40, 2010.

BAUER, S. *American Prison: A Reporter's Undercover Journey into the Business of Punishment*. Londres: Penguin, 2019.

BAUHOFF, S.; GLASSMAN, A. "Health Results Innovation Trust Fund at 10: What Have We Learned So Far?". Post no blog Center for Global Development, 30 jan. 2017.

BEASON, R.; WEINSTEIN, D. E. "Growth, Economies of Scale, and Targeting in Japan (1955--1990)". *Review of Economics and Statistics*, v. 78, n. 2, pp. 286-95, 1996.

BEBCHUK, L. A.; TALLARITA, R. "The Illusory Promise of Stakeholder Governance". *Cornell Law Review*, v. 106, pp. 91-178, 2020.

BENNETT, J.; IOSSA, E. "Building and Managing Facilities for Public Services". *Journal of Public Economics*, v. 90, pp. 2143-60, 2006.

_______. "Contracting Out Public Service Provision to Not-for-Profit Firms". *Oxford Economic Papers*, v. 62, pp. 784-802, 2009.

BERG, F.; KOELBEL, J. F.; RIGOBON, R. *Aggregate Confusion: The Divergence of ESG Ratings*. Documento de trabalho, MIT, 2019.

BERGE, L. I. O.; BJORVATN, K.; TUNGODDEN, B. "Human and Financial Capital for Microenterprise Development: Evidence from a Field and Lab Experiment". *Management Science*, v. 61, n. 4, pp. 707-22, 2015.

BERGMAN, P.; MCFARLIN JR., I. *Education for All? A Nationwide Audit Study of School Choice*. Documento de trabalho 25396, National Bureau of Economic Research, 2018.

BERLIN, I. *Four Essays on Liberty*. Oxford: Oxford University Press, 1969. [Ed. bras.: *Quatro ensaios sobre a Liberdade*. Brasília: UnB, 1981.]

BERNSTEIN, M. D. "Whose Choice Are We Talking About? The Exclusion of Students with Disabilities from For-Profit Online Charter Schools". *Richmond Journal of Law and Public Interest*, v. 16, pp. 487-528, 2013.

BERSCH, K.; PRAÇA, S.; TAYLOR, M. M. "Bureaucratic Capacity and Political Autonomy Within National States: Mapping the Archipelago of Excellence in Brazil". In: *States in the developing world*. Org. de M. A. Centeno, A. Kohli, D. J. Yashar; D. Mistree. Cambridge: Cambridge University Press, pp. 157-83, 2017.

BERTAUD, A. *Order Without Design: How Markets Shape Cities*. Cambridge, MA: MIT Press, 2018.

BERTELLI, A. M.; SMITH, C. R. "Relational Contracting and Network Management". *Journal of Public Administration Research and Theory*, v. 20, n. 1, pp. i21-i40, 2010.

BERTRAND, E. "The Coasean Analysis of Lighthouse financing: Myths and Realities". *Cambridge Journal of Economics*, v. 30, n. 3, pp. 389-402, 2006.

BESLEY, T.; GHATAK, M. "Government versus Private Ownership of Public Goods". *Quarterly Journal of Economics*, v. 116, n. 4, pp. 1343-72, 2001.

_______. "Profit with Purpose? A Theory of Social Enterprise". *American Economic Journal: Economic Policy*, v. 9, n. 3, pp. 19-58, 2017.

BEUVE, J.; LE SQUEREN, Z. *When Does Ideology Matter? An Empirical Analysis of French Municipalities' Make-or-Buy Choices*. Documento de trabalho, Université Panthéon-Sorbonne, 2017.

BEUVE, J.; SAUSSIER, S.; DE BRUX, J. "An Economic Analysis of Public-Private Partnerships". In: *The Economics of Public-Private Partnerships: Theoretical and Empirical Developments*. Org. de S. Saussier; J. de Brux. Cham: Springer International, pp. 17--38, 2015.

BEVAN, G.; HOOD, C. "What's Measured Is What Matters: Targets and Gaming in the English Public Health Care System". *Public Administration*, v. 84, n. 3, pp. 517-38, 2006.

BIRDSALL, N.; NELLIS, J. "Winners and Losers: Assessing the Distributional Impact of Privatization". *World Development*, v. 31, n. 10, pp. 1617-33, 2003.

BLALOCK, G.; SIMON, D. H. "Do All Firms Benefit Equally from Downstream FDI? The Moderating Effect of Local Suppliers' Capabilities on Productivity Gains". *Journal of International Business Studies*, v. 40, n. 7, pp. 1095-112, 2009.

BLOOM, N.; LEMOS, R.; SADUN, R. "Does Management Matter in Schools?". *Economic Journal*, v. 125, pp. 647-74, 2015.

BLOOM, N.; VAN REENEN, J.; Williams, H. "A Toolkit of Policies to Promote Innovation". *Journal of Economic Perspectives*, v. 33, n. 3, pp. 163-84, 2019.

BLUNDELL, R.; BOZIO, A.; LAROQUE, G. "Extensive and Intensive Margins of Labour Supply: Work and Working Hours in the US, the UK and France". *Fiscal Studies*, v. 34, n. 1, pp. 1-29, 2013.

BOARDMAN, A. E.; GREENBERG, D. H.; VINING, A. R.; WEIMER, D. L. *Cost-Benefit Analysis: Concepts and Practice*. Cambridge: Cambridge University Press, 2017.

BOARDMAN, A. E.; VINING, A. R. "Ownership and Performance in Competitive Environments: A Comparison of the Performance of Private, Mixed, and State-Owned Enterprise". *Journal of Law and Economics*, v. 32, pp. 1-33, 1989.

BOEHE, D. M.; PONGELUPPE, L. S.; LAZZARINI, S. G. "Natura and the Development of a Sustainable Supply Chain in the Amazon Region". In: *Multinationals in Latin America*. Org. de L. Liberman, S. Garcilazo; E. Stal. Londres: Palgrave Macmillan, pp. 49-71, 2014.

BONILLA, J. *Contracting Out Public Schools for Academic Achievement: Evidence from Colombia*. Documento de trabalho, Universidade de São Paulo, 2011.

BONOMO, M.; BRITO, R. D.; MARTINS, B. "The After Crisis Government-Driven Credit Expansion in Brazil: A Firm-Level Analysis". *Journal of International Money and Finance*, v. 55, pp. 111-34, 2015.

BORTOLOTTI, B.; FACCIO, M. "Government Control of Privatized firms". *Review of Financial Studies*, v. 22, n. 8, pp. 2907-39, 2009.

BOSANCIANU, C. M.; DIONNE, K. Y.; HILBIG, H.; HUMPHREYS, M.; KC, S.; LIEBER, N.; SCACCO,

A. *Political and Social Correlates of COVID-19 Mortality*. Documento de trabalho, WZB Berlin, DOI:10.31235/osf.io/ub3zd, 2020.

BOSTON, J. "The Problems of Policy Coordination: The New Zealand Experience". *Governance*, v. 5, n. 1, pp. 88-103, 1992.

BOUBAKRI, N.; GUEDHAMI, O.; KWOK, C. C.; SAFFAR, W. "National Culture and Privatization: The Relationship Between Collectivism and Residual State Ownership". *Journal of International Business Studies*, v. 47, n. 2, pp. 170-90, 2016.

BOZEMAN, B. *Public Values and Public Interest: Counterbalancing Economic Individualism*. Washington, DC: Georgetown University Press, 2007.

BRANDER, J. A.; EGAN, E.; HELLMANN, T. F. "Government Sponsored versus Private Venture Capital: Canadian Evidence". In: *International Differences in Entrepreneurship*. Org. de J. Lerner; A. Schoar. Chicago: University of Chicago Press, pp. 275-320, 2010.

BREMMER, I. *The End of the Free Market: Who Wins the War Between States and Corporations?* Nova York: Portfolio-Penguin, 2010. [Ed. bras.: *O fim do livre mercado: quem vence a guerra entre Estado e corporações?* São Paulo: Saraiva, 2017.]

BRESNAHAN, T. F.; BRYNJOLFSSON, E.; HITT, L. M. "Information Technology, Workplace Organization, and the Demand for Skilled Labor: Firm-Level Evidence". *Quarterly Journal of Economics*, v. 117, n. 1, pp. 339-77, 2002.

BRESSER PEREIRA, L. C. "O caráter cíclico da intervenção estatal". *Revista de Economia Política*, v. 9, n. 3, pp. 115-30, 1989.

BREST, B. P.; BORN, K. "When Can Impact Investing Create Real Impact?". *Stanford Social Innovation Review*, outono, 2013. Disponível em: <https://ssir.org/up_for_debate/article/impact_investing>. Acesso em: 13 mar. 2023.

BROWN, T. L.; POTOSKI, M. "Transaction Costs and Institutional Explanations for Government Service Production Decisions". *Journal of Public Administration Research and Theory*, v. 13, n. 4, pp. 441-68, 2003.

BRUCE, J. R.; DE FIGUEIREDO, J. N.; SILVERMAN, B. S. "Public Contracting for Private Innovation: Government Capabilities, Decision Rights, and Performance Outcomes". *Strategic Management Journal*, v. 40, n. 4, pp. 533-55, 2019.

BRUCK, N. "The Role of Development Banks in the Twenty-first Century". *Journal of Emerging Markets*, v. 3, pp. 39-67, 1998.

BRUTON, G. D.; PENG, M. W.; AHLSTROM, D.; STAN, C. V.; XU, L. C. "State-owned Enterprises Around the World as Hybrid Organizations". *Academy of Management Perspectives*, v. 29, n. 1, pp. 92-114, 2015.

BRYSON, J. M.; CROSBY, B. C.; BLOOMBERG, L. "Discerning and Assessing Public Value: Major Issues and New Directions". In: *Public Value and Public Administration*. Org. de J. M. Bryson, B. C. Crosby; L. Bloomberg. Washington, DC: Georgetown University Press, pp. 1-21, 2015.

BRYSON, J. M.; SANCINO, A.; BENINGTON, J.; SØRENSEN, E. "Towards a Multi-Actor Theory of Public Value Co-creation". *Public Management Review*, v. 19, n. 5, pp. 640-54, 2017.

BUDDS, J.; MCGRANAHAN, G. "Are the Debates on Water Privatization Missing the Point? Experiences from Africa, Asia and Latin America". *Environment & Urbanization*, v. 15, n. 2, pp. 87-114, 2003.

BUFFETT, H. W.; EIMICKE, W. B. *Social Value Investing: A Management Framework for Effective Partnerships*. Nova York: Columbia University Press, 2018. [Ed. bras.: *Investindo em valor social: Gerando valor social com investimento*. Rio de Janeiro: FGV, 2020.]

BUIGES, P.-A.; SEKKAT, K. *Industrial Policy in Europe, Japan and the USA: Amounts, Mechanisms and Effectiveness*. Basingstoke: Palgrave Macmillan, 2009.

BURGESS, R.; GREENSTONE, M.; RYAN, N.; SUDARSHAN, A. "The Consequences of Treating Electricity as a Right". *Journal of Economic Perspectives*, v. 34, n. 1, pp. 145-69, 2020.

BURKHARDT, B. C. "Does the Public Sector Respond to Private Competition? An Analysis of Privatization and Prison Performance". *Journal of Crime and Justice*, v. 42, n. 2, pp. 201-20, 2018.

CABRAL, S. "Reconciling Conflicting Policy Objectives in Public Contracting: The Enabling Role of Capabilities". *Journal of Management Studies*, v. 54, n. 6, pp. 823-53, 2017.

CABRAL, S.; KRANE, D. "Civic Festivals and Collaborative Governance". *International Review of Administrative Sciences*, v. 84, n. 1, pp. 185-205, 2018.

CABRAL, S.; LAZZARINI, S. G. "The 'Guarding the Guardians' Problem: An Empirical Analysis of Investigations in the Internal Affairs Division of a Police Organization". *Journal of Public Administration Research and Theory*, v. 25, n. 3, pp. 797-829, 2015.

CABRAL, S.; LAZZARINI, S. G.; AZEVEDO, P. F. "Private Operation with Public Supervision: Evidence of Hybrid Modes of Governance in Prisons". *Public Choice*, v. 145, n. 1-2, pp. 281-93, 2010.

______. "Private Entrepreneurs in Public Services: A Longitudinal Study of Outsourcing and Statization in Prisons". *Strategic Entrepreneurship Journal*, v. 7, n. 1, pp. 6-25, 2013.

CABRAL, S.; MAHONEY, J. T.; MCGAHAN, A. M.; POTOSKI, M. "Value Creation and Value Appropriation in Public and Nonprofit Organizations". *Strategic Management Journal*, v. 40, n. 4, pp. 465-75, 2019.

CABRAL, S.; MÉNARD, C. "Managing Critical Services Through Hybrid Arrangements". *RAUSP Management Journal*, v. 54, n. 3, pp. 337-56, 2019.

CALLANAN, L.; LAW, J.; MENDONCA, L. *From Potential to Action: Bringing Social Impact Bonds to the US*. Nova York: McKinsey & Company, 2012.

CAMELO, R.; PONCZEK, V. "Teacher Turnover and Financial Incentives in Underprivileged Schools: Evidence from a Compensation Policy in a Developing Country". *Economics of Education Review*, v. 80, 102067, 2021.

CAPANO, G.; HOWLETT, M.; JARVIS, D. S. L.; RAMESH, M.; GOYAL, N. "Mobilizing Policy (In) Capacity to Fight COVID-19: Understanding Variations in State Responses". *Policy and Society*, v. 39, n. 3, pp. 285-308, 2020.

CARDOSO, F. H.; FALETTO, E. *Dependência e desenvolvimento na América Latina: Ensaio de interpretação sociológica*. Rio de Janeiro: Civilização Brasileira, 2004.

CARSON, J. B.; TESLUK, P. E.; MARRONE, J. Shared Leadership in Teams: An Investigation of Antecedent Conditions and Performance. *Academy of Management Journal*, v. 50, n. 5, pp. 1217-34, 2007.

CÁSSIO, F. L.; GOULART, D. C.; XIMENES, S. B. "Contratos de impacto social na rede estadual de São Paulo: Nova modalidade de parceria público-privada no Brasil". *Education Policy Analysis Archives*, v. 26, n. 130, DOI:10.14507/epaa.28.5148, 2018.

CASTILLO, J. C.; AHUJA, A.; ATHEY, S.; BAKER, A.; BUDISH, E.; CHIPTY, T.; GLENNERSTER, R.; KOMINERS, S. D.; KREMER, M.; LARSON, G.; LEE, J. "Market Design to Accelerate COVID-19 Vaccine Supply". *Science*, 25 fev. 2021.

CAVALCANTI, T.; VAZ, P. H. "Access to Long-term Credit and Productivity of Small and Medium Firms: A Causal Evidence". *Economics Letters*, v. 150, pp. 21-5, 2017.

CHADDAD, F. R.; COOK, M. L. "Understanding New Cooperative Models: An Ownership-Control Rights Typology". *Review of Agricultural Economics*, v. 26, n. 3, pp. 348-60, 2004.

CHANG, H.-J. *Kicking Away the Ladder — Development Strategy in Historical Perspective*. Londres: Anthem Press, 2002. [Ed. bras.: *Chutando a escada: A estratégia do desenvolvimento em perspectiva histórica*. São Paulo: Unesp, 2004.]

CHENG, B.; IOANNOU, I.; SERAFEIM, G. "Corporate Social Responsibility and Access to Finance". *Strategic Management Journal*, v. 35, n. 1, pp. 1-23, 2014.

CHENG, H.; FAN, H.; HOSHI, T.; HU, D. *Do Innovation Subsidies Make Chinese Firms More Innovative? Evidence from the China Employer-Employee Survey*. Documento de trabalho 25432, National Bureau of Economic Research, 2019.

CHONG, A.; LOPEZ-DE-SILANES, F. (Orgs.). *Privatization in Latin America: Myths and Reality*. Washington, DC: Banco Mundial e Palo Alto; CA: Stanford University Press, 2005.

CIMOLI, M.; DOSI, G.; NELSON, R.; STIGLITZ, J. E. "Institutions and Policies Shaping Industrial Development: An Introductory Note". In: *Industrial Policy and Development: The Political Economy of Capabilities Accumulation*. Org. de M. Cimoli, G. Dosi; J. E. Stiglitz. Oxford: Oxford University Press, pp. 19-38, 2009.

CLAESSENS, S.; FEIJEN, E.; LAEVEN, L. "Political Connections and Preferential Access to Finance: The Role of Campaign Contributions". *Journal of Financial Economics*, v. 88, pp. 554-80, 2008.

COASE, R. H. "The Nature of the Firm". *Economica N.S*, v. 4, pp. 386-405, 1937.

_______. "The Problem of Social Cost". *Journal of Law and Economics*, v. 3, n. 1, pp. 1-44, 1960.

COASE, R. H. "The Lighthouse in Economics". *Journal of Law and Economics*, v. 17, n. 2, pp. 357-76, 1974.

COHEN, W. M.; LEVINTHAL, D. A. "Absorptive Capacity: A New Perspective on Learning and Innovation". *Administrative Science Quarterly*, v. 35, pp. 128-52, 1990.

COLE, S. "Fixing Market Failure or Fixing Elections? Agricultural Credit in India". *American Economic Journal: Applied Economics*, v. 1, n. 1, pp. 219-50, 2009.

COLOMBO, M. G.; CUMMING, D. J.; VISMARA, S. "Governmental Venture Capital for Innovative Young Firms". *Journal of Technology Transfer*, v. 41, n. 1, pp. 10-24, 2016.

CONSIDINE, M.; LEWIS, J. M.; ALEXANDER, D. *Networks, Innovation and Public Policy: Politicians, Bureaucrats and the Pathways to Change Inside Government*. Nova York: Springer, 2009.

COOPER, T. L.; BRYER, T. A.; MEEK, J. W. "Citizen-centered Collaborative Public Management". *Public Administration Review*, v. 66, n. s1, pp. 76-88, 2006.

COOTER, R. D. "Rawls's Lexical Orderings Are Good Economics". *Economics & Philosophy*, v. 5, n. 1, pp. 47-54, 1989.

CORGNET, B.; HERNÁN-GONZÁLEZ, R. "Revisiting the Trade-Off Between Risk and Incentives: The Shocking Effect of Random Shocks?". *Management Science*, v. 65, n. 3, pp. 955-1453, 2018.

COYLE, A.; CAMPBELL, A.; NEUFELD, R. (Orgs.). *Capitalist Punishment: Prison Privatization & Human Rights*. Gardena: SCB Distributors, 2010.

CRAIG, B. R.; JACKSON III, W. E.; THOMSON, J. B. "Credit Market Failure Intervention: Do Government Sponsored Small Business Credit Programs Enrich Poorer Areas?". *Small Business Economics*, v. 30, pp. 345-60, 2008.

CRENSHAW, K. "Demarginalizing the Intersection of Race and Sex: A Black Feminist Critique of Antidiscrimination Doctrine, Feminist Theory and Antiracist Politics". *University of Chicago Legal Forum*, v. 140, pp. 139-67, 1989.

CRENSON, M. A.; GINSBERG, B. *Downsizing Democracy: How America Sidelined Its Citizens and Privatized Its Public*. Baltimore: Johns Hopkins University Press, 2004.

CUERVO-CAZURRA, A.; INKPEN, A.; MUSACCHIO, A.; RAMASWAMY, K. "Governments as Owners: State-owned Multinational Companies". *Journal of International Business Studies*, v. 45, n. 8, pp. 919-42, 2014.

CULL, R. J.; LI, W.; SUN, B.; XU, L. C. "Government Connections and Financial Constraints: Evidence from a Large Representative Sample of Chinese Firms". *Journal of Corporate Finance*, v. 32, pp. 271-94, 2015.

CUMMING, D. J.; MACINTOSH, J. G. "Crowding Out Private Equity: Canadian Evidence". *Journal of Business Venturing*, v. 21, n. 5, pp. 569-609, 2006.

DAHL, A.; SOSS, J. "Neoliberalism for the Common Good? Public Value Governance and the Downsizing of Democracy". *Public Administration Review*, v. 74, n. 4, pp. 496--504, 2014.

D'ANNUNZIO, P. J. "Court Upholds 28-year Sentence for 'Kids-for-Cash' Judge Ciavarella". *Legal Intelligencer*, 27 ago. 2020.

DARBY, M. R.; KARNI, E. "Free Competition and the Optimal Amount of Fraud". *Journal of Law & Economics*, v. 16, n. 1, pp. 67-88, 1973.

DAS, J.; HOLLA, A.; MOHPAL, A.; MURALIDHARAN, K. "Quality and Accountability in Health Care Delivery: Audit-study Evidence from Primary Care in India". *American Economic Review*, v. 106, n. 12, pp. 3765-99, 2016.

DAYSON, C.; FRASER, A.; LOWE, T. "A Comparative Analysis of Social Impact Bond and Conventional Financing Approaches to Health Service Commissioning in England: The Case of Social Prescribing". *Journal of Comparative Policy Analysis: Research and Practice*, v. 22, n. 2, pp. 153-69, 2020.

DECAROLIS, F.; GIUFFRIDA, L. M.; IOSSA, E.; MOLLISI, V.; SPAGNOLO, G. "Bureaucratic Competence and Procurement Outcomes". *Journal of Law, Economics, and Organization*, v. 36, n. 3, pp. 537-97, 2020.

DEE, T. S.; WYCKOFF, J. "Incentives, Selection, and Teacher Performance: Evidence from IMPACT". *Journal of Policy Analysis and Management*, v. 34, n. 2, pp. 267-97, 2015.

DE GRAUWE, P. *The Limits of the Market: The Pendulum Between Government and Market*. Oxford: Oxford University Press, 2014.

DEL GIUDICE, A.; MIGLIAVACCA, M. "Social Impact Bonds and Institutional Investors: An Empirical Analysis of a Complicated Relationship". *Nonprofit and Voluntary Sector Quarterly*, v. 48, n. 1, pp. 50-70, 2019.

DE LUNA-MARTÍNEZ, J.; VICENTE, C.; ARSHAD, A. B.; TATUCU, R.; SONG, J. *Survey of National Development Banks*. Washington, DC: Banco Mundial, 2017.

DEMSETZ, H. "Why Regulate Utilities?". *Journal of Law and Economics*, v. 11, n. 1, pp. 55--65, 1968.

DE SANTIS, V. P. *The Shaping of Modern America: 1877-1920*. Wheeling, IL: Harlan Davidson, 2000.

DEVELOPMENT IMPACT BOND WORKING GROUP. *Investing in Social Outcomes: Development Impact Bonds*. Washington, DC: Center for Global Development and Social Finance UK, 2013.

DHARWADKAR, R.; GEORGE, G.; BRANDES, P. "Privatization in Emerging Economies: An Agency Theory Perspective". *Academy of Management Review*, v. 25, n. 3, pp. 650-69, 2000.

DINÇ, I. S. "Politicians and Banks: Political Influences on Government-owned Banks in Emerging Markets". *Journal of Financial Economics*, v. 77, pp. 453-79, 2005.

DIXIT, A. "Incentives and Organizations in the Public Sector: An Interpretative Review". *Journal of Human Resources*, v. 37, n. 4, pp. 696-727, 2002.

DOBBIE, W.; FRYER JR., R. G. "The Medium-term Impacts of High-achieving Charter Schools". *Journal of Political Economy*, v. 23, n. 5, pp. 985-1037, 2015.

DOH, J. P.; TEEGEN, H.; MUDAMBI, R. "Balancing Private and State Ownership in Emerging Markets' Telecommunications Infrastructure: Country, Industry, and Firm Influences". *Journal of International Business Studies*, v. 35, pp. 233-50, 2004.

DONAHUE, J. D. *The Privatization Decision: Public Ends, Private Means*. Nova York: Basic Books, 1989.

DONALDSON, S. I.; CHRISTIE, C. A.; MARK, M. M. (Orgs.). *Credible and Actionable Evidence: The Foundation for Rigorous and Influential Evaluations*. Los Angeles: SAGE, 2015.

DONALDSON, T.; PRESTON, L. E. "The Stakeholder Theory of the Corporation: Concepts, Evidence, and Implications". *Academy of Management Review*, v. 20, n. 1, pp. 65-91, 1995.

DROBAK, J. N. "A Cognitive Science Perspective on Legal Incentives". In: *Institutions, Contracts and Organizations: Perspectives from New Institutional Economics*. Org. de C. Ménard. Cheltenham: Elgar, 2000. pp. 279-90.

DU, L.; HARRISON, A.; JEFFERSON, G. "FDI Spillovers and Industrial Policy: The Role of Tariffs and Tax Holidays". *World Development*, v. 64, pp. 366-83, 2014.

DUFLO, E.; GLENNERSTER, R.; KREMER, M. "Using Randomization in Development Economics Research: A Toolkit". In: *Handbook of Development Economics*. Org. de T. P. Schultz; J. Strauss. Amsterdã: Elsevier, pp. 3895-3957, 2008.

DUFLO, E.; HANNA, R.; RYAN, S. P. "Incentives Work: Getting Teachers to Come to School". *American Economic Review*, v. 102, n. 4, pp. 1241-78, 2012.

DURANT, R. F.; LEGGE JR., J. S. "Politics, Public Opinion, and Privatization in France: Assessing the Calculus of Consent for Market Reforms". *Public Administration Review*, v. 62, n. 3, pp. 307-23, 2002.

DYER, J. H.; NOBEOKA, K. "Creating and Managing a High-Performance Knowledge-Sharing Network: The Toyota Case". *Strategic Management Journal*, v. 21, pp. 345-67, 2000.

EBERHARD, A. *Infrastructure Regulation in Developing Countries: An Exploration of Hybrid and Transitional Models*. Public-Private Infrastructure Advisory Faculty (PPIAF), Documento de trabalho n. 4, Banco Mundial, 2007.

ELKINGTON, J. "Cannibals with Forks: The Triple Bottom Line of 21st-Century Business". *Environmental Quality Management*, v. 8, n. 1, pp. 37-51, 1998.

ENGEL, E.; FISCHER, R. D.; GALETOVIC, A. *The Economics of Public-Private Partnerships: A Basic Guide*. Cambridge: Cambridge University Press, 2014.

ESCRITÓRIO NACIONAL DE AUDITORIA [Reino Unido]. *PFI and PF2*. "Report by the Comptroller and Auditor General", Escritório Nacional de Auditoria, 2018.

ESTRIN, S.; HANOUSEK, J.; KOČENDA, E.; SVEJNAR, J. "The Effects of Privatization and Ownership in Transition Economies". *Journal of Economic Literature*, v. 47, n. 3, pp. 699--728, 2009.

ESTRIN, S.; MEYER, K. E.; NIELSEN, B. B.; NIELSEN, S. "Home Country Institutions and the

Internationalization of State Owned Enterprises: A Cross-Country Analysis". *Journal of World Business*, v. 51, n. 2, pp. 294-307, 2016.

ESTRIN, S.; PELLETIER, A. "Privatization in Developing Countries: What Are the Lessons of Recent Experience?". *World Bank Research Observer*, v. 33, n. 1, pp. 65-102, 2018.

EVANS, P. *Dependent Development: The Alliance of Multinational, State and Local Capital in Brazil*. Princeton: Princeton University Press, 1979.

_______. *Embedded Autonomy: States and Industrial Transformation*. Princeton: Princeton University Press, 1995.

FAMA, E.; JENSEN, M. C. "Separation of Ownership and Control". *Journal of Law and Economics*, v. 26, pp. 301-25, 1983.

FERNANDEZ, S.; CHO, Y. J.; PERRY, J. L. "Exploring the Link Between Integrated Leadership and Public Sector Performance". *Leadership Quarterly*, v. 21, n. 2, pp. 308-23, 2010.

FERRAZ, C.; FINAN, F. "Exposing Corrupt Politicians: The Effects of Brazil's Publicly Released Audits on Electoral Outcomes". *Quarterly Journal of Economics*, v. 123, n. 2, pp. 703-45, 2008.

_______. "Electoral Accountability and Corruption: Evidence from the Audits of Local Governments". *American Economic Review*, v. 101, n. 4, pp. 1274-311, 2011.

FERRAZ, J. C. "Política industrial e inovação: Passo curto, vida longa", *Valor Econômico*, 23 nov. 2010.

FERREIRA, P. C.; FACCHINI, G. "Trade Liberalization and Industrial Concentration: Evidence from Brazil". *Quarterly Review of Economics and Finance*, v. 45, pp. 432-46, 2005.

FIA, M.; SACCONI, L. "Justice and Corporate Governance: New Insights from Rawlsian Social Contract and Sen's Capabilities Approach". *Journal of Business Ethics*, v. 160, pp. 937-60, 2019.

FINK, S. "As Virus Resurges in Africa, Doctors Fear the Worst is Yet to Come". *New York Times*, 26 dez. 2020.

FISS, P. C. "A Set-Theoretic Approach to Organizational Configurations". *Academy of Management Review*, v. 32, n. 4, pp. 1180-98, 2007.

FITZGERALD, C.; CARTER, E.; DIXON, R.; AIROLDI, M. "Walking the Contractual Tightrope: A Transaction Cost Economics Perspective on Social Impact Bonds". *Public Money & Management*, v. 39, n. 7, pp. 458-67, 2019.

FLAMMER, C. "Does Corporate Social Responsibility Lead to Superior financial Performance? A Regression Discontinuity Approach". *Management Science*, v. 61, n. 11, pp. 2549-68, 2015.

FLOOD, C. "Temasek Commits $500m to Impact Investing Specialist LeapFrog". *Financial Times*, 9 mar. 2021.

FODERARO, L. W. "A $100 Million Thank-You for a Lifetime's Central Park Memories". *New York Times*, 23 out. 2012.

FOSS, N. J.; KLEIN, P. G. "Stakeholders and Corporate Social Responsibility: An Ownership Perspective". *Advances in Strategic Management*, v. 38, pp. 17-35, 2018.

FOSTER, V.; RANA, A. *Rethinking Power Sector Reform in the Developing World*. Washington, DC: World Bank Group, 2020.

FOSTER, V.; WITTE, S.; BANERJEE, S. G.; MORENO, A. *Charting the Diffusion of Power Sector Reforms Across the Developing World*. Documento de trabalho 8235, World Bank Policy Research, 2017.

FRANK, D. H.; OBLOJ, T. O. "Firm-specific Human Capital, Organizational Incentives, and Agency Costs: Evidence from Retail Banking". *Strategic Management Journal*, v. 35, n. 9, pp. 1279-301, 2014.

FREDRIKSSON, S.; HYVÄRINEN, O.; MATTILA, M.; WASS, H. "The Politics of Competitive Tendering: Political Orientation and Attitudes Towards Contracting out Among Finnish Local Politicians". *Local Government Studies*, v. 36, n. 5, pp. 637-54, 2010.

FREEMAN, R. E. "The Politics of Stakeholder Theory: Some Future Directions". *Business Ethics Quarterly*, v. 4, n. 4, pp. 409-21, 1994.

FREIRE, V. B.; LAZZARINI, S. G.; FARO, J. H. *Just Decision Making: Models of Choice and Deliberation to Address Heterogeneous Stakeholder Demands*. Documento de trabalho, Insper, 2020.

FREIREICH, J.; FULTON, K. *Investing for Social and Environmental Impact*. Washington, DC: Monitor Institute, 2009.

FRIEDMAN, M. *Capitalism and Freedom*. Chicago: University of Chicago Press, 1962. [Ed. bras.: *Capitalismo e liberdade*. Rio de Janeiro: LTC, 2014.]

FRYER JR., R. G.; LEVITT, S. D.; LIST, J.; SADOFF, S. *Enhancing the Efficacy of Teacher Incentives Through Loss Aversion: A Field Experiment*. Documento de trabalho w18237, National Bureau of Economic Research, 2012.

FUKUYAMA, F. *State-Building: Governance and World Order in the 21st Century*. Ithaca: Cornell University Press, 2004. [Ed. bras.: *Construção de estados*. Rio de Janeiro: Rocco, 2005.]

GALIANI, S.; GERTLER, P.; SCHARGRODSKY, E. "Water for Life: The Impact of the Privatization of Water Services on Child Mortality". *Journal of Political Economy*, v. 113, n. 1, pp. 83-120, 2005.

GANS, J.; STERN, S. "When Does Funding Research by Smaller Firms Bear Fruit? Evidence from the SBIR Program". *Economics of Innovation and New Technology*, v. 12, n. 4, pp. 361-84, 2003.

GATIGNON, A.; CAPRON, L. "The Firm as an Architect of Polycentric Governance: Building Open Institutional Infrastructure in Emerging Markets". *Strategic Management Journal*, DOI:10.1002/smj.3124, 2020.

GAZLEY, B.; BRUDNEY, J. L. "The Purpose (and Perils) of Government-Nonprofit Partnership". *Nonprofit and Voluntary Sector Quarterly*, v. 36, n. 3, pp. 389-415, 2007.

GEDDES, B. *Politician's Dilemma: Building State Capacity in Latin America.* Berkeley: University of California Press, 1994.

GEORGE, G.; PRABHU, G. N. "Developmental Financial Institutions as Catalysts of Entrepreneurship in Emerging Economies". *Academy of Management Review*, v. 25, n. 3, pp. 620-9, 2000.

GERSCHENKRON, A. *Economic Backwardness in Historical Perspective.* Cambridge, MA: Harvard University Press, 1962. [Ed. bras.: *Atraso econômico em perspectiva histórica.* Rio de Janeiro: Contraponto, 2015.]

GIANNETTI, M.; LAEVEN, L. "Pension Reform, Ownership Structure, and Corporate Governance: Evidence from a Natural Experiment". *Review of Financial Studies*, v. 22, n. 10, pp. 4091-127, 2009.

GIBBONS, R. "Four Formal(izable) Theories of the Firm?". *Journal of Economic Behavior & Organization*, v. 58, n. 2, pp. 200-45, 2005.

GIBBONS, R.; HENDERSON, R. "Relational Contracts and Organizational Capabilities". *Organization Science*, v. 23, n. 5, pp. 1350-64, 2012.

GIBBONS, R.; ROBERT, J. "Economic Theories of Incentives in Organizations". In: *Handbook of Organizational Economics.* Org. de R. Gibbons; J. Roberts. Princeton: Princeton University Press, pp. 56-99, 2013.

GIL, R. M.; MARION, J. "Self-Enforcing Agreements and Relational Contracting: Evidence from California Highway Procurement". *Journal of Law, Economics, and Organization*, v. 29, n. 2, pp. 239-77, 2013.

GILBOA, I.; MACCHERONI, F.; MARINACCI, M.; SCHMEIDLER, D. "Objective and Subjective Rationality in a Multiple Prior Model". *Econometrica*, v. 78, n. 2, pp. 755-70, 2010.

GIRIDHARADAS, A. *Winners Take All: The Elite Charade of Changing the World.* Nova York: Knopf, 2018. [Ed. bras.: *Os vencedores levam tudo: A farsa de que a elite muda o mundo.* Rio de Janeiro: Alta Books, 2020.]

GLAESER, E. L. (Org.). *The Governance of Not-for-Profit Organizations.* Chicago: University of Chicago Press, 2007.

GLAESER, E. L.; Saks, R. E. "Corruption in America". *Journal of Public Economics*, v. 90, n. 6, pp. 1053-72, 2006.

GOLDSMITH, S. "Philadelphia's Streamlined Approach to Procurement Saw Quick Results". *Government Technology*, 7 abr. 2016.

GOLDSTEIN, A.; PANANOND, P. "Singapore Inc. Goes Shopping Abroad: Profits and Pitfalls". *Journal of Contemporary Asia*, v. 38, n. 3, pp. 417-38, 2008.

GONZALEZ-URIBE, J.; LEATHERBEE, M. "The Effects of Business Accelerators on Venture Performance: Evidence from Start-Up Chile". *Review of Financial Studies*, v. 31, n. 4, pp. 1566-603, 2018.

GOODWIN, D. K. *The Bully Pulpit: Theodore Roosevelt, William Howard Taft, and the Golden Age of Journalism.* Nova York: Simon and Schuster, 2013.

GOVINDARAJAN, V.; RAMAMURTI, R. *Reverse Innovation in Health Care: How to Make Value-Based Delivery Work*. Boston: Harvard Business Review Press, 2018.

GRANOVETTER, M. "Economic Action and Social Structure: The Problem of Embeddedness". *American Journal of Sociology*, v. 91, pp. 481-510, 1985.

GREIF, A.; MILGROM, P.; WEINGAST, B. R. "Coordination, Commitment, and Enforcement: The Case of the Merchant Guild". *Journal of Political Economy*, v. 102, n. 4, pp. 745--76, 1994.

GREVE, C.; HODGE, G. "Public-Private Partnerships and Public Governance Challenges". In: *The New Public Governance? Emerging Perspectives on the Theory and Practice of Public Governance*. Org. de S. P. Osborne. Londres: Routledge, pp. 149-62, 2010.

GROSSMAN, G. M.; HELPMAN, E. "Protection for Sale". *American Economic Review*, v. 84, n. 4, pp. 833-50, 1994.

GUASCH, J. L.; LAFFONT, J.-J.; Straub, S. "Renegotiation of Concession Contracts in Latin America: Evidence from the Water and Transport Sectors". *International Journal of Industrial Organization*, v. 26, pp. 421-42, 2008.

GUISO, L.; SAPIENZA, P.; ZINGALES, L. "The Value of Corporate Culture". *Journal of Financial Economics*, v. 117, n. 1, pp. 60-76, 2015.

GUO, M.; WILLNER, S. "Swedish Politicians' Preferences Regarding the Privatisation of Elderly Care". *Local Government Studies*, v. 43, n. 1, pp. 1-21, 2017.

GUPTA, N. "Partial Privatization and Firm Performance". *Journal of Finance*, v. 60, pp. 987-1015, 2005.

GUSTAFSSON-WRIGHT, E.; GARDINER, S.; PUTCHA, V. *The Potential and Limitations of Social Impact Bonds: Lessons from the First Five Years of Experience Worldwide*. Washington, DC: Brookings Institution, 2015.

HABER, S. "Introduction: The Political Economy of Crony Capitalism". In: *Crony Capitalism and Economic Growth in Latin America: Theory and Evidence*. Org. de S. Haber. Stanford, CA: Hoover Institution Press, pp. xi-xxi, 2002.

HAILU, D.; OSORIO, R. G.; TSUKADA, R. "Privatization and Renationalization: What Went Wrong in Bolivia's Water Sector?". *World Development*, v. 40, n. 12, pp. 2564-77, 2012.

HALLMAN, K.; ROCA, E.; GOVENDER, K.; CALDERON, M. C.; MBATHA, E.; ROGAN, M.; SIEMA, S.; TABOADA, H.; FAULS, J.; BROWN, R. *Siyakha Nentsha: A Randomized Experiment to Enhance the Health, Social and Financial Capabilities of Girls and Boys in KZN, South Africa*. In: Annual Meeting Program da Population Association of America, San Francisco, 2-5 maio 2012.

HAND, D.; DITHRICH, H.; SUNDERJI, S.; NOVA, N. *2020 Annual Impact Investor Survey*. Nova York: GIIN (Global Impact Investing Network), 2020.

HANSMANN, H. *The Ownership of Enterprise*. Cambridge, MA: Harvard University Press, 1996.

HARDIN, G. "The Tragedy of the Commons". *Science*, v. 162, pp. 1243-8, 1968.

HARJI, K.; JACKSON, E. T. *Accelerating Impact: Achievements, Challenges and What's Next in Building the Impact Investing Industry*. Nova York: Rockefeller Foundation, 2012.

HARRIS, B.; SCHIPANI, A.; LONG, G. "Coronavirus Corruption Cases Spread Across Latin America". *Financial Times*, 7 jul. 2020.

HARRISON, A.; RODRÍGUEZ-CLARE, A. "Trade, Foreign Investment, and Industrial Policy for Developing Countries". In: *Handbook of Development Economics*. Org. de D. Rodrik; M. Rosenzweig. Amsterdã: Elsevier, v. 5, pp. 4039-198, 2010.

HARSANYI, J. C. "Can the Maximin Principle Serve as a Basis for Morality? A Critique of John Rawls's Theory". *American Political Science Review*, v. 69, n. 2, pp. 594-606, 1975.

HART, O. "Norms and the Theory of the Firm". *University of Pennsylvania Law Review*, v. 149, pp. 1701-15, 2001.

______. "Incomplete Contracts and Public Ownership: Remarks, and an Application to Public-Private Partnerships". *Economic Journal*, v. 113, pp. C69-C76, 2003.

HART, O.; ZINGALES, L. "Companies Should Maximize Shareholder Welfare Not Market Value". *Journal of Law, Finance and Accounting*, v. 2, pp. 247-74, 2017.

HART, O. D.; SHLEIFER, A.; VISHNY, R. W. "The Proper Scope of Government: Theory and an Application to Prisons". *Quarterly Journal of Economics*, v. 112, n. 4, pp. 1127-61, 1997.

HAUSMANN, R.; RODRIK, D. "Economic Development as Self-Discovery". *Journal of Development Economics*, v. 72, pp. 603-33, 2003.

HEDBLOM, D.; HICKMAN, B. R.; LIST, J. A. *Toward an Understanding of Corporate Social Responsibility: Theory and field Experimental Evidence*. Documento de trabalho 26222, National Bureau of Economic Research, 2019.

HEFETZ, A.; WARNER, M. "Privatization and Its Reverse: Explaining the Dynamics of the Government Contracting Process". *Journal of Public Administration Research and Theory*, v. 14, n. 2, pp. 171-90, 2004.

HEFETZ, A.; WARNER, M. E. "Contracting or Public Delivery? The Importance of Service, Market and Management Characteristics". *Journal of Public Administration Research and Theory*, v. 22, n. 2, pp. 289-317, 2012.

HENDERSON, R. *Reimagining Capitalism in a World on Fire*. Nova York: PublicAffairs, 2020.

HENISZ, W. J. "The Institutional Environment for Infrastructure Investment". *Industrial and Corporate Change*, v. 11, n. 2, pp. 355-89, 2002.

HENNESSEY JR., J. T. "'Reinventing' Government: Does Leadership Make the Difference?". *Public Administration Review*, v. 58, n. 6, pp. 522-32, 1998.

HEREDIA, L.; BARTLETTA, S.; CARRUBBA, J.; FRANKLE, D.; KURIHARA, K.; MACÉ, B.; PALMISANI,

E.; PARDASANI, N.; SCHULTE, T.; SHERIDAN, B.; XU, Q. *Global Asset Management 2020: Protect, Adapt, and Innovate*. Boston: Boston Consulting Group, 2020.

HIGGINS, M. J.; LACOMBE, D. J.; STENARD, B. S.; YOUNG, A. T. "Evaluating the Effects of Small Business Administration Lending on Growth". *Small Business Economics*, v. 16, pp. 1-23, 2020.

HIRSCHMAN, A. O. *The Strategy of Economic Development*. New Haven: Yale Economic Press, 1958.

_______. *Exit, Voice, and Loyalty*. Cambridge, MA: Harvard University Press, 1970. [Ed. bras.: *Saída, voz e lealdade*. São Paulo: Perspectiva, 1973.]

HOBBES, T. *Leviathan*. Peterborough, Canadá: Broadview Literary Texts, 2002 [1651]. [Ed. bras.: *Leviatã*. Petrópolis: Vozes, 2020.]

HOLMSTROM, B. "Moral Hazard and Observability". *Bell Journal of Economics*, v. 10, n. 1, pp. 74-91, 1979.

HOLMSTROM, B.; MILGROM, P. "Multitask Principal-Agent Analyses: Incentive Contracts, Asset Ownership, and Job Design". *Journal of Law, Economics and Organization*, v. 7, pp. 24-52, 1991.

HONADLE, B. W. A. "Capacity-Building Framework: A Search for Concept and Purpose". *Public Administration Review*, v. 41, pp. 575-89, 1981.

HOPPE, E. I.; SCHMITZ, P. W. "Public Versus Private Ownership: Quantity Contracts and the Allocation of Investment Tasks". *Journal of Public Economics*, v. 94, pp. 258-68, 2010.

HOSSAIN, M. "Frugal Innovation: A Review and Research Agenda". *Journal of Cleaner Production*, v. 182, pp. 926-36, 2018.

HOWELL, S. T. "Financing Innovation: Evidence from R&D Grants". *American Economic Review*, v. 107, n. 4, pp. 1136-64, 2017.

HSIEH, C. T.; URQUIOLA, M. "The Effects of Generalized School Choice on Achievement and Stratification: Evidence from Chile's Voucher Program". *Journal of Public Economics*, v. 90, pp. 1477-503, 2006.

HURLEY, L. "U.S. Court Rules Amtrack Has Too Much Power Over Freight Carriers". *Reuters*, 29 abr. 2016.

HURWICZ, L. "But Who Will Guard the Guardians?". *American Economic Review*, v. 98, n. 3, pp. 577-85, 2008.

HUTTON, G. "Global Costs and Benefits of Reaching Universal Coverage of Sanitation and Drinking-Water Supply". *Journal of Water and Health*, v. 11, n. 1, pp. 1-12, 2013.

HUYNH, A. *What's in the MIX: Challenges and Opportunities for Municipal Innovation Procurement*. Toronto: Brookfield Institute, 2019.

IBGC [Instituto Brasileiro de Governança Corporativa]. *Governança em privatizações*. São Paulo: IBGC Segmentos, 2020.

IMBERMAN, S. A.; LOVENHEIM, M. F. "Incentive Strength and Teacher Productivity: Evidence from a Group-Based Teacher Incentive Pay System". *Review of Economics and Statistics*, v. 97, n. 2, pp. 364-86, 2015.

INOUE, C. "Election Cycles and Organizations: How Politics Shapes the Performance of State-Owned Enterprises Over Time". *Administrative Science Quarterly*, v. 65, n. 3, pp. 677-709, 2020.

INOUE, C. F. K. V.; LAZZARINI, S. G.; MUSACCHIO, A. "Leviathan as a Minority Shareholder: Firm-level Performance Implications of Equity Purchases by the Government". *Academy of Management Journal*, v. 56, n. 6, pp. 1775-801, 2013.

INSPER METRICIS. *Guia de avaliação de impacto socioambiental para utilização em projetos e investimentos de impacto*. São Paulo: Insper, 2020.

INSTIGLIO. *Educate Girls Development Impact Bond: Improving Education for 18,000 Children in Rajasthan*. Colômbia: Instiglio, 2015.

ITO, N. C.; PONGELUPPE, L. S. "The COVID-19 Outbreak and the Municipal Administration Responses: Resource Munificence, Social Vulnerability, and the Effectiveness of Public Actions". *Revista de Administração Pública*, v. 54, n. 4, pp. 782-838, 2020.

ITTNER, C. D.; LARCKER, D. F.; MEYER, M. W. "Subjectivity and the Weighting of Performance Measures: Evidence from a Balanced Scorecard". *Accounting Review*, v. 78, n. 3, pp. 725-58, 2003.

JADHAV, A.; WEITZMAN, A.; SMITH-GREENAWAY, E. "Household Sanitation Facilities and Women's Risk of Non-Partner Sexual Violence in India". *BMC Public Health*, v. 16, n. 1, p. 1139, 2016.

JÄGER, S.; SCHOEFER, B.; HEINING, J. *Labor in the Boardrooms*. Documento de trabalho w26519, National Bureau of Economic Research, 2019.

JENSEN, M. C. "Value Maximization, Stakeholder Theory, and the Corporate Objective Function". *Business Ethics Quarterly*, v. 12, n. 2, pp. 235-56, 2002.

JIN, B.; GARCÍA, F.; SALOMON, R. "Inward Foreign Direct Investment and Local Firm Innovation: The Moderating Role of Technological Capabilities". *Journal of International Business Studies*, v. 50, n. 5, pp. 847-55, 2019.

JOHNSON, S.; MITTON, T. "Cronyism and Capital Controls: Evidence from Malaysia". *Journal of Financial Economics*, v. 67, pp. 351-82, 2003.

JONES, T. M.; HARRISON, J. S.; FELPS, W. "How Applying Instrumental Stakeholder Theory Can Provide Sustainable Competitive Advantage". *Academy of Management Review*, v. 43, n. 3, pp. 371-91, 2018.

JONES, T. M.; WICKS, A. C. "Convergent Stakeholder Theory". *Academy of Management Review*, v. 24, n. 2, pp. 206-21, 1999.

KAJI, A.; KOENIG, K.; BEY, T. "Surge Capacity for Healthcare Systems: A Conceptual Framework". *Academic Emergency Medicine*, v. 13, n. 11, pp. 1157-9, 2006.

KALE, P.; DYER, J. H.; SINGH, H. "Alliance Capability, Stock Market Response and Long-Term Alliance Success: The Case of Alliance Function". *Strategic Management Journal*, v. 23, n. 8, pp. 747-67, 2002.

KANANI, R. "Jaipur Foot: One of the Most Technologically Advanced Social Enterprises in the World". *Forbes*, 8 ago. 2011.

KANATLI, M. "Rawlsian Theory of Justice as Fairness: A Marxist Critique". *Hitit Üniversitesi Sosyal Bilimler Enstitüsü Dergisi*, v. 8, n. 1, pp. 301-18, 2015.

KAPLAN, S. *The 360° Corporation: From Stakeholder Trade-Offs to Transformation*. Palo Alto, CA: Stanford University Press, 2019. [Ed. bras.: *A empresa 360°*. São Paulo: Benvirá, 2020.]

______. "Beyond the Business Case for Social Responsibility". *Academy of Management Discoveries*, v. 6, n. 1, pp. 1-4, 2020.

KAPUR, D. "Why Does the Indian State Both Fail and Succeed?". *Journal of Economic Perspectives*, v. 34, n. 1, pp. 31-54, 2020.

KAUFFMAN, S. A. *The Origins of Order: Self-organization and Selection in Evolution*. Nova York: Oxford University Press, 1993.

KAUFMANN, D.; KRAAY, A.; MASTRUZZI, M. "The Worldwide Governance Indicators: Methodology and Analytical Issues". *Hague Journal on the Rule of Law*, v. 3, n. 2, pp. 220-46, 2011.

KELLY, G.; MULGAN, G.; MUER, S. *Creating Public Value: An Analytical Framework for Public Service Reform*. Londres: Strategy Unit, Gabinete do Reino Unido, 2002.

KERR, S. "On the Folly of Rewarding A, While Hoping for B". *Academy of Management Journal*, v. 18, n. 4, pp. 769-83, 1975.

KHAN, M. H.; BLANKENBURG, S. "The Political Economy of Industrial Policy in Asia and Latin America". In: *Industrial Policy and Development: The Political Economy of Capabilities Accumulation*. Org. de M. Cimoli, G. Dosi; J. E. Stiglitz. Oxford: Oxford University Press, pp. 336-77, 2009.

KHANNA, T. *Trust: Creating the Foundation for Entrepreneurship in Developing Countries*. San Francisco: Berrett-Koehler Publishers, 2018. [Ed. bras.: *Confiança: Como criar as bases para o empreendedorismo nos países em desenvolvimento*. São Paulo: Bei, 2018.]

KHWAJA, A. I.; MIAN, A. "Do Lenders Favor Politically Connected firms? Rent Provision in an Emerging Financial Market". *Quarterly Journal of Economics*, v. 120, n. 4, pp. 1371-411, 2005.

KILMANN, R. H.; MITROFF, I. I. "Problem Defining and the Consulting/Intervention Process". *California Management Review*, v. 21, n. 3, pp. 26-33, 1979.

KIVLENIECE, I.; QUELIN, B. V. "Creating and Capturing Value in Public-Private Ties: A Private Actor's Perspective". *Academy of Management Review*, v. 37, n. 2, pp. 272-99, 2012.

KLEIN, B.; CRAWFORD, R. A.; ALCHIAN, A. "Vertical Integration, Appropriable Rents, and the Competitive Contracting Process". *Journal of Law and Economics*, v. 21, pp. 297-326, 1978.

KLEIN, B.; LEFFLER, K. B. "The Role of Market Forces in Assuring Contractual Performance". *Journal of Political Economy*, v. 89, n. 4, pp. 615-41, 1981.

KLEIN, P. G.; MAHONEY, J. T.; MCGAHAN, A. M.; PITELIS, C. N. "Capabilities and Strategic Entrepreneurship in Public Organizations". *Strategic Entrepreneurship Journal*, v. 7, pp. 70-91, 2013.

KLEIN, P. G.; MAHONEY, J. T.; MCGAHAN, A. M.; PITELIS, C. N. "Organizational Governance Adaptation: Who Is In, Who Is Out, and Who Gets What". *Academy of Management Review*, v. 44, n. 1, pp. 6-27, 2019.

KNORRINGA, P.; PESA, I.; LELIVELD, A.; VAN BEERS, C. "Frugal Innovation and Development: Aides or Adversaries?". *European Journal of Development Research*, v. 28, n. 2, pp. 143-53, 2016.

KORNAI, J. "The Soft Budget Constraint". *Kyklos*, v. 39, n. 1, fev., pp. 3-30, 1986.

KRUEGER, A. O. "Government Failures in Development". *Journal of Economic Perspectives*, v. 4, n. 3, pp. 9-23, 1990.

KUMARANAYAKE, L. "The Economics of Scaling Up: Cost Estimation for HIV/AIDS Interventions". *AIDS*, v. 22, pp. S23-S33, 2008.

LA PORTA, R.; LOPEZ-DE-SILANES, F.; SHLEIFER, A.; VISHNY, R.; "Harvard Institute of Economic Research. 1998. The Quality of Government". *Journal of Law, Economics, and Organization*, v. 15, n. 1, pp. 222-79, 2008.

LA PORTA, R.; LOPEZ-DE-SILANES, F.; SHLEIFER, A. "Government Ownership of Banks". *Journal of Finance*, v. 57, n. 1, pp. 265-301, 2002.

LALL, S.; TEUBAL, M. "'Market Stimulating' Technology Policies in Developing Countries: A Framework with Examples from East Asia". *World Development*, v. 26, n. 8, pp. 1369-85, 1998.

LAZZARINI, S. G. *Capitalismo de laços: Os donos do Brasil e suas conexões*. Rio de Janeiro: Campus/Elsevier, 2011.

______. "Strategizing by the Government: Can Industrial Policy Create Firm-level Competitive Advantage?". *Strategic Management Journal*, v. 36, n. 1, pp. 97-112, 2015.

______. "Contratos de impacto social na rede estadual de São Paulo: Nova modalidade de parceria público-privada no Brasil — Comentário". *Education Policy Analysis Archives*, v. 28, p. 112, 2020a.

______. "The Nature of the Social Firm: Alternative Organizational Arrangements for Social Value Creation and Appropriation". *Academy of Management Review*, v. 455, n. 3, pp. 620-45, 2020b.

LAZZARINI, S. G.; BARBOSA, K. d. S.; LISBOA, M. d. B. "Caixa Econômica Federal: Alternativas privadas para a gestão de suas atividades financeiras e sociais". In: *Como escapar da armadilha do baixo crescimento*. Org. de A. C. Pastore. São Paulo: CDPP, pp. 387-438, 2019.

LAZZARINI, S. G.; BOEHE, D. M.; PONGELUPPE, L. S.; COOK, M. L. *From Instrumental to Normative Relational Strategies: A Study of Open Buyer-Supplier Relations*. Academy of Management Best Paper Proceedings, 2020a.

LAZZARINI, S. G.; CABRAL, S.; PONGELUPPE, L. S.; FERREIRA, L. C. d. M.; ROTONDARO, A. "The Best of Both Worlds? Impact Investors and Their Role in the Financial versus Social Performance Debate". In: *A Research Agenda for Social Finance*, O. M. Lehner (Org.). Cheltenham: Edward Elgar Publishing, pp. 91-118, 2021a.

LAZZARINI, S. G.; ITO, N. C.; PONGELUPPE, L. S.; MEDEIROS, F.; OVANESSOFF, A. "Public Capacity, Plural Forms of Collaboration, and the Performance of Public Initiatives: A Configurational Approach". *Journal of Public Administration Research and Theory*, v. 30, n. 4, pp. 579-95, 2020b.

LAZZARINI, S. G.; MESQUITA, L.; MONTEIRO, L. F.; MUSACCHIO, A. "Leviathan as an Inventor: An Extended Agency Model of State-Owned vs. Private firm Invention in Emerging and Developing Economies". *Journal of International Business Studies*, v. 52, n. 4, pp. 560-94, 2021b.

LAZZARINI, S. G.; MILLER, G. J.; ZENGER, T. R. "Order with Some Law: Complementarity vs. Substitution of Formal and Informal Arrangements". *Journal of Law, Economics and Organization*, v. 20, n. 2, pp. 261-98, 2004.

LAZZARINI, S. G.; MUSACCHIO, A. "State Ownership Reinvented? Explaining Performance Differences Between State-Owned and Private Firms". *Corporate Governance: An International Review*, v. 26, n. 4, pp. 255-72, 2018.

_______. "Leviathan as a Partial Cure? Opportunities and Pitfalls of Using the State-Owned Apparatus to Respond to the COVID-19 Crisis". *Revista de Administração Pública*, v. 54, n. 4, pp. 561-77, 2020.

LAZZARINI, S. G.; BANDEIRA-DE-MELLO, R.; MARCON, R. "What do State-Owned Development Banks Do? Evidence from Brazil, 2002-2009". *World Development*, v. 66, pp. 237-53, 2015.

LAZZARINI, S. G.; NICKERSON, J. A. "A empresa justa". *Harvard Business Review Brasil*, jun., pp. 76-83, 2020.

LAZZARINI, S. G.; ROTONDARO, A.; CABRAL, S.; PONGELUPPE, L. S.; SCHMITHAUSEN, E.; PEREIRA, T. C.; BECKMANN, T. K. G.; OSHIMA, F. H. I.; CRUZ, G. S. L.; REIS, B. S.; LIMA, F. L.; FINCATTI, F. C. F. B.; VASCONCELLOS, L.; NASCIMENTO, L.; CLARO, P. B. O.; DOMINGOS, F. D. *Contracting for Socio-Environmental Outcomes Throughout the World: Database and Dictionary*. São Paulo: Insper Metricis, 2021c.

LAZZARINI, S. G.; TEODOROVICZ, T.; FIRPO, S.; CABRAL, S. *Why Are Counterfactual Assessment Methods Not Widespread in Outcome-Based Contracts?* Documento de trabalho, Insper, 2020c.

LEBOWITZ, S. "On the 10th Anniversary of TOMS, Its Founder Talks Stepping Down, Bringing in Private Equity, and Why Giving Away Shoes Provides a Competitive Advantage". *Business Insider*, 15 jun. 2016.

LEE, C. "Privatization, Water Access and Affordability: Evidence from Malaysian Household Expenditure Data". *Economic Modelling*, v. 28, n. 5, pp. 2121-8, 2011.

LEVIN, J.; TADELIS, S. "Contracting for Government Services: Theory and Evidence from U.S. Cities". *Journal of Industrial Economics*, v. 58, n. 3, pp. 507-41, 2010.

LEVINTHAL, D. A.; WARGLIEN, M. "Landscape Design: Designing for Local Action in Complex Worlds". *Organization Science*, v. 10, n. 3, pp. 342-57, 1999.

LEVY, B.; SPILLER, P. T. "The Institutional Foundations of Regulatory Commitment: A Comparative Analysis of Telecommunications Regulation". *Journal of Law, Economics, and Organization*, v. 10, n. 2, pp. 201-46, 1994.

LEVY, D. M.; PEART, S. J. *Ronald Coase and the Fabian Society: Competitive Discussion in Liberal Ideology*. Documento de trabalho 14-29, Departamento de Economia, George Mason University, 2014.

_______. *Escape from Democracy: The Role of Experts and the Public in Economic Policy*. Cambridge: Cambridge University Press, 2017.

LIKOSKY, M. "The Privatization of Violence". In: *Private Security, Public Order: The Outsourcing of Public Services and Its Limits*. Org. de S. Chesterman; A. Fisher. Oxford: Oxford University Press, pp. 18-24, 2009.

LINDAU, L. A.; HIDALGO, D.; FACCHINI, D. "Curitiba, the Cradle of Bus Rapid Transit". *Built Environment*, v. 36, n. 3, pp. 350-70, 2010.

LINDH, A.; SEVA, I. J. "Political Partisanship and Welfare Service Privatization: Ideological Attitudes Among Local Politicians in Sweden". *Scandinavian Political Studies*, v. 41, n. 1, pp. 75-97, 2018.

LIST, J. A.; MOMENI, F. "When Corporate Social Responsibility Backfires: Evidence from a Natural Field Experiment". *Management Science*, v. 67, n. 1, pp. 8-21, 2021.

LOKSHIN, M.; KOLCHIN, V.; RAVALLION, M. *Scarred but Wiser: World War 2's COVID Legacy*. Documento de trabalho w28291, National Bureau of Economic Research, 2020.

LONDON, T.; HART, S. L. "Reinventing Strategies for Emerging Markets: Beyond the Transnational Model". *Journal of International Business Studies*, v. 35, n. 5, pp. 350-70, 2004.

LU, J. "The Performance of Performance-Based Contracting in Human Services: A Quasi-Experiment". *Journal of Public Administration Research and Theory*, v. 26, n. 2, pp. 277-93, 2016.

LUO, J.; KAUL, A. "Private Action in Public Interest: The Comparative Governance of Social Issues". *Strategic Management Journal*, v. 40, n. 4, pp. 476-502, 2019.

LUO, J.; KAUL, A.; SEO, H. "Winning Us with Trifles: Adverse Selection in the Use of Philanthropy as Insurance". *Strategic Management Journal*, v. 39, n. 10, pp. 2591--617, 2018.

MAAS, P. *Serpico*. Nova York: Viking Press, 1973.

MACHADO, L.; GRIMALDI, D. d. S.; ALBUQUERQUE, B. E.; SANTOS, L. d. O. *Additionality of*

Countercyclical Credit: Evaluating the Impact of BNDES' PSI on the Investment of Industrial Firms. Documento de trabalho, BNDES, 2014.

MAHONEY, J. T. "Towards a Stakeholder Theory of Strategic Management". In: *Towards a New Theory of the Firm: Humanizing the Firm and the Management Profession*. Org. de J. E. R. Costa; J. M. R. Marti. Bilbau: Fundación BBVA, pp. 153-74, 2012.

MAHONEY, J. T.; MCGAHAN, A. M.; PITELIS, C. N. "The Interdependence of Private and Public Interests". *Organization Science*, v. 20, n. 6, pp. 1034-52, 2009.

MAJUMDAR, S. K. "Assessing Comparative Efficiency of the State-Owned Mixed and Private Sectors in Indian Industry". *Public Choice*, v. 96, n. 1-2, pp. 1-24, 1998.

MANSELL, S. F. *Capitalism, Corporations and the Social Contract: A Critique of Stakeholder Theory*. Cambridge: Cambridge University Press, 2013.

MANZINI, P.; MARIOTTI, M. "Sequentially Rationalizable Choice". *American Economic Review*, v. 97, n. 5, pp. 1824-39, 2007.

MARCH, J. G. "Decision Processes and Value Endogeneity". In: *Capitalism Beyond Mutuality? Perspectives Integrating Philosophy and Social Science*. Org. de S. Rangan. Oxford: Oxford University Press, pp. 84-8, 2018.

MARGOLIS, J. D.; ELFENBEIN, H. A.; WALSH, J. P. *Does It Pay to Be Good? A Meta-Analysis and Redirection of Research on the Relationship Between Corporate Social and Financial Performance*. Documento de trabalho, Harvard Business School, 2007.

MARION, J. "Are Bid Preferences Benign? The Effect of Small Business Subsidies in Highway Procurement Auctions". *Journal of Public Economics*, v. 91, n. 7-8, pp. 1591-624, 2007.

MARQUIS, C. *Better Business: How the B Corp Movement Is Remaking Capitalism*. New Haven, CT: Yale University Press, 2020.

MARSH, J. "U.S. Supreme Court Ruling Paves Way for Performance Metrics for Rail". *Freight Waves*, 4 jun. 2019.

MAYER, C. *Prosperity: Better Business Makes the Greater Good*. Oxford: Oxford University Press, 2018.

MAYER, K. J.; ARGYRES, N. S. "Learning to Contract: Evidence from the Personal Computer Industry". *Organization Science*, v. 15, n. 4, pp. 394-410, 2004.

MAZZUCATO, M. *The Entrepreneurial State*. Londres: Demos, 2011. [Ed. bras.: *O Estado empreendedor*. São Paulo: Portfolio-Penguin, 2014.]

_______. *Mission Economy: A Moonshot Guide to Changing Capitalism*. Londres: Allen Lane; Penguin Books, 2021. [Ed. bras.: *Missão economia: um guia inovador para mudar o capitalismo*. São Paulo: Portfolio-Penguin, 2022.]

MAZZUCATO, M.; PENNA, C. C. "Beyond Market Failures: The Market Creating and Shaping Roles of State Investment Banks". *Journal of Economic Policy Reform*, v. 19, n. 4, pp. 305-26, 2016.

MBEMBE, A. *On the Postcolony*. Berkeley: University of California Press, 2001.

MCAFEE, R. P.; MCMILLAN, J. "Government Procurement and International Trade". *Journal of International Economics*, v. 26, n. 3-4, pp. 291-308, 1989.

MCCRELESS, M. "Toward the Efficient Impact Frontier". *Stanford Social Innovation Review*, inverno, pp. 49-53, 2017.

MCDERMOTT, G. A. *Embedded Politics: Industrial Networks & Institutional Change in Postcommunism*. Ann Arbor: University of Michigan Press, 2003.

MCGAHAN, A. M.; PONGELUPPE, L. S. *There Is No Planet B: Stakeholder Governance that Aligns Incentives to Preserve the Amazon Rainforest*. Documento de trabalho, University of Toronto, 2020.

MCHUGH, N.; SINCLAIR, S.; ROY, M.; HUCKFIELD, L.; DONALDSON, C. "Social Impact Bonds: A Wolf in Sheep's Clothing?" *Journal of Poverty and Social Justice*, v. 21, n. 3, pp. 247-57, 2013.

MCLAUGHLIN, J.; JORDAN, G. "Using Logic Models". In: *Handbook of Practical Program Evaluation*. Org. de J. Wholey, H. Hatry; K. Newcomer. San Francisco: Jossey-Bass, pp. 55-80, 2010.

MEARS, A. "Gaming and Targets in the English NHS". *Universal Journal of Management*, v. 2, n. 7, pp. 293-301, 2014.

MEGGINSON, W. L. *The Financial Economics of Privatization*. Nova York: Oxford University Press, 2005.

_______. *Privatization, State Capitalism, and State Ownership of Business in the 21st Century*. Hanover, MA: Now Publishers, 2017.

MEGGINSON, W. L.; NETTER, J. M. "From State to Market: A Survey of Empirical Studies of Privatization". *Journal of Economic Literature*, v. 39, pp. 321-89, 2001.

MELO, H. "Prosperity Through Connectedness". *Innovations: Technology, Governance, Globalization*, v. 7, n. 2, pp. 19-23, 2012.

MEYER, K. E.; SINANI, E. "When and Where Does Foreign Direct Investment Generate Positive Spillovers? A Meta-Analysis". *Journal of International Business Studies*, v. 40, n. 7, pp. 1075-94, 2009.

MICCO, A.; PARRADO, E.; PIEDRABUENA, B.; REBUCCI, A. *Housing Finance in Chile: Instruments, Actors, and Policies*. Documento de trabalho IDB-WP-312, Banco Interamericano de Desenvolvimento, 2012.

MICKLETHWAIT, J.; WOOLDRIDGE, A. *The Fourth Revolution: The Global Race to Reinvent the State*. Nova York: Penguin, 2015. [Ed. bras.: *A quarta revolução: A corrida global para reinventar o Estado*. São Paulo: Portfolio-Penguin, 2015.]

MILGROM, P.; ROBERTS, J. "Complementarities, Momentum, and the Evolution of Modern Manufacturing". *American Economic Review*, v. 81, n. 2, pp. 84-8, 1991.

_______. *Economics, Organization and Management*. Englewood Cliffs, NJ: Prentice--Hall, 1992.

_______. "Complementarities and Fit: Strategy, Structure, and Organizational Change in Manufacturing". *Journal of Accounting and Economics*, v. 19, pp. 179-208, 1995.

MILLER, G. J. *Managerial Dilemmas*. Cambridge: Cambridge University Press, 1992.

MILLER, G. J.; WHITFORD, A. B. *Above Politics: Bureaucratic Discretion and Credible Commitment*. Nova York: Cambridge University Press, 2016.

MINTZBERG, H. *Power in and around Organizations*. Englewood Cliffs, NJ: Prentice-Hall, 1983.

MOE, T. M. "The New Economics of Organization". *American Journal of Political Science*, v. 28, n. 4, pp. 739-77, 1984.

MOHANTY, R.; DWIVEDI, A. "Culture and Sanitation in Small Towns". *Economic and Political Weekly*, v. 54, n. 41, pp. 51-7, 2019.

MOLDAU, J. H. "On the Lexical Ordering of Social States According to Rawls' Principles of Justice". *Economics & Philosophy*, v. 8, n. 1, pp. 141-8, 1992.

MOORE, J. "British Privatization: Taking Capitalism to the People". *Harvard Business Review*, jan.-fev., pp. 115-24, 1992.

MOORE, M. H. *Creating Public Value: Strategic Management in Government*. Cambridge, MA: Harvard University Press, 1995. [Ed. bras.: *Criando valor público*. Rio de Janeiro: Letras & Expressões, 2003.]

MORALLOS, D.; AMEKUDZI, A. "The State of the Practice of Value for Money Analysis in Comparing Public Private Partnerships to Traditional Procurements". *Public Works Management & Policy*, v. 13, n. 2, pp. 114-25, 2008.

MORETTI, E.; STEINWENDER, C.; VAN REENEN, J. *The Intellectual Spoils of War? Defense R&D, Productivity and International Spillovers*. Documento de trabalho w26483, National Bureau of Economic Research, 2019.

MORGAN, J.; TUMLINSON, J. "Corporate Provision of Public Goods". *Management Science*, v. 65, n. 10, pp. 4489-504, 2019.

MUELLER, D. C. *Public Choice III*. Cambridge: Cambridge University Press, 2003.

MUKHERJEE, A. "Impacts of Private Prison Contracting on Inmate Time Served and Recidivism". *American Economic Journal: Economic Policy*, v. 13, n. 2, pp. 408-38, 2021.

MURALIDHARAN, K.; SUNDARARAMAN, V. "Teacher Performance Pay: Experimental Evidence from India". *Journal of Political Economy*, v. 119, n. 1, pp. 39-77, 2011.

MURNANE, R. J.; WALDMAN, M. R.; WILLETT, J. B.; BOS, M. S.; VEGAS, E. *The Consequences of Educational Voucher Reform in Chile*. Documento de trabalho 23550, National Bureau of Economic Research, 2017.

MURPHY, J.; RHODES, M. L.; MEEK, J. W.; DENYER, D. "Managing the Entanglement: Complexity Leadership in Public Sector Systems". *Public Administration Review*, v. 77, n. 5, pp. 692-704, 2017.

MURPHY, K. M.; SHLEIFER, A.; VISHNY, R. "Industrialization and the Big Push". *Journal of Political Economy*, v. 97, n. 5, pp. 537-64, 1989.

MUSACCHIO, A.; AYERBE, E. I. P. (Orgs.). *Fixing State-Owned Enterprises: New Policy Solutions to Old Problems*. Washington, DC: Inter-American Development Bank, 2019.

MUSACCHIO, A.; DITELLA, R.; SCHLEFER, J. *The Korean Model of Shared Growth, s1960--1990*. Caso 712-052, Harvard Business School, 2012.

MUSACCHIO, A.; LAZZARINI, S. G. *Reinventing State Capitalism: Leviathan in Business, Brazil and Beyond*. Cambridge, MA: Harvard University Press, 2014. [Ed. bras.: *Reinventando o capitalismo de Estado: o Leviatã nos negócios — Brasil e os outros países*. São Paulo: Portfolio-Penguin, 2015.]

MUSACCHIO, A.; LAZZARINI, S. G.; AGUILERA, R. V. "New Varieties of State Capitalism: Strategic and Governance Implications". *Academy of Management Perspectives*, v. 29, n. 1, pp. 115-31, 2015.

MUSACCHIO, A.; LAZZARINI, S. G.; MAKHOUL, P. F.; SIMMONS, E. *The Role and Impact of Development Banks: A Review of Their Founding, Focus, and Influence*. Relatório ao Banco Mundial, 2017.

MUSACCHIO, A.; MONTEIRO, F.; LAZZARINI, S. G. "State-owned Multinationals in International Competition". In: *The Oxford Handbook of Management in Emerging Markets*. Org. de R. Grosse; K. Meyer. Oxford: Oxford University Press, pp. 569-90, 2019.

NARDI, L.; ZENGER, T. R.; LAZZARINI, S. G.; CABRAL, S. *Doing Well by Doing Good, Uniquely: Materiality and the Market Value of Unique CSR Strategies*. Documento de trabalho, Insper, 2020.

NICHOLLS, J.; LAWLOR, E.; NEITZERT, E.; GOODSPEED, T. *A Guide to Social Return on Investment*. Londres: Office of the Third Sector, Gabinete do Reino Unido, 2009.

NICHOLS, B. E.; GIRDWOOD, S. J.; CROMPTON, T.; STEWART-ISHERWOOD, L.; BERRIE, L.; CHIMHAMHIWA, D.; MOYO, C.; KUEHNLE, J.; STEVENS, W.; ROSEN, S. "Monitoring Viral Load for the Last Mile: What Will It Cost?". *Journal of the International AIDS Society*, v. 22, e25337, 2019.

NICKERSON, J. A.; ZENGER, T. R. "Being Efficiently Fickle: A Dynamic Theory of Organizational Choice". *Organization Science*, v. 13, n. 5, pp. 547-67, 2002.

NISKANEN, W. A. *Bureaucracy in Representative Government*. Nova York: Aldine--Atherton, 1971.

NORTH, D. C. *Institutions, Institutional Change and Economic Performance*. Cambridge: Cambridge University Press, 1990. [Ed. bras.: *Instituições, mudança institucional e desempenho econômico*. São Paulo: Três Estrelas, 2018.]

NORTH, D. C.; WALLIS, J. J.; WEINGAST, B. R. *Violence and Social Orders: A Conceptual Framework for Interpreting Recorded Human History*. Cambridge: Cambridge University Press, 2009.

NORTH, D. C.; WEINGAST, B. R. "Constitutions and Commitment: The Evolution of Institutions Governing Public Choice in Seventeenth-Century England". *Journal of Economic History*, v. 49, n. 4, pp. 803-32, 1989.

OCDE. *A Policy Maker's Guide to Privatisation*. Paris: OECD Publishing, 2019.

O'DONOHOE, N.; LEIJONHUFVUD, C.; SALTUK, Y.; BUGG-LEVINE, A.; BRANDENBURG, M. *Impact Investments: An Emerging Asset Class*. Nova York: J. P. Morgan, Rockefeller Foundation e GIIN, 2010.

OGBUABOR, J. E.; ORJI, A.; ANUMUDU, C. N.; ONWUMERE, J. U.; MANASSEH, C. O. "Quest for Industrialization in Nigeria: The Role of the Development Bank of Nigeria", *International Journal of Economics and Financial Issues*, v. 8, n. 3, pp. 23-8, 2018.

OJEDA, I. "Why Privatization Simply Aggravates the Crisis in Brazilian Prisons". *Public Services International*, 21 fev. 2017.

OLSON, M. *The Rise and Decline of Nations: Economic Growth, Stagflation, and Social Rigidities*. New Haven: Yale University Press, 1982.

OSBORNE, S. P. "The New Public Governance?" *Public Management Review*, v. 8, n. 3, pp. 377-87, 2006.

OSTROM, E. *Governing the Commons: The Evolution of Institutions for Collective Action*. Cambridge: Cambridge University Press, 1990.

______. "Beyond Markets and States: Polycentric Governance of Complex Economic Systems". *American Economic Review*, v. 100, n. 3, pp. 641-72, 2010.

OSTROM, E.; WALKER, J.; GARDNER, R. "Covenants with and without a Sword: Self-governance Is Possible". *American Political Science Review*, v. 86, n. 2, pp. 404-17, 1992.

PACK, H.; SAGGI, K. "Is There a Case for Industrial Policy? A Critical Survey." *World Bank Research Observe*r, v. 21, n. 2, pp. 267-97, 2006.

PARGENDLER, M.; MUSACCHIO, A.; LAZZARINI, S. G. "In Strange Company: The Puzzle of Private Investment in State-Controlled Firms". *Cornell International Law Journal*, v. 46, n. 3, pp. 569-610, 2013.

PAULY, M. V.; SWANSON, A. "Social Impact Bonds: New Product or New Package?". *Journal of Law, Economics, and Organization*, v. 33, n. 4, pp. 718-60, 2017.

PEQUENEZA, N. "The Downside of Social Impact Bonds", *Stanford Social Innovation Review*, 31 maio 2019.

PERKINS, S.; MORCK, R. K.; YEUNG, B. "Innocents Abroad: The Hazards of International Joint Ventures with Pyramidal Group Firms". *Global Strategy Journal*, v. 4, n. 4, pp. 310-30, 2014.

PETERS, B. G. "Managing Horizontal Government: The Politics of Co-Ordination". *Public Administration*, v. 76, n. 2, pp. 295-311, 1998.

PISTOR, K.; TURKEWITZ, J. "Coping with Hydra — State Ownership After Privatization". In: *Corporate Governance in Central Europe and Russia*. Org. de R. Frydman, C. W. Gray; A. Rapaczynski. Budapeste: Central European University Press, v. 2, pp. 192-244, 1996.

PLATÃO. *Republic*. Indianapolis: Hackett, 2004. [Ed. bras.: *A república*. Rio de Janeiro: Nova Fronteira, 2018.]

POCZTER, S. "Can Monitoring Improve the Performance of State-Owned firms? Evidence from Privatization in a Large Emerging Market". *Industrial and Corporate Change*, v. 25, n. 6, pp. 903-21, 2016.

POPPER, N. "Success Metrics Questioned in School Program Funded by Goldman". *New York Times*, 5 nov. 2015.

POPPO, L.; ZENGER, T. R. "Do Formal Contracts and Relational Governance Function as Substitutes or Complements?". *Strategic Management Journal*, v. 23, n. 8, pp. 707--26, 2002.

PORCHER, S. "Neither Market nor Hierarchy: Concurrent Sourcing in Water Public Services". *Journal of Public Administration Research and Theory*, v. 26, n. 4, pp. 800--12, 2016.

PORTER, M. E. *On Competition: Updated and Extended Edition*. Cambridge, MA: Harvard Business School Press, 2008. [Ed. bras.: *Competição: Edição revista e ampliada*. Rio de Janeiro: GEN, 2009.]

PORTER, M. E.; KRAMER, M. R. "Creating Shared Value". *Harvard Business Review*, jan.-fev., pp. 62-77, 2011.

PORTER, M. E.; KRAMER, M. R.; HERMAN, K.; MCARA, S. *Nestlé's Creating Shared Value Strategy*. Caso 716-422, Harvard Business School, 2015.

PRAHALAD, C. K. *The Fortune at the Bottom of the Pyramid*. Upper Saddle River, NJ: Pearson, 2004. [Ed. bras.: *A riqueza na base da pirâmide*. Porto Alegre: Bookman, 2005.]

PRAHALAD, C. K.; HAMMOND, A. "Serving the World's Poor, Profitably". *Harvard Business Review*, set., pp. 48-57, 2002.

QUELIN, B. V.; CABRAL, S.; LAZZARINI, S. G.; KIVLENIECE, I. "The Private Scope in Public--Private Collaborations: An Institutional and Capability-Based Perspective". *Organization Science*, v. 30, n. 4, pp. 647-867, 2019.

QUELIN, B. V.; KIVLENIECE, I.; LAZZARINI, S. G. "Public-Private Collaboration, Hybridity and Social Value: Towards New Theoretical Perspectives". *Journal of Management Studies*, v. 54, n. 6, pp. 763-92, 2017.

RADIĆ, M.; RAVASI, D.; MUNIR, K. "Privatization: Implications of a Shift from State to Private Ownership". *Journal of Management*. Disponível em: <https://doi.org/10.1177/0149206320988356>, 2021.

RAMAMURTI, R. "Why Are Developing Countries Privatizing?". *Journal of International Business Studies*, v. 23, pp. 225-49, 1992.

RAMAMURTI, R. (Org.). *Privatizing Monopolies: Lessons from the Telecommunications and Transport Sectors in Latin America*. Baltimore: Johns Hopkins University Press, 1996.

RAMAMURTI, R. "A Multilevel Model of Privatization in Emerging Economies". *Academy of Management Review*, v. 25, n. 3, pp. 525-50, 2000.

RANGAN, S. "Introduction: Capitalism Beyond Mutuality?" In: *Capitalism Beyond*

Mutuality? Perspectives Integrating Philosophy and Social Science. Org. de S. Rangan. Oxford: Oxford University Press, pp. 1-24, 2018.

RANGAN, V. K.; Appleby, S. *Bridges Ventures*. Case 514-001, Harvard Business School, 2013.

RAVITCH, D. *Reign of Error: The Hoax of the Privatization Movement and the Danger to America's Public Schools*. Nova York: Vintage, 2013.

RAWHOUSER, H.; CUMMINGS, M.; NEWBERT, S. L. "Social Impact Measurement: Current Approaches and Future Directions for Social Entrepreneurship Research". *Entrepreneurship Theory and Practice*, v. 43, n. 1, pp. 82-115, 2019.

RAWLS, J. *A Theory of Justice*. Cambridge, MA: Harvard University Press, 1999. [Ed. bras.: *Uma teoria da justiça*. São Paulo: Martins Fontes, 2016.]

REE, J. d.; MURALIDHARAN, K.; PRADHAN, M.; ROGERS, H. "Double for Nothing? The Effects of Unconditional Teacher Salary Increases in Indonesia". *Quarterly Journal of Economics*, v. 133, n. 2, pp. 993-1039, 2016.

RENNEBOOG, L.; TER HORST, J.; ZHANG, C. "Socially Responsible Investments: Institutional Aspects, Performance, and Investor Behavior". *Journal of Banking & Finance*, v. 32, n. 9, pp. 1723-42, 2008.

REYES-TAGLE, G. *Bringing PPPs into the Sunlight: Synergies Now and Pitfalls Later?* Nova York: Banco de Desenvolvimento Interamericano, 2018.

RHIOUX, B.; RAGIN, C. (Orgs.). *Configurational Comparative Methods: Qualitative Comparative Analysis (QCA) and Related Techniques*. Thousand Oaks, CA: SAGE, 2009.

RIDING, A. L.; HAINES Jr.; G. "Loan Guarantees: Costs of Default and Benefits to Small Firms". *Journal of Business Venturing*, v. 16, pp. 596-612, 2001.

RIDING, S. "Majority of ESG Funds Outperform Wider Market Over 10 Years". *Financial Times*, 13 jun. 2020.

ROCHA, R. H.; KOMATSU, B. K.; MENEZES FILHO, N. A. *Sobral: Um caso de sucesso na educação básica brasileira*. Estudo de caso não publicado, Insper, 2015.

RODRIK, D. "Getting Interventions Right: How South Korea and Taiwan Grew Rich". *Economic Policy*, v. 20, pp. 55-107, 1995.

_______. *Industrial Policy for the Twenty-First Century*. Documento de trabalho 4767, Centre for Economic Policy Research, 2004.

ROMERO, M.; SANDEFUR, J.; SANDHOLTZ, W. "Outsourcing Education: Experimental Evidence from Liberia". *American Economic Review*, v. 110, n. 2, pp. 364-400, 2020.

ROODMAN, D. *Due Diligence: An Impertinent Inquiry into Microfinance*. Washington, DC: Center for Global Development, 2012.

ROSENBERG, T. "Opening City Hall's Wallets to Innovation". *New York Times*, 25 set. 2015.

ROY, M. J.; MCHUGH, N.; SINCLAIR, S. "A Critical Reflection on Social Impact Bonds", *Stanford Social Innovation Review*, 1 maio 2018.

RUDD, T.; NICOLETTI, E.; MISNER, K.; BONSU, J. *Financing Promising Evidence-Based Pro-*

grams: Early Lessons from the New York City Social Impact Bond. Relatório, MDRC, 2013.

SAIANI, C.; AZEVEDO, P. F. "Is Privatization of Sanitation Services Good for Health?". *Utilities Policy*, v. 52, pp. 27-36, 2018.

SAMUELSON, P. A. "The Pure Theory of Public Expenditure". *Review of Economics and Statistics*, v. 36, n. 4, pp. 387-9, 1954.

SAMUELSON, P. A.; NORDHAUS, W. D. *Economics*. Nova York: McGraw-Hill International, 2009. [Ed. bras.: *Economia*. Porto Alegre: AMGH, 2012.]

SANTOS, F.; PACHE, A.-C.; BIRKHOLZ, C. *Making Hybrids Work*. California Management Review, v. 57, n. 3, pp. 36-58, 2015.

SANTOS, T. d. "The Structure of Dependence". *American Economic Review*, v. 60, pp. 231--6, 1970.

SAPIENZA, P. "The Effects of Government Ownership on Bank Lending". *Journal of Financial Economics*, v. 72, n. 2, pp. 357-84, 2004.

SAPPINGTON, D. E.; STIGLITZ, J. E. "Privatization, Information and Incentives". *Journal of Policy Analysis and Management*, v. 6, n. 4, pp. 567-85, 1987.

SAVAS, E. *Privatization and Public-Private Partnerships*. Nova York: Chatham House, 2000.

SCHAPIRO, M. G. "Legalidade ou discricionariedade na governança de bancos públicos: Uma análise aplicada ao caso do BNDES". *Revista de Administração Pública*, v. 51, n. 1, pp. 105-28, 2017.

SCHNEIDER, B. R. *Politics Within the State: Elite Bureaucrats and Industrial Policy in Authoritarian Brazil*. Pittsburgh: University of Pittsburgh Press, 1991.

SEN, A. *The Idea of Justice*. Cambridge, MA: Belknap Press of Harvard University Press, 2009. [Ed. bras.: *A ideia de justiça*. São Paulo: Companhia das Letras, 2011.]

SERAFEIM, G.; YOON, A. *Stock Price Reactions to ESG News: The Role of ESG Ratings and Disagreement*. Documento de trabalho, Harvard Business School Accounting & Management Unit, 2021.

SHAPIRO, C.; VARIAN, H. R. "The Art of Standard Wars". *California Management Review*, inverno, pp. 8-32, 1999.

SHIRLEY, M. M.; NELLIS, J. *Public Enterprise Reform: The Lessons of Experience*. Washington, DC: Economic Development Institute of the World Bank, 1991.

SHLEIFER, A.; VISHNY, R. W. "Politicians and Firms". *Quarterly Journal of Economics*, v. 109, pp. 995-1025, 1994.

SHLEIFER, A.; VISHNY, R. W. *The Grabbing Hand: Government Pathologies and Their Cures*. Cambridge, MA: Harvard University Press, 1998.

SIDGWICK, H. *The Methods of Ethics*. Londres: Macmillan, 1874.

SIEGEL, J. "Contingent Political Capital and International Alliances: Evidence from South Korea". *Administrative Science Quarterly*, v. 52, n. 4, pp. 621-66, 2007.

SIMON, H. A. *Models of Man*. Nova York: Wiley, 1957.

SINGER, A. A. *The Form of the Firm: A Normative Political Theory of the Corporation*. Oxford: Oxford University Press, 2018.

SMITH, L.; HANSON, S. "Access to Water for the Urban Poor in Cape Town: Where Equity Meets Cost Recovery". *Urban Studies*, v. 40, n. 8, pp. 1517-48, 2003.

SOCIAL FINANCE. *Social Impact Bonds: Rethinking Finance for Social Outcomes*. Londres: Social Finance UK, 2009.

SOCIAL FINANCE. *A Technical Guide to Developing Social Impact Bonds*. Londres: Social Finance UK, 2011.

SOKOLOFF, K. L.; ENGERMAN, S. L. "History Lessons: Institutions, Factor Endowments, and Paths of Development in the New World". *Journal of Economic Perspectives*, v. 14, n. 3, pp. 217-32, 2000.

SPICER, A.; MCDERMOTT, G. A.; KOGUT, B. "Entrepreneurship and Privatization in Central Europe: The Tenuous Balance Between Destruction and Creation". *Academy of Management Review*, v. 25, n. 3, pp. 630-49, 2000.

STARK, D. "Recombinant Property in East European Capitalism". *American Journal of Sociology*, v. 101, n. 4, pp. 993-1027, 1996.

STILLMAN, A. "Pemex Misses 2020 Target as Oil Output Declines Further". *Bloomberg*, 26 jan. 2021.

STOKER, G. "Public Value Management: A New Narrative for Networked Governance?". *American Review of Public Administration*, v. 36, n. 1, pp. 41-57, 2006.

STONE, C. "Tracing Police Accountability in Theory and Practice: From Philadelphia to Abuja and São Paulo". *Theoretical Criminology*, v. 11, n. 2, pp. 245-59, 2007.

STOUT, L. *The Shareholder Value Myth*. San Francisco: Berrett-Koehler, 2012.

SUCHMAN, M. C. "Managing Legitimacy: Strategic and Institutional Approaches". *Academy of Management Review*, v. 20, n. 3, pp. 571-610, 1995.

SURI, T.; JACK, W. "The Long-Run Poverty and Gender Impacts of Mobile Money". *Science*, v. 54, n. 6317, pp. 1288-92, 2016.

SUNSTEIN, C. R.; VERMEULE, A. *Law and Leviathan: Redeeming the Administrative State*. Cambridge, MA: Belknap Press of Harvard University Press, 2020. [Ed. bras.: *Lei e leviatã*. São Paulo: Contracorrente, 2021.]

SUZIGAN, W.; VILLELA, A. V. *Industrial Policy in Brazil*. Campinas: Unicamp, 1997.

TAVARES, G. M.; WRIGHT, B. E.; SOBRAL, F. *Dissatisfied When my Organization Ignores Poor Performers: The Moderating Role of Public Service Motivation*. Documento de trabalho, 2019.

TAYLOR, M. M. "Getting to Accountability: A Framework for Planning and Implementing Anticorruption Strategies". *Daedalus*, v. 147, n. 3, pp. 63-82, 2018.

TENDLER, J. *Good Government in the Tropics*. Baltimore: Johns Hopkins University Press, 1997. [Ed. bras.: *Bom governo nos trópicos*. Rio de Janeiro: Revan, 1997.]

TEODOROVICZ, T.; LAZZARINI, S. G.; CABRAL, S.; MCGAHAN, A. M. *How a Firm Strengthens Relationships with Uneducated Contract Workers by Investing in General Human Capital*. Documento de trabalho, 2020.

THAMER, R.; LAZZARINI, S. G. "Projetos de Parceria Público-Privada: Fatores que Influenciam o Avanço Dessas Iniciativas". *Revista de Administração Pública*, v. 49. n. 4, pp. 819-46, 2015.

THAPA, A. "Does Private School Competition Improve Public School Performance? The Case of Nepal". *International Journal of Educational Development*, v. 33, n. 4, pp. 358-66, 2013.

VAALER, P. M.; SCHRAGE, B. N. "Residual State Ownership, Policy Stability and Financial Performance Following Strategic Decisions by Privatizing Telecoms". *Journal of International Business Studies*, v. 40, pp. 621-41, 2009.

VALENZUELA, J. P.; BELLEI, C.; RIOS, D. "Socioeconomic School Segregation in a Market-Oriented Educational System: The Case of Chile". *Journal of Education Policy*, v. 29, n. 2, pp. 217-41, 2013.

VAN ZANDT, D. E. "The Lessons of the Lighthouse: 'Government' or 'Private' Provision of Goods". *Journal of Legal Studies*, v. 22, n. 1, pp. 47-72, 1993.

VILLALOBOS, A. "Cafeticultores vs. Nestlé: La guerra por el café en Veracruz". *El CEO*, 31 jan. 2019.

VISCUSI, W. K.; HARRINGTON JR., J. E.; VERNON, J. E. *Economics of Regulation and Antitrust*. Cambridge: MIT Press, 2005.

VON BERTALANFFY, L. *General System Theory*. Nova York: George Braziller, 1968. [Ed. bras.: *Teoria geral dos sistemas*. São Paulo: Saraiva, 2012.]

WADE, R. *Governing the Market: Economic Theory and the Role of Government in East Asian Capitalism*. Princeton: Princeton University Press, 1990.

WALLIN, B. A. "The Need for a Privatization Process: Lessons from and Implementation". *Public Administration Review*, v. 57, n. 1, pp. 11-20, 1997.

WALLSTEN, S. J. "An Econometric Analysis of Telecom Competition, Privatization, and Regulation in Africa and Latin America". *Journal of Industrial Economics*, v. 49, n. 1, pp. 1-19, 2001.

WANG, Y.; LI, J.; FURMAN, J. L. "Firm Performance and State Innovation Funding: Evidence from China's Innofund Program". *Research Policy*, v. 46, n. 6, pp. 1142-61, 2017.

WARNER, M. E. "Private Finance for Public Goods: Social Impact Bonds". *Journal of Economic Policy Reform*, v. 16, n. 4, pp. 303-19, 2013.

WARNER, M. E.; HEFETZ, A. "Managing Markets for Public Service: The Role of Mixed Public-Private Delivery of City Services". *Public Administration Review*, v. 68, n. 1, pp. 155-66, 2008.

WEBER, M. *The Vocation Lectures*. Indianapolis: Hackett, 2004. [Ed. bras.: *Política como vocação e ofício*. Petrópolis: Vozes, 2021.]

WEITZMAN, M. L. "The 'Ratchet Principle' and Performance Incentives". *Bell Journal of Economics*, v. 1, pp. 302-8, 1980.

WEITZNER, D.; DEUTSCH, Y. "Why the Time Has Come to Retire Instrumental Stakeholder Theory". *Academy of Management Review*, v. 44, n. 3, pp. 694-8, 2019.

WELLING, C. M.; SASIDARAN, S.; KACHORIA, P.; HENNESSY, S.; LYNCH, B. J.; TELESKI, S.; CHAUDHARI, H.; SELLGREN, K. L.; STONER, B. R.; GREGO, S.; HAWKINS, B. T. "Field Testing of a Household-Scale Onsite Blackwater Treatment System in Coimbatore, India". *Science of the Total Environment*, v. 713, pp. 1-9, 2020.

WILLIAMS, T. "Inside a Private Prison: Blood, Suicide and Poorly Paid Guards". *New York Times*, 3 abr. 2018.

WILLIAMSON, J. "What Washington Means by Policy Reform". In: *Latin American Adjustment: How Much Has Happened?*. Org. de J. Williamson. Washington, DC: Institute for International Economics, pp. 7-38, 1990.

WILLIAMSON, O. E. "Franchising Bidding for Natural Monopolies — in General and with Respect to CATV". *Bell Journal of Economics*, v. 7, primavera, pp. 73-104, 1976.

_______. *The Economic Institutions of Capitalism*. Nova York: Free Press, 1985. [Ed. bras.: *As instituições econômicas do capitalismo*. São Paulo: Pezco, 2012.]

_______. "Comparative Economic Organization: The Analysis of Discrete Structural Alternatives". *Administrative Science Quarterly*, v. 36, pp. 269-96, 1991.

_______. *The Mechanisms of Governance*. Nova York: Oxford University Press, 1996.

_______. "Public and Private Bureaucracies: A Transaction Cost Economics Perspective". *Journal of Law, Economics and Organization*, v. 15, n. 1, pp. 306-42, 1999.

WITESMAN, E. M.; FERNANDEZ, S. "Government Contracts with Private Organizations: Are There Differences between Nonprofits and For-Profits?". *Nonprofit and Voluntary Sector Quarterly*, v. 42, n. 4, pp. 689-715, 2013.

WONG, J.; SKEAD, K. "Costing Universal Health Coverage". *Bulletin of the World Health Organization*, v. 97, n. 12, pp. 849-50, 2019.

WYDICK, B.; KATZ, E.; CALVO, F.; GUTIERREZ, F.; JANET, B. "Shoeing the Children: The Impact of the TOMS Shoe Donation Program in Rural El Salvador". *World Bank Economic Review*, v. 32, n. 3, pp. 727-51, 2018.

YANG, K.; PANDEY, S. K. "Further Dissecting the Black Box of Citizen Participation: When Does Citizen Involvement Lead to Good Outcomes?". *Public Administration Review*, v. 71, n. 6, pp. 880-92, 2011.

YEGEN, E. *Do Institutional Investors Mitigate Social Costs of Privatization? Evidence from Prisons*. Working paper, University of Toronto, 2020.

YEYATI, E. L.; MICCO, A.; PANIZZA, U. *Should the Government Be in the Banking Business? The Role of State-Owned and Development Banks*. Documento de trabalho 4379, Research Department RES do Banco Interamericano de Desenvolvimento, 2004.

YOSHINO, N.; HESARY, F. T. *Optimal Credit Guarantee Ratio for Asia*. Documento de trabalho 586, Asian Development Bank Institute, 2016.

YUNUS, M. *Banker to the Poor: The Story of the Grameen Bank*. Nova Delhi: Penguin, 2007. [Ed. bras.: *O banqueiro dos pobres: a evolução do microcrédito que ajudou os pobres*. São Paulo: Ática, 2000.]

ZAHEER, S. "Overcoming the Liability of Foreignness". *Academy of Management Journal*, v. 38, n. 2, pp. 341-63, 1995.

ZAHRA, S. A.; WRIGHT, M. "Understanding the Social Role of Entrepreneurship". *Journal of Management Studies*, v. 53, n. 4, pp. 610-29, 2016.

ZAPATRINA, I. "Unsolicited Proposals for PPPS in Developing Economies". *European Procurement & Public Private Partnership Law Review*, v. 14, p. 118, 2019.

ZECCHINI, S.; VENTURA, M. "The Impact of Public Guarantees on Credit to SMES". *Small Business Economics*, v. 32, pp. 191-206, 2009.

ZENGER, T. R.; FELIN, T.; BIGELOW, L. "Theories of the Firm-Market Boundary". *Academy of Management Annals*, v. 5, n. 1, pp. 89-133, 2011.

Apêndice 1. Um modelo simples de gestão privada com fiscalização pública

Neste Apêndice, apresento um modelo simples de teoria dos jogos que descreve os mecanismos por meio dos quais o monitoramento público pode ajudar a superar o dilema custo-qualidade proposto por Hart, Shleifer e Vishny (1997) (HSV) e discutido no Capítulo 1. Este Apêndice se baseia numa versão inédita e ampliada de Cabral, Lazzarini e Azevedo (2010) disponível em: <https://papers.ssrn.com/sol3/papers.cfm?abstract_id=1017801>.

Existem dois atores: o operador privado que administra o presídio e o supervisor público (o diretor da prisão) — um servidor público designado para monitorar o desempenho do operador privado dentro da prisão. O governo concorda em compensar o operador privado com uma taxa fixa mensal F, paga após a avaliação do desempenho do presídio feita pelo supervisor público. O operador privado poderá pagar uma propina b ao supervisor público para receber a taxa F mesmo que não forneça um serviço de alta qualidade.

O operador privado escolhe níveis de esforço para reduzir os custos da prisão e garantir a qualidade, denotados como e_x e e_q respectivamente, tal que $e_x, e_q \geq 0$. Assim como no modelo HSV, a qualidade é uma dimensão não especificável em contrato; é difícil elaborar um contrato formal que condicione o pagamento do operador privado à qualidade do serviço do presídio. O lucro mensal do operador privado é dado por

$$\pi = F - x(e_x) - C_x(e_x) - C_q(e_q) \quad (1)$$

onde F é a taxa fixa do serviço; $x(e_x)$ é o nível de custos operacionais do presídio em função dos esforços para redução de custos do operador privado, tal que $x' < 0$ e $x'' \geq 0$; $C_x(e_x)$ e $C_q(e_q)$ são os custos do operador privado resultantes do seu esforço para, respectivamente, reduzir os custos de funcionamento do presídio e garantir a qualidade do serviço. Presumimos que $C_x' > 0$ e $C_x'' > 0$ enquanto $C_q' > 0$ e $C_q(0) = 0$.

Dadas essas premissas, existe um nível de esforço para reduzir os custos operacionais, e_x^*, que maximiza o lucro mensal do operador privado, resultante da condição de primeira ordem de maximização do lucro, $x' - C'_x = 0$. Com base na equação (1) também podemos ver que o nível de esforço maximizador de lucro para garantir a qualidade é $e_q = 0$, que resulta do fato de que o pagamento ao operador privado (e, portanto, seu lucro) não depende da qualidade do serviço. Assim, para simplificar, daqui em diante presumiremos uma decisão binária do operador privado: ele pode escolher $e_q = 0$ (ou seja, nenhum esforço para garantir a qualidade) ou $e_q = q$, onde $q > 0$ denota o nível mínimo de qualidade de serviço que o governo considera aceitável.

O servidor público que atua como supervisor, por sua vez, recebe um salário mensal, $w \geq 0$, líquido de seus custos para fiscalizar com afinco o operador privado. O valor de reserva do supervisor é zero. Se ele aceitar o suborno oferecido pelo operador privado, receberá $w + b$.

A sequência do jogo (mensal) entre o operador privado e o diretor público é a seguinte: o operador privado começa escolhendo entre $e_q = 0$ e $e_q = q$. Se escolher $e_q = 0$, o diretor do presídio vai avaliar o nível de qualidade e pode punir o operador privado por não atender aos padrões esperados. Então, espera-se que o operador privado obtenha $\pi = -x(e_x^*) - C_x(e_x^*) < 0$ caso ele escolha $e_q = 0$, e, com isso, não seja pago.

Mas o operador privado pode subornar o diretor para garantir o pagamento fixo F mesmo nos casos em que a qualidade do serviço for baixa. O diretor pode recusar o suborno e, portanto, não pagar F ao operador privado ou concordar em receber o suborno e entrar num jogo de barganha com o operador privado. Também para simplificar, vamos pressupor que o valor de reserva do operador privado é zero e que $F = x(e_x^*) + C_x(e_x^*) + C_q(q)$, de modo que a taxa fixa recebida pelo operador privado seja suficiente para cobrir todos os custos associados ao serviço, mesmo quando a qualidade é adequada.

Portanto, a renda do operador privado quando reduz a qualidade é simplesmente $C_q(q)$, que é o custo economizado quando a qualidade do serviço é zero, em vez do nível considerado aceitável pelo governo (q). Se não houver custos relacionados ao suborno, qualquer suborno $0 < b < C_q(q)$ será vantajoso tanto para o operador privado quanto para o diretor da prisão. Vamos supor uma solução geral para o jogo de barganha em que o diretor recebe uma fração $\alpha \in (0,1)$ do lucro do operador privado, de modo que o suborno final negociado será $b = \alpha C_q(q)$.

O único equilíbrio perfeito de subjogo (EPS) deste jogo, se jogado uma vez, é facilmente encontrado. O diretor sempre receberá $\alpha C_q(q)$ a mais do que seu salário se concordar em oferecer o suborno, então preferirá fazê-lo. Da equação (1), o operador privado receberá $\pi = F - x(e_x^*) - C_x(e_x^*) - C_q(q) = 0$ se escolher $e_q = q$ e, portanto, não pagar o suborno, ou $\pi = F - x(e_x^*) - C_x(e_x^*) - b = F - x(e_x^*) - C_x(e_x^*) - \alpha C_q(q) = (1 - \alpha)C_q(q)$ se escolher $e_q = 0$ e negociar o suborno com o diretor.

Portanto, em equilíbrio, o operador privado escolherá $e_q = 0$ e pagará uma propina $b = \alpha C_q(q)$ para impedir que o diretor do presídio se recuse a pagar F pelo serviço. Assim, a presença do diretor público do presídio na prática é equivalente a nenhuma fiscalização pública do operador privado: sempre haverá um incentivo para que o operador privado reduza a qualidade do serviço prestado e entre em conluio com o supervisor público, dividindo com este os ganhos provenientes da redução de custos.

Se o governo quiser impor um nível adequado de qualidade $e_q = q$, será importante garantir que o diretor do presídio sempre recuse o suborno e penalize o operador privado que ofereça um serviço de baixa qualidade. Então, como criar incentivos para que o diretor faça valer a dimensão da qualidade?

Uma possibilidade é que exista um *contrato relacional* entre o governo e o diretor, de modo que o diretor tenha de se preocupar com sua reputação profissional. Imagine que seu contrato de trabalho com o governo estabeleça uma interação que se repita infinitamente com o fator de desconto δ (tal que $0 < \delta < 1$), que também pode ser interpretado como a probabilidade de o diretor continuar trabalhando para o governo em cada período. Se o diretor recusar o suborno e monitorar o operador privado, receberá um valor presente de

$$U_{recusa} = \frac{w}{1-\delta} \quad (2)$$

Se, por outro lado, ele aceitar o suborno, receberá $w + \alpha C_q(q)$ no período atual e ficará sujeito a retaliação a partir de então. Por exemplo, informações sobre a baixa qualidade do serviço no presídio podem vir a público, aumentando a pressão para que o governo substitua o diretor. Assumiremos que a probabilidade de essa retaliação ocorrer será $\mu \in (0,1)$. Com probabilidade μ, o diretor será substituído caso não atenda aos padrões de qualidade exigidos, e a partir desse momento só poderá contar com seu valor de reserva (zero); com probabilidade $1 - \mu$, o diretor não será substituído e, portanto, receberá um pagamento, assim como antes, descontado por um período. Assim, ao aceitar o suborno, ele receberá um valor presente de

$$U_{aceita} = w + \alpha C_q(q) + \delta(1-\mu)\, U_{aceita} \quad (3)$$

que implica

$$U_{aceita} = \frac{w + \alpha C_q(q)}{1 - \delta(1-\mu)} \quad (4)$$

O diretor recusará o suborno e aplicará a dimensão de qualidade se $U_{recusa} \geq U_{aceita}$. Portanto, a partir das equações (2) e (4), possivelmente se chegará a um EPS superior, com $e_q = q$ e $b = 0$, se o governo pagar ao diretor um salário líquido dos custos de fiscalização tal que

$$w \geq \frac{\alpha C_q(q)(1-\delta)}{\delta\mu} \qquad (5)$$

Em primeiro lugar, quanto maior o fator de desconto δ, menor o w mínimo necessário para fazer valer o contrato relacional. Assim, o estabelecimento de um contrato de serviço de longo prazo entre o governo e o burocrata público pode ajudar.

Em segundo lugar, aumentos em μ diminuem o w mínimo para aceitar o contrato relacional. As funções da imprensa, das organizações de direitos humanos e do Ministério Público tornam-se fundamentais para noticiar que os serviços prestados na prisão são de baixa qualidade, o que pressionaria o governo a substituir o diretor.

Em terceiro lugar, o w mínimo aumenta com $C_q(q)$. Tudo o mais constante, as prisões em que os custos para o operador privado manter a qualidade de serviço são altos — por exemplo, grandes presídios com populações carcerárias perigosas — deveriam estar mais sujeitas a conluio. Nessas condições, a economia de custos do operador privado será tão alta que o acordo de suborno parecerá muito atraente para ambas as partes. Assim, o valor que o governo deverá pagar ao diretor para garantir o contrato relacional precisará ser maior e pode até se tornar inviável.

Assim, em determinadas condições, quando comparados a presídios puramente estatais, presídios com operação privada e supervisão pública terão custos menores, mas não terão redução nos indicadores de qualidade.

Apêndice 2. Decomposição dos ganhos em eficácia e inclusão

Imagine que a eficácia — expressa, por exemplo, como relações custo-benefício — seja avaliada por cada indivíduo da sociedade de acordo com a função $v(E_t)$, em que E_t é o indicador de eficácia no período t e $v(.)$ aumenta com E_t. Por exemplo, na área da educação, um ensino de alta qualidade aumenta e pode gerar desenvolvimento pessoal e futuros ganhos de renda, capturados pela função valor $v(E_t)$. Imagine também que existam dois grupos na sociedade, favorecidos e desfavorecidos (qualquer que seja a definição deles), recebendo um serviço cuja eficácia é dada por $E_{F,t}$ e $E_{D,t}$, respectivamente. Existem indivíduos $N_{F,t}$ e $N_{D,t}$ acessando esse serviço no período t. Assim, podemos denotar $N_t = N_{F,t} + N_{D,t}$ como a população-alvo total do serviço, ao passo que $N_{D,t}$ indica o número de indivíduos desfavorecidos incluídos.

Nesse cenário, o valor total (sob uma perspectiva utilitária) que a sociedade extrai desse serviço é

$$V_t = v(E_{F,t})N_{F,t} + v(E_{D,t})\, N_{D,t}$$

Podemos, então, analisar as variações no valor total entre dois períodos, indicadas como

$$\begin{aligned} V_t - V_{t-1} &= (v(E_{F,t})\, N_{F,t} - v(E_{F,t-1})\, N_{F,t-1}) \\ &\quad + (v(E_{D,t})\, N_{D,t} - v(E_{D,t-1})\, N_{D,t-1}) = \\ &= v(E_{F,t})\,(N_{F,t} - N_{F,t-1}) + (v(E_{F,t}) - v(E_{F,t-1}))\, N_{F,t-1} + \\ &\quad + v(E_{D,t})(N_{D,t} - N_{D,t-1}) + (v(E_{D,t}) - v(E_{D,t-1}))\, N_{D,t-1} \end{aligned} \tag{1}$$

As variações na avaliação de eficácia e inclusão em cada grupo i são denotadas por $\Delta v(E_{i,t}) = v(E_{i,t}) - v(E_{i,t-1})$ e $\Delta N_{i,t} = N_{i,t} - N_{i,t-1}$, respectivamente, que indicam, também respectivamente, a "margem intensiva" de aumentar a eficácia (per capita) e a "margem extensiva" de incluir mais beneficiários (por exemplo, Blundell et al., 2013). O grupo favorecido já está totalmente "incluído" — ou seja, todos os indivíduos já recebem o serviço no momento t, e não há crescimento dessa população. Assim $\Delta N_{F,t} = 0$.

Se adotarmos a suposição simplificadora de que a eficácia é igual para os dois grupos — isto é, $v(E_t) = v(E_{F,t}) = v(E_{D,t})$ — e que eles têm variações semelhantes na eficácia entre os períodos — ou seja, $\Delta v(E_t) = v(E_{F,t}) - v(E_{F,t-1}) = v(E_{D,t}) - v(E_{D,t-1})$ — então podemos reescrever a equação (1) da seguinte maneira:

$$\Delta V_t = \Delta v(E_t)N_{t-1} + v(E_t)\Delta N_{D,t} \tag{2}$$

em que $\Delta V_t = V_t - V_{t-1}$. A equação (2) formaliza a decomposição proposta no Capítulo 2 (seção 2.3), distinguindo ganhos de eficácia multiplicados pelo total da população-alvo e ganhos de inclusão do grupo desfavorecido multiplicados pela eficácia.

Agora, imagine que a eficácia dos serviços oferecidos ao grupo desfavorecido acompanhe a eficácia do segmento favorecido por um fator γ, tal que $0 \leq \gamma \leq 1$. Ou seja, se $v(E_{D,t}) = \gamma v(E_{F,t}) = \gamma v(E_t)$, então a equação (1) se torna

$$\Delta V_t = \Delta v(E_t)(N_{F,t-1} + \gamma N_{D,t-1}) + \gamma v(E_t)\, \Delta N_{D,t} \quad (3)$$

Se γ for pequeno, o ganho em eficácia será capturado sobretudo pelo grupo favorecido (o primeiro termo do lado direito), e qualquer ganho de inclusão perderá força, pois o segmento desfavorecido receberá um aumento na cobertura, mas ele será ineficaz (o segundo termo).

Apêndice 3. Fatores que afetam as posturas em relação à privatização

Fizemos uma parceria com a Ipsos Public Affairs para coletar dados sobre percepções individuais de propostas de privatização de empresas estatais no Brasil. Os dados foram coletados de uma amostra aleatória de 1200 entrevistados em julho de 2018.

A pesquisa incluía uma questão geral perguntando se os entrevistados eram "a favor ou contra a privatização das estatais". Para avaliar se as respostas variariam de acordo com informações adicionais sobre *condições adicionais* associadas à privatização, a pesquisa incluiu também:

- "E se o dinheiro obtido com a venda da estatal fosse usado para abater a dívida pública ou cobrir gastos do governo?"
- "E se o dinheiro obtido com a venda da estatal fosse revertido a um fundo público para custear programas sociais?"
- "E se fosse criado um programa que permitisse às pessoas em geral comprarem pequenas participações acionárias dessas empresas?"
- "E se agências públicas fiscalizassem para que os novos donos não cobrassem preços abusivos à população e oferecessem serviços de qualidade?"

Tabela A1. Determinantes de posturas favoráveis à privatização de empresas estatais: modelos lineares de probabilidade

	Modelo 1	**Modelo 2**	**Modelo 3**	**Modelo 4**	**Modelo 5**	**Modelo 6**
Privatização como maneira de melhorar as contas públicas	−0,024*** (0,009)	−0,024*** (0,009)	−0,024*** (0,009)	−0,042*** (0,014)	−0,024*** (0,009)	−0,042*** (0,014)
Privatização para custear programas sociais	0,082*** (0,011)	0,082*** (0,011)	0,082*** (0,011)	0,057*** (0,017)	0,082*** (0,011)	0,057*** (0,017)
Privatização com a possibilidade de comprar ações das estatais privatizadas	0,056*** (0,010)	0,056*** (0,010)	0,056*** (0,010)	0,029*** (0,016)	0,056*** (0,010)	0,029*** (0,016)
Privatização com mecanismos que garantam bom preço e boa qualidade do serviço oferecido	0,103*** (0,011)	0,103*** (0,011)	0,103*** (0,011)	0,076*** (0,017)	0,103*** (0,011)	0,076*** (0,017)
Feminino			−0,049*** (0,018)	−0,042 (0,028)	−0,047** (0,020)	−0,046 (0,032)
Idade			0,000 (0,001)	0,001 (0,001)	0,000 (0,001)	0,001 (0,001)
Escolaridade: ensino fundamental			0,083** (0,033)	0,09 (0,059)	0,087** (0,035)	0,074 (0,056)
Escolaridade: ensino médio			0,105*** (0,036)	0,146** (0,066)	0,104*** (0,038)	0,114* (0,065)
Escolaridade: ensino superior			0,176*** (0,041)	0,184** (0,073)	0,178*** (0,043)	0,148** (0,074)

Renda individual (R$ 1.000,00)				0,025** (0,010)		0,028*** (0,010)
Proporção de servidores públicos no município do entrevistado					−0,313*** (0,070)	−0,343*** (0,079)
Número de trabalhadores no município (1 milhão)					−0,037*** (0,008)	−0,032** (0,013)
Renda média dos trabalhadores no município (R$ 1.000,00)					0,066*** (0,015)	0,060** (0,023)
Constante	0,173*** (0,011)	−0,043*** (0,007)	−0,131** (0,054)	0,761*** (0,092)	−0,033 (0,068)	−0,045 (0,116)
Efeitos fixos do município	Não	Sim	Sim	Sim	Não	Não
Número de observações	6000	6000	6000	2380	6000	2380
Número de entrevistados	1200	1200	1200	476	1200	476
P (teste *F*)	<0,001	<0,001	<0,001	<0,001	<0,001	<0,001
R^2	0,014	0,151	0,163	0,217	0,05	0,071

Nota: A variável dependente é 1 se o entrevistado responder que é a favor da privatização das estatais. Os níveis de significância são *10%, **5%, ***1%. Erros-padrão robustos estão entre parênteses, agrupados por participante.

A Tabela A1 mostra regressões de probabilidade linear em que a variável dependente é 1 se o entrevistado disse que era a favor da privatização em cada cenário, com informações extras sobre as medidas adicionais que acompanham o processo. Considerando-se que a mesma pessoa indica seu apoio ou não à privatização em cinco cenários (pergunta geral mais as quatro perguntas adicionais), é possível computar erros-padrão robustos agrupados por entrevistado.

O modelo 1 inclui apenas variáveis dummy que codificam cada uma das quatro condições adicionais (portanto, a questão geral sem nenhuma condição adicional é a diretriz). Todas as dummies são significantes nos níveis convencionais, indicando que fornecer informações adicionais aos participantes altera suas percepções a respeito da privatização. Dados extras também afetam positivamente os pontos de vista em relação à privatização, com exceção da primeira condição, sobre usar os recursos da venda de estatais para melhorar as finanças públicas. O maior aumento é observado na última condição, que explicita mecanismos para evitar preços abusivos e oferecer serviços de qualidade.

Os outros modelos na Tabela A1 introduzem variáveis adicionais relacionadas às características demográficas dos entrevistados, bem como características de nível municipal. O modelo 3 demonstra que as pessoas do gênero feminino são 4,9 pontos percentuais menos propensas a serem favoráveis à privatização, e há um efeito geral do nível de escolaridade dos entrevistados — concluir o ensino superior aumenta a visão favorável à privatização em 17,6 pontos percentuais.

O modelo 4, por sua vez, inclui uma variável relacionada à renda individual — sobre a qual houve muitas omissões, o que, portanto, reduziu o tamanho da amostra. Um aumento de mil reais (aproximadamente o salário mínimo na época, que era de 965 reais) na renda mensal dos entrevistados eleva o apoio à privatização em 2,5 pontos percentuais.

Por fim, os modelos 5 e 6 acrescentam variáveis de nível municipal, coletadas do banco de dados de informações sociais RAIS, mantido pelo Instituto Brasileiro de Geografia e Estatística (IBGE). Um aumento de dez pontos na porcentagem de trabalhadores que são servidores públicos reduz o apoio à privatização em 3,1 pontos percentuais. Em contraste, respostas em apoio à privatização são mais prováveis em municípios menores com maior renda per capita. Um aumento de mil reais na renda per capita dos trabalhadores do município eleva a probabilidade de respostas favoráveis à privatização em 6,6 pontos percentuais.

Uma possível explicação para esses resultados é que maiores níveis de escolaridade e de renda estão associados a oportunidades de emprego ou empreendedorismo no setor privado, reduzindo a dependência de empregos públicos ou o apoio de políticas públicas executadas por estatais.

Apêndice 4. Aprimorar a medição de qualidade afeta o desempenho do serviço

Neste Apêndice, avalio a possibilidade de pagar por resultados sociais partindo de uma adaptação do modelo descrito no Apêndice 1 e com base em Lazzarini (2020b). Presume-se que o lucro do operador privado agora seja

$$\pi = F + e_x - e_x^2 - (1 + \gamma)e_q^2 \tag{1}$$

que envolve uma forma funcional específica da equação de lucro no Apêndice 1, assumindo que $x(e_x) = -e_x$, $C_x(e_x) = e_x^2$ e $C_q(e_q) = (1 + \gamma)e_q^2$. Assim como antes, F é um valor fixo. O parâmetro $\gamma > 0$ pode ser pensado como a extensão do escopo privado, indicando se o operador privado incorre em custos extras devido à complexidade para conceber e operar o serviço em questão (ver Capítulo 3, seção 3.1).

O governo maximiza uma função de bem-estar (valor) social somando o lucro do operador privado (π) e os benefícios para a população-alvo em função do esforço do operador para aumentar a qualidade do serviço, indicado como $\beta_0 + \beta e_q$, onde $\beta_0, \beta > 0$:

$$V = \beta_0 + \beta e_q + e_x - e_x^2 - (1 + \gamma)\, e_q^2 \tag{2}$$

Analisando as condições de primeira ordem para a maximização de V, concluímos que os níveis socialmente ótimos de esforço para cortar custos e aumentar a qualidade são $e_x^* = \frac{1}{2}$ e $e_q^2 = \frac{1}{2}\beta/(1 + \gamma)$. Observe que

e_x^* é exatamente o que o operador privado escolheria da maximização da equação (1). Além disso, também conforme discutido no Anexo 1, o operador escolherá um nível de qualidade zero, abaixo do nível que maximiza o valor social.

Agora considere a possibilidade de introduzir um pagamento contratual por resultado expresso como by, onde y é uma medida de qualidade e b é um bônus para cada unidade de qualidade. O ideal é que o bônus esteja diretamente ligado ao esforço, e_q, mas o esforço não é diretamente observável. Além disso, a qualidade é medida de maneira imperfeita.

Com base em Baker et al. (1994), imagine que a medida de qualidade y seja igual a μe_q. A variável μ, que é observada pelo operador, cria uma desconexão entre o esforço de qualidade e o esforço medido. Por exemplo, se μ for muito alta, o operador pode se esforçar pouco e ainda assim receber um bônus substancial, pois y indicará incorretamente uma alta qualidade. É útil considerar μ como uma variável aleatória com média igual a 1 e com um suporte tal que $\mu q \geq 0$. A imprecisão da medição decorre diretamente da variância de μ, denotada por σ^2.

Assim, o lucro do operador privado sujeito ao contrato por resultado passará a ser

$$\pi^b = F + b\mu e_q^2 + e_x^2 - e_x^2 - (1+\gamma)\, e_q^2 \tag{3}$$

o que significa que o nível de esforço para aumentar a qualidade que maximizará o lucro será $e_q = \frac{1}{2} b\mu / (1+\gamma)$.

Como o governo não pode observar μ diretamente, a definição de um bônus ótimo para incentivar o esforço se baseará no valor social esperado e será condicionada às escolhas de esforço do operador:

$$E(V) = \beta_0 + \beta E(e_q^2) + e_x^2 - e_x^2 - (1+\gamma)E(e_q^2) \tag{4}$$

Por indução retroativa, o governo espera que o esforço de maximização de lucro do operador seja $e_x = \frac{1}{2}$ e $e_q = \frac{1}{2} b\mu / (1+\gamma)$. Como a média de μ é igual a 1, $E(E_q) = \frac{1}{2} b / (1+\gamma)$. Sabendo que $\sigma^2 = E(\mu^2) - E(\mu)^2 = E(\mu^2) - 1$, $E(e_q^2) = \frac{1}{4} b^2 E(\mu^2) / (1+\gamma)^2 = \frac{1}{4} b^2 (1+\sigma^2) / (1+\gamma^2)$. Assim, a equação (4) passa a ser

$$E(V) = \beta_0 + \tfrac{1}{2}\beta b / (1+\gamma) + \tfrac{1}{4} - \tfrac{1}{4} b^2 (1+\sigma^2) / (1+\gamma) \tag{5}$$

Desse modo, o bônus ótimo resultará da maximização da equação (5) em relação a

$$b^* = \beta / (1 + \sigma^2) \qquad (6)$$

Observe que o bônus aumenta à medida que o esforço leva a benefícios sociais (β) e diminui com o erro de medição (σ^2). O esforço de qualidade esperado do operador privado será então $E(e_q) = \frac{1}{2} b^* / (1 + \gamma) = \frac{1}{2}\beta / [(1 + \sigma^2)(1 + \gamma)]$, estritamente abaixo do ótimo social — que, conforme indicado antes, é $e_q^* = \frac{1}{2}\beta / (1 + \gamma)$ —, se houver erro na medição da qualidade ($\sigma^2 > 0$).

Mas e se o operador for um gestor público que também pode receber um abono salarial com base na qualidade medida? Denote essa compensação extra, por unidade de qualidade medida, como *g*. Assim, seguindo a mesma estrutura linear discutida, a remuneração variável total será $g\gamma$. A principal diferença agora é que o governo paga a maioria das despesas relacionadas à qualidade (γe_q^2), portanto, o custo pessoal do gestor público deriva exclusivamente de seu próprio esforço na gestão (e_q^2). Desse modo, a função de utilidade do gestor agora é

$$U = f + g\mu e_q - e_x^2 - e_q^2 \qquad (7)$$

em que *f* é um componente fixo do salário. Seguindo os mesmos passos discutidos anteriormente, o nível de esforço escolhido pelo gestor público será $e_x = 0$ e $e_q = \frac{1}{2}g\mu$. A partir da equação (4), significa que o governo escolherá uma gratificação que maximize $E(V) = \beta_0 + \frac{1}{2}\beta g - \frac{1}{4}g^2 (1 + \sigma^2)(1 + \gamma)$, que é igual a

$$g^* = \beta / (1 + \sigma^2)(1 + \gamma) \qquad (8)$$

Comparando as equações (6) e (8), vemos imediatamente que o nível de remuneração variável do operador privado será estritamente maior do que no caso da gestão pública, e essa diferença aumentará quando o operador estiver envolvido com operações de maior escopo (ou seja, quando γ aumenta). Isso porque, com o aumento do escopo, a empresa privada internaliza a maior parte dos custos de prestar um serviço com alta qualidade, exigindo maior remuneração variável atrelada à medida de qualidade selecionada.

LISTA DE FIGURAS

LISTA DE TABELAS

ÍNDICE REMISSIVO

TIPOLOGIA Miller e Akzidenz
DIAGRAMAÇÃO acomte
PAPEL Pólen Soft, Suzano S.A.
IMPRESSÃO Lis Gráfica, maio de 2023

A marca FSC® é a garantia de que a madeira utilizada na fabricação do papel deste livro provém de florestas que foram gerenciadas de maneira ambientalmente correta, socialmente justa e economicamente viável, além de outras fontes de origem controlada.